古代文史名著选译丛书

主编 章培恒 安平秋 马樟根

史记选译

修订版

译注 李国祥 李长弓
张三夕

审阅 安平秋

凤凰出版传媒集团 凤凰出版社

图书在版编目（CIP）数据

史记选译 / 李国祥，李长弓，张三夕译注. -- 南京
：凤凰出版社，2011.5（2018.5重印）
（古代文史名著选译丛书）
ISBN 978-7-5506-0334-9

Ⅰ. ①史… Ⅱ. ①李… ②李… ③张… Ⅲ. ①中国历
史：古代史－纪传体 Ⅳ. ①K204.2

中国版本图书馆CIP数据核字(2011)第045888号

书　　名　史记选译
译 注 者　李国祥　李长弓　张三夕
责任编辑　汪允普
出版发行　凤凰出版社(原江苏古籍出版社)
　　　　　发行部电话025-83223462
出版社地址　南京市中央路165号，邮编：210009
出版社网址　http://www.fhcbs.com
照　　排　江苏凤凰制版有限公司
印　　刷　江苏凤凰通达印刷有限公司
　　　　　南京市六合区冶山镇，邮编：211523
开　　本　960×1304毫米　1/32
印　　张　15.125
字　　数　290千字
版　　次　2011年5月第1版　2018年5月第5次印刷
标准书号　ISBN 978-7-5506-0334-9
定　　价　45.00元
(本书凡印装错误可向承印厂调换，电话：025-57572508)

《古代文史名著选译丛书》修订版出版说明

呈献在读者面前的这套《古代文史名著选译丛书》是2011年的修订版。全书共134册，包括了中国从先秦至清末两三千年间的著名典籍。每部典籍都选其精粹(《论语》《老子》则全文收录)，收录原文，加以简明的注释，力求准确地译为现代汉语，并于每一篇之前写有对该文的提示性说明。这是近一个世纪以来，规模最大、收录种类相对齐全、译注质量较高的一套普及传统文化的今译丛书。

这套丛书，原在1992年—1994年由巴蜀书社分三批出齐，印行过万套；不久，又由台湾的出版机构买去海外版权在台湾及海外发行，可见这套丛书当年在两岸受欢迎的程度。时隔17年，丛书编委会决定重新修订，改由江苏凤凰出版集团所属的凤凰出版社出版。

这套丛书是由教育部属下的全国高等院校古籍整理研究工作委员会（简称古委会）于1985年策划的。古委会组织了全国18所大学的古籍整理研究所的所长任编委会编委，由我们三人任主编，在全国范围内选请学有专长的学者承担各书的译注。从1986年—1992年，历时7年完成。当时，编委会制订了严明、可行的体例和细则，译注者按要求完成书稿。每部书稿完成后，都在全国范围内请编委会之外的专门研究这一学术领域的两位专家初审，合格后再请两位编委参照初审意见审改，然后退还原译注者改正。待原译注者改正后，再由编委会集中常务编委和部分编委、相关专家在一地将每部书稿从头至尾审改。这样的集中审稿会一般都在8—15天，7年中开了12次审改会。审改后，三位主编再集中在一起逐一审定，交付出版社。这一工作程序，使得这套丛书的译注质量有了一定的提高。所以，这套丛书，在一定程度上是个人与多人合作的结果。关于这套丛书的编纂始末，我们曾在1992年4月全书交稿后写有一篇文章，这次附在修订版书末，便于读者了解。

这次修订，是交由原译注者自己修改。少数译注者已去世，则书稿一仍其旧。个别译注者已联系不上，也保持原貌。

1992年—1994年出版时，书前有当时古委会主任周林先生写的序。周林先生是这一丛书的发起者。他已于1997年6月去世，至今已14年了。为了尊重历史，也为了纪念他，修订版仍用他的序。

我们三人在1985年—1992年主持这套丛书工作时，年龄大的是从51岁到58岁之间，年龄小的是从44岁到51岁之间，那时尚有精力组织、参与这一工作，今天我们都已年逾古稀。全书修订版出版之际，心情似乎比当年更惴惴不安地期待着读者的评头品足，期待着不要对读者贻误太多。

回想这套丛书，真应该感谢我们的祖先为我们留下了这样深厚、丰富的思想、文化遗产，使我们今天仍然受用无穷。应该感谢这套丛书的全体译注者、审阅者、编委和当年的出版者巴蜀书社、今天的出版者凤凰出版社，是他们的学识、辛勤与真诚使得这套丛书得以面世。

章培恒　马樟根　安平秋

2011年3月15日

序

《古代文史名著选译丛书》与广大读者见面了。这是丛书编委会的同志与众多专家学者通力协作、辛勤耕耘的结果。

中华民族在五千年漫长的岁月里，创造了光辉灿烂的文化，给人类留下了丰富的精神财富。“观今宜鉴古，无古不成今”。今天，以马克思主义的科学理论为指导，整理研究我国古代文化典籍，做到汲取精华，剔除糟粕，古为今用，推陈出新，使人们在正确认识民族历史的同时，得到爱国主义的教育，陶冶道德情操，提高全民族的文化素质，促进社会主义文化的繁荣，使文明古国的历史遗产得以发扬光大，这是我们每个炎黄子孙的责任。而要做到这样，对古籍进行整理与研究是重要的基础工程。但是，整理与研究古籍仅作标点、校勘、注释、辑佚还不够，还要有今译，使老年人、中年人、青年人都愿意去读，都能读懂，以便从中得到教益。

基于以上认识，全国高等院校古籍整理研究工作委员会于1986年5月组成了以章培恒、安平秋、马樟根三位同志为主编的《古代文史名著选译丛书》编委会，确定了以全国十八所大学的古籍整理研究所为主力承担这一看似轻易、实则艰巨的今译任务。在第一次编委会议上，拟定了《凡例》、《编写与审稿要求》、《文稿书写格式》和一百余种书目。以每一种书为十万至十五万字计算，这套丛书大约有一千余万字，应该说是一项大工程。经过一年的努力，完成了第一批三十六部书稿的译注任务。在各研究所的专家与所长把关的基础上，于1987年5月和7月，先后在复旦大学、北京大学召开了部分编委参加的审稿会，通过了二十五部书稿，作为《古代文史名著选译丛书》与广大读者见面的第一批作品。与此同时，在1987年7月6日，邀请了在京的十几位专家教授与编委会十几位编委一起座谈这套丛书与古籍今译的问题。专家们肯定了今译工作的必要性与深远意义，并以他们数十年的教学科研和创作的经验，说明今译是一项难度很大的工作，是培养人才，使之打下坚实基本功的一种有效方法；专家们还对《古代文史名著选译丛书》提出了宝贵的建议，这对当时的审稿工作和保证《丛书》的质量起了很好的作用。

实践证明，古籍的今注不易，今译更难。没有对作品的深入、透彻的研究，没有准确、通俗、生动的语言表达能力，要想做好今译是不可能的。两年多来，全国高等院校古籍整理研究工作委员会在探索古籍的今注、今译的道路上，做了一些工作。这部丛书的出版，是系统今译的开始，说明古籍整理研究工作有了新的进展。更可喜的是，一批中青年学者参加了今注今译工作，为古籍整理增添了新生力量，相信他们会在实践中，在学习中，成长成熟。我希望，这套丛书的编委会和高校各古籍整理研究所要敞开大门，加强同国内外专家学者的联系，征求他们和广大读者的意见，并向有真才实学而又适宜做今译工作的专家学者约稿，以提高古籍译注的水平，使《古代文史名著选译丛书》的第二批、第三批作品的质量更上一层楼。

这是一套以文史为主的大型的古籍名著今译丛书。考虑到普及的需要，考虑到读者对象，就每一种名著而言，除个别是全译外，绝大多数是选译，即对从该名著中精选出来的部分予以译注，译文力求准确、通畅，为广大读者打通文字关，以求能读懂报纸的人都能读懂它。我希望这套丛书能成为中小学教师的语文、历史教学的参考书，成为大专院校学生的课外读物，成为广大文史爱好者的良师益友。由于系统的古籍今译工作还刚刚起步，这套丛书定会有不少缺点、错误，也诚恳地希望读者批评指正。

巴蜀书社要我为这套丛书写序，我欣然接受了。我相信这套丛书不仅会使八十年代的人们受益，还将使子孙后代受益，它将对祖国的繁荣昌盛起到点滴的作用。最后借此机会向曾给予我们支持、帮助的专家学者和巴蜀书社的同志表示衷心的感谢！并殷切地希望台湾同胞、港澳同胞、海外侨胞和我们一同做好祖先留给我们的文化遗产的整理工作，为中华民族灿烂的文化再放异彩而努力！

周　林

1987年10月于北京

目　录

前　言

《史记》的作者司马迁，字子长，西汉左冯翊夏阳(今陕西韩城)人。夏阳东北有座龙门山，极富形胜之丽，所以司马迁自称是生于龙门。

司马迁的生卒年代已不可确考。根据有关记载作大致的推算，他可能是出生于汉景帝中元五年(前145)，卒年当在汉武帝末年。司马迁幼年时期在家乡耕牧劳作，十岁时便开始诵读用古文写的书籍。在这以后，他还向当时著名的今文经学家董仲舒学习《公羊春秋》，向古文经学家孔安国学习《古文尚书》。从而掌握了比较坚实的古代文献知识。

根据司马迁《太史公自序》里的说法，他的祖先多居官任职，特别是充任史官的多。司马迁的父亲司马谈，于汉武帝的建元、元封年间被任命为太史令。太史令的职责是，不治理民政，而专门掌管国家图书档案及天文历算，是直接为天子及朝廷奔走效命的。司马谈尽力职事，他曾向星象专家唐都学习天文知识，向淄川人杨何学习《易》，向黄生学习有关黄老学派的理论；他熟悉国家收藏到的书籍，又广泛搜求文献资料，积累了丰富的知识。对先秦学术流派及各派的思想特征，他以自己的体察和心得，写出了《论六家要旨》，作了精要的评述，表现了他作为一个太史令确实具有非同凡响的才能和见识；他编次史料旧文，准备撰写一部史书，虽由于在元封元年（前 110）病逝，未能竟成，但他在临终前将这一宏大志向未能完成的遗恨，向司马迁倾吐了，并嘱咐司马迁绍继史职之后，不可忘记完成撰著史书的大业。

司马迁从小受他父亲的教诲，做学问踏实勤敏，特别重视考信史料和从事实地调查考察。二十岁时，他离开长安，南游江淮等地，先后到过屈原自沉的汨罗江畔、传说中舜南巡病逝后安葬之地九疑山，渡过浙江登会稽山探“禹穴”，考察了春申君黄歇的宫殿遗址，访问了韩信的故乡淮阴，瞻仰了曲阜孔子的故里，登上邹城的峄山察看秦始皇东巡到达过的地方，滞留于古地鄱（今滕州）、薛（今薛城）、彭城(今徐州),过丰、沛,路过战国时的魏都大梁(今开封),然后返回长安。这次出游访问,是司马迁卓有成效的举动。他接触到了传说中的舜南巡、禹治水,乃至春秋战国、秦汉之际有关的历史与地理,调查了许多历史人物的故里及史迹。开拓了眼界,体察了风俗民情,大大地增长了历史知识,为撰写《史记》做了充分的准备。

司马迁第一次出游之后,被任命为郎中,从而有机会跟随汉武帝巡游和封禅祭祀,因而又到过崆峒山等地。后来奉命出使西南少数民族聚居的地区,足涉巴蜀之南。这样,司马迁的足迹遍及了当时全国大部分地区。

司马迁是在元封三年继承太史令职务的。他整理石室金匮的图书(国家的藏书),遵照司马谈的遗训编著史书,并且参加了改订历法的工作,完成了太初历的订立。天汉二年(前99),西汉名将李陵在与匈奴激战后兵败而投降匈奴,司马迁在朝廷上为李陵辩护,触怒了汉武帝,被下狱治罪,第二年被处以腐刑。天汉五年,司马迁出狱,做了中书令。他忍受了遭受腐刑的耻辱,发愤继续著述史书,前后经过十多年的努力,终于完成了《史记》的写作。

《史记》原来称为《太史公书》或《太史公记》,后来才简称为《史记》。它记事上起黄帝轩辕氏，下迄汉武帝时，是一部贯通三千年的通史，计五十二万六千五百字。全书共有一百三十篇。其中"本纪"十二篇，以各代帝王为中心，记述每一朝代的兴衰和重要政治事件；"表"十篇，有"世表"、"年表"、"月表"，以表格的形式，标明错综复杂的史实；"书"八篇，叙述和记载政治、经济、天文、地理等方面制度的源流和变化；"世家"三十篇，记述诸侯事迹及其世系；"列传"七十篇，大多数是人物传记，有单传，也有二人的合传，还有以类相从的类传，记载了贵族、将相、官吏、策士、政治家、军事家、文学家、经学家、隐士、刺客、游侠、滑稽、卜者、医生、商人等各阶层人物的活动。有一部分列传记载了我国各少数民族的情况及周边邻国的历史。列传的最后一篇是《太史公自序》，其中一部分内容是司马迁对先祖世系的概述及自己简历的陈说；另一部分内容则是缕述了《史记》一百三十篇的次第及各篇的提要。

《史记》中的"本纪"、"表"、"书"、"世家"、"列传"五种体例，是司马迁借鉴历史上已有的书籍体例加以发展推拓的。我们从《史记》的行文中可以得知司马迁读过《禹本纪》、《谍记》、《春秋历谱谍》、《世家言》等等，那么，"本纪"、"世家"、"表"等，就是沿用了已往本有的名目。至于“书”、“传”，更是古代著述中所习见的名称。司马迁参照古代著述的各种体例，加以完善和发展，形成了对后世史学编纂有重大影响的纪传史体例。这充分表明了司马迁在整理文献时，既善于继承传统，更富于发展、创造的精神。

司马迁撰著《史记》一书，十分注意内容的充实，文献史料的真确。他“网罗天下放失旧闻”，“厥协六经异传”，“整齐百家杂语”，搜集遗文古事，还把实地考察所得的见闻，熔铸到《史记》里面去，成为一部百科全书式的通史。

司马迁写《史记》有明确的指导思想，那就是“究天人之际，通古今之变，成一家之言”。对于天道与人事，他虽然受了“天人感应”说的影响，但他却能摈弃一些荒诞不经之说，讥讽了迷信鬼神的可笑行为。他以通变的观点看待历史事件，如对秦始皇完成统一六国，他给予了高度的评价，认为是“世变异，成功大”。他擅长排比史料，用通俗流畅、生动活泼的文字表述事件的过程，描写人物行为及形象，寓褒贬于叙事之中，字里行间灌注了个人的感慨与体验，全书浑然一体，确实成为了“一家之言”。司马迁是文献撰作的巨擘。他对《诗》、《书》、《左传》、《国语》、《世本》、《战国策》、《楚汉春秋》及诸子百家之书，做到了博观约取，缜密剪裁，汇辑为翔实的古史新篇。他那简洁精练的文笔，确实是“辩而不华，质而不俚”，文直而事核，表现了高超的写作技巧。从《史记》一书中我们看到了司马迁作为一个杰出史学家的秉赋。汉初以来，文章述作的质朴沉着、覃思深虑及行文的明快敏捷之风，熏陶了司马迁，造就了司马迁，而司马迁的《史记》，也正是一代述作的典范。我们可以这样说，《史记》既是一部优秀的历史著作，又是一部完美的文学著作。诚如鲁迅在《汉文学史纲要》里所赞誉的，它是“史家之绝唱，无韵之离骚”。亘二千年来，它对我国的史学和文学的影响，是多么的深刻，多么的悠长啊！

司马迁死后，《史记》一书在汉宣帝时由司马迁的外孙杨恽公布于世。根据《汉书·司马迁传》中的记载，东汉时已缺少十篇，有录而无书。后世传布的一百三十篇《史记》，其中有的为后人的续作，如书中标明褚先生补的文篇等，有的则是后人羼杂而成的，但全书绝大部分的内容，都是司马迁的原作。《史记》问世后，作为一部开创性的史著杰构，一直受到学者们的称誉和重视，有的为之作“音义”，有的从事研究、训释文句，取得显著成就的代有其人。先是徐广作《史记音义》,继之南朝宋裴骃在《史记音义》的基础上,推拓范围,撰成《史记集解》八十卷。到了唐代司马贞作《史记索隐》三十卷,既考辨音义,又阐述研究的见解,张守节撰《史记正义》三十卷,把对《史记》的训释又推进了一步。自唐朝以后,研究《史记》蔚然成风。清代学者梁玉绳的《史记志疑》,对《史记》所载的史事作了系统的考证,极富参考价值。日本学者泷川资言撰著的《史记会注考证》及水泽利忠的《史记会注考证校补》,汇集了旧注及前人考证的成果,是从事《史记》研究不可缺的参考书。

《史记》的版本较多,其中南宋黄善夫的家塾刻本享有善本的声誉,商务印书馆的百衲本《二十四史》中的《史记》,即系据该善本影印的。此外明嘉靖、万历时南北监《二十一史》刻本、毛氏汲古阁的《十七史》刻本,乾隆时武英殿的《二十四史》刻本,都属于较好的刻本,流传广,影响也大。

《史记》一书,在世界文化宝库中也占有重要的地位,它的著名篇章,已有多种外语文本,日本学者从事《史记》研究的更是大有人在。1956年,司马迁已被列为世界文化名人,得到了崇高的历史地位。

司马迁是封建时代的历史学家,在《史记》中,他也宣扬了当时占统治地位的封建思想和唯心主义的偏见，这些都是不可避免的，也是我们今天不应苛求于司马迁的。但是，我们在阅读《史记》时，却要有批判地加以鉴别，摒弃其封建性的糟粕，光大其民主性的精华。

《史记》流传至今已有二千多年，它的名篇早已脍炙人口，为广大读者所熟知。《史记》全书，也已由中华书局于1959年重新整理出版，新版本是以张文虎精校的金陵书局刻本为底本进行校点的，最为完备，便于读者阅读。我们这次编译的这本《史记选译》，其原文即录自中华书局出版的点校本，篇目则依照王伯祥的《史记选》，有一些篇在译注时作了部分删节。注释和译文除参考了传统的旧注成说外，对于现代专家学者们的整理研究成果，也多有汲取。古今学者研究《史记》的精辟见解，对我们虽大有启迪，但由于我们水平有限，不能尽取诸家所长融会于译注文字中，可能在注译中存在不少缺点错误，敬祈专家学者及广大读者批评指正。

李国祥（华中师范大学历史文献研究所）
李长弓
张三夕（华中师范大学文学院）

项 羽 本 纪

《史记》里的本纪，本以各代帝王为中心，叙述各朝代的兴亡及重大政治事件。项羽没有成功帝业，但因为在秦末农民战争中，在秦汉鼎革之际的一段时间里，他发政令，称霸王，权同帝王，所以司马迁列项羽于本纪。

本篇叙述了项羽一生的经历。司马迁以饱满的热情歌颂了项羽在灭秦过程中建立的丰功伟绩，也如实地记载了他在战争中屠城杀人的残暴行为。刘、项互争天下，刘胜而项败，但司马迁不以成败论英雄，对项羽由于政治措施错误，军事谋略失当，以及个人性格上的缺陷而导致的失败，寄予了无限的同情之心和惋惜之情。

《项羽本纪》既是历史名著，又是文学杰作。司马迁对战争场面的描绘，出神入化，逼真地再现了当时的历史氛围。记钜鹿之战，极纵雄健之笔，写得豪气薄人，惊心动魄。叙鸿门之宴，行文迭宕起伏，有声有色。写垓下之战，则文势迥异，极尽悲壮哀惋之能事。

这篇本纪，以项羽为历史中心人物，以重要战事为关节，详细地记载了楚汉战争发展的全过程。可以说，这是一部生动的史诗。

项籍者，下相人也①。字羽。初起时，年二十四。其季父项梁，梁父即楚将项燕②，为秦将王翦所戮者也。项氏世世为楚将，封于项，故姓项氏。

项籍少时，学书不成，去；学剑，又不成，项梁怒之。籍曰："书足以记名姓而已。剑一人敌，不足学，学万人敌。"于是项梁乃教籍兵法，籍大喜，略知其意，又不肯竟学。项梁尝有栎阳逮③，乃请蕲狱掾曹咎书抵栎阳狱掾司马欣④，以故事得已。项梁杀人，与籍避仇于吴中⑤，吴中贤士大夫皆出项梁下。每吴中有大徭役及丧，项梁常为主办，阴以兵法部勒宾

---

① 下相：秦代所置县，地在今江苏省宿迁西。 ② 项燕：公元前223年，王翦等秦将攻破楚军，项燕自杀。一说被杀。 ③ 栎(yào钥)阳：秦所置县，地在今陕西省临潼东北。 ④ 蕲(jí其)：秦所置县，地在今安徽省宿州南。 ⑤ 吴中：县名，秦置。地在今江苏省苏州。

客及子弟，以是知其能。秦始皇帝游会稽，渡浙江，梁与籍俱观。籍曰："彼可取而代也。"梁掩其口，曰："毋妄言，族矣！"梁以此奇籍。籍长八尺余，力能扛鼎，才气过人，虽吴中子弟，皆已惮籍矣。

秦二世元年七月，陈涉等起大泽中①。其九月，会稽守通谓梁曰②："江西皆反③，此亦天亡秦之时也。吾闻先即制人，后则为人所制。吾欲发兵，使公及桓楚将④。"是时桓楚亡在泽中。梁曰："桓楚亡，人莫知其处，独籍知之耳。"梁乃出，诫籍持剑居外待。梁复入，与守坐，曰："请召籍，使受命召桓楚。"守曰："诺。"梁召籍入。须臾，梁眴籍曰："可行矣！"于是籍遂拔剑斩守头。项梁持守头，佩其印绶。门下大惊，扰乱，籍所击杀数十百人。一府中皆慑伏，莫敢起。梁乃召故所知豪吏，谕以所为起大事，遂举吴中兵。使人收下县⑤，得精兵八千人。梁部署吴中豪杰为校尉、候、司马⑥。有一人不得用，自言于梁。梁曰："前时某丧使公主某事，不能办，以此不任用公。"众乃皆伏。于是梁为会稽守，籍为裨将，徇下县。

广陵人召平于是为陈王徇广陵⑦，未能下。闻陈王败走，

---

① 大泽：在今安徽省宿州西南大泽乡。 ② 会稽（kuài jī 快机）：古郡名，地在今江苏东部、浙江西部一带。 ③ 江西：与江东对称，泛指长江以北，包括中原地区。 ④ 桓楚：生平不详，据《汉书》，是"吴中奇士"。 ⑤ 下县：郡下属县。 ⑥ 校尉：次于将军的军官。候：军需官。司马：军法官。 ⑦ 陈王：即陈胜。广陵：秦时属九江郡，地在今江苏省扬州市。

秦兵又且至，乃渡江矫陈王命，拜梁为楚王上柱国①。曰："江东已定②，急引兵西击秦。"项梁乃以八千人渡江而西。闻陈婴已下东阳③，使使欲与连和俱西。陈婴者，故东阳令史，居县中，素信谨，称为长者。东阳少年杀其令，相聚数千人，欲置长，无适用，乃请陈婴。婴谢不能，遂强立婴为长，县中从者得二万人。少年欲立婴便为王，异军苍头特起④。陈婴母谓婴曰："自我为汝家妇，未闻汝先古之有贵者，今暴得大名，不祥。不如有所属，事成犹得封侯，事败易以亡，非世所指名也。"婴乃不敢为王。谓其军吏曰："项氏世世将家，有名于楚。今欲举大事，将非其人，不可。我倚名族，亡秦必矣。"于是众从其言，以兵属项梁。项梁渡淮，黥布、蒲将军亦以兵属焉⑤。凡六七万人，军下邳⑥。

当是时，秦嘉已立景驹为楚王⑦，军彭城东⑧，欲距项梁。项梁谓军吏曰："陈王先首事，战不利，未闻所在。今秦嘉倍陈王而立景驹，逆无道。"乃进兵击秦嘉。秦嘉军败走，追之

---

① 上柱国：楚国上卿官名，相当于六国的相。 ② 江东：与江西对称，指长江以南地区。大致包括今江苏省南部和浙江省北部一带。 ③ 东阳：秦置县名，地在今安徽省天长西北。 ④ 苍头：军队名，士卒以青巾裹头，故名。 ⑤ 黥(qíng 晴)布：即英布，古时在罪犯脸上刺字涂墨，叫黥刑，英布曾受黥刑，故名。蒲将军：姓名与生平事迹不详，当时起义军领袖之一。 ⑥ 下邳：秦置县名，地在今江苏省邳州东。 ⑦ 景驹：楚国贵族。 ⑧ 彭城：秦置县名，地在今江苏省徐州市。

至胡陵①。嘉还战一日，嘉死，军降。景驹走死梁地②。项梁已并秦嘉军，军胡陵，将引军而西。章邯军至栗③，项梁使别将朱鸡石、馀樊君与战。馀樊君死。朱鸡石军败，亡走胡陵。项梁乃引兵入薛④，诛鸡石。项梁前使项羽别攻襄城⑤，襄城坚守不下。已拔，皆阬之。还报项梁。项梁闻陈王定死，召诸别将会薛计事。此时，沛公亦起沛往焉。

居鄛人范增⑥，年七十，素居家，好奇计。往说项梁曰："陈胜败固当。夫秦灭六国，楚最无罪。自怀王入秦不反⑦，楚人怜之至今，故楚南公曰'楚虽三户，亡秦必楚'也⑧。今陈胜首事，不立楚后而自立，其势不长。今君起江东，楚蠭午之将皆争附君者⑨，以君世世楚将，为能复立楚之后也。"于是梁然其言，乃求楚怀王孙心民间，为人牧羊，立以为楚怀王，从民所望也。陈婴为楚上柱国，封五县，与怀王都盱台⑩。项梁自号为武信君。

---

① 胡陵：秦置县名，地在今山东省鱼台县东南。 ② 梁地：战国时魏国境内。 ③ 栗：秦置县名。地在今河南省夏邑县。 ④ 薛：秦置县名。地在今山东省滕州东南。 ⑤ 襄城：秦置县名。地在今河南省襄城县。 ⑥ 居鄛（cháo 巢）：秦置县名。地在今安徽省巢湖西南。 ⑦ 怀王入秦不反：楚怀王于公元前 299 年（楚怀王三十年）受秦昭王欺骗，到武关会盟，被扣，死于秦。反，通"返"。 ⑧ 楚南公：战国时楚国的阴阳家。 ⑨ 蠭：同"蜂"。 ⑩ 盱台（xū yí 需移）：秦置县名。地在今江苏省盱眙县东北。

居数月，引兵攻亢父①，与齐田荣、司马龙且军救东阿②，大破秦军于东阿。田荣即引兵归，逐其王假。假亡走楚，假相田角亡走赵。角弟田间故齐将，居赵不敢归。田荣立田儋子市为齐王。项梁已破东阿下军③，遂追秦军，数使使趣齐兵，欲与俱西。田荣曰："楚杀田假，赵杀田角、田间，乃发兵。"项梁曰："田假为与国之王，穷来从我，不忍杀之。"赵亦不杀田角、田间以市于齐。齐遂不肯发兵助楚。项梁使沛公及项羽别攻城阳④，屠之。西破秦军濮阳东⑤，秦兵收入濮阳。沛公、项羽乃攻定陶⑥。定陶未下，去，西略地至雝丘⑦，大破秦军。斩李由，还攻外黄⑧，外黄未下。

项梁起东阿，西，比至定陶，再破秦军，项羽等又斩李由，益轻秦，有骄色。宋义乃谏项梁曰："战胜而将骄卒惰者败。今卒少惰矣，秦兵日益，臣为君畏之。"项梁弗听。乃使宋义使于齐。道遇齐使者高陵君显⑨，曰："公将见武信君乎？"曰："然。"曰："臣论武信君军必败。公徐行即免死，疾行则及

---

① 亢父（gāng fǔ 刚甫）：秦置县名。地在今山东省济宁市南。② 司马龙且（jū 居）：楚将，担任司马，故名。东阿（ē）：战国时齐国阿邑，秦称东阿。地在今山东省阳谷县东北。③ 下军：周制，诸侯大国三军，分为上中下。这里是说秦军三军中的下军。④ 城阳：古县名，地在今山东省鄄城县。⑤ 濮阳：古邑名。一作帝丘邑。地在今河南省濮阳。⑥ 定陶：秦置县名。地在今山东省定陶县西北。⑦ 雝丘：即雍丘。秦置县名。地在今河南杞县。⑧ 外黄：秦置县名。地在今河南省杞县东北。⑨ 高陵君显：封号为高陵，名显，姓不详。

祸。”秦果悉起兵益章邯，击楚军，大破之定陶，项梁死。沛公、项羽去外黄攻陈留①，陈留坚守不能下。沛公、项羽相与谋曰：“今项梁军破，士卒恐。”乃与吕臣军俱引兵而东，吕臣军彭城东，项羽军彭城西，沛公军砀②。

章邯已破项梁军，则以为楚地兵不足忧，乃渡河击赵，大破之。当此时，赵歇为王，陈馀为将，张耳为相，皆走入钜鹿城③。章邯令王离、涉间围钜鹿，章邯军其南，筑甬道而输之粟。陈馀为将，将卒数万人而军钜鹿之北，此所谓河北之军也。

楚兵已破于定陶，怀王恐，从盱台之彭城，并项羽、吕臣军自将之。以吕臣为司徒，以其父吕青为令尹④。以沛公为砀郡长，封为武安侯，将砀郡兵。

初，宋义所遇齐使者高陵君显在楚军，见楚王曰：“宋义论武信君之军必败，居数日，军果败。兵未战而先见败征，此可谓知兵矣。”王召宋义与计事而大说之，因置以为上将军⑤；项羽为鲁公，为次将，范增为末将，救赵。诸别将皆属宋义，号为卿子冠军⑥。行至安阳⑦，留四十六日不进。项羽曰：“吾闻秦军围赵王钜鹿，疾引兵渡河，楚击其外，赵应其内，破

---

① 陈留：秦置县名。在今河南省开封。 ② 砀（dàng 荡）：秦置县名。地在今安徽省砀山南。 ③ 钜鹿：秦置县名。地在今河北省平乡县西南。 ④ 令尹：楚国官名，相当于首相，掌军政大权。⑤ 上将军：官名。古代天子将兵称上将军。这里指主将、统帅。⑥ 卿子：尊称，即公子。冠军：上将。在上将前加尊称，表示特别尊敬。 ⑦ 安阳：故城在今山东曹县东。

秦军必矣。”宋义曰:“不然。夫搏牛之虻不可以破虮虱①,今秦攻赵,战胜则兵罢,我承其敝;不胜,则我引兵鼓行而西,必举秦矣。故不如先斗秦赵。夫披坚执锐,义不如公;坐而运策,公不如义。”因下令军中曰:“猛如虎,很如羊②,贪如狼,强不可使者,皆斩之!”乃遣其子宋襄相齐,身送之至无盐③,饮酒高会。天寒大雨。士卒冻饥。项羽曰:“将戮力而攻秦,久留不行。今岁饥民贫,士卒食芋菽,军无见粮④,乃饮酒高会,不引兵渡河因赵食,与赵并力攻秦,乃曰‘承其敝’。夫以秦之强,攻新造之赵,其势必举赵。赵举而秦强,何敝之承!且国兵新破,王坐不安席,埽境内而专属于将军,国家安危,在此一举。今不恤士卒而徇其私⑤,非社稷之臣⑥!”项羽晨朝上将军宋义,即其帐中斩宋义头,出令军中曰:“宋义与齐谋反楚,楚王阴令羽诛之。”当是时,诸将皆慑服,莫敢枝梧⑦,皆曰:“首立楚者,将军家也。今将军诛乱。”乃相与共立羽为假上将军。使人追宋义子,及之齐,杀之。使桓楚报命于怀王。怀王因使项羽为上将军,当阳君⑧、蒲将军皆属

---

① 搏牛之虻不可以破虮(jǐ 己)虱:吸牛血的虻,不会去咬虱子。比喻钜鹿城小而坚,秦不能卒破。参看顾炎武《日知录》卷二十七。 ② 很:违拗,不听从。 ③ 无盐:春秋时鲁的宿国,战国时齐邑,地在今山东省东平县东。 ④ 见粮:存粮。见为“现”的本字。⑤ 徇其私:迁就他的私人愿望。按:田荣与项梁有怨隙,项梁死后楚弱,宋义想跟田荣拉交情,故以其子宋襄为齐相。 ⑥ 社稷:本为封建帝王祭祀的土神和谷神,旧时常用作国家的代称。 ⑦ 枝梧:即支吾,说话搪塞应付、含糊其辞。 ⑧ 当阳君:黥布当时的封号。

项羽。

项羽已杀卿子冠军，威震楚国，名闻诸侯。乃遣当阳君、蒲将军将卒二万渡河，救钜鹿。战少利，陈馀复请兵。项羽乃悉引兵渡河，皆沉船，破釜甑①，烧庐舍，持三日粮，以示士卒必死，无一还心。于是至则围王离，与秦军遇，九战，绝其甬道，大破之，杀苏角，虏王离。涉间不降楚，自烧杀。当是时，楚兵冠诸侯。诸侯军救钜鹿下者十余壁，莫敢纵兵。及楚击秦，诸将皆从壁上观。楚战士无不一以当十，楚兵呼声动天，诸侯军无不人人惴恐。于是已破秦军，项羽召见诸侯将，入辕门②，无不膝行而前，莫敢仰视。项羽由是始为诸侯上将军，诸侯皆属焉。

章邯军棘原③，项羽军漳南④，相持未战。秦军数却，二世使人让章邯。章邯恐，使长史欣请事⑤。至咸阳，留司马门三日⑥，赵高不见，有不信之心。长史欣恐，还走其军，不敢出故道。赵高果使人追之，不及。欣至军，报曰："赵高用事于中，下无可为者。今战能胜，高必疾妒吾功；战不能胜，不免于死。愿将军孰计之。"陈馀亦遗章邯书曰："白起为秦将，南

---

① 釜甑（zèng 赠）：古代炊具。釜，锅；甑，如蒸笼。 ② 辕门：军队的营门。辕，车前的直木，用以驾驭牛马；军队驻扎，以战车为营，以辕木对立为门，故叫辕门。 ③ 棘原：地名，地当今河北省平乡县南。 ④ 漳南：漳水之南，离当时棘原不远的地方。 ⑤ 长史：官名，秦置。军中幕僚之长。 ⑥ 司马门：皇帝宫廷外门。因有司马把守，故名。

征鄢郢，北阬马服①，攻城略地，不可胜计，而竟赐死。蒙恬为秦将，北逐戎人②，开榆中地数千里，竟斩阳周③。何者？功多，秦不能尽封，因以法诛之。今将军为秦将三岁矣，所亡失以十万数，而诸侯并起滋益多。彼赵高素谀日久，今事急，亦恐二世诛之，故欲以法诛将军以塞责，使人更代将军以脱其祸。夫将军居外久，多内郤，有功亦诛，无功亦诛。且天之亡秦，无愚智皆知之。今将军内不能直谏，外为亡国将，孤特独立而欲常存，岂不哀哉！将军何不还兵与诸侯为从④，约共攻秦，分王其地，南面称孤；此孰与身伏鈇质，妻子为僇乎？"章邯狐疑，阴使候始成使项羽，欲约。约未成，项羽使蒲将军日夜引兵渡三户⑤，军漳南⑥，与秦战，再破之。项羽悉引兵击秦军汙水上⑦，大破之。

章邯使人见项羽，欲约。项羽召军吏谋曰："粮少，欲听其约。"军吏皆曰："善。"项羽乃与期洹水南殷墟上⑧。已盟，

---

① 鄢：在今湖北省宜城。郢：在今湖北省江陵县，楚国先后以鄢、郢为都，被白起攻破。马服：赵国大将赵奢被封为马服君，后由其子赵括袭封。北阬马服事在赵孝成王六年（前260年），赵中秦反间计，用赵括代廉颇为将，在长平（今山西高平西北）一战，赵军被秦将白起军队包围，赵括被射死，赵军四十万都被俘坑死。② 戎人：这里指匈奴。③ 阳周：秦置县名，地在今陕西省子长县。④ 从：通"纵"。战国后期六国联合抗秦称合纵。⑤ 三户：三户津，漳水的渡口，在今河北省磁县西南古漳水上。⑥ 漳南：河北省临漳县附近。⑦ 汙（yū 于）水：发源于太行山，东南流入漳水，今已干涸。⑧ 洹（huǎn 桓）水：又名安阳河，源出河南省林州，流经安阳市北。殷墟：原是商代的都城，地在今河南安阳市小屯村。

章邯见项羽而流涕，为言赵高。项羽乃立章邯为雍王，置楚军中。使长史欣为上将军，将秦军为前行。

到新安①。诸侯吏卒异时故繇使屯戍过秦中，秦中吏卒遇之多无状。及秦军降诸侯，诸侯吏卒乘胜多奴虏使之，轻折辱秦吏卒。秦吏卒多窃言曰："章将军等诈吾属降诸侯。今能入关破秦，大善；即不能，诸侯虏吾属而东，秦必尽诛吾父母妻子。"诸将微闻其计，以告项羽。项羽乃召黥布、蒲将军计曰："秦吏卒尚众，其心不服，至关中不听，事必危。不如击杀之，而独与章邯、长史欣、都尉翳入秦。"于是楚军夜击阬秦卒二十余万人新安城南。

行略定秦地。函谷关有兵守关，不得入。又闻沛公已破咸阳，项羽大怒，使当阳君等击关，项羽遂入，至于戏西②。沛公军霸上③，未得与项羽相见。沛公左司马曹无伤使人言于项羽曰："沛公欲王关中，使子婴为相，珍宝尽有之。"项羽大怒，曰："旦日飨士卒，为击破沛公军！"当是时，项羽兵四十万，在新丰鸿门④；沛公兵十万，在霸上。范增说项羽曰："沛公居山东时，贪于财货，好美姬，今入关，财物无所取，妇女无所幸，此其志在不小。吾令人望其气，皆为龙虎，成五采，此天子气也。急击勿失。"

---

① 新安：古地名，地当今河南省渑池县东。 ② 戏：戏水，在今陕西省临潼东。 ③ 霸上：又作灞上。地在今陕西省西安市东。 ④ 新丰：秦代为骊邑，地在今陕西省临潼区东。鸿门：古地名，在今陕西临潼区东北。当地称为项王营。

楚左尹项伯者①，项羽季父也，素善留侯张良。张良是时从沛公，项羽乃夜驰之沛公军，私见张良，具告以事。欲呼张良与俱去，曰："毋从俱死也。"张良曰："臣为韩王送沛公②，沛公今事有急，亡去不义，不可不语。"良乃入，具告沛公。沛公大惊，曰："为之奈何？"张良曰："谁为大王为此计者？"曰："鲰生说我曰③：'距关，毋内诸侯，秦地可尽王也。'故听之。"良曰："料大王士卒足以当项王乎？"沛公默然，曰："固不如也，且为之奈何？"张良曰："请往谓项伯，言沛公不敢背项王也。"沛公曰："君安与项伯有故？"张良曰："秦时与臣游，项伯杀人，臣活之。今事有急，故幸来告良。"沛公曰："孰与君少长？"良曰："长于臣。"沛公曰："君为我呼入，吾得兄事之。"张良出，要项伯。项伯即入见沛公。沛公奉卮酒为寿，约为婚姻，曰："吾入关，秋毫不敢有所近，籍吏民，封府库，而待将军。所以遣将守关者，备他盗之出入与非常也。日夜望将军至，岂敢反乎！愿伯具言臣之不敢倍德也④。"项伯许诺，谓沛公曰："旦日不可不蚤自来谢项王⑤。"沛公曰："诺。"于是项伯复夜去，至军中，具以沛公言报项王，因言曰："沛公不先破关中，公岂敢入乎？今人有大功而击之，不义也，不如因善遇

---

① 左尹：楚官名，令尹之佐。项伯：名缠，字伯，项羽的族叔，入汉朝封射阳侯。 ② 臣为韩王送沛公：秦二世三年，张良建议项梁立韩国公子成为韩王，又跟从沛公攻下韩地十余城，让韩王成留守韩地，自己和沛公西入武关。所谓为韩王送沛公即指此事。 ③ 鲰(zōu 邹)生：即小生，是轻视人的称呼。鲰，本义为杂小鱼，引申为小、贱。 ④ 倍：通"背"，背叛。 ⑤ 蚤：通"早"。

之。"项王许诺。

沛公旦日从百余骑来见项王，至鸿门，谢曰："臣与将军戮力而攻秦，将军战河北，臣战河南，然不自意能先入关破秦，得复见将军于此。今者有小人之言，令将军与臣有郤。"项王曰："此沛公左司马曹无伤言之，不然，籍何以至此？"项王即日因留沛公与饮。项王、项伯东向坐，亚父南向坐。亚父者，范增也。沛公北向坐，张良西向侍。范增数目项王，举所佩玉玦以示之者三①，项王默然不应。范增起，出召项庄，谓曰："君王为人不忍，若入前为寿，寿毕，请以剑舞，因击沛公于坐，杀之。不者②，若属皆且为所虏。"庄则入为寿。寿毕，曰："君王与沛公饮，军中无以为乐，请以剑舞。"项王曰："诺。"项庄拔剑起舞，项伯亦拔剑起舞，常以身翼蔽沛公，庄不得击。于是张良至军门见樊哙③，樊哙曰："今日之事何如？"良曰："甚急！今者项庄拔剑舞，其意常在沛公也。"哙曰："此迫矣，臣请入，与之同命。"哙即带剑拥盾入军门，交戟之卫士欲止不内，樊哙侧其盾以撞，卫士仆地，哙遂入，披帷西向立，瞋目视项王，头发上指，目眦尽裂。项王按剑而跽曰④："客何为者？"张良曰："沛公之参乘樊哙者也。"项王曰："壮士，赐之卮酒。"则与斗卮酒。哙拜谢，起，立而饮之。项

---

① 玦(jué 决)：半圆形玉环。② 不(fǒu 否)者：相当于"否则"。③ 樊哙(kuài 快)：沛人，以屠狗为业。后封舞阳侯。④ 跽(jì 技)：跪，双膝着地，上身挺直。

王曰："赐之彘肩。"则与一生彘肩①。樊哙覆其盾于地，加彘肩上，拔剑切而啗之。项王曰："壮士，能复饮乎？"樊哙曰："臣死且不避，卮酒安足辞！夫秦王有虎狼之心，杀人如不能举，刑人如不恐胜，天下皆叛之。怀王与诸将约曰：'先破秦入咸阳者王之。'今沛公先破秦入咸阳，毫毛不敢有所近，封闭宫室，还军霸上，以待大王来。故遣将守关者，备他盗出入与非常也，劳苦而功高如此，未有封侯之赏，而听细说，欲诛有功之人，此亡秦之续耳，窃为大王不取也。"项王未有以应，曰："坐！"樊哙从良坐。坐须臾，沛公起如厕，因招樊哙出。

沛公已出，项王使都尉陈平召沛公。沛公曰："今者出，未辞也，为之奈何？"樊哙曰："大行不顾细谨，大礼不辞小让。如今人方为刀俎，我为鱼肉，何辞为！"于是遂去。乃令张良留谢。良问曰："大王来何操？"曰："我持白璧一双，欲献项王，玉斗一双，欲与亚父。会其怒，不敢献。公为我献之。"张良曰："谨诺。"当是时，项王军在鸿门下，沛公军在霸上，相去四十里。沛公则置车骑，脱身独骑，与樊哙、夏侯婴、靳强、纪信等四人持剑盾步走。从郦山下，道芷阳间行②。沛公谓张良曰："从此道至吾军，不过二十里耳。度我至军中，公乃入。"沛公已去，间至军中。张良入谢，曰："沛公不胜桮杓③，不能辞。谨使臣良奉白璧一双，再拜献大王足下；玉斗一双，

① 彘(zhì 智)肩：即猪蹄膀，古代称猪为彘。 ② 芷(zhǐ 旨)阳：秦置县名。地在今陕西省长安区东。 ③ 桮杓(bēi sháo 杯勺)：这里指酒。桮，同"杯"；杓，同"勺"。

再拜奉大将军足下。”项王曰：“沛公安在？”良曰：“闻大王有意督过之，脱身独去，已至军矣。”项王则受璧，置之坐上。亚父受玉斗，置之地，拔剑撞而破之，曰：“唉！竖子不足与谋，夺项王天下者，必沛公也，吾属今为之虏矣！”沛公至军，立诛杀曹无伤。

居数日，项羽引兵西屠咸阳，杀秦降王子婴，烧秦宫室，火三月不灭，收其货宝妇女而东。人或说项王曰：“关中阻山河四塞，地肥饶，可都以霸。”项王见秦宫室皆以烧残破，又心怀思欲东归，曰：“富贵不归故乡，如衣绣夜行，谁知之者！”说者曰：“人言楚人沐猴而冠耳，果然。”项王闻之，烹说者。

项王使人致命怀王。怀王曰：“如约。”乃尊怀王为义帝①。项王欲自王，先王诸将相，谓曰：“天下初发难时，假立诸侯后以伐秦。然身披坚执锐首事，暴露于野三年，灭秦定天下者，皆将相诸君与籍之力也。义帝虽无功，故当分其地而王之。”诸将皆曰：“善！”乃分天下，立诸将为侯王。项王、范增疑沛公之有天下，业已讲解，又恶负约，恐诸侯叛之，乃阴谋曰：“巴、蜀道险，秦之迁人皆居蜀。”乃曰：“巴、蜀亦关中地也。”故立沛公为汉王，王巴、蜀、汉中，都南郑②。而三分关中，王秦降将以距塞汉王。项王乃立章邯为雍王，王咸阳以西，都废丘③。长史欣者，故为栎阳狱掾，尝有德于项梁；都尉

---

① 义帝：这里的“义”字，与“义父”、“义子”的“义”字相同。② 南郑：秦置县名，治所在今陕西汉中市东。 ③ 废丘：周朝叫犬丘，秦改为废丘。地在今陕西省兴平东南。

董翳者，本劝章邯降楚。故立司马欣为塞王，王咸阳以东至河，都栎阳；立董翳为翟王，王上郡，都高奴①。徙魏王豹为西魏王，王河东，都平阳。瑕丘申阳者②，张耳嬖臣也，先下河南③，迎楚河上，故立申阳为河南王，都雒阳④。韩王成因故都，都阳翟⑤。赵将司马卬定河内，数有功，故立卬为殷王，王河内，都朝歌⑥。徙赵王歇为代王。赵相张耳素贤，又从入关，故立耳为常山王，王赵地，都襄国⑦。当阳君黥布为楚将，常冠军，故立布为九江王，都六⑧。鄱君吴芮率百越佐诸侯⑨，又从入关，故立芮为衡山王，都邾⑩。义帝柱国共敖将兵击南郡，功多，因立敖为临江王，都江陵⑪。徙燕王韩广为辽东王。燕将臧荼从楚救赵，因从入关，故立荼为燕王，都蓟。徙齐王田市为胶东王。齐将田都从共救赵，因从入关，故立都为齐王，都临菑⑫。故秦所灭齐王建孙田安，项羽方渡河救赵，田安下济北数城，引其兵降项羽，故立安为济北王，

---

① 高奴：秦置县名。地在今陕西省延安东北。 ② 瑕丘申阳：瑕丘，本为春秋鲁国地名，地在今山东省曲阜滋阳城西；申阳是人姓名。 ③ 河南：这里指秦三川郡。 ④ 雒阳：即洛阳。 ⑤ 阳翟：秦置县名，地在今河南省禹州。 ⑥ 朝歌：曾为商代都城。地在今河南省汤阴县朝歌镇南。 ⑦ 襄国：古邢国，春秋属晋，战国属赵，秦置信都县。地在今河北省邢台西南。 ⑧ 六：秦置县名。地在今安徽省六安北。 ⑨ 百越：楚灭越国，遗族散居今广东、福建、浙江各地，随地立君，故称百越。 ⑩ 邾：战国时楚灭邾国，迁其君于此。地在今湖北省黄冈西北。 ⑪ 江陵：地即今湖北省江陵县。 ⑫ 临菑：战国时齐都，秦灭齐，置郡。地在今山东临淄西北。

都博阳①。田荣者，数负项梁，又不肯将兵从楚击秦，以故不封。成安君陈馀弃将印去，不从入关，然素闻其贤，有功于赵，闻其在南皮②，故因环封三县。番君将梅鋗功多，故封十万户侯。项王自立为西楚霸王，王九郡，都彭城。

汉之元年四月③，诸侯罢戏下，各就国。项王出之国，使人徙义帝曰："古之帝者地方千里，必居上游。"乃使使徙义帝长沙郴县④，趣义帝行，其群臣稍稍背叛之，乃阴令衡山、临江王击杀之江中。韩王成无军功，项王不使之国，与俱至彭城，废以为侯，已又杀之。臧荼之国，因逐韩广之辽东，广弗听，荼击杀广无终⑤，并王其地。

田荣闻项羽徙齐王市胶东，而立齐将田都为齐王，乃大怒，不肯遣齐王之胶东，因以齐反，迎击田都。田都走楚。齐王市畏项王，乃亡之胶东就国。田荣怒，追击杀之即墨⑥。荣因自立为齐王，而西击杀济北王田安，并王三齐⑦。荣与彭越将军印，令反梁地。陈馀阴使张同、夏说说齐王田荣曰："项

① 博阳：春秋时齐国博邑，地在今山东泰安东南。一说为齐博陵邑，地在今山东省博平县西北的博平镇。 ② 南皮：秦置县名。地在今河北省南皮县东北。 ③ 汉之元年：公元前206年。刘邦于这年二月称王，《史记》从这年起用汉纪年。 ④ 长沙郴县：长沙，郡名，秦置，包括今湖南资水以东及广东北部部分地区。郴，县名，秦置，属长沙郡，地在今湖南省郴州。 ⑤ 无终：秦置县名，韩广辽东国国都，故址在今河北省蓟县。 ⑥ 即墨：战国齐邑，地在今山东平度东南。 ⑦ 三齐：项羽分原来的齐地为三：中部为齐，东为胶东，西北为济北，故称三齐。

羽为天下宰，不平。今尽王故王于丑地，而王其群臣诸将善地，逐其故主，赵王乃北居代，馀以为不可。闻大王起兵，且不听不义，愿大王资馀兵，请以击常山，以复赵王，请以国为扞蔽。”齐王许之，因遣兵之赵。陈馀悉发三县兵，与齐并力击常山，大破之。张耳走归汉。陈馀迎故赵王歇于代，反之赵。赵王因立陈馀为代王。

是时，汉还定三秦①，项羽闻汉王皆已并关中，且东，齐、赵叛之，大怒。乃以故吴令郑昌为韩王，以距汉。令萧公角等击彭越②。彭越败萧公角等。汉使张良徇韩，乃遗项王书曰：“汉王失职，欲得关中，如约即止，不敢东。”又以齐、梁反书遗项王曰：“齐欲与赵并灭楚。”楚以此故无西意，而北击齐。征兵九江王布。布称疾不往，使将将数千人行。项王由此怨布也。汉之二年冬，项羽遂北至城阳，田荣亦将兵会战。田荣不胜，走至平原③，平原民杀之。遂北烧夷齐城郭室屋，皆阬田荣降卒，系虏其老弱妇女。徇齐至北海④，多所残灭。齐人相聚而叛之。于是田荣弟田横收齐亡卒得数万人，反城阳。项王因留，连战未能下。

春⑤，汉王部五诸侯兵，凡五十六万人，东伐楚。项王闻之，即令诸将击齐，而自以精兵三万人南从鲁出胡陵。四月，

---

① 三秦：关中秦故地，项羽封秦降将为雍、塞、翟三国，故称。包括今陕西大部及甘肃东部地区。 ② 萧公角：萧县长官，名角。楚制，县令称公。 ③ 平原：本战国齐地，秦属齐郡。地当今山东省平原县南。 ④ 北海：地当今山东省潍坊市及安丘、昌乐、寿光、昌邑一带。 ⑤ 春：指汉二年春。

汉皆已入彭城，收其货宝美人，日置酒高会。项王乃西从萧，晨击汉军而东，至彭城，日中，大破汉军。汉军皆走，相随入穀、泗水①；杀汉卒十余万人。汉卒皆南走山，楚又追击，至灵壁东睢水上②。汉军却，为楚所挤，多杀，汉卒十余万人皆入睢水，睢水为之不流。围汉王三匝。于是大风从西北而起，折木发屋，扬沙石，窈冥昼晦，逢迎楚军。楚军大乱，坏散，而汉王乃得与数十骑遁去。欲过沛，收家室而西；楚亦使人追之沛，取汉王家；家皆亡，不与汉王相见。汉王道逢得孝惠、鲁元，乃载行。楚骑追汉王，汉王急，推堕孝惠、鲁元车下，滕公常下收载之，如是者三，曰："虽急，不可以驱，奈何弃之！"于是遂得脱。求太公、吕后不相遇。审食其从太公、吕后间行③，求汉王，反遇楚军。楚军遂与归，报项王，项王常置军中。

是时吕后兄周吕侯为汉将兵居下邑④，汉王间往从之，稍稍收其士卒。至荥阳，诸败军皆会。萧何亦发关中老弱未傅悉诣荥阳⑤，复大振。楚起于彭城，常乘胜逐北，与汉战荥阳南京、索间⑥，汉败楚，楚以故不能过荥阳而西。

---

① 穀、泗水：穀水和泗水，都流经彭城东北。 ② 灵壁：在秦符离县境内。符离县地在今安徽省宿州。睢（suī 虽）水：故水名，原称睢河。故道自河南开封东流入灵壁等地。 ③ 审食其（yì jī 异基）：沛人，后一度为丞相，封辟阳侯。 ④ 周吕侯：名泽，封于吕县。下邑：秦置县名，地在今安徽省砀山县。 ⑤ 傅：通"附"，这里指登名字于簿籍。 ⑥ 京、索：京，本春秋郑邑，故治在今河南省荥阳东南，境内有索亭，故址当今荥阳县治。

项王之救彭城，追汉王至荥阳，田横亦得收齐，立田荣子广为齐王。汉王之败彭城，诸侯皆复与楚而背汉。汉军荥阳，筑甬道属之河，以取敖仓粟①。汉之三年，项王数侵夺汉甬道，汉王食乏，恐，请和，割荥阳以西为汉。

项王欲听之。历阳侯范增曰："汉易与耳，今释勿取，后必悔之。"项王乃与范增急围荥阳。汉王患之，乃用陈平计间项王。项王使者来，为太牢具②，举欲进之，见使者，详惊愕曰："吾以为亚父使者，乃反项王使者。"更持去，以恶食食项王使者。使者归报项王，项王乃疑范增与汉有私，稍夺之权。范增大怒，曰："天下事大定矣，君王自为之，愿赐骸骨归卒伍。"项王许之。行未至彭城，疽发背而死。

汉将纪信说汉王曰："事已急矣，请为王诳楚为王，王可以间出。"于是汉王夜出女子荥阳东门被甲二千人，楚兵四面击之。纪信乘黄屋车，傅左纛，曰："城中食尽，汉王降。"楚军皆呼万岁。汉王亦与数十骑从城西门出，走成皋③。项王见纪信，问："汉王安在？"信曰："汉王已出矣。"项王烧杀纪信。

汉王使御史大夫周苛、枞公、魏豹守荥阳。周苛、枞公谋曰："反国之王，难与守城。"乃共杀魏豹。楚下荥阳城，生得周苛。项王谓周苛曰："为我将，我以公为上将军，封三万

---

① 敖仓：秦时在敖山上建的粮仓，故址在今河南省郑州市西北的邙山上。② 太牢：盛牲的食器，大的叫太牢，太牢盛牛、羊、豕三牲，因此把宴会或祭祀时并用三牲的叫太牢。具：指酒肴与食器。③ 成皋：古代的东虢国，春秋时郑国制邑，又名虎牢，地在今河南省荥阳北。

户。”周苛骂曰：“若不趣降汉，汉今虏若，若非汉敌也！”项王怒，烹周苛，并杀枞公。

汉王之出荥阳，南走宛、叶①，得九江王布，行收兵，复入保成皋。汉之四年，项王进兵围成皋，汉王逃，独与滕公出成皋北门，渡河走修武②，从张耳、韩信军。诸将稍稍出成皋，从汉王。楚遂拔成皋，欲西。汉使兵距之巩③，令其不得西。

是时，彭越渡河击楚东阿，杀楚将军薛公。项王乃自东击彭越。汉王得淮阴侯兵，欲渡河南。郑忠说汉王，乃止壁河内。使刘贾将兵佐彭越，烧楚积聚。项王东击破之，走彭越。汉王则引兵渡河，复取成皋，军广武④，就敖仓食。项王已定东海来⑤，西，与汉俱临广武而军，相守数月。

当此时，彭越数反梁地，绝楚粮食，项王患之。为高俎⑥，置太公其上，告汉王曰：“今不急下，吾烹太公！”汉王曰：“吾与项羽俱北面受命怀王，曰‘约为兄弟’，吾翁即若翁，必欲烹而翁，则幸分我一桮羹⑦。”项王怒，欲杀之。项伯曰：“天下事未可知，且为天下者不顾家，虽杀之无益，只益祸耳。”项王从之。

楚、汉久相持未决，丁壮苦军旅，老弱罢转漕⑧。项王谓

---

① 叶（shè 摄）：古邑名，春秋时楚地。地在今河南叶县南。 ② 修武：周代名南阳，秦改名修武，故城在今河南获嘉县内。 ③ 巩：秦置县名，故治在今河南巩义西南。 ④ 广武：山名，在今河南荥阳东北，山上筑有东西两城，相距二百余步，中有深涧。 ⑤ 东海：这里泛指东方。 ⑥ 俎（zǔ 祖）：切肉用的砧（zhēn 针）板。 ⑦ 桮（bēi 杯）：即杯。 ⑧ 罢转漕：罢，同“疲”；转，陆路运输；漕，水路运输。

汉王曰:"天下匈匈数岁者①,徒以吾两人耳,愿与汉王挑战,决雌雄,毋徒苦天下之民父子为也。"汉王笑谢曰:"吾宁斗智,不能斗力。"项王令壮士出挑战。汉有善骑射者楼烦②,楚挑战三合,楼烦辄射杀之。项王大怒,乃自被甲持戟挑战。楼烦欲射之,项王瞋目叱之③,楼烦目不敢视,手不敢发,遂走还入壁,不敢复出。汉王使人间问之,乃项王也。汉王大惊。于是项王乃即汉王相与临广武间而语。汉王数之,项王怒,欲一战。汉王不听。项王伏弩射中汉王。汉王伤,走入成皋。

项王闻淮阴侯已举河北,破齐、赵,且欲击楚,乃使龙且往击之。淮阴侯与战,骑将灌婴击之,大破楚军,杀龙且。韩信因自立为齐王。项王闻龙且军破,则恐,使盱台人武涉往说淮阴侯。淮阴侯弗听。是时,彭越复反,下梁地,绝楚粮。项王乃谓海春侯大司马曹咎等曰:"谨守成皋,则汉欲挑战,慎勿与战,毋令得东而已。我十五日必诛彭越,定梁地,复从将军。"乃东,行击陈留、外黄。

外黄不下。数日,已降,项王怒,悉令男子年十五已上诣城东,欲阬之。外黄令舍人儿年十三,往说项王曰:"彭越强劫外黄,外黄恐,故且降,待大王。大王至,又皆阬之,百姓岂有归心?从此以东,梁地十余城皆恐,莫肯下矣。"项王然其

① 匈匈:同"汹汹",动荡战乱。 ② 楼烦:北方部族名。
③ 瞋(chēn 郴):即嗔,发怒时瞪眼。

言，乃赦外黄当阬者。东至睢阳①，闻之皆争下项王。

汉果数挑楚军战，楚军不出。使人辱之，五六日，大司马怒，渡兵汜水②。士卒半渡，汉击之，大破楚军，尽得楚国货赂。大司马咎、长史翳、塞王欣皆自刭汜水上。大司马咎者，故蕲狱掾，长史欣亦故栎阳狱吏，两人尝有德于项梁，是以项王信任之。当是时，项王在睢阳，闻海春侯军败，则引兵还。汉军方围钟离眜于荥阳东，项王至，汉军畏楚，尽走险阻。

是时，汉兵盛食多，项王兵罢食绝。汉遣陆贾说项王，请太公，项王勿听。汉王复使侯公往说项王，项王乃与汉约，中分天下，割鸿沟以西者为汉③，鸿沟而东者为楚。项王许之，即归汉王父母妻子。军皆呼万岁。汉王乃封侯公为平国君，匿弗肯复见，曰："此天下辩士，所居倾国，故号为平国君。"项王已约，乃引兵解而东归。

汉欲西归，张良、陈平说曰："汉有天下太半，而诸侯皆附之。楚兵罢食尽，此天亡楚之时也，不如因其机而遂取之。今释勿击，此所谓'养虎自遗患'也。"汉王听之。汉五年，汉王乃追项王至阳夏南④，止军，与淮阴侯韩信、建成侯彭越期会而击楚军。至固陵⑤，而信、越之兵不会。楚击汉军，大破之。汉王复入壁，深堑而自守。谓张子房曰："诸侯不从约，

---

① 睢阳：秦置县名，地在今河南省商丘。 ② 汜（sì 祀）水：源于河南省巩义，流经荥阳，北注黄河。 ③ 鸿沟：古渠名，故道大部循今河南贾鲁河东流，至淮阳入颍水。 ④ 阳夏（jià 价）：秦为阳夏乡，故地在今河南省太康县。 ⑤ 固陵：古地名，故地在今河南省淮阳西北。

为之奈何？”对曰：“楚兵且破，信、越未有分地，其不至固宜。君王能与共分天下，今可立致也。即不能，事未可知也。君王能自陈以东傅海，尽与韩信；睢阳以北至穀城①，以与彭越：使各自为战，则楚易败也。”汉王曰：“善。”于是乃发使者告韩信、彭越曰：“并力击楚。楚破，自陈以东傅海与齐王，睢阳以北至穀城与彭相国。”使者至，韩信、彭越皆报曰：“请今进兵。”韩信乃从齐往，刘贾军从寿春并行②，屠城父③，至垓下④。大司马周殷叛楚，以舒屠六⑤。举九江兵，随刘贾、彭越皆会垓下，诣项王。

项王军壁垓下，兵少食尽，汉军及诸侯兵围之数重。夜闻汉军四面皆楚歌，项王乃大惊曰：“汉皆已得楚乎？是何楚人之多也！”项王则夜起，饮帐中。有美人名虞，常幸从；骏马名骓，常骑之。于是项王乃悲歌慷慨，自为诗曰：“力拔山兮气盖世，时不利兮骓不逝，骓不逝兮可奈何，虞兮虞兮奈若何！”歌数阕⑥，美人和之。项王泣数行下，左右皆泣，莫能仰视。

于是项王乃上马骑，麾下壮士骑从者八百余人，直夜溃围南出，驰走。平明，汉军乃觉之，令骑将灌婴以五千骑追

---

① 穀城：春秋时齐国穀邑，秦称穀城，地在今山东省东阿县境内。② 寿春：秦置县名，地在今安徽省寿县。③ 城父（fǔ 甫）：古邑名，地在今安徽省亳州。④ 垓下：古地名，在今安徽省灵璧县东南。⑤ 舒：春秋时国名，故地在今安徽省舒城县。⑥ 阕（què 确）：量词，用于歌曲或词，一阕即一节。

之。项王渡淮，骑能属者百余人耳。项王至阴陵①，迷失道，问一田父，田父绐曰“左”。左，乃陷大泽中，以故汉追及之。项王乃复引兵而东，至东城②，乃有二十八骑。汉骑追者数千人。项王自度不能脱，谓其骑曰：“吾起兵至今八岁矣，身七十余战，所当者破，所击者服，未尝败北，遂霸有天下。然今卒困于此，此天之亡我，非战之罪也。今日固决死，愿为诸君快战，必三胜之，为诸君溃围，斩将，刈旗，令诸君知天亡我，非战之罪也。”乃分其骑以为四队，四向。汉军围之数重。项王谓其骑曰：“吾为公取彼一将。”令四面骑驰下，期山东为三处。于是项王大呼驰下，汉军皆披靡，遂斩汉一将。是时赤泉侯为骑将，追项王，项王瞋目而叱之，赤泉侯人马俱惊，辟易数里。与其骑会为三处。汉军不知项王所在，乃分军为三，复围之。项王乃驰，复斩汉一都尉，杀数十百人，复聚其骑，亡其两骑耳。乃谓其骑曰：“何如?”骑皆伏曰：“如大王言!”

于是项王乃欲东渡乌江③。乌江亭长檥船待④，谓项王曰：“江东虽小，地方千里，众数十万人，亦足王也。愿大王急渡。今独臣有船，汉军至，无以渡。”项王笑曰：“天之亡我，我何渡为！且籍与江东子弟八千人渡江而西，今无一人还，纵

---

① 阴陵：秦置县名，地在今安徽省定远县西北。 ② 东城：秦置县名，故治在今安徽省定远县东南。 ③ 乌江：水名，今名乌江浦。在安徽省和县东北。 ④ 亭长：秦、汉时乡官名，十里一亭，设亭长一人。檥(yǐ 蚁)：指船靠岸。

江东父兄怜而王我，我何面目见之？纵彼不言，籍独不愧于心乎？”乃谓亭长曰：“吾知公长者，吾骑此马五岁，所当无敌，尝一日行千里，不忍杀之，以赐公。”乃令骑皆下马步行，持短兵接战。独籍所杀汉军数百人。项王身亦被十余创。顾见汉骑司马吕马童，曰：“若非吾故人乎？”马童面之①，指王翳曰：“此项王也。”项王乃曰：“吾闻汉购我头千金，邑万户，吾为若德。”乃自刎而死。王翳取其头，余骑相蹂践争项王，相杀者数十人。最其后，郎中骑杨喜、骑司马吕马童，郎中吕胜、杨武，各得其一体。五人共会其体，皆是。故分其地为五：封吕马童为中水侯，封王翳为杜衍侯，封杨喜为赤泉侯，封杨武为吴防侯，封吕胜为涅阳侯。

项王已死，楚地皆降汉，独鲁不下。汉乃引天下兵欲屠之，为其守礼义，为主死节，乃持项王头示鲁，鲁父兄乃降。始，楚怀王初封项籍为鲁公，及其死，鲁最后下，故以鲁公礼葬项王穀城。汉王为发哀，泣之而去。

诸项氏枝属，汉王皆不诛，乃封项伯为射阳侯。桃侯、平皋侯、玄武侯皆项氏，赐姓刘。

太史公曰②：吾闻之周生曰：“舜目盖重瞳子。”又闻项羽亦重瞳子。羽岂其苗裔邪？何兴之暴也！夫秦失其政，陈涉首难，豪杰蜂起，相与并争，不可胜数。然羽非有尺寸，乘势

---

① 面之：背对他。面，通“偭”，以背相向。 ② 太史公曰：是司马迁的议论，用以总结通篇内容或补充史实，或阐明写作主旨，或评论史事、人物。太史公即司马迁。

起陇亩之中，三年，遂将五诸侯灭秦，分裂天下，而封王侯，政由羽出，号为“霸王”，位虽不终，近古以来未尝有也。及羽背关怀楚，放逐义帝而自立，怨王侯叛己，难矣。自矜功伐①，奋其私智而不师古，谓霸王之业，欲以力征经营天下，五年卒亡其国，身死东城，尚不觉寤而不自责②，过矣。乃引“天亡我，非用兵之罪也”，岂不谬哉！

【翻译】

项籍是下相人，字羽。初起兵时，年二十四岁。他的叔父是项梁，项梁的父亲就是楚国将军项燕，是被秦将王翦所杀死的。项氏世代做楚将，封于项地，因此姓项。

项籍年轻时，读书习字不很认真，没有学成，离开了；去学习剑术，又没有学成。项梁对他很生气。项籍说：“读书写字只要能用来记姓名就行了，击剑只能对付一个人，不值得学，我要学对付万人的本领。”于是项梁就教项籍学兵法，项籍很高兴，略微知道了兵法的大意，但又不肯学完。项梁曾与栎阳地方某案件有牵连，于是请托蕲地的主狱官曹咎写一封说情信，给栎阳县的主狱官司马欣，因此被牵累的事得以了结。项梁杀了人，为躲避仇家与项籍居住在吴中。吴中贤明的士大夫都不及项梁。每逢吴中有大的徭役差事和丧事，项梁常常主持办理，他暗地里用兵法组织操练宾客子弟，因此了解了他们的才能，秦始皇帝巡游会稽，渡钱塘江，项梁和

① 伐：即功勋。 ② 寤：同“悟”。

项籍一起去观看，项籍说："那人我可取而代之！"项梁连忙捂住项籍的嘴说："不要乱说，要灭族的！"项梁因此而赏识项籍。项籍身高八尺多，力大能举起鼎来，才气超人，即使是吴中当地的子弟，都敬畏项籍。

秦二世元年七月，陈涉等人在大泽乡起义。这年九月，会稽郡守殷通对项梁说："长江以北都反了，这也是上天要灭亡秦国的时候了。我听说先发制人，后发就被人所制。我要发兵，让你同桓楚带领军队。"这时桓楚还逃亡在大泽中。项梁回答说："桓楚还逃亡在外，人们不知道他在哪里，只有项籍知道。"项梁就出来，吩咐项籍拿剑等候在外。项梁再进去，陪郡守坐，说道："请召项籍，让他接受命令宣召桓楚。"郡守说："行。"项梁传项籍进来，不一会儿，项梁对项籍丢了个眼色，说："可以行事了！"于是项籍就拔剑斩下郡守的头，项梁拎着郡守的头，佩带上官印绶带。郡守府里的人大惊，恐慌混乱，被项籍所击杀的有几十上百人。一府的人都畏惧而伏倒在地上，不敢起来。项梁于是召集他平日熟悉的豪吏，把起兵的事告诉他们，于是征集吴中的士兵，又派人征发所属各县兵员，得到精兵八千人。项梁分别委派吴中的豪杰担任校尉、军候、司马。有一个人没有任用，他向项梁为自己申说。项梁说："前些时某一次办丧事，让你主办某件事，你不能办理，因此不能任用你。"大家于是信服了。项梁便自任会稽郡守，项籍做副将，巡行攻取所属各县。

广陵人召平这时替陈王巡行攻取广陵，没能攻下。这时，听说陈王失败逃走，秦兵又将追来，便渡长江假冒陈王命令，授给项梁为楚国上柱国的官衔，说："江东已经平定，快领兵向西进攻秦兵！"项梁便带领八千子弟兵渡长江向西进兵。听说陈婴已经攻占东阳，派遣使者想要和陈婴一起西进。陈婴原是东阳县的令史，家住县城里，一向讲信用而且为人谨慎，被称为长者。东阳县的年轻人杀掉县令，聚集了几千人，要立个首领，没合适的人选，就请陈婴担任。陈婴以没有能力为由谢绝，大家终究强立他做了首领。县里随从起事的有两万人。年轻人想使陈婴立即称王，士兵都用玄青色布包头以表示异军突起。陈婴的母亲对陈婴说："自从我做了你陈家的媳妇，从没听说你家先代有过什么贵人。现在突然获得大名，是不吉利的。不如从属他人，事情成功了还能封侯，事情失败了容易逃亡，不为人们所注意。"陈婴于是不敢称王，对他部下说："项氏是世代的将门，在楚国有名，现在想要干大事，领头的人选得不好，成不了事。我们依靠名门大族，就一定能灭亡秦国了。"于是大家听从了他的话，把军队归属于项梁。项梁渡过淮河，黥布、蒲将军也率领军队来归属。共计六七万人，驻扎在下邳。

就在这时，秦嘉已经立景驹做楚王，军队驻在彭城东边，打算抗拒项梁。项梁对军官们说："陈王首先起义，战争失利，没有听说他的下落。现在秦嘉背叛陈王另立景驹，大逆不道！"于是进兵攻秦嘉。秦嘉的军队败走，一直追击到胡陵地方。秦嘉回军激战了一天，秦嘉战死，军队投降。景驹逃走，死在梁地。项梁收编了秦嘉的军队以后，驻扎在胡陵，将要发兵西征。章邯军队到了栗地，项梁派部将朱鸡石、馀樊君迎战，馀樊君战死，朱鸡石军战败，逃往胡陵。项梁就领兵进入薛县，杀了朱鸡石。项梁在这之前曾派项羽分兵攻打襄城，襄城坚守，攻打不下。等到攻下以后，就把守城军民全部坑杀。回来报告项梁。项梁得知陈王确实已死，召集各路将领，聚会于薛县商议大事。这时沛公也在沛地起兵前往薛县。

居鄛人范增，年满七十，一向居住在家里，喜欢考究奇谋计策。他去给项梁出主意说："陈胜失败本是应当的。秦灭六国，楚国最无罪。自从怀王受骗入秦没有回来，楚国人到今天还在怜悯怀念他。所以楚南公说：'楚国即使剩下三户人家，灭秦的也必是楚人。'现在陈胜首先起义，不立楚王后代而自立为王，他的王业长不了。现在你起兵江东，楚国这么多将领争先恐后前来投奔你，是因为你项氏世代为楚将，能再扶立楚王后代的缘故。"项梁认为他的话很对，就在民间访求到楚怀王的孙子名叫心的，他给人牧羊，便立他为楚怀王，以顺从民众的愿望。陈婴做了楚国的上柱国，封给他五个县的封地，同怀王在盱台建都。项梁自己号称武信君。

过了几个月，项梁带兵进攻亢父，与齐国的田荣、司马龙且合军救东阿，在东阿大败秦军。田荣就领兵回去，驱逐齐王假。假逃奔楚国，他的相国田角逃奔赵国。田角的弟弟田间原是齐国将军，留在赵国不敢回去。田荣扶立田儋的儿子田市做齐王。项梁已经击败东阿秦军的下军，继续追击秦军，几次派遣使者催促齐兵，想与他们一军西进。田荣说："楚国杀掉田假，赵国杀掉田角、田间，我才发兵。"项梁说：

"田假是盟国的国君,在穷途末路的情况下投奔我,我不忍心杀他。"赵国也不肯杀田角、田间以讨好齐国。齐国因此不肯发兵协助楚军。项梁派沛公同项羽另行攻打城阳,大肆屠杀。向西在濮阳之东击败秦军,秦军退入濮阳,沛公、项羽便进攻定陶。定陶没有攻破,便撤兵离去,向西攻城略地到雝丘,大败秦军,斩了李由,再回师攻外黄,外黄未能攻下。

项梁军从东阿出发,西进,等到达定陶,第二次击败秦军,加上项羽等在这之前又杀了李由,就更加轻视秦军,骄傲起来。宋义于是劝项梁道:"打了胜仗而将骄兵怠就必然失败。现在士兵有些懈怠涣散了,秦兵又每天得到增援,我替您感到害怕。"项梁不听,派宋义出使齐国。路上遇到齐国使者高陵君显,问道:"你要去见武信君吗?"回答道:"是的。"宋义说:"我看武信君军队必败。你慢行可免一死,快走正好碰上灾祸。"秦果然动员全部兵力增援章邯,进攻楚军,在定陶大败楚军,项梁战死。沛公、项羽放弃外黄进攻陈留,陈留守军坚守,不能攻破。沛公、项羽共同商量道:"现在项梁军失败,士兵很恐慌。"便会同吕臣军队一齐向东撤,吕臣军队驻扎在彭城东面,项羽军队驻扎在彭城西面,沛公军队驻扎在砀地。

章邯已经打败项梁军队,就以为楚地军队不用担心了,便渡过黄河进攻赵国,大破赵军。正当这时,赵歇做了赵王,陈馀做将军,张耳做相国,都退入钜鹿城。章邯命令王离、涉间包围钜鹿,章邯军队驻扎在钜鹿南边,筑起一条两旁有墙垣保护的通道运粮。陈馀做将军,统兵几万人,驻扎在钜鹿的北边，这就是所谓河北之军。

楚军在定陶吃了败仗，怀王感到恐惧，就从盱台来到彭城，合并了项羽、吕臣的军队自己统领。用吕臣做司徒，用他的父亲吕青做令尹。任沛公做砀郡长，封为武安侯，统领砀郡军队。

当初，宋义遇到的齐国使者高陵君显在楚军，见到楚王说："宋义预料武信君的军队必败，过了几天，军队果然失败了。军队未战就能预先见到失败的征兆，这可以说是精通用兵之道了。"怀王召见宋义同他讨论国家大事，十分高兴，因而任命他做上将军。项羽封为鲁公，做次将，范增做末将，一齐去援救赵国。所有统兵将官都归宋义指挥。号称卿子冠军。军队开到安阳，逗留四十六天不向前推进。项羽说："我听说秦军围困赵王在钜鹿城内，我们赶快率领军队渡过黄河，楚军在外面攻击，赵军在里面接应，一定能击破秦军。"宋义说："不对！牛虻能叮咬牛但是不能咬小虱子。目前秦军进攻赵国，战胜的话它的军队也就精疲力尽了，我们利用他们疲困的机会；若战败，我就大张旗鼓向西进军，也能把秦攻下，所以不如先让秦、赵交战。要讲冲锋陷阵，我不如你，要讲出谋划策，你可不如我了！"说完就下令全军说："凶猛像虎，违拗如羊，贪酷似狼，倔强而不听差遣的，一律杀头！"接着就委派他的儿子宋襄做齐国的相国，亲自送到无盐县，大摆筵席宴请宾客。这时天寒大雨，士兵又冻又饿。项羽说："将要齐心协力攻打秦军，却一直留在这里不走。今年年岁饥荒百姓贫穷，士兵们吃的是芋豆之类，军队没有存粮，还摆酒宴客，不领军渡黄河去取用赵地的粮食，会同赵军合力攻秦军，反而说什么利用其疲困。以秦军之强，进攻新建立的赵国，其趋势必定会攻下赵国。赵国败亡，秦就更强，有什么疲困可利用！况且我国军队新近失败，大王坐立不安，把全部兵力交给上将军，国家安危，在此一举。可是上将军不爱惜士兵而只顾自己私情，不是保卫国家的大臣！”项羽早上参见上将军宋义，就在参见的营帐中砍下宋义的头，出来号令全军说：“宋义私通齐国合谋反楚，楚王密令我杀掉他。”这时，所有将官都震骇顺服，不敢稍有抗拒，齐声说：“首先扶立楚王，就是将军一家人，现在又是将军平叛！”于是共同拜立项羽做代理上将军，派人追赶宋义的儿子，在快到齐国的地方，把他杀了。又派桓楚向怀王报告，怀王同意任命项羽做上将军，当阳君黥布和蒲将军都归属项羽统率。

项羽杀了卿子冠军后，威震楚国，名闻诸侯。于是派遣当阳君、蒲将军带兵二万渡过漳水救援钜鹿，战事没有多大进展，陈馀又要求增援。项羽便率领所有军队渡过漳水，全部沉掉渡船，打破炊具，烧掉营房，只带三天的粮食，以此表示士卒们必须死战，不许有丝毫后退的念头。因此楚军一过河就包围了王离的军队，与秦军遭遇，激战多次，断绝了秦军运粮的甬道，把秦军打得大败，杀死苏角，俘虏王离。涉间不肯投降楚军，自焚而死。这时，楚兵的威势压倒诸侯的军队，诸侯军队来救援钜鹿的有十多座营垒，没有一个敢派兵出战。楚军进攻秦军的时候，诸侯将士都从壁垒上观战。楚军士兵无不以一当十，楚兵呼声动天，诸侯军无不人人惊惧惶恐。等到击败秦军，项羽召见诸侯将军，他们进入辕门，每人都曲膝而进，不敢抬头仰视。项羽从这时开始做诸侯的上将军，诸侯们的军队都归他指挥。

章邯军队驻扎在棘原，项羽军队驻扎在漳水之南，两军相持没有交战。秦军多次退却，二世派使者责备章邯。章邯恐惧，派长史司马欣去陈述原委。司马欣到达咸阳，在司马门等候了三天，赵高不见，有不信任的意思。长史司马欣害怕，逃回自己军队，不敢走原路。赵高果然派人追赶，没有追上。司马欣回到军营中，报告说："赵高在朝廷掌权，在下面的人做不成事情。现在出战能够胜利，赵高必定嫉妒我们的功劳；出战不能胜利，免不了一死。希望将军仔细考虑。"陈馀也送一封信给章邯说："白起做秦的将军，南征得楚国的鄢、郢，在北面坑杀赵国马服君的军队，攻克城市占领土地，不计其数，然而结果却是命令自杀。蒙恬做秦的将军，北驱匈奴，开发榆中地区几千里，结果还是在阳周被斩首。为什么呢？功劳太大了，秦国无法全部封赏，因而只能借法令来杀掉他们。现在你做秦国将军已三年，损失了数以十万计的士兵，而诸侯们的兵却越来越多。那赵高长期以来一向阿谀蒙蔽，现在事情危急，也担心二世杀他，所以想要用法令来杀掉将军以便搪塞自己的责任。另外派人代替你，以便逃脱祸害。将军长期在外，与朝廷内部有很多矛盾，你有功劳也得被杀，没有功劳也得被杀。上天要灭亡秦，无论聪明愚笨的人都知道这一点。现在将军在朝廷内既不能直言规劝皇帝，在朝廷外面带兵也不过是亡国之将，孤立无援而想保全性命，岂不可悲！将军何不回兵与诸侯们订立纵约，约定一同进攻秦国，分了它的地盘，自己为王，南面而坐，称孤道寡，这和身受刀斧，妻子儿女被杀相比，哪个好呢？”章邯迟疑不决，暗地里派军候叫始成的去见项羽，打算要求订约投降。盟约没有订成，项羽派蒲将军不分昼夜带兵渡过三户津，扎营漳水南岸，与秦军交战，又把它打败。项羽自己统率全军从汙水上进攻，把秦军打得大败。

章邯派人求见项羽，要求订约。项羽召集军吏们商量说：“粮食缺少，我想接受缔约的请求。”军吏们说：“很好。”项羽便与章邯约定日期在洹水之南的殷墟上相会。盟约订立后，章邯见了项羽，痛哭流涕，诉说受赵高陷害之事。项羽就立章邯为雍王，安置在楚军中。委任长史司马欣为上将军，统率秦军做先锋。

军队到达新安，诸侯军的军吏士兵，过去为服徭役驻守边疆路过秦中，当时秦中的军吏士兵对他们往往加以虐待。等到秦军投降诸侯，诸侯们的军吏士兵乘战胜的机会也都把他们当作奴隶和俘虏那样役使，随意折磨凌辱。秦军的军吏士兵大多私下议论说：“章将军等人骗我们投降诸侯。如今能够进关打败秦国，那是大好事；倘若不能，诸侯们就要把我们像俘虏那样押到东方去，秦国必定会把我们的父母妻儿全部杀掉。”将官们对这些议论，稍有所闻，报告项羽。项羽召集黥布和蒲将军商量说：“秦军的军吏士兵为数不少，他们并不心服。进了关中不服从命令，事情就必然危险。不如杀掉他们，只带章邯、长史司马欣和都尉董翳进关吧。”于是楚军连夜在新安城活埋秦兵二十多万人。

楚军进兵去攻取平定秦关中之地。函谷关有兵守关，不能进去。又听说沛公已攻破咸阳，项羽大为发怒，命令当阳君等攻打下函谷关，项羽军队入了关，到达戏水西岸。沛公这时驻军霸上，没有能同项羽见面。沛公的左司马曹无伤，差人通报项羽说："沛公打算做关中王，叫秦王子婴做相国，秦国的珍宝都归他所有了。"项羽大怒，说："明天早上让士兵吃饱，去消灭沛公的军队。"这时，项羽兵有四十万，驻在新丰鸿门；沛公有兵十万，驻军霸上。范增劝项羽说："沛公在山东的时候，贪财好色，如今进了关，财物也不要了，美女也不爱了，此人的志向不小呵！我叫人望过他的气，都是龙虎之形，形成五彩，这是天子气呵，要赶快进攻，不要失掉良机。"

楚国左尹项伯，是项羽的叔父，向来同留侯张良友好。张良这时跟随沛公，项伯连夜骑马奔到沛公驻军的营地，私下会见张良，一一告诉他这些事。想要招呼张良同自己一道离去。说："别跟着一起死呵！"张良说："我因为韩王的缘故相送沛公，沛公现在有了急难之事，我要跑掉是不义的，不可不告诉他。"张良进帐，把所有情况禀告沛公。沛公大惊，说："怎么办呢？"张良说："谁给大王出这个主意的？"沛公说："有个浅陋的小人劝我说：'守住函谷关别让诸侯进来，秦地就全归你称王了。'所以我听了他的话。"张良说："大王估计一下，你的军队能抵得住项王吗？"沛公默不作声，过了一会才说："当然不如了，但是怎么办呢？"张良说："只有去对项伯讲清楚，说沛公是不敢违抗项王的。"沛公说："你是怎么同项伯有交情的?”张良说:“秦时他同我结交,他杀了人,我救了他的命。现在事情危急,幸亏他来通知我。”沛公说:“你们两人年龄哪个大?”张良说:“他比我年长。”沛公说:“你给我招呼他进来,我要像侍候兄长那样接待他。”张良出去邀请项伯,项伯立即进帐会见沛公。沛公捧酒致意,约定同他做儿女亲家,说:“我进了关,丝毫都不敢占有,登记好官民的户籍,查封好公府的库房,为的是等候将军驾到,所以派遣将领把守函谷关,是为了防备其他盗贼出入及意外的事变。我日夜盼望将军驾到,怎么敢反叛呢?希望你一一为我解释,决不敢背信弃义。”项伯答应了,对沛公说:“明天不可不早些亲自来向项王致意。”沛公说:“是。”于是项伯又乘夜回去,到达军中,把沛公的话全都向项王报告了,并且说:“沛公要不是先攻破关中,你岂敢入关呢?人家有大功反而去攻打他,这是不义的,不如就此好好地对待他。”项王同意了。

第二天早晨,沛公带了一百多骑随从来见项王,到达鸿门,向项王表示歉意说:“我与将军协力攻打秦军,将军转战黄河以北,我攻打黄河以南,但想不到能先进关攻破秦国,得以在这里重见将军。现在有小人挑拨,使得将军与我之间产生了嫌隙。”项王说:“这是沛公左司马曹无伤讲的,不然的话,我哪会这样呢?”项王当天就留下沛公,举行宴饮。项王、项伯朝东坐,亚父朝南坐。亚父,就是范增。沛公朝北坐,张良朝西站着侍候。范增几次使眼色暗示项王,再三用挂在身上的玉玦朝项王示意,项王沉默着不理会。范增离席而起,出外招呼项庄,对他说:“君王为人下不了狠心,你进去到席前敬酒，敬过酒，请求表演舞剑，乘机把沛公杀死在座位上。否则，你们都将被他俘虏。”项庄随即进帐敬酒，敬完酒，说：“君王同沛公宴饮，军中没有什么可娱乐的，请让我表演舞剑吧！”项王说：“好。”项庄拔剑起舞，项伯也拔剑起舞，不时用身体去掩护沛公，项庄没有机会行刺。张良到军门门口去找樊哙，樊哙问：“今日的情况怎么样？”张良说：“危急得很！现在项庄正表演舞剑，他注意的经常是沛公。”樊哙说：“这太危险了！让我进去，同沛公生死与共！”樊哙立刻带剑持盾闯进军门，守门的卫士把双戟交叉想拦住不让进去，樊哙把盾牌横着一撞，卫士们跌倒在地，樊哙冲了进去，揭开帷幕向西一站，瞪着眼睛盯住项王，头发直竖起来，眼眶都要裂开了。项王按住剑半跪半起，问：“你是什么人？”张良说：“是沛公的随车卫士樊哙。”项王说：“好个壮士，赐他一杯酒。”但拿给他的是一斗酒。樊哙俯地拜谢，立起身站着，一口气喝完。项王说：“赏他一条猪腿。”可是拿给他的是一条生猪腿。樊哙把盾牌反放在地上，再把猪腿放在盾牌上，拔出剑来一边割一边吃，项王说：“壮士还能饮酒吗？”樊哙说：“我就是死都不回避，一杯酒还值得推辞？那秦王有虎狼之心，杀人唯恐不多，罚人唯恐不够，天下的人都背叛他。怀王同诸侯约定：‘谁先破秦进入咸阳的在那里为王。’现在沛公先破秦进入咸阳，东西丝毫不敢占有，封闭好宫室，把军队撤到霸上驻扎，等候大王的到来。至于派遣将领把守函谷关，为的是防备盗贼和意外事变。像这样劳苦功高，不仅没有封侯的奖赏，你反而听信谗言，要诛杀有功的人。这是已灭亡了的暴秦的继续，我个人认为大王的做法不可取。”项王一时无话回答，就说：“坐下！”樊哙挨着张良坐下。坐了一会儿，沛公起来上厕所，趁机招呼樊哙出去。

沛公离席出去，项王就叫都尉陈平去召回沛公。沛公说：“如今出走，不告辞，行吗？”樊哙说：“做大事顾不了细节，行大礼免不了小的责难。如今人家准备好刀和砧板，我们却是刀下的鱼肉，有什么好告辞的！”于是决定不辞而别，叫张良留下辞谢。张良问道：“大王来时带了什么礼物？”答道：“我带了一付白璧，打算献给项王；一对玉斗，打算送给亚父。碰到他们正在发怒，所以没有敢献上去。你替我代献吧！”张良说：“遵命。”当时，项王军队驻在鸿门，沛公军队驻在霸上，相隔四十里。沛公把车辆弃置不用，独自骑马脱身而逃，樊哙、夏侯婴、靳强、纪信四个人手持刀剑盾牌步行追随，从郦山脚下，经过芷阳抄小路走。走前沛公嘱咐张良说：“走这条路到我们的驻地，不过二十里罢了。你估计我们回到了军营时，你再进营帐辞谢。”沛公已经离去，从小路回到军营中。张良这时才进帐向项王辞谢道：“沛公经受不了酒力，不能亲自告辞了。他命小臣张良恭敬地奉上白璧一对，拜献给大王足下；玉斗一对，拜送给大将军足下。”项王说：“沛公在哪里？”张良说：“听说大王有意要责备他，所以一个人脱身回去，已经到驻地了。”项王也就接受了白璧，放在座位上。亚父接过玉斗，丢在地上，拔出剑来将它砍碎，说：“唉，这小子不值得替他出谋画策！夺取项王天下的人，一定是沛公。我们这些人如今都要被俘虏了！”沛公回到驻地，立刻杀了曹无伤。

过了几天，项羽带兵向西进入咸阳大肆屠杀，杀了秦降王子婴，焚烧秦宫室，大火三个月不熄，搜括秦的财货、宝物、妇女东归。有人劝项王说："关中地区山河险要四面可守，土地肥沃富饶，可以建都称霸。"项王看到秦的宫室都已焚毁残破，又怀恋故乡想要东归，说："富贵了不回故乡，就像穿了锦绣衣裳去走夜路，谁能知道！"劝告的人说："人家说楚人像猕猴戴帽，果然不错。"项王听说这话后，就烹杀了这个进言的人。

项王派人通报怀王。怀王说："照以前约定的办。"于是尊立怀王为义帝。项王想自己称王，就先封诸将相为王。对他们说："天下初起义时，暂且扶立诸侯的后代来讨伐秦。但亲自披坚执锐首先起兵，风餐露宿在草野之中达三年之久，消灭秦国平定天下的，都是各位将相和我项籍的力量。义帝虽没有功劳，但也还是应让他分地为王。"全体将领都说："对！"于是分封天下，立各位将领为诸侯王。项王、范增疑忌沛公想得天下，但是已经同他和解，又不愿意担当背约的名声，怕诸侯们叛乱，便暗中策划道："巴蜀道路艰险，秦朝流放罪犯，都安置在蜀地。"就扬言说："巴、蜀也属于关中地区。"因此封沛公为汉王，领有巴、蜀、汉中等地，都城设在南郑。把秦关中地区分为三部分，封秦朝降将为王，用来阻挡汉王。项王于是封章邯为雍王，管辖咸阳以西，定都废丘。长史司马欣，原是栎阳县主狱官，曾对项梁有恩德；都尉董翳，曾劝章邯投降楚军。因此封司马欣为塞王，辖咸阳以东至黄河，定都栎阳;封董翳做翟王,辖上郡,定都高奴。迁移魏王豹做西魏王,辖河东,定都平阳。瑕丘人申阳是张耳的宠臣,先打下河南,在黄河边接应楚军,因此封申阳为河南王,定都雒阳。韩王成仍居旧都,都城在阳翟。赵将司马卬平定河内,屡建战功,故封司马卬为殷王,辖河内,定都朝歌。迁移赵王歇为代王。赵相国张耳一向贤明,又跟随项王进关,因此封张耳为常山王,辖赵地,定都襄国。当阳君黥布任楚将,常勇冠诸军,因此封黥布为九江王,定都六。鄱君吴芮率领百越族人,辅佐诸侯,又跟从项王入关,因此立吴芮为衡山王,定都邾。义帝的柱国共敖带兵进攻南郡,有很多战功,因此封共敖为临江王,定都江陵。迁移燕王韩广做辽东王。燕将臧荼协同楚军救赵,又随从入关,因此封臧荼为燕王,定都蓟。迁移齐王田市为胶东王。齐将田都随项羽一同救赵,又随从入关,因此封田都为齐王,定都临淄。原来被秦灭亡的齐王建的孙子田安,当项羽渡黄河救赵的时候,田安攻克济水以北好几座城池,带兵投降项羽,因此封田安做济北王,定都博阳。田荣几次得罪项梁,又不肯带兵跟从楚军攻打秦军,因此不封。成安君陈馀弃将印而去,又没有随从进关,但是平素名声好,对赵国有功,听说他在南皮,也就封给他南皮周围的三个县。番君将领梅鋗功多,因此封为十万户侯。项王自封为西楚霸王,辖九个郡,定都彭城。

汉元年四月,诸侯罢兵于戏水之下,各往封国。项王出行到自己封国,派人迁徙义帝说:“古代帝王拥地千里,必定居住在上游地方。”便派人迁义帝到长沙郴县,催逼义帝立即上路，义帝的臣子渐渐叛逃了，于是密令衡山王和临江王在江上袭杀了义帝。韩王成没有军功，项王不让他到封国去，让他跟随自己到彭城，废去王号降封为侯，接着又杀了他。臧荼到了自己的封国，乘机驱赶韩广去辽东，韩广不听从，臧荼就在无终杀了韩广，一并统治了他的封地。

田荣得悉项羽把齐王田市迁往胶东，而且封齐将田都为齐王，大怒，不肯让齐王去胶东，就据齐地反抗，迎头攻击田都。田都逃到楚国。齐王田市惧怕项王，便逃亡到胶东的封国去。田荣发怒，追到即墨将他杀了。田荣于是自立为齐王，向西攻杀济北王田安，吞并了三齐。田荣给彭越将军印，令他据梁地造反。陈馀暗中派张同、夏说对齐王田荣说："项羽主持分封天下，不公平。他把原来的王全封到坏地方为王，而把他的群臣诸将封到好地方为王。驱逐我的故主，赵王于是往北居住到代地，我陈馀认为不该这样。现在听说大王起兵，要是不响应则不义，希望大王借给我部众人马，去攻打常山王张耳，以便赵王复位。请用我们的封国作为护卫。"齐王答应了他，因此派兵去赵国。陈平调发三县所有兵卒，会同齐军并力进攻常山王，把他打得大败。张耳逃亡归附汉王。陈馀从代地迎回原来的赵王歇返回赵国。赵王于是封陈馀为代王。

这时，汉王已经回来平定了三秦。项羽听说汉王全部并吞完了关中，而且将引兵东进，齐、赵又都叛变，大怒。于是封原来的吴令郑昌为韩王，来抵抗汉军。命令萧公角等进攻彭越。彭越击败了萧公角等。汉王差遣张良晓喻韩王，于是送给项王一封信说:“汉王没能遵行前约,只求得到关中,得到关中便止兵,不敢向东扩展。”又把齐、梁反叛的事写信给项王说:“齐打算同赵合力消灭楚国。”楚国因为这个缘故,打消了西进的念头,而向北去攻打齐国。向九江王黥布征调兵员。黥布推托有病不亲自前往,派将领率领几千人去。项王因此怨恨黥布。汉二年冬,项羽挥兵北上到城阳,田荣也率兵来会战。田荣兵败,逃到平原,平原百姓杀了他。项羽于是北进烧毁夷平了齐国的城郭房屋,活埋了田荣投降的士兵,掠取了齐国的老弱妇女。攻略齐国直到北海,不少地方被摧残毁灭。齐人集合起来反抗项羽,于是田荣的弟弟田横收编齐军逃散的士兵得到几万人,在城阳起兵。项王于是留下来,连续多次战斗没能攻下。

春天,汉王统率了五个诸侯的军队共五十六万人,东进征讨楚国。项王得到这个消息,随即命令将领们抵抗齐军,自己带领精兵三万,向南经鲁地出兵胡陵。四月,汉军和诸侯军队都已打进彭城,搜括城内财物、珍宝、美人,每天备酒大宴。项王军队于是从西面的萧地一早进击汉军,向东推进,直到彭城,到正午时分,把汉军打得大败。汉军全线退却,楚军紧追到穀水、泗水岸边,杀伤汉军士兵十多万人。汉军都向南退却逃进山里,楚军又追击到灵壁东面的睢水。汉军溃退,被楚军冲挤,多遭杀伤。汉兵十多万人,都跳入睢水,睢水因此不流。楚军把汉王团团围住。就在此时,从西北刮起了一阵大风,摧折树木,掀掉屋顶,飞沙走石,天昏地暗如同黑夜,扑面向楚军吹来。楚军大乱而溃散。汉王乘机同几十个骑马随从逃脱。打算过沛县带了家眷一起西逃，但楚军也派人追到沛县，搜捕汉王家属；家眷都已逃亡，无法同汉王见面。汉王在路上遇见儿子孝惠和女儿鲁元，就把他们载上车子。楚军骑兵追赶汉王，汉王发急，把孝惠、鲁元推下车去。滕公夏侯婴每次都下去把他们拉上车来，像这样反复三次，说："虽然危急，车子跑不快，怎么可以甩掉他们！"这样孝惠和鲁元才得以逃命。又到处寻找太公、吕后，没有遇上。审食其陪同太公、吕后走小道，寻找汉王，反而碰上楚军，楚军就把他们带回，报告项王，项王把他们安置在军中。

这时吕后的哥哥周吕侯，统领一支汉军驻在下邑，汉王从小路去投奔他，逐渐收编他的士兵。到达荥阳，一些溃败的军队重新会合起来，萧何也征集关中没有登入服役名籍的老弱，一起送到荥阳，兵力重又大振。楚兴兵于彭城，常乘胜追击败军，同汉军在荥阳南面京县、索亭之间交战，汉军打败了楚军，楚军因此不能过荥阳西进。

正当项王去救彭城，追击汉王到荥阳，田横也乘机收复齐地，扶立田荣的儿子田广做齐王。当汉王在彭城战败，诸侯们重又归向楚而背叛汉。汉军驻扎荥阳，筑起甬道，一直连接到黄河南岸，用来运输敖仓的粮食。汉三年，项王不断袭击汉军甬道，汉王粮食缺乏，恐惧，求和，要求把荥阳以西的地方分割给汉。

项王打算接受汉王的要求。历阳侯范增说："现在汉军容易对付，但如果放弃机会不消灭它，以后必定懊悔。"项王听从范增的意见加紧包围荥阳。汉王为此感到忧愁。便采纳陈平的计谋离间项王。等到项王的使者来到汉军，就准备了丰盛的酒食，正要进上酒食，看见使者，装出惊讶的样子说："我以为是亚父的使者，哪知是项王的使者！"便把酒食撤掉，又端出粗陋的饮食给项王使者吃。使者回去报告项王，项王就疑心范增同汉王私下有来往，稍稍削夺了他的权力。范增大怒，说："天下事已定局了，君王好自为之！请允许我保全这副老骨头回家做老百姓吧！"项王准许他的请求。他上了路，没到彭城，背上毒疮发作死了。

汉将纪信劝告汉王说："形势紧急了，为了你，让我冒充你蒙骗楚军，大王你可以乘机逃出。"于是汉王趁夜间从荥阳东门放出两千个披着甲胄的妇女，楚兵于是四面围击。纪信乘一辆用黄绸做篷盖的车子，在左辕上张一把用羽毛编织的旌旗，说："城中粮尽，汉王投降。"楚军都欢呼万岁。汉王也就带了几十个骑兵从西城门逃出，往成皋奔去。项王见到纪信，问："汉王在哪里？"纪信说："汉王已经脱身了。"项王于是烧死了纪信。

汉王派御史大夫周苛、枞公、魏豹驻守荥阳。周苛、枞公商量说："魏豹是叛国之王，难于同他守城。"于是两人就杀死了魏豹。楚军攻下荥阳城，活捉周苛。项王对周苛说："你做我的部将，我让你做上将军，封三万户。"周苛骂道："你要是不赶快降汉，汉军就要俘虏你，你不是汉王的对手！"项王发怒，烹杀了周苛。并杀了枞公。

汉王逃出荥阳，往南奔向宛、叶二地，得到九江王黥布接应，一路收集残兵，重新进入成皋守卫。汉四年，项王进兵围成皋，汉王逃命，单独同滕公出成皋北门，渡黄河到了修武，投奔张耳、韩信军队。一些将领陆续逃出成皋，追上汉王。楚军攻占成皋，准备向西进军。汉王派兵在巩地阻截，使楚军不能西进。

这时，彭越渡过黄河进攻东阿的楚军，杀楚将军薛公。项王于是亲自东征彭越。汉王得到了淮阴侯的兵员，打算渡黄河南进。郑忠劝阻，汉王就在河内扎营。派刘贾率兵支援彭越，焚烧楚军粮草。项王东征击败刘贾，打跑彭越。汉王随即带兵渡黄河，重新收复成皋，驻军广武，就以敖仓储粮作为军食。项王已经平定东海，挥兵向西，与汉军同时在广武扎营，相持几个月。

正当这时，彭越屡次从梁地反攻，断绝楚军粮草，项王很忧虑。他置办了高大的几案，把太公放在上面，通知汉王说："你再不赶快投降，我就要烹杀太公了！"汉王说："我和你项羽都作为臣子受命于怀王，立誓'约为兄弟'，我父亲就是你父亲，果真要烹煮你的父亲，那就希望分一杯肉羹给我！"项王发怒，真要杀死太公。项伯说："天下事还不可预料，况且要争夺天下的人不顾念家庭，虽杀了他父亲也没有用，只会增加祸害。"项王听从了他的话。

楚汉相持日久，不分胜负，丁壮苦于军旅征战，老弱疲于输粮运饷，项王对汉王说："天下战乱纷扰，已有几年了，就是因为我们两人的缘故，我愿意同汉王当面挑战决一雌雄，别再无故让天下百姓老小受苦！"汉王笑着辞谢道："我只能斗智，不能斗力。"项王命壮士出阵挑战。汉军中有一个楼烦族神射手，楚军挑战三次，每次都被楼烦射手射死。项王大怒，于是亲自披甲执戟出阵挑战，楼烦射手正要射他，项王瞪眼大喝一声，楼烦射手眼不敢看项王，手不敢发箭，回马就走，躲进营垒，不敢再出。汉王叫人打听是谁，原来是项王。汉王大惊。于是项王和汉王两人隔着广武山的一条深涧对话。汉王数落项王的罪过，项王发怒，要决一死战。汉王不理睬他，项王这边埋伏的弓箭手射中汉王。汉王受伤，退入成皋。

项王听说淮阴侯已经占领黄河以北，攻破齐、赵军队，接着就要进攻楚军，便派龙且去迎击淮阴侯，淮阴侯与龙且交战，骑将灌婴进攻楚军，大败楚军，杀了龙且。韩信乘机自封为齐王。项王获悉龙且军队打败，就很恐慌，叫盱台人武涉出使去策反淮阴侯。淮阴侯没有听从。这时，彭越又反，攻克梁地，断绝楚军粮草。项王就对海春侯大司马曹咎等人说："好好守住成皋，要是汉军来挑战，小心别与它交战，不让它东进就行了。我十五天内必杀彭越，平定梁地，再同将军会合。"于是向东进军，攻打陈留、外黄。

外黄不肯降服。数日以后，投降了，项王发怒，命令所有十五岁以上男子到城东去，打算活埋他们。外黄县令门客的十三岁的儿子，去见项羽说："彭越以强力劫持外黄，外黄人害怕，所以暂且投降，等候大王。大王来了，又把他们都活埋，百姓哪会有归顺之心？从这里往东，梁地十余座城的人都要害怕，没有人肯降附你了。"项王同意他的说法，于是赦免了准备活埋的外黄百姓。东进到睢阳，其他各城听说这事争相投降了项王。

汉军果然多次向楚军挑战，楚军闭营不出。汉军派人侮辱叫骂楚军，接连有五六天，大司马曹咎发怒，从汜水渡兵。士兵渡过一半，汉军进攻他们，大败楚军，取得了楚国的全部财货。大司马曹咎、长史董翳、塞王司马欣都在汜水上自刎而死。大司马曹咎，原是蕲县主狱官，长史司马欣也是前栎阳的狱吏，两人都曾对项梁有恩德，所以项王信任他们。这时，项王在睢阳，听到海春侯军队败亡，立即引兵还师。汉军正在荥阳东围困钟离眜，项王军队一到，汉军畏惧楚军，全军退守到险要地方。

这时，汉兵势盛粮多，项王军队兵疲粮尽。汉王派遣陆贾劝说项王请求放回太公，项王不答应。汉王又派侯公去劝说项王，项王便与汉王约定：双方平分天下，分割鸿沟以西的地方归汉，鸿沟以东的地方归楚。项王表示同意，随即遣返汉王的父母妻儿。士兵们都高呼万岁。汉王便封侯公为平国君，便安置藏匿他使他不再与世人来往，说："这人是天下有名的辩士，所到之处可以倾覆别人的家国，所以封他为平国君。"项王订好条约，就带领军队去围而东归。

汉王准备西归，张良、陈平劝他说："汉已占有一大半天下，诸侯们也都归顺。楚国兵疲粮尽，这是上天灭亡楚国的时机，不如乘机就夺取天下。现在歇手不打，这是所谓'养虎给自己留下祸患'啊！"汉王接受了他们的计策。汉五年，汉王便追击项王到达阳夏南面，屯兵暂驻，与淮阴侯韩信，建成侯彭越，约定日期会战楚军。行军到固陵，而韩信、彭越的军队没有如期会合。楚军进攻汉军，大败汉军。汉王又退入营垒，深挖濠堑固守，对张子房说："诸侯不来赴约，怎么办呢？"答道："楚军就要败了，但韩信、彭越还没有封地，他们不来本是情理之中的事。大王要是能同他们共分天下，现在马上就可使他们前来。要是不能，那事情就难于预料了。大王要是能把陈地以东直到近海的地区，全部给韩信；把睢阳以北到谷城的地区，给予彭越。使他们各为自己战，那么打败楚国是不难的。"汉王说："好！"于是就派使者去通知韩信、彭越说："大家合力进攻楚军，歼灭了楚军，自陈地以东到近海地区封给齐王，睢阳以北到谷城的地区封给彭相国。"使者一到，韩信、彭越都回报说："现在就立即进兵。"韩信就从齐地出兵，刘贾的军队从寿春出发，两路并行，屠灭城父，到达垓下。大司马周殷叛楚，率领舒地士兵屠杀六地的军民，征调九江士兵，随同刘贾、彭越，一起会师垓下，直指项王军队的驻地。

项王军队驻扎在垓下，兵少粮尽，汉军会同诸侯军队重重加以包围。夜间听到汉军从四面唱起楚地的歌声，项王大惊道："汉军都已占领楚国了吗？怎么楚人这么多呢？"项王深夜起来，在军帐中饮酒。有一美人名虞，常陪伴项王出征；有一匹骏马叫骓，项王常骑着它。这时项王就慷慨悲歌，自己做了一首诗道："力能拔山啊豪气压倒一世，天时不利啊骓马也不奔驰，骓马不奔驰啊如何办，虞啊虞啊怎么办呵！"歌唱几遍，美人也和诗歌唱。项王禁不住伤心流泪，侍卫也都哭泣，抬不起头来。

于是项王跨上马背，部下壮士八百多人骑着马随从，当夜朝南冲出包围，纵马奔驰。天快亮的时候，汉军方才觉察，命令骑将灌婴率领五千骑兵追赶。项王渡过淮河，能跟上的随骑只有一百多人了。项王走到阴陵地方，迷失道路，问一个农夫，农夫骗他说："往左！"项王往左走，就陷入一片沼泽地里，所以被汉军追上了。项王只得又引兵东走，到了东城地方，只剩下二十八个随骑了。追赶的汉军骑兵几千人，项王估计不能脱身，对部下说："我自起兵到现在八年了，身经七十余战，攻无不破，战无不胜，没有打过败仗，故而称霸天下。然而今天终于受困在这个地方，这是天要亡我，不是我用兵打仗的过失啊！今日定要决一死战，愿为诸君痛快地打一仗，定要打胜三次，为各位突破包围，斩杀汉军将领，砍倒汉军大旗，让诸君知道这是天要亡我，不是我用兵打仗的过失！"于是将随从分为四队，朝四个方向。汉军重重包围他们，项王对他们的骑兵说："我为你们斩他一将。"命令四队骑兵各向下冲击，约定在山的东面分三处集合。于是项王大声呼喝向下直冲，汉军都望风披靡，果然斩杀汉军一将。这时赤泉侯杨喜任骑将追项王，项王瞪眼对他大喝一声，赤泉侯连人带马惊慌失措，一连退了好几里路。项王同他的骑兵在三处会合。汉军不知项王在哪一处，便把军队一分为三，重又包围起来。项王往来驰突，又斩汉军一个都尉，杀死数十百人。再一次集合队伍，只不过损失了两骑而已，便问他的随骑道："怎么样？"骑兵们都敬服地说："正如大王所说的那样！"

这时项王想东渡乌江。乌江亭长备下船只等待，对项王说:“江东虽小,还有方圆千里的地域,几十万的民众,也足够称王啊！请大王急速渡江。现在只有我有船,汉军追来,没有船只可渡。”项王笑道:“天要亡我,我渡江干什么?况且我项籍带领江东子弟八千人渡江西进,今天无一人生还,纵然江东父老爱怜而拥我为王,我有何面目见他们?纵然他们不说什么,我项籍难道不感到内心有愧吗?”接着对亭长说:“我知道你是忠厚长者。我骑这匹马五年了,所向无敌,经常日行千里,不忍杀它,把它赏给你吧!”于是命令骑兵都下马步行,手持刀剑交战。仅项籍一人所杀死的汉军就有几百人。项王自己身上也受伤十多处,回头看见汉军骑兵司马吕马童,说:“你不是我的老相识吗?”吕马童掉过头去,背对项王,用手指示告诉王翳道:“这就是项王!”项王便说道:“我听说汉王悬赏千金要我的头,并给封邑一万户,我为你们做好事吧!”说罢就自刎而死。王翳割下他的头,别的骑兵为争夺项王的尸体互相践踏,自相残杀的有几十人。最后,郎中骑杨喜、骑司马吕马童、郎中吕胜、杨武,各抢到一段肢体,五个人把所得肢体合在一起,拼成项王的整体。因此把项王的领地分成五块:封吕马童做中水侯,封王翳为杜衍侯,封杨喜为赤泉侯,封杨武为吴防侯,封吕胜为涅阳侯。

项王死后,楚地纷纷降附汉,独有鲁地不归顺。汉王于是带领天下诸侯兵要屠杀鲁地;因为鲁人恪守礼义,为主尽忠死节,就拿了项王的头颅传示鲁地,鲁地民众才降附归服。当初,楚怀王最初给项籍的封号是鲁公,他死后,鲁地又最后投降,因而用鲁公的礼仪把项王葬在穀城。汉王为他举行丧礼，哀悼流泪然后离去。

所有项氏宗族，汉王一律不杀。便封项伯为射阳侯。桃侯、平皋侯、玄武侯，都是项氏宗室，赐姓刘。

太史公说：我听周生说过：“舜的眼睛据说有两个瞳仁。”又听说项羽也是双瞳仁。项羽难道是舜的后裔吗？为什么会这样突然地兴起发迹呢？秦朝政治昏暗无道，陈涉首先发难，豪杰蜂拥起兵响应，互相争夺天下，不可胜数。然而项羽没有丝毫的凭借，却乘势兴起于民间，三年时间就率领五个诸侯灭亡秦朝，分割天下，封赏王侯，天下政事由项羽主宰，号称“霸王”，王位虽然没有能保全始终，但也是近古以来所没有的了。等到项羽放弃关中，怀念楚地，放逐义帝，自封霸王，却埋怨王侯背叛自己，想要全功立业，难呵！项王自傲，夸耀功勋，逞着一个人的心志而不师法往古，为了建立霸王的事业，想依仗武力征讨来一统天下。时仅五年终于亡国，身死于东城，还不觉悟，又不反躬自责，真不应该呵！还要借口说什么“这是天要亡我，不是用兵打仗的过失呵”，这难道不是很荒谬的吗？

陈涉世家

按照《史记》的体例，“世家”一般是述诸侯王的世系及其兴亡事迹的。司马迁把出身雇农的陈胜列入“世家”，是因为陈胜有倾覆秦王朝的首事之功。这是尊重历史事实的表现。本篇详细地记述了陈胜起义的全过程，以及相继而起的各路起义军的胜败兴替，展现了秦末农民起义波澜壮阔的历史场面，揭示了各阶层人物间错综复杂的关系。司马迁还论述了陈胜起义失败的原因。起义领袖缺乏指挥全局的能力、蜕化、用人不当，导致了起义军内部众叛亲离、军事上失利。陈胜、吴广死于自己的随从或部下之手，其结局具有深刻的悲剧意义。

陈胜者，阳城人也①，字涉。吴广者，阳夏人也②，字叔。陈涉少时，尝与人佣耕，辍耕之垄上③，怅恨久之，曰："苟富贵，无相忘。"佣者笑而应曰："若为佣耕，何富贵也？"陈涉太息曰："嗟乎，燕雀安知鸿鹄之志哉④！"

二世元年七月⑤，发闾左適戍渔阳⑥，九百人屯大泽乡⑦。陈胜、吴广皆次当行⑧，为屯长。会天大雨，道不通，度已失期⑨。失期，法皆斩。陈胜、吴广乃谋曰："今亡亦死，举大计亦死，等死，死国可乎？"陈胜曰："天下苦秦久矣。吾闻二世少子也，不当立，当立者乃公子扶苏。扶苏以数谏故⑩，上使外将兵。今或闻无罪，二世杀之。百姓多闻其贤，未知其死也。项燕为楚将，数有功，爱士卒，楚人怜之。或以为死，或以为亡。今诚以吾众诈自称公子扶苏、项燕，为天下唱，宜多应者。"吴广以为然，乃行卜。卜者知其指意，曰："足下事皆成，有功。然足下卜之鬼乎！"陈胜、吴广喜，念鬼，曰：

① 阳城：秦县名，旧城在今河南省登封东南三十五里的告成镇。 ② 阳夏（jiǎ 假）：秦县名，今河南省太康县。 ③ 辍（chuò 绰）耕：指停止耕作，歇息。 ④ "燕雀"句：比喻志小者不了解志大者的志向。鸿鹄（hú 胡）：即天鹅，比喻英雄。 ⑤ 二世元年：即公元前209年。二世皇帝，名胡亥，始皇第十八子，在李斯、赵高等的策划下，取代公子扶苏继位。 ⑥ 闾（lú 驴）左：闾，里门。闾左是居住里门左边的平民。秦时以居闾右为贵，闾左为贱。適（zhé 辙）：同"谪"，征发。渔阳：秦县名，旧治在今河北密云县西南。 ⑦ 大泽乡：在今安徽省宿州境。 ⑧ 次当行（háng 航）：编在征发的队伍里。次，编次，安排；行：行列。 ⑨ 度（duó 夺）：估计。 ⑩ 数（shuò 硕）：屡次。

“此教我先威众耳。”乃丹书帛曰“陈胜王”，置人所罾鱼腹中①。卒买鱼烹食，得鱼腹中书，固以怪之矣。又间令吴广之次所旁丛祠中②，夜篝火，狐鸣呼曰：“大楚兴，陈胜王。”卒皆夜惊恐。旦日，卒中往往语，皆指目陈胜。

吴广素爱人，士卒多为用者。将尉醉，广故数言欲亡，忿恚尉③，令辱之，以激怒其众。尉果笞广④。尉剑挺，广起，夺而杀尉。陈胜佐之，并杀两尉。召令徒属曰：“公等遇雨，皆已失期，失期当斩，藉弟令毋斩⑤，而戍死者固十六七。且壮士不死即已，死即举大名耳，王侯将相宁有种乎！”徒属皆曰：“敬受命。”乃诈称公子扶苏、项燕，从民欲也。袒右，称大楚。为坛而盟，祭以尉首。陈胜自立为将军，吴广为都尉。攻大泽乡，收而攻蕲⑥。蕲下，乃令符离人葛婴将兵徇蕲以东⑦。攻铚、酂、苦、柘、谯皆下之⑧。行收兵。比至陈⑨，车六七百乘，骑千余，卒数万人。攻陈，陈守令皆不在⑩，独守丞与战谯门中⑪。弗胜，守丞死，乃入据陈。数日，号令召三老、豪杰与

① 罾（zēng 增）：捕鱼用的网具，这里指“捕获”。 ② 间（jiàn 渐）：暗地里。 ③ 忿恚（huì 惠）尉：使将尉恼怒。恚，恨。 ④ 笞（chī 痴）：用竹板或鞭条打人。 ⑤ 藉弟：即使。 ⑥ 蕲（qí 其）：秦县名，县治在今安徽省宿州东北。 ⑦ 符离：秦县名，县治在今安徽省宿州东北。⑧ 铚（zhì 至）：秦县名，今安徽省宿州西南。酂（cuó 嵯）：秦县名，今河南省永城西南。苦（hù 护）：秦县名，今河南省鹿邑县东。柘（zhè 这）：秦县名，今河南省柘城县西北。谯（qiáo 瞧）：秦县名，在今安徽省亳州。 ⑨ 陈：秦县名，县治在今河南省淮阳县。 ⑩ 守令：这里指守陈的县令。 ⑪ 守丞：佐助县令的官员。谯门：上有谯楼的城门。

皆来会计事①。三老、豪杰皆曰:“将军身披坚执锐,伐无道,诛暴秦,复立楚国之社稷,功宜为王。”陈涉乃立为王,号为张楚②。

当此时,诸郡县苦秦吏者,皆刑其长吏③,杀之以应陈涉。乃以吴叔为假王④,监诸将以西击荥阳⑤。令陈人武臣、张耳、陈馀徇赵地⑥,令汝阴人邓宗徇九江郡⑦。当此时,楚兵数千人为聚者,不可胜数。

葛婴至东城⑧,立襄强为楚王。婴后闻陈王已立,因杀襄强,还报。至陈,陈王诛杀葛婴。陈王令魏人周市北徇魏地⑨。吴广围荥阳。李由为三川守⑩,守荥阳,吴叔弗能下。陈王征国之豪杰与计,以上蔡人房君蔡赐为上柱国⑪。

---

① 三老:秦制十里一亭,亭有亭长;十亭一乡,乡有三老,掌管教化。豪杰:当地有名望、有势力的人物。 ② 张楚:即大楚。张,大。 ③ 刑:名词作动词用,判罪,这里指惩办。长(zhǎng 掌)吏:长官。 ④ 吴叔:即吴广。假王:暂时设置的王。 ⑤ 荥(xíng 形)阳:秦县名,今河南省荥阳西北。 ⑥ 赵:这里的赵地指今河北省西南部,陕西东北部及山西省中部一带。 ⑦ 汝阴:秦县名,在今安徽省阜阳一带。九江郡:秦郡名,辖今江西、安徽二省的淮南江北和江西省大部分地区。郡治寿春(今安徽省寿县)。 ⑧ 东城:秦县名,在今安徽省定远县。 ⑨ 魏地:据颜师古说,就是梁地,即今河南省开封一带。 ⑩ 李由:秦朝丞相李斯的儿子。三川:秦郡名,辖境有今河南省西部黄河、伊河、洛河三水流域,三川郡以此为名。郡治在今洛阳。 ⑪ 上蔡:秦县名,县治在今河南省上蔡西南。房君:是封号。上柱国:战国时楚国武官官名,以军功显著的人充当。

周文，陈之贤人也，尝为项燕军视日①，事春申君②，自言习兵，陈王与之将军印，西击秦。行收兵至关③，车千乘，卒数十万，至戏④，军焉。秦命少府章邯免郦山徒、人奴产子生⑤，悉发以击楚大军，尽败之。周文败，走出关，止次曹阳二三月⑥。章邯追败之，复走次渑池十余日⑦。章邯击，大破之。周文自刭，军遂不战。

武臣到邯郸⑧，自立为赵王，陈馀为大将军，张耳、召骚为左右丞相。陈王怒，捕系武臣等家室，欲诛之。柱国曰："秦未亡而诛赵王将相家属，此生一秦也。不如因而立之。"陈王乃遣使者贺赵，而徙系武臣等家属宫中，而封耳子张敖为成都君，趣赵兵亟入关⑨。赵王将相相与谋曰："王王赵，非楚意也。楚已诛秦，必加兵于赵。计莫如毋西兵，使使北徇燕地以自广也。赵南据大河，北有燕、代，楚虽胜秦，不敢制赵。若楚不胜秦，必重赵。赵乘秦之弊，可以得志于天下。"赵王以为然，因不西兵，而遣故上谷卒史韩广将兵北徇燕地⑩。

---

① 项燕：战国末楚国将军。视日：主管占卜时日吉凶。视，办理、治理。 ② 春申君：战国时楚国相黄歇的封号，与孟尝君、平原君、信陵君并称。 ③ 关：函谷关，在今河南省三门峡南。 ④ 戏（xī 希）：戏亭，因戏水流经其下而得名，在今陕西省临潼东。 ⑤ 少府：官名，管全国税收。人奴产子生：家庭奴婢生育之子。 ⑥ 曹阳：地名，今河南省灵宝东。 ⑦ 渑（miǎn 缅）池：秦县名，县治在今河南省渑池县西。 ⑧ 邯郸（hán dān 含单）：古都邑，秦县名。在今河北省邯郸市西南。 ⑨ 趣（cù 促）：催促。亟（jí 吉）：急，火速。 ⑩ 上谷：秦郡名，郡治沮阳，在今河北怀来南。卒史：即曹史，是郡守的属官。

燕故贵人豪杰谓韩广曰："楚已立王，赵又已立王。燕虽小，亦万乘之国也①，愿将军立为燕王。"韩广曰："广母在赵，不可。"燕人曰："赵方西忧秦，南忧楚，其力不能禁我。且以楚之强，不敢害赵王将相之家，赵独安敢害将军之家！"韩广以为然，乃自立为燕王。居数月，赵奉燕王母及家属归之燕。

当此之时，诸将之徇地者，不可胜数。周市北徇地至狄②，狄人田儋杀狄令③，自立为齐王，以齐反，击周市。市军散，还至魏地，欲立魏后故宁陵君咎为魏王④。时咎在陈王所，不得之魏。魏地已定，欲相与立周市为魏王，周市不肯。使者五反，陈王乃立宁陵君咎为魏王，遣之国。周市卒为相。

将军田臧等相与谋曰："周章军已破矣⑤，秦兵旦暮至，我围荥阳城弗能下，秦军至，必大败。不如少遗兵，足以守荥阳，悉精兵迎秦军。今假王骄，不知兵权，不可与计，非诛之，事恐败。"因相与矫王令以诛吴叔，献其首于陈王。陈王使使赐田臧楚令尹印⑥，使为上将。田臧乃使诸将李归等守荥阳城，自以精兵西迎秦军于敖仓⑦。与战，田臧死，军破。章邯

---

① 万乘之国：本指战车万乘，这里指国力强大。 ② 狄：秦县名，县治在今山东省高青东南。 ③ 田儋（dān 单）：齐王族，后为秦将章邯所杀。 ④ 魏后故宁陵君咎：魏国的后代过去封为宁陵君的魏咎。宁陵君，封号。咎，即魏咎，原为魏国的公子，秦灭魏以后，降为平民。 ⑤ 周章：按汉人服虔的说法，周章即周文。 ⑥ 令尹：官名，春秋、战国时楚国所设，是最高的官职，掌军、政大权。 ⑦ 敖仓：地名，秦朝在这里设立了储藏粮食的大仓库，在今河南省荥阳东北的敖山上。

进兵击李归等荥阳下，破之，李归等死。

阳城人邓说将兵居郯①，章邯别将击破之，邓说军散走陈。铚人伍徐将兵居许②，章邯击破之，伍徐军皆散走陈。陈王诛邓说。

陈王初立时，陵人秦嘉、铚人董緤、符离人朱鸡石、取虑人郑布、徐人丁疾等皆特起③，将兵围东海守庆于郯④。陈王闻，乃使武平君畔为将军，监郯下军。秦嘉不受命，嘉自立为大司马⑤，恶属武平君⑥。告军吏曰："武平君年少，不知兵事，勿听！"因矫以王命杀武平君畔。

章邯已破伍徐，击陈，柱国房君死。章邯又进兵击陈西张贺军。陈王出监战，军破，张贺死。

腊月⑦，陈王之汝阴⑧，还至下城父⑨，其御庄贾杀以降秦。陈胜葬砀⑩，谥曰隐王。

---

① 邓说（yuè 悦）：陈胜起义军的将领。郯（tán 谈）：据《史记正义》说，郯应作郏。郯在今山东省郯城北，在陈县东，相距很远，章邯军不可能突然到达这里。郏，即今河南省郏县，位于荥阳的南面，陈县的西面，与当时章邯进军路线相符合。 ② 许：秦县名，县治在今河南许昌市东。 ③ 陵：应作凌，秦县名，县治在今江苏泗阳西北。取虑（qiū lú 秋闾）：秦县名，县治在今江苏睢宁西南。徐：秦县名，县治在今江苏泗洪县南。 ④ 东海守庆：秦朝的东海郡太守名叫庆的，东海郡的郡治在郯。 ⑤ 大司马：周代官名，掌管全国军务。 ⑥ 恶（wù 悟）：厌恶。 ⑦ 腊月：阴历十二月为腊月。⑧ 汝阴：秦县名，县治在今安徽阜阳。 ⑨ 下城父：古代邑名，在今安徽涡阳东南下城父聚。 ⑩ 砀（dàng 荡）：秦县名，在今河南永城东北。

陈王故涓人将军吕臣为仓头军①，起新阳②，攻陈下之，杀庄贾，复以陈为楚。

初，陈王至陈，令铚人宋留将兵定南阳③，入武关④。留已徇南阳，闻陈王死，南阳复为秦。宋留不能入武关，乃东至新蔡，遇秦军，宋留以军降秦。秦传留至咸阳，车裂留以徇。

秦嘉等闻陈王军破出走，乃立景驹为楚王，引兵之方与⑤，欲击秦军定陶下⑥。使公孙庆使齐王，欲与并力俱进。齐王曰："闻陈王战败，不知其死生，楚安得不请而立王！"公孙庆曰："齐不请楚而立王，楚何故请齐而立王！且楚首事，当令于天下。"田儋诛杀公孙庆。

秦左右校复攻陈，下之。吕将军走，收兵复聚。鄱盗当阳君黥布之兵相收，复击秦左右校，破之青波⑦，复以陈为楚。会项梁立怀王孙心为楚王⑧。

陈胜王凡六月。已为王，王陈。其故人尝与佣耕者闻之，之陈，扣宫门曰："吾欲见涉。"宫门令欲缚之⑨。自辩数，

① 涓人：即中涓，为王者管理洒扫、洗涤等内务。仓头军：起义部众以头裹青巾为标志，故称仓头军。又一种说法认为，起义部众多为奴隶（苍头），故称仓头军。仓，也作苍。 ② 新阳：秦县名，县治在今安徽界首北。 ③ 南阳：秦郡名，郡治宛，即今河南南阳市。 ④ 武关：在今陕西商南东南。 ⑤ 方与（fáng yù 房预）：秦县名，县治在今山东鱼台西。 ⑥ 定陶：秦县名，县治在今山东定陶县西北。 ⑦ 青波：秦县名，县治在今河南新蔡西南。 ⑧ 立楚怀王孙心为楚王：立楚怀王的孙子叫心的为楚王，事在公元前 208 年六月。楚怀王，名槐，战国末楚国国君，公元前 328—前 299 年在位。 ⑨ 宫门令：掌管守卫宫门的官员。

乃置，不肯为通。陈王出，遮道而呼涉。陈王闻之，乃召见，载与俱归。入宫，见殿屋帷帐，客曰：“夥颐①！涉之为王沈沈者②！”楚人谓多为夥，故天下传之，夥涉为王③，由陈涉始。客出入愈益发舒，言陈王故情。或说陈王曰：“客愚无知，颛妄言④，轻威。”陈王斩之。诸陈王故人皆自引去，由是无亲陈王者。陈王以朱房为中正⑤，胡武为司过，主司群臣。诸将徇地，至，令之不是者⑥，系而罪之，以苛察为忠。其所不善者，弗下吏，辄自治之。陈王信任之。诸将以其故不亲附，此其所以败也。

陈胜虽已死，其所置遣侯王将相竟亡秦，由涉首事也。高祖时为陈涉置守冢三十家砀，至今血食⑦。

【翻译】

陈胜，是阳城人，字涉。吴广，是阳夏人，字叔。陈涉年轻时曾同别人一起被雇佣耕作，歇息时他们走上田间垄上，陈胜深怀怅恨地说：“倘若以后富贵了，不要彼此忘记啊！”在一起耕作的同伴笑着回答说：“你给别人耕地，怎能富贵呢？”陈涉长叹，说：“哎呀！燕雀怎么能了解天鹅的远大志向啊！”

---

① 夥颐(huǒ yí 火宜)：表示惊羡的感叹词。 ② 沈沈(tán tán 坛坛)：形容宫室深邃的样子。 ③ 夥涉为王：“夥颐！涉之为王沈沈者”的缩语。这里是说陈涉首先起义灭秦而称王，受他影响，继之而起为王侯将相的很多。 ④ 颛：通“专”。 ⑤ 中正：官名，是主管人事的官。 ⑥ 不是：不顺从，不符合。 ⑦ 血食：祭祀用牲，因为带有血毛，所以叫血食。

秦二世皇帝继位的第一年七月，征发贫苦壮丁，发配他们去屯守渔阳，一行九百人走到大泽乡驻留下来。陈胜、吴广都编在征发的队伍里，并被任命为屯戍队的队长。正赶上了连日大雨，道路不通，队伍不能开拔，估计已经超过了规定的到达期限。按照秦朝的法律，误期的要处斩。陈胜、吴广于是商量说："现在逃亡也是死，造反失败了也是死，同样是死，为国事而死不是更好吗?"陈胜又说："天下的百姓被秦王朝奴役已经许久了！我听说二世胡亥是秦始皇的小儿子，不当继位，应当立为皇帝的是始皇的长子公子扶苏，扶苏因为多次向始皇直言劝谏的缘故，冒犯了皇上，皇上派遣他到外地领兵去了，现在有传闻说他并没有罪过，二世却杀了他。老百姓大都听说他很有才能，还不知道他已经被杀害。项燕是楚国的大将，屡立战功，爱护士卒，楚国人都很怀念他。楚亡以后，有些人认为他已死了，有些人认为他已逃亡。现在如果把我们的队伍假称是公子扶苏或项燕的部属，以号召天下百姓，响应的人一定很多。"吴广也以为这样做很好。于是前去卜卦，以测算吉凶。主卜的人揣测到了他们的意图，便说："你们想要做的事都会如愿、成功。然而你们何不向鬼神问卜呢!"陈胜、吴广心中暗暗地欣喜，思忖着主卜人所说向鬼神问卜的用意，说："这是教我们假托鬼神，在人们面前先树立威信呵。"于是便用朱砂在白绸上写了"陈胜王"三个字，预先放入别人网到的鱼肚里面。士卒买鱼烹煮，竟得见了鱼肚里写有字的白绸，本来就已惊奇不已了。而陈胜又暗中指使吴广到驻地旁树丛里的神祠中，深夜点起了篝火，并装着狐狸的叫声高喊:“大楚兴起啦,陈胜要称王。”士卒们夜间都惊慌恐惧起来。第二天天明时,士卒之间窃窃私语,都用手指点、用眼睛注视陈胜。

吴广平常很关怀士卒,因此士卒大都愿意替他出力。当军尉酒醉时,吴广故意地一再说要逃走,以激怒军尉,使他来侮辱自己,借以引起众人的愤怒。军尉果然被激怒了,鞭打吴广,军尉并拔剑出鞘,吴广乘机而起,夺取利剑,杀死了军尉。陈胜协助吴广,一举杀死两名军尉。于是召集众人说道:“你们遇到了大雨,都已经延误了到达渔阳的日期,延误了日期就要处以死刑。即使能幸免斩首,而驻守边地而死的人本来就要占十分之六七。况且壮士不死则已,死就应该是举义旗成大业,做王侯将相的,难道有其天生的种属吗!”徒众们都应声说:“听从你的号令。”于是假称是公子扶苏、项燕的部众,以顺从人们的愿望。袒露右臂,作为起义军的标志,号称大楚。筑起土坛举行宣誓,将军尉的头颅告祭苍天。陈胜自己号称将军,以吴广为都尉。攻占了大泽乡,收集了大泽乡的壮士们,又去攻打蕲。一举攻下了蕲县,于是命令符离人葛婴率领军队到蕲县以东巡行号召人民起义,相继攻占了铚、酂、苦、柘、谯等地方。起义军一边乘胜进军一边扩大队伍。到达陈地时,起义军已有战车六七百乘,骑兵一千多,士卒好几万人。于是攻陈县县城,陈的县令不在城内,只有守丞与起义军战于城门中,守丞战败被杀,起义军攻占了陈县。在这之后的几天里,陈胜发布号令召集三老、豪杰一起来商量大事,他们异口同声地说:“将军披坚执锐,讨伐暴虐无道的秦朝，复立楚国的社稷，功劳卓著，应立为王。”陈胜于是自立为王，定国号为“张楚”。

当时，各郡县痛恨秦朝官吏的人们，纷纷起来惩办当地的秦官吏，并格杀他们以响应陈胜。于是以吴广为假王，监督各将领率兵西进攻打荥阳。并命令陈县人武臣、张耳、陈馀等巡行原赵国的一些地方，命令汝阴人邓宗收取九江郡一带地方。在这时，楚兵以几千人为营伍的，数不胜数。

葛婴攻进东城，拥立襄强为楚王。事后，葛婴听说陈胜已称王，于是杀了襄强，并回来报告陈胜。到了陈县，陈胜诛杀葛婴。陈胜命令魏人周市向北进军以攻取魏地。吴广围攻荥阳。当时李由是秦三川郡的郡守，驻守荥阳，吴广久攻不下。陈胜召见境内的豪杰共同商量国事，任命上蔡人房君蔡赐为上柱国。

周文是陈县的贤人，曾做过项燕军中占卜时日吉凶的官，侍奉过楚国的春申君，自称能指挥打仗，陈胜给予他将军的印信，率领部众向西进兵，攻打秦军。他一边西进一边招收兵员，到达函谷关时，拥有战车千乘，士卒几十万人，一直攻打到戏地，军队驻扎在这里。秦朝廷命令少府章邯免除在郦山服役的刑徒及家庭奴婢所生之子不能充当军士的限制，全部征发以迎击张楚的大军，大获全胜。周文兵败后，退守函谷关外，驻扎在曹阳两三个月。章邯尾追而至，再败周文军，周文又退至渑池驻守十多天。章邯军进击，大败周文军。周文自杀，军队于是失去了战斗力。

武臣到了邯郸，自己立为赵王，以陈馀为大将军，张耳、召骚为左、右丞相。陈胜得知后非常愤怒，拘捕了武臣等人的家属，想把他们全部杀掉。柱国蔡赐说："秦朝还没有灭亡而又诛杀赵王将相的家属，这等于又生出了一个秦王朝。不如趁此机会而封立赵王。"陈胜于是派遣使者去祝贺赵王，并把拘禁的武臣等人的家属迁进宫内，同时封张耳的儿子张敖为成都君，以催促赵王的军队迅速入关。赵王的将、相们商量说："大王在赵地称王，并非出自大楚的本意，大楚如果消灭了秦朝，一定会进军攻伐赵国。现在最好的对策不如不向西进军，派遣使者率军北进攻燕地，以扩大自己的地盘。这样，赵国南面据守黄河，北面占有燕地、代地，大楚即使战胜了秦朝，也不敢来制服赵国。如果大楚不能胜秦，必然会看重赵国。赵国趁着秦朝弊败不堪的局面，就可以在天下得志称雄。"赵王以为这谋略很对，因而不向西进军，却派遣曾当过上谷卒吏的韩广率军向北进取燕地。

燕国过去的贵族和当地有名望的人对韩广说："楚已立了王，赵也已立了王。燕地虽小，但也曾是一个强国，希望将军也立为燕王。"韩广说："我的母亲还在赵国，不可称王。"燕人又说："赵王现在西面担心秦朝，南面担心楚，他的军力不可能遏制我们。况且以大楚那样的强大，尚且不敢杀害赵王将相的家属，赵王难道敢杀害将军的家属吗！"韩广认为这些话有理，于是自称为燕王。过了几个月，赵王便把燕王的母亲及其家属送到了燕地。

那时，攻城略地的起义将领不可胜数。周市向北攻战到了狄县，狄县人田儋杀了狄县县令，自称为齐王，占据齐地造反,攻打周市军。周市的军队溃散,只得退兵至魏地,想拥立魏国的后代原来的宁陵君咎为魏王。当时咎在陈胜的驻地里,不能脱身前往魏地。到了魏地完全平定之后,众人想共同拥立周市为魏王,周市不肯立为王。派遣使者向陈胜请封咎为魏王,使者往返五次,陈胜于是立宁陵君咎为魏王,遣送他回到魏国。周市最后当了魏王的相。

将军田臧等人相聚谋事说:"周章的军队已经败溃,秦军很快就会到来,我军围攻荥阳,久攻不下,秦军如果攻来,我军定当大败。不如留下少许部队,使足以守住荥阳的外围,而把全部精锐部众去迎击秦军。现在假王吴广骄慢,不懂得军机策略,不可和他商议大事,不杀掉他,我们的大事恐怕要失败。"于是田臧等共同假称陈王的命令杀死了吴广,并把他的头颅献给了陈胜。陈胜派遣使者赏赐给田臧楚令尹的大印,使他任上将军。田臧于是使李归等将领留守荥阳外围,自己亲率精锐的部众西进至敖仓迎击秦军。部众与秦军相战,田臧战死,部众败溃。章邯乘胜进军至荥阳城下,攻击李归等指挥的留守军,又大败这支留守军,李归等将领战死。

阳城人邓说率领军队驻守郯地,被章邯属下的别部将领打败,邓说军四散奔逃到了陈县。铚人伍徐率军驻守许县,被章邯亲率的军队打得大败,伍徐军也是四散奔逃到了陈县。陈胜因军事失利诛杀了邓说。

陈胜初称王时,陵地人秦嘉、铚地人董緤、符离人朱鸡石、取虑人郑布、徐人丁疾等都各自起义,他们率领兵众在郯地围攻东海郡太守庆。陈胜听说之后,即任命武平君畔为将军，前去监督和指挥围攻郯城的起义军。秦嘉不接受陈王的这个命令，自称大司马，反对隶属于武平君。并在军吏中宣告："武平君年轻，不懂得领军打仗的事，你们不要听他的！"因而假称陈王的命令杀害了武平君畔。

章邯已击溃了伍徐军，进而攻陈，柱国房君战死。章邯又进军攻打陈县西张贺的军队。陈胜亲自出阵督战，军队大败，张贺兵败战死。

腊月，陈胜退往汝阴，又返回到下城父，陈胜的车夫庄贾杀害了陈胜而投降了秦军。陈胜被埋葬在砀，后世人追谥陈胜叫隐王。

曾当过陈胜的涓人后来成为将军的吕臣组成仓头军。在新阳举行起义，并一举攻下了陈县，杀死了庄贾，再度以陈地为张楚国。

当初，陈王到达陈地时，命令铚地人宋留率领军队前去平定南阳，并进入武关。宋留已攻占南阳，听说陈胜已死，南阳郡又为秦军所据有。宋留不能攻入武关，于是率军东进到新蔡，和秦军遭遇，宋留便率部众降附秦军。秦军把宋留用传车押解到咸阳，处以车裂的酷刑以示众。

秦嘉等人听说陈胜兵败，从陈地出走，于是拥立景驹为楚王，率军到达方与，想在定陶附近阻击秦军。派遣公孙庆出使去面见齐王，希望和齐王协力出兵共同进攻秦军。齐王说："听说陈王战败，现在不知他是生是死。楚怎么不与我们商议竟拥立了新王呢？"公孙庆反驳道："齐未经楚允许而立了王，楚为什么要向齐请求允诺而立王呢？况且楚国是首先举起义旗反秦的，应当发号施令于天下。”田儋于是诛杀了公孙庆。

秦朝派遣左右校尉再次攻下陈县。吕臣将军兵败出走，收集散兵重新聚合部众。和已归属于鄱君的江上群盗叫当阳君黥布的部队相会合，再次攻打秦朝的左右校尉。在青波大获全胜，又一次以陈为楚政权的所在地。正值这时，项梁也拥立楚怀王的孙子名叫心的为楚王。

陈胜称王一共六个月。称王以后，定都陈地。他的那些曾经在一起被雇佣耕作的旧友听说之后，来到了陈地，敲着宫庭大门说道：“我们想见一见陈涉。”守卫宫门的官员打算捆绑拘禁他们，经他们再三分辩诉说，才免于拘禁，但也不替他们通报陈王。陈王出宫门，他们便拦住去路呼喊陈涉。陈王听见呼喊，便召见了他们，并让他们上车一起回宫。进入陈王的王宫，看到宫殿的帷帐陈设，这些客人惊叹不已：“夥颐！陈涉做王多么阔绰富丽啊！”楚地的人称“多”为“夥”，所以天下的人传着这“夥颐”的美谈。“夥涉为王”，是从陈涉开始的。这些客人出入宫廷更加无拘无束，常谈论陈王过去佣耕时的情况。宫廷里有人报告陈王说：“那些客人愚昧无知，专门轻妄胡言，这样会降低你的威严。”陈王于是斩杀了那些谈论佣耕往事的客人。那些陈王过去的朋友看到这种情形都纷纷离去，因此再也没有亲近陈王的人。陈王任命朱房为中正官，胡武为伺察百官过失的官，以督察群臣。派往各地攻城略地的将领，回到陈地后，凡是有与陈王的命令稍有不合的，就加以拘捕惩办，把能苛刻监察各将领当作忠诚，他们对于自己不喜欢的人，不交给主管法令的官吏审理，便擅自审判处置。陈王却信任他们。领兵的将领们因此就不亲附陈王，这是陈胜失败的原因。

陈胜虽然已经死去，但是他置立派遣去各地的王侯将相终于灭亡了秦王朝，这是由于陈涉首先发动起义造成的。汉高祖刘邦时在砀地安置三十户人家看管陈涉的坟墓，至今仍然杀牲祭祀。

留侯世家

张良，字子房，生年不详，卒于公元前 186 年。据传为成父（今河南郏县东）人。祖父与父亲相继为韩昭侯、宣惠王等五世之相。秦灭韩后，张良招募刺客谋刺秦始皇，未遂逃匿。在下邳遇见黄石公，得到《太公兵法》。后来成为刘邦的主要谋臣，受到刘邦的信赖和尊重，在刘邦夺取和巩固政权的过程中发挥了重要作用。汉朝建立后，封为留侯。

司马迁在本篇选择了一些有关天下存亡的大事来刻画张良的性格特征，如帮助沛公解鸿门之危表现了他的忠贞勇毅，奉劝汉王利用英布、彭越、韩信反映了他能胸怀战争全局和知人善任，以谏止刘邦复立六国刻画了他的明察事势，以劝吕泽迎四皓扭转太子的危机刻画了他的机谋委婉，而以功成后急流勇退刻画了他的全身避祸。这些性格特征使他成为历史上谋略过人而又善于明哲保身的代表人物。

本篇笔调舒缓，首尾呼应，读起来平易感人。

留侯张良者①，其先韩人也②。大父开地③，相韩昭侯、宣惠王、襄哀王④。父平，相釐王、悼惠王⑤。悼惠王二十三年⑥，平卒。卒二十岁，秦灭韩。良年少，未宦事韩。韩破，良家僮三百人⑦，弟死不葬，悉以家财求客刺秦王，为韩报仇，以大父、父五世相韩故。

良尝学礼淮阳⑧。东见仓海君⑨。得力士，为铁椎重百二十斤。秦皇帝东游，良与客狙击秦皇帝博浪沙中⑩，误中副车⑪。秦皇帝大怒，大索天下⑫，求贼甚急，为张良故也。良

---

① 留侯：张良的封号，侯爵。留，地名，在今江苏省沛县东南。② 先：祖先，先世。韩人：韩国人。③ 大父：祖父。④ 韩昭侯：名武，公元前358—前333年在位。宣惠王：昭侯之子，公元前332—前312年在位。韩国君称王自他始。襄哀王：即襄王，名仓，公元前311—前296年在位。⑤ 釐（xī 僖）王：名咎，襄王子，公元前295—前273年在位。悼惠王：又称桓惠王，釐王子，公元前272—前239年在位。⑥ 悼惠王二十三年：公元前250年。⑦ 僮：仆人。⑧ 尝：曾经。淮阳：故陈地，即今河南省淮阳县。⑨ 仓海君：当时的隐士。⑩ 狙（jū 诅）：猿猴之类的动物。狙击：意思是说像狙击物一样，暗中埋伏，突然袭击。博浪沙：地名，在今河南省原阳县东南。⑪ 副车：随从的车辆。⑫ 索：搜索，通缉。

乃更名姓，亡匿下邳①。

良尝闲从容步游下邳圯上②，有一老父③，衣褐，至良所，直堕其履圯下④，顾谓良曰："孺子⑤，下取履！"良鄂然⑥，欲殴之⑦。为其老，强忍，下取履。父曰："履我！"良业为取履⑧，因长跪履之⑨。父以足受，笑而去。良殊大惊，随目之。父去里所⑩，复还，曰："孺子可教矣。后五日平明⑪，与我会此。"良因怪之，跪曰："诺。"五日平明，良往。父已先在，怒曰："与老人期⑫，后，何也？"去，曰："后五日早会。"五日鸡鸣，良往。父又先在，复怒曰："后，何也？"去，曰："后五日复早来。"五日，良夜未半往。有顷⑬，父亦来，喜曰："当如是。"出一编书⑭，曰："读此则为王者师矣。后十年兴。十三年孺子见我济北⑮，穀城山下黄石即我矣⑯。"遂去，无他言，不复见。旦日视其书⑰，乃《太公兵法》也⑱。良因异之，常习诵读之。

居下邳，为任侠。项伯常杀人⑲，从良匿。

---

① 下邳：秦置县名，治所在今江苏睢宁西北古邳镇东。 ② 圯(yí 移)：桥梁。东楚谓桥为"圯"。 ③ 老父：年老的男子，犹老丈。 ④ 堕(duò 舵)：落下，掉下。 ⑤ 孺子：小子，后生。 ⑥ 鄂然：鄂通"愕"，惊讶。 ⑦ 殴：揍，打。 ⑧ 业：既然，已经。 ⑨ 长跪：挺直上身跪着，以示恭敬。 ⑩ 里所：一里许，犹言约莫一里地。 ⑪ 平明：天刚亮的时候。 ⑫ 期：相约，约会。 ⑬ 有顷：不久，一会儿。 ⑭ 编：通"篇"。一编书犹后世所谓一卷书或一本书。 ⑮ 济北：地名，在今山东省茌平县。 ⑯ 穀城山：一名黄山，在今山东平阴县西南。 ⑰ 旦日：明日。 ⑱《太公兵法》：据《史记正义》引梁阮孝绪《七录》说，全书共三卷。太公是周代的吕尚的称号，为周文王师。 ⑲ 项伯：名缠，项羽的族叔，入汉朝封为射阳侯。常，通"尝"，曾经。

后十年①，陈涉等起兵②，良亦聚少年百余人。景驹自立为楚假王③，在留④。良欲往从之，道遇沛公⑤。沛公将数千人，略地下邳西⑥，遂属焉。沛公拜良为厩将⑦。良数以《太公兵法》说沛公，沛公善之，常用其策。良为他人言，皆不省⑧。良曰："沛公殆天授。"故遂从之，不去见景驹。

及沛公之薛⑨，见项梁⑩。项梁立楚怀王⑪。良乃说项梁曰："君已立楚后，而韩诸公子横阳君成贤⑫，可立为王，益树党⑬。"项梁使良求韩成，立以为韩王。以良为韩申徒⑭，与韩王将千余人西略韩地，得数城，秦辄复取之，往来为游兵颍川⑮。

---

① 后十年：即博浪沙狙击后十年，公元前209年。 ② 陈涉：即陈胜。 ③ 景驹：楚国的后裔，为秦嘉所立。这里说自立为假王，是自立为临时之王。 ④ 留：秦置县名，故城在今江苏省沛县东南。 ⑤ 沛公：即刘邦。 ⑥ 略：攻取。 ⑦ 厩(jiù 就)将：管理车马的官吏。厩，马房。 ⑧ 省：领悟，理解。 ⑨ 薛：地名，在今山东省滕州东南。 ⑩ 项梁：项羽叔父，楚贵族项燕之子。陈胜起义后，在会稽郡(今江苏省东南和浙江东北部)起兵反秦，为秦将章邯战败而死。 ⑪ 楚怀王：战国时楚怀王槐的孙子，名心。楚灭后为人牧羊，公元前209年被项梁拥立为王，都盱台(今江苏省盱眙东北)。公元前206年被项羽杀害。 ⑫ 横阳君：封号，食邑在横阳。原韩王的公子，名成。公元前208年被立为韩王，数月后被项羽杀害。 ⑬ 益树党：益，增加。树，树立。党，党援，这里指同盟之国。 ⑭ 申徒：即司徒，职位相当于丞相。 ⑮ 颍川：郡名，秦置，韩故地。治阳翟(今河南省禹州)，辖境约当今河南省东南大部。

沛公之从洛阳南出轘辕①，良引兵从沛公，下韩十余城，击破杨熊军。沛公乃令韩王成留守阳翟②，与良俱南，攻下宛③，西入武关④。沛公欲以兵二万人击秦峣下军⑤，良说曰："秦兵尚强，未可轻。臣闻其将屠者子⑥，贾竖易动以利⑦。愿沛公且留壁⑧，使人先行，为五万人具食，益为张旗帜诸山上，为疑兵，令郦食其持重宝啗秦将⑨。"秦将果畔⑩，欲连和俱西袭咸阳⑪，沛公欲听之。良曰："此独其将欲叛耳，恐士卒不从。不从必危，不如因其解击之⑫。"沛公乃引兵击秦军，大破之。[逐]北至蓝田⑬，再战，秦兵竟败。遂至咸阳，秦王子婴降沛公⑭。

沛公入秦宫，宫室帷帐狗马重宝妇女以千数，意欲留居之。樊哙谏沛公出舍⑮，沛公不听。良曰："夫秦为无道，故沛

---

① 洛阳：地名，在今河南洛阳市东北。轘(huán 环)辕：山名，在今河南省偃师东南。山路险阻，共有十二曲。 ② 阳翟：地名，今河南禹州。 ③ 宛：地名，即今河南省南阳市。 ④ 武关：秦之南关，在今陕西省丹凤县东南。 ⑤ 峣(yáo 尧)：即峣关，在陕西省蓝田县东南。 ⑥ 屠者：屠户，屠夫。 ⑦ 贾(gǔ 古)竖：贾，商人。孜孜一味图利的商人。 ⑧ 且留壁：姑且留下，坚守自己的壁垒。壁，壁垒。 ⑨ 郦食其(lì yì jī 吏义基)：姓郦，名食其。辩士，高阳(今河南杞县)人，从沛公，号广野君，后被齐王田广烹杀。啗(dàn 淡)，同"啖"，吃。这里是以利引诱的意思。 ⑩ 畔：通"叛"。 ⑪ 咸阳：地名，秦王朝都城，在今陕西省咸阳西。 ⑫ 解：通"懈"。 ⑬ 蓝田：秦置县，故城在今陕西省蓝田县西三十里。 ⑭ 秦王子婴：秦始皇孙，秦二世三年被赵高立为秦王，沛公攻陷咸阳后投降，后来被项羽杀害。 ⑮ 樊哙：沛人，原以屠狗为业，反秦起义后，跟从刘邦，屡立战功，封舞阳侯。

公得至此。夫为天下除残贼，宜缟素为资①。今始入秦，即安其乐，此所谓‘助桀为虐’②。且‘忠言逆耳利于行，毒药苦口利于病’③。愿沛公听樊哙言。”沛公乃还军霸上④。

项羽至鸿门下⑤，欲击沛公，项伯乃夜驰入沛公军，私见张良，欲与俱去。良曰：“臣为韩王送沛公，今事有急，亡去不义。”乃具以语沛公。沛公大惊，曰：“为将奈何？”良曰：“沛公诚欲倍项羽邪⑥？”沛公曰：“鲰生教我距关无内诸侯⑦，秦地可尽王，故听之。”良曰：“沛公自度能却项羽乎？”沛公默然良久，曰：“固不能也，今为奈何？”良乃固要项伯⑧。项伯见沛公。沛公与饮为寿，结宾婚⑨。令项伯具言沛公不敢倍项羽，所以距关者，备他盗也。及见项羽后解，语在《项羽》事中。

汉元年正月⑩，沛公为汉王⑪，王巴蜀⑫。汉王赐良金百溢⑬，珠二斗，良具以献项伯。汉王亦因令良厚遗项伯，使请

---

① 缟素：未染色的白绢。这里指艰苦、朴素的生活。 ② 助桀为虐：协助恶人为非作歹。是当时成语。桀，夏朝末代的暴君，这里泛指坏人。 ③“忠言”句：这是当时人习用的成语格言。据《说苑·正谏篇》等的引载，“毒药”作“良药”。 ④ 霸上：在今陕西省长安东。 ⑤ 鸿门：地名，在今陕西临潼东。 ⑥ 倍：通“背”，背叛。 ⑦ 鲰（zōu 邹）生：浅薄无知的人。鲰，小鱼，这里指浅薄。距：通“拒”。内：通“纳”。 ⑧ 要：通“邀”。 ⑨ 结宾婚：预约联姻。 ⑩ 汉元年正月：即公元前 206 年正月。 ⑪ 汉王：公元前 206 年项羽自立为西楚霸王，立刘邦为汉王，辖地有巴、蜀、汉中等地。 ⑫ 巴蜀：秦朝置巴、蜀二郡。巴治所在今重庆北嘉陵江北岸，辖地当今四川东部。蜀治所在今四川省成都市，辖地约有当今四川省中、西部。 ⑬ 溢：通“镒”。金属重量单位，二十两为一溢，百溢，二千两。

汉中地①。项王乃许之，遂得汉中地。汉王之国，良送至褒中②，遣良归韩。良因说汉王曰："王何不烧绝所过栈道③，示天下无还心，以固项王意。"乃使良还，行，烧绝栈道。

良至韩，韩王成以良从汉王故，项王不遣成之国，从与俱东。良说项王曰："汉王烧绝栈道，无还心矣。"乃以齐王田荣反书告项王④。项王以此无西忧汉心，而发兵北击齐。

项王竟不肯遣韩王，乃以为侯，又杀之彭城⑤。良亡。间行归汉王⑥，汉王亦已还定三秦矣⑦。复以良为成信侯⑧，从东击楚。至彭城，汉败而还。至下邑⑨，汉王下马踞鞍而问曰⑩："吾欲捐关以东等弃之⑪，谁可与共功者？"良进曰："九江王黥布⑫，楚枭将⑬，与项王有郄⑭；彭越与齐王田荣反梁地，此两人可急使。而汉王之将独韩信可属大事⑮，当一面。即欲捐之，捐之此三人，则楚可破也。"汉王乃遣随何说九江

① 汉中：原秦郡，治所在今陕西省南郑县东，辖地约当今陕西省南部和湖北省西北部。 ② 褒中：古褒国。故治在今陕西省汉中。 ③ 栈(zhàn 战)道：在险绝的山岩上用竹木架成的道路。 ④ 齐王田荣：齐国贵族田氏的后裔。陈胜起兵后，从田儋起兵反秦。 ⑤ 彭城：地名，在今江苏省徐州市。 ⑥ 间行：悄悄地，隐蔽地进行。 ⑦ 三秦：秦故地关中，项羽曾封雍、塞、翟三王，合称三秦。 ⑧ 成信侯：刘邦授予张良的封号，无食邑，只褒奖他的弃楚归汉，守信义。 ⑨ 下邑：秦置县。故治在今安徽省砀山县东。 ⑩ 踞鞍：蹲坐在卸下的马鞍上。 ⑪ 捐：弃。 ⑫ 九江王黥布：即英布，因犯秦法，受黥刑，故有此称。英布依附项羽，受封九江王，楚汉之战时反楚从汉。 ⑬ 枭将：猛将，骁将。 ⑭ 郄(xì 细)：同"隙"。怨隙，嫌隙。 ⑮ 属：托付。

王布①，而使人连彭越。及魏王豹反②，使韩信将兵击之，因举燕、代、齐、赵。然卒破楚者，此三人力也。

张良多病，未尝特将也，常为画策臣，时时从汉王。

汉三年③，项羽急围汉王荥阳④，汉王恐忧，与郦食其谋桡楚权⑤。食其曰："昔汤伐桀，封其后于杞⑥。武王伐纣，封其后于宋⑦。今秦失德弃义，侵伐诸侯社稷，灭六国之后，使无立锥之地。陛下诚能复立六国后世，毕已受印，此其君臣百姓必皆戴陛下之德，莫不乡风慕义⑧，愿为臣妾。德义已行，陛下南乡称霸，楚必敛衽而朝⑨。"汉王曰："善。趣刻印，先生因行佩之矣。"

食其未行，张良从外来谒。汉王方食，曰："子房前！客有为我计桡楚权者。"具以郦生语告，曰："于子房何如？"良曰："谁为陛下画此计者？陛下事去矣。"汉王曰："何哉？"张良对曰："臣请藉前箸为大王筹之⑩。"曰："昔者汤伐桀而封其后于杞者，度能制桀之死命也。今陛下能制项籍之死命乎？"曰："未能也。""其不可一也。武王伐纣封其后于宋者，度能得纣之头也。今陛下能得项籍之头乎？"曰："未能也。""其不

① 随何：汉初辩士，受命游说英布归汉。与陆贾齐名。 ② 魏王豹：陈胜起兵后率兵占领魏地，楚怀王时立为王，后背叛归汉。 ③ 汉三年：公元前204年。 ④ 荥阳：地名，在今河南省荥阳东北。 ⑤ 桡（yào 蛲）：通"挠"，削弱。 ⑥ 杞：即今河南省杞县。 ⑦ 宋：约当今河南商丘。 ⑧ 乡：通"向"。 ⑨ 敛衽：整敛衣襟，这里是恭敬的意思。衽，衣襟。 ⑩ 藉：借。箸（zhù 柱）：筷子。

可二也。武王入殷，表商容之闾①，释箕子之拘②，封比干之墓③。今陛下能封圣人之墓，表贤者之闾，式智者之门乎？"曰："未能也。""其不可三也。发钜桥之粟④，散鹿台之钱⑤，以赐贫穷。今陛下能散府库以赐贫穷乎？"曰："未能也。""其不可四矣。殷事已毕，偃革为轩⑥，倒置干戈，覆以虎皮，以示天下不复用兵。今陛下能偃武行文，不复用兵乎？"曰："未能也。""其不可五矣。休马华山之阳⑦，示以无所为。今陛下能休马无所用乎？"曰："未能也。""其不可六矣。放牛桃林之阴⑧，以示不复输积。今陛下能放牛不复输积乎⑨？"曰："未能也。""其不可七矣。且天下游士离其亲戚，弃坟墓，去故旧，从陛下游者，徒欲日夜望咫尺之地。今复六国，立韩、魏、燕、赵、齐、楚之后，天下游士各归事其主，从其亲戚，反其故旧坟墓，陛下与谁取天下乎？其不可八矣。且夫楚唯无强，六国立者复桡而从之，陛下焉得而臣之？诚用客之谋，陛下事去矣。"汉王辍食吐哺⑩，骂曰："竖儒⑪，几败而公事！"令趣销印。

---

① 商容：商纣时的贵族，为大夫，因谏纣，被贬。闾：里门。② 箕子：名胥余，纣之诸父，官太师，谏纣不听，便佯狂为奴，被纣囚禁。拘：拘囚。③ 比干：纣王的叔父，官少师，屡次劝谏纣王，不听，被纣王剖心。④ 钜桥：纣王的粮仓，故址在今河北省曲周县东北。⑤ 鹿台：也称南单台，是纣储存财物的地方，故址在今河南省淇县。⑥ 偃革为轩：停用军车，改为平时乘用的车。革，兵车。轩，供乘坐的车子，车前顶较高，并有帷幕。⑦ 华山：即今陕西省华阴东南的华山。阳：山南。⑧ 桃林：在今河南省灵宝西。阴：山北。⑨ 输：输送，封运。积：聚积。⑩ 辍：停止。⑪ 竖儒：这儒生小子。

汉四年，韩信破齐而欲自立为齐王，汉王怒。张良说汉王，汉王使良授齐王信印，语在《淮阴》事中。

其秋①，汉王追楚王阳夏南②，战不利而壁固陵③，诸侯期不至。良说汉王，汉王用其计，诸侯皆至。语在《项籍》事中。

汉六年正月④，封功臣。良未尝有战斗功，高帝曰："运筹策帷帐中，决胜千里外，子房功也。自择齐三万户。"良曰："始臣起下邳，与上会留，此天以臣授陛下。陛下用臣计，幸而时中，臣愿封留足矣，不敢当三万户。"乃封张良为留侯，与萧何等俱封⑤。

上已封大功臣二十余人，其余日夜争功不决，未得行封。上在洛阳南宫，从复道望见诸将往往相与坐沙中语⑥。上曰："此何语？"留侯曰："陛下不知乎？此谋反耳。"上曰："天下属安定⑦，何故反乎？"留侯曰："陛下起布衣，以此属取天下，今陛下为天子，而所封皆萧、曹故人所亲爱，而所诛者皆生平所仇怨。今军吏计功，以天下不足遍封，此属畏陛下不能尽封，恐又见疑平生过失及诛，故即相聚谋反耳。"上乃忧曰："为之奈何？"留侯曰："上平生所憎，群臣所共知，谁最甚者？"上曰：

---

① 其秋：即汉三年秋季。 ② 阳夏：地名，在今河南省登封东南的告成镇。 ③ 固陵：地名，在今河南省太康县南。 ④ 汉六年：即公元前 201 年，汉王即帝位的次年。 ⑤ 萧何：江苏沛县人，刘邦的重要谋臣，汉王朝的第一任丞相。 ⑥ 复道：即複道，楼阁间上下有通道称为复道。 ⑦ 属(zhǔ 主)：近，适值，刚刚。

"雍齿与我故①，数尝窘辱我。我欲杀之，为其功多，故不忍。"留侯曰："今急先封雍齿以示群臣，群臣见雍齿封，则人人自坚矣。"于是上乃置酒，封雍齿为什方侯②，而急趣丞相、御史定功行封。群臣罢酒，皆喜曰："雍齿尚为侯，我属无患矣。"

刘敬说高帝曰③："都关中④。"上疑之。左右大臣皆山东人⑤，多劝上都洛阳："洛阳东有成皋，西有殽渑⑥，倍河，向伊洛⑦，其固亦足恃。"留侯曰："洛阳虽有此固，其中小，不过数百里，田地薄，四面受敌，此非用武之国也。夫关中左殽函，右陇蜀⑧，沃野千里，南有巴蜀之饶，北有胡苑之利⑨，阻三面而守，独以一面东制诸侯。诸侯安定，河渭漕輓天下⑩，西给京师；诸侯有变，顺流而下，足以委输。此所谓金城千里，天府之国也，刘敬说是也。"于是高帝即日驾，西都关中。

留侯从入关。留侯性多病，即道引不食谷⑪，杜门不出

---

① 雍齿：沛人，随刘邦起兵，一度叛去，后复归，立过战功。② 什方：在今四川省什邡，汉高祖以封雍齿为侯国。③ 刘敬：齐人，本姓娄。因献策西都关中，汉高祖赐姓刘氏，号奉春君。后封关内侯，号建信侯。④ 关中：当今陕西省。⑤ 山东：指函谷关以东地区。⑥ 殽渑：殽，殽山，在河南西部，为函谷关的东端。渑，池水，源于河南熊耳山，向东入洛水。⑦ 伊洛：伊水和洛水，都在洛阳之南。⑧ 陇蜀：陇指陕西省陇县以东的陇山，它南连蜀中。蜀，约当今四川省。⑨ 胡苑之利：关中北接胡地，利于放牧，且可引入胡马，故称"胡苑之利"。⑩ 河：黄河。渭：渭河。輓：同"挽"，引。⑪ 道引不食谷：道引，即导引，道家调运气息、吐纳修养的保健法。不食谷，不进五谷烟火之食。

岁余。

上欲废太子①，立戚夫人子赵王如意②。大臣多谏争，未能得坚决者也。吕后恐③，不知所为。人或谓吕后曰："留侯善画计筴④，上信用之。"吕后乃使建成侯吕泽劫留侯⑤，曰："君常为上谋臣，今上欲易太子，君安得高枕而卧乎？"留侯曰："始上数在困急之中，幸用臣筴。今天下安定，以爱欲易太子，骨肉之间，虽臣等百余人何益。"吕泽强要曰："为我画计。"留侯曰："此难以口舌争也。顾上有不能致者，天下有四人⑥。四人者年老矣，皆以为上慢侮人，故逃匿山中，义不为汉臣。然上高此四人。今公诚能无爱金玉璧帛，令太子为书，卑辞安车⑦，因使辩士固请，宜来。来，以为客，时时从入朝，令上见之，则必异而问之。问之，上知此四人贤，则一助也。"于是吕后令吕泽使人奉太子书，卑辞厚礼，迎此四人。四人至，客建成侯所。

汉十一年⑧，黥布反，上病，欲使太子将，往击之。四人相谓曰："凡来者，将以存太子。太子将兵，事危矣。"乃说建成

---

① 太子：即刘盈，吕后生，后继位，即惠帝。 ② 戚夫人：戚姬，高祖的宠姬。赵王如意：高祖第三子，戚姬生。高祖死后，母子都被吕后杀死。 ③ 吕后：高祖妻，名雉。刘邦称帝，立为皇后。惠帝死后，临朝称制。 ④ 筴：同"策"。 ⑤ 建成侯吕泽："泽"，疑当作"释之"。吕泽为吕后长兄，封周吕侯。吕释之为吕后次兄，封建成侯。 ⑥ 四人：即当时隐居在商山(今陕西省商县东部)的东园公、绮里季、夏黄公、角里先生。同下文。 ⑦ 安车：一种供乘坐用的小车，单马独驾，车内乘坐一人。 ⑧ 汉十一年：公元前 196 年。

侯曰："太子将兵，有功则位不益太子，无功还，则从此受祸矣。且太子所与俱诸将，皆尝与上定天下枭将也，今使太子将之，此无异使羊将狼也，皆不肯为尽力，其无功必矣。臣闻'母爱者子抱'①，今戚夫人日夜侍御，赵王如意常抱居前，上曰'终不使不肖子居爱子之上'，明乎其代太子位必矣。君何不急请吕后承间为上泣言：'黥布，天下猛将也，善用兵，今诸将皆陛下故等夷②，乃令太子将此属，无异使羊将狼，莫肯为用，且使布闻之，则鼓行而西耳③。上虽病，强载辎车④，卧而护之，诸将不敢不尽力。上虽苦，为妻子自强。'"于是吕泽立夜见吕后，吕后承间为上泣涕而言，如四人意。上曰："吾惟竖子固不足遣，而公自行耳。"于是上自将兵而东，群臣居守，皆送至灞上。留侯病，自强起，至曲邮⑤，见上曰："臣宜从，病甚。楚人剽疾⑥，愿上无与楚人争锋。"因说上曰："令太子为将军，监关中兵。"上曰："子房虽病，强卧而傅太子⑦。"是时叔孙通为太傅⑧，留侯行少傅事⑨。

汉十二年⑩，上从击破布军归，疾益甚，愈欲易太子。留

---

① 母爱者子抱：意为母亲被宠爱，那么她的孩子也受到疼爱。② 等夷：同辈。 ③ 鼓行：击鼓行军。古人行军，击鼓则进，鸣金则止，因此称行进为鼓行。 ④ 辎车：有帷帐蔽护的车辆。 ⑤ 曲邮：为一处行路歇脚的地方，在陕西省临潼东七里。 ⑥ 剽疾：勇猛敏捷。 ⑦ 傅：辅导。 ⑧ 叔孙通：薛人，为博士，号稷嗣君。高帝时制订朝仪，拜为奉常，又迁为太子太傅。太傅：即太子太傅，是辅导太子的官员。 ⑨ 少傅：即太子少傅，与太傅同负辅导太子的职责。⑩ 汉十二年：即公元前195年。

侯谏，不听，因疾不视事。叔孙太傅称说引古今，以死争太子。上详许之①，犹欲易之。及燕②，置酒，太子侍。四人从太子，年皆八十有余，须眉皓白，衣冠甚伟。上怪之，问曰："彼何为者？"四人前对，各言名姓，曰东园公、甪里先生、绮里季、夏黄公③。上乃大惊，曰："吾求公数岁，公辟逃我，今公何自从吾儿游乎？"四人皆曰："陛下轻士善骂，臣等义不受辱，故恐而亡匿。窃闻太子为人仁孝，恭敬爱士，天下莫不延颈欲为太子死者，故臣等来耳。"上曰："烦公幸卒调护太子。"

四人为寿已毕，趋去。上目送之，召戚夫人指示四人者曰："我欲易之，彼四人辅之，羽翼已成，难动矣。吕后真而主矣。"戚夫人泣，上曰："为我楚舞，吾为若楚歌。"歌曰："鸿鹄高飞④，一举千里。羽翮已就⑤，横绝四海。横绝四海，当可奈何！虽有矰缴⑥，尚安所施！"歌数阕⑦，戚夫人嘘唏流涕⑧，上起去，罢酒。竟不易太子者，留侯本招此四人之力也。

留侯从上击代⑨，出奇计马邑下⑩，及立萧何相国⑪，所与上从容言天下事甚众，非天下所以存亡，故不著。留侯乃

---

① 详：通"佯"，假装。 ② 燕：通"宴"，宴饮。 ③ 甪（lù 陆）里先生：商山四皓之一。 ④ 鸿鹄：即天鹅。 ⑤ 羽翮（hé 和）：羽翼。翮，鸟翅。 ⑥ 矰缴：弋射的工具，用来仰射飞鸟而可以引绳回收。矰（zēng 曾），短箭。缴（zhuó 酌），系短箭的绳。 ⑦ 歌数阕（què 确）：唱了几遍。阕，一曲终了为阕。 ⑧ 嘘唏：通"歔欷"，叹气声。 ⑨ 击代：指高祖十年（前197）秋，代相陈豨反，并自立为代王，刘邦率兵讨伐。 ⑩ 马邑：西汉所置县，故治在今山西省朔城东北四十里桑干河北岸。 ⑪ 相国：西汉时辅佐皇帝的最高官职。

称曰："家世相韩，及韩灭，不爱万金之资，为韩报仇强秦，天下振动。今以三寸舌为帝者师，封万户，位列侯，此布衣之极，于良足矣。愿弃人间事，欲从赤松子游耳①。"乃学辟谷②，道引轻身③。会高帝崩④，吕后德留侯，乃强食之，曰："人生一世间，如白驹过隙⑤，何至自苦如此乎？"留侯不得已，强听而食。

后八年卒⑥，谥为文成侯。子不疑代侯。

子房始所见下邳圯上老父与《太公书》者，后十三年从高帝过济北，果见穀城山下黄石，取而葆祠之⑦。留侯死，并葬黄石，每上冢伏腊⑧，祠黄石。

留侯不疑，孝文帝五年坐不敬⑨，国除。

太史公曰：学者多言无鬼神，然言有物⑩。至如留侯所见老父予书，亦可怪矣。高祖离困者数矣⑪，而留侯常有功力焉，岂可谓非天乎？上曰："夫运筹筴帷帐之中，决胜千里外，吾不如子房。"余以为其人计魁梧奇伟，至见其图，状貌如妇

---

① 赤松子：古代传说中的仙人。 ② 辟谷：又叫"绝谷"，即不食五谷。 ③ 道引轻身：即导引轻身，中国古代强身除病的一种养生方法。导引，本是导气使和，引体使柔的意思。 ④ 高帝崩：在公元前195年。 ⑤ 白驹过隙：比喻光阴迅速消逝，如骏马奔驰越过缝隙一样。 ⑥ 卒：张良死于惠帝六年(前189)。 ⑦ 葆：同"宝"，珍爱。 ⑧ 上冢：扫墓。伏腊：不同时间的两种祭祀，伏为夏季祭日，腊为冬季祭日。 ⑨ 孝文帝：名恒，高帝中子，吕后死，大臣迎立。在位二十三年(公元前179—前157年)。 ⑩ 物：物怪。这里指怪异的事物。 ⑪ 离：通"罹(lí离)"，遭遇。

人好女。盖孔子曰："以貌取人，失之子羽①。"留侯亦云。

【翻译】

留侯张良，先世是韩国人。祖父名叫开地，在韩昭侯、宣惠王、襄哀王时任为相。父亲名平，在釐王和悼惠王时任为相。悼惠王二十三年，张平去世。去世后二十年，秦国灭亡了韩国。张良年少，未曾在韩国担任官职。韩国破灭后，张良家尚有僮仆三百人，弟弟死了不安葬，而倾尽全部家产访求刺客以谋杀秦王，为韩国报仇。就因为祖父、父亲历任韩国五朝国君的相位的缘故。

张良曾在淮阳学习礼仪。游历到东夷见过仓海君。他招募到一位大力士，铸造了重一百二十斤的椎。秦始皇东巡，张良和刺客伏击秦始皇于博浪沙中，误中随从的车辆。秦始皇大怒，在全国大肆搜捕，急于要抓到刺客，这是因为张良伏击的缘故。张良便改名换姓，逃亡到下邳隐匿起来。

张良曾经悠闲从容地漫步在下邳的一座桥上，有一位老人，穿着粗布短衣，走到张良漫步的地方，特地把穿着的鞋子掉落到桥下，看着张良吩咐说："小子，下去拾取鞋子！"张良十分惊愕，本想殴打他。因为他年老，便强忍住怒气，下桥拾鞋。老人说："给我穿鞋！"张良已经替他拾取了鞋子，便索性长跪着替他穿鞋。老人伸出脚让张良给他套上鞋子，笑着走

① "以貌取人"句：语出《韩非子·显学》。子羽，孔丘弟子，据传他貌丑，但有贤德。

了。张良非常惊奇，目送他离去。老人走出约一里路，又返回来，说："小子值得教导呵！五天后天刚亮时，同我在这里见面。"张良因此觉得奇怪，跪着回答道："是。"后五天天刚亮时，张良前往桥上，老人已经先在那里等候了，气愤地说："同长辈约会，迟到，这算什么？"说罢就走，说："后五日清早来会面。"后五天鸡叫时，张良又前往桥上，老人又先在那里等候了，又气愤地说："又迟到，这是为什么？"说罢就走，说："后五日清早再来。"后五日，张良不到半夜就赶到桥上。一会儿，老人也来了，高兴地说："应当这样。"拿出一册书，说："熟读这本书就可以做帝王的老师了。十年以后能发迹。十三年后你小子到济北来见我，穀城山下的黄石公就是我。"说完便走，没有其他话，从此不再见到。天明时看这书，竟是《太公兵法》。张良因此十分惊异，经常诵读它。

张良居住在下邳，行侠仗义。项伯曾经杀了人，于是跟从张良隐匿居住在下邳。

十年以后陈胜等起兵反秦，张良也聚结了青年一百多人。景驹自立为楚国的临时国君，驻扎在留地。张良打算前往投靠景驹，途中遇见沛公刘邦。沛公率领数千人马，攻取下邳以西的地方，张良于是归属了他。沛公任命张良为厩将。张良多次用《太公兵法》向沛公出谋献策，沛公认为很好，常用他的计策。张良向其他人谈论兵法，他们都不能领会。张良感慨地说："沛公大概是上天造就的。"于是就跟定了沛公，不去拜见景驹。

当沛公到了薛地时，会见项梁。项梁拥立了楚怀王。张良便向项梁建议说:“你已经立了楚国的后人,而韩国的公子横阳君韩成很贤明,可以立他为王,以增加楚国的势力。”项梁就派张良访寻韩成,立为韩王。让张良任韩国的申徒,同韩王率兵千余人向西攻取韩国原来的辖地,占领了几座城池,秦军却又把它夺取过去,韩军在颍川一带往来打游击。

当沛公从洛阳南部向轘辕道行进时,张良带着兵跟从沛公,攻下了韩地的十多座城,击破了秦将杨熊的军队。沛公便命令韩王成在阳翟留守,而同张良一道南下,攻克了宛城,向西进入武关。沛公想用两万兵卒攻击秦峣关的守军,张良进言道:“秦军还很强盛,不可轻敌。我听说峣关的守将是屠户的儿子,商贩出身的人容易利诱。希望沛公暂且按兵不动,留驻营地,派些人员先出发,为五万人准备给养粮食,并在各个山头上多多张挂旗帜,作为疑兵,命令郦食其带着珍宝去引诱秦军的将领。”秦军果然反叛,要求联合起来西进袭击咸阳。沛公打算接受这一建议。张良说:“这只是将领想叛秦罢了,恐怕部下的士卒不听从指挥。部下不听从必然会出危险,不如乘其军队懈怠时攻击他们。”沛公于是领兵袭击秦军,大败秦军,乘胜向北追逐到蓝田,再一次与秦军相战,秦军终于大败。于是到达咸阳,秦王子婴投降了沛公。

沛公一进入秦宫,看到宫殿、帷帐、狗马、珍宝、妇女等珍奇玩物数以千计,心想留住在宫殿里。樊哙劝谏沛公离开宫殿在外面居住,沛公不听劝谏。张良进言说:“秦国暴虐无道,所以你沛公才能来到这里。既是为了天下除灭残害百姓的暴政,就该以身体力行节俭朴素来号召百姓。现在刚刚攻入秦都咸阳，便安享秦廷的逸乐，这正是常言所谓‘助桀为虐’。而且‘忠言逆耳利于行，良药苦口利于病’，希望沛公听从樊哙的话。”沛公于是走出秦宫返回到霸上驻营。

项羽到了鸿门坂下，打算进击沛公，项伯于是连夜急忙赶到沛公军中，私下会见张良，想与他一起离开沛公营地。张良说：“我替韩王陪送沛公，现在军事有了危难，逃亡出走不合道义。”于是将情况全部告诉了沛公，沛公大惊，问：“那该怎么办？”张良说：“你沛公真的想背叛项羽吗？”沛公回答道：“一个浅陋的人教我封锁关隘不要放诸侯进来，秦的故地就可以全由我主宰，因此我听从他的话。”张良又问：“沛公你自己忖度能败退项羽吗？”沛公默不作声，沉思了很久，说：“实在不能，现在该怎么办？”张良于是坚决邀请项伯会见沛公。项伯会见了沛公。沛公与项伯同饮，并为他敬酒，约为联姻。请项伯向项羽详细说明沛公不敢背叛，之所以在这里把守关口，是为了防范其他人的侵扰。到了会见项羽后，危难便解除了，具体情节记载在《项羽本纪》中。

汉元年正月，沛公被封为汉王，统辖巴蜀一带地区。汉王赐给张良黄金二千两，珍珠二斗，张良将全部赏赐奉献给项伯。汉王也备厚礼令张良馈赠项伯，托他向项羽请求汉中之地。项王便许诺了这一请求，于是，汉王得到了汉中地。汉王赴辖地，张良送别到了褒中，汉王遣送张良回归韩国，张良向汉王建议道：“大王何不烧毁所过的栈道，向天下表示自己没有东回的意图，以此来稳定项王的心意。”汉王于是使张良返回韩地。张良走了以后，汉王烧毁了栈道。

张良回到韩国，韩王成由于张良追随汉王的原故，项王不放他回到韩国就封，要他随从一道东进。张良劝说项王道："汉王烧断了栈道，没有返回秦故地的打算了。"便以齐王田荣谋反的文书禀告项王。项王因此不再担忧西边的汉王，而率军北进攻打齐国。

项王终于不肯遣送韩王前往韩地，竟贬他为侯爵，接着又在彭城将他杀害。张良逃亡出走，隐蔽地返回归属汉王，汉王这时也已经从汉中还兵，平定了三秦故地。重新封张良为成信侯，跟随东进攻击楚国。到了彭城，汉王兵败受挫而回师。到下邑，汉王下马解鞍置地，蹲坐在马鞍上问："我打算把函谷关以东等地方抛弃，让给别人，谁人可以同我一起建立灭楚功业？"张良进言道："九江王黥布，是楚国的一员骁将，同项王有怨隙；彭越和齐王田荣在梁地反叛项王，这两个人可尽快利用。而汉王你的将领中，只有韩信可托以大事，独当一面。假如打算放弃关东之地，就让给这三个人，如此，就可以消灭楚国了。"汉王便派随何去游说九江王黥布，而派人去联络彭越。当魏王豹叛汉时，派韩信领兵前去攻打，大获全胜，因而占领了燕、代、齐、赵等国的全部领地。然而，最终破灭楚国，也是这三个人的功劳。

张良多病，不曾单独出任领兵之将，常常作为出计献策的谋臣，时时跟随着汉王。

汉三年，项羽紧紧地把汉王围困在荥阳，汉王恐惧忧虑，同郦食其商议削弱楚国的力量。郦食其建议道："往昔商汤伐桀，封夏的后人于杞。武王伐纣灭殷，封殷的后人于宋地，现在秦失德弃义,侵伐诸侯各国,诛灭六国的后代,使他们没有立锥之地。陛下真能重新封立六国后代,使他们全部接受到封主的印玺,这样,六国的君臣百姓一定都对大王感恩戴德,无不向往陛下的雄风而敬慕陛下的德义,甘愿做陛下的臣仆。恩义既已深入人心,陛下再南面称霸,楚王必然会恭敬地朝见你。”汉王说:“很好。赶快刻治印玺,先生你可以起程把印玺带上。”

郦食其尚未动身,张良从外面回来谒见。汉王正在用餐,说:“子房你过来!有一位客人替我计议了削弱楚国势力的办法。”说着就将郦生的意见全部告诉张良,并问:“子房,在你看来怎么样?”张良问:“谁给陛下出的这个主意?陛下的大事完了。”汉王问:“为什么?”张良回答说:“请允许我借用食几上的筷子为大王计算这计谋的失误。”张良接着说:“从前商汤王伐灭夏桀,却仍然把桀的后代分封在杞,是估计到能够制桀于死命。现在陛下能够制项籍于死命吗?”汉王答道:“不能。”“这是不能这样做的第一个原因。周武王伐灭商纣,把他的后代封在宋,是估计到能够取下纣王的头颅。现在陛下能得到项籍的头颅吗?”汉王答道:“不能呵。”“这是不能这样做的第二个原因。武王攻入商都以后,旌表殷代贤人商容里巷的门楣,释放被纣囚禁的箕子,在比干墓上培土致敬。现在陛下能够在圣人的墓上培土,在贤士的门前旌表,在智者门前致敬吗?”汉王答道:“不能。”“这是不能如此做的第三个原因。武王发放钜桥的储粮,散发鹿台的钱财,施赐给贫穷的百姓。现在陛下能发放钱府仓库的财物恩赐给贫穷的百姓吗?”答道:“不能。”“这是不能这样做的第四个原因。武王在灭商战事结束后,废除战车改作乘车,把兵器倒放着,蒙上虎皮,以昭示天下不再用兵。现在陛下能够偃息武事施行文治,不再用兵吗?”答道:“不能。”“这是不能这样做的第五个原因。武王放马于华山南麓,表示骏马不再驰骋于战场了,现在陛下能放养骏马不用于作战吗?”汉王答:“不能。”“这是不能这样做的第六个原因。武王放牛于桃林山之北,昭示天下不需要再运输粮草。现在陛下能放牛而不再运输粮草吗?”答道:“不能。”“这是不能这样做的第七个原因。而且如今天下游士离别他们的亲戚,舍弃祖先的坟墓,离开故交与旧友,追随陛下南征北战,只是朝夕想望有尺土寸地的封赐。假如现在复立六国,立韩、魏、燕、赵、齐、楚的后代为王,那么天下的游士各自回国事奉他们的君王,跟随他们的亲戚,返回故乡,供奉祖先的坟墓,结交故旧亲朋,这样,陛下依靠谁来取得天下呢?这是不可以这样做的第八个原因。况且现在是没有比楚国强大的,六国复立的君王又会遭削弱而顺从它,陛下又怎么能控制并使他们称臣呢?果真使用这位先生的计算,陛下的立国之业必会葬送。”汉王停止进食,吐出口里食物,骂道:“这儒生小子,几乎败坏你公公的大事!”下令赶快把印信销毁。

汉四年,韩信攻破齐国而想自立为齐王,汉王非常愤怒。张良劝说汉王,汉王于是派遣他授予韩信刻有“齐王信”的印,此事记载在《淮阴侯列传》中。

这年秋天,汉王率兵追击楚军至阳夏的南面,交战失利,据守固陵，各诸侯王到了约定的时日竟不来会师。张良向汉王献计，汉王采用了他的计策，诸侯便都到了。这事记载在《项羽本纪》中。

汉六年正月，高帝刘邦封赏功臣。张良不曾立战功，高帝说：“坐在营幕内出谋定计，决定胜利于千里之外，这是子房的功劳。由他自己选择齐地三万户作为封地。”张良说：“当初我起兵下邳，与皇上在留地相遇，这是上天把我交给陛下的。陛下用我的计策，幸好常常得当，我只求封在留地就满足了，不敢受三万户。”于是张良受封留侯，同萧何等人一起受封。

皇上已经封立了有大功的臣子二十多人，其他人日夜争功无法定高下，不能进行封赏。皇上在洛阳南宫，从复道上望见将领们往往聚坐在沙地上彼此议论。皇上问：“这是在讲些什么？”留侯说：“陛下不知道吗？这是在谋反呀。”皇上说：“天下刚刚得到安定，为什么要谋反呢？”留侯答道：“陛下出身平民，依靠这批人取得了天下，现在陛下成为天子，而所封立的都是萧何、曹参等所亲信喜欢的旧人，而所诛杀的都是生平有仇怨的人。现在军吏计算有功的人，认为天下的土地不足于封赐所有的功臣，这些人担心陛下不能全部给予封赐，又恐怕自己过去所犯过错被陛下疑心甚至遭致诛杀，因此便相聚谋反。”皇上于是忧虑地说：“那怎么办呢？”留侯问：“皇上生平憎恨的，而又为群臣都共知的人中，数谁是憎恨得最甚的？”皇上说：“雍齿与我过去本有积怨，又曾屡次侮辱我使我难堪。我本想杀他，因为他功劳多，所以不忍心下手。”

留侯说："现在赶快先封雍齿以昭示群臣，大臣们看见雍齿得封，便人人自安了。"于是皇上设筵大宴群臣，封雍齿为什方侯，同时催促丞相、御史赶快论定群臣的功劳施行封赏，群臣吃罢酒宴，都高兴地说："雍齿尚且封了侯，我们不必担忧了。"

刘敬向高帝建议道："定都关中。"皇上对这建议表示怀疑。左右大臣都是关东地方的人，大多劝皇上定都洛阳："洛阳东有成皋、西有殽山、渑池，背依黄河，面向伊水、洛水，它的险固地势也足以依靠。"留侯说："洛阳虽有这样险固的地势，但境域小，方圆不过几百里，田地又贫瘠，四面都能受到敌人的攻击，这不是用武之地。关中东有殽山、函谷，西有陇蜀山脉，沃野千里，南有巴、蜀的富庶饶给，北有塞上草原畜牧胡马的无穷的利益，凭借南北西三面屏障而守，只以一面钳制关东的诸侯。诸侯安定无事时，黄河、渭河漕运输送天下物资，溯流而西来，供给京城；诸侯有变故时，顺流而下，足以输送军队和粮草。这真是所谓金城千里，天府之国啊，刘敬的建议是正确的。"于是，高帝当日即起程，西迁定都关中。

留侯随从高帝入关。留侯平素体弱多病，便习道家导引不食烟火之法，一年多闭门不出。

皇上想废黜太子，立戚夫人所生的儿子赵王如意为太子。许多大臣进谏反对，但没有一个能坚决谏争的人。吕后忧虑惶恐，不知该怎么办。有人对吕后说："留侯善于出谋画策，皇上信用他。"吕后便派建成侯吕泽强迫留侯，说："你一直是皇上的谋臣，现在皇上想另立太子，你岂可高枕无忧？"

留侯说："当初皇上多次处于危急困境之中，幸好采用了我的计策。现在天下安定了，由于喜爱戚夫人而想另立太子，家人骨肉之间的事情，即使我辈一百多人又有什么用呢？"吕泽固执地要求说："给我出个主意。"留侯回答道："这事难以用口舌谏争。考虑到皇上有不能招致的，当今天下有四个人。这四个人年老了，都认为皇上傲慢凌辱人，因此逃匿在山里，坚决不做汉朝的臣民。然而皇上以为这四人高尚。现在你果真能不吝惜金玉璧帛的话，就让太子写封书信，以谦卑的言辞，配上供乘坐的安车，派遣能言善辩之士去坚决邀请，他们应当会来的。来了，奉为上宾，时常跟随入朝，让皇上看到他们，那么皇上一定会因惊异而询问四老。询问了这四老，皇上知晓这四老贤达，那么对太子倒是一种帮助。"于是吕后叫吕泽派人带着太子的书信，以谦卑的言词、厚重的礼物，迎请这四位老人。四人到达，安置在建成侯的宅第里。

汉十一年，黥布反叛，皇上患病，想叫太子领兵，前往攻打黥布。这四位老人相互商议道："我们来这里的目的，是为了保全太子。太子领兵出战，事情就危险了。"于是向建成侯进言道："太子带兵出战，立了功则不可能给一个比太子更高的地位，若无功而还，那么从此就要遭受不幸了。而且和太子一道出征的将军们都是曾经和皇上打下江山的猛将，现在使太子统率他们，这无异于使羊去指挥狼，部将不肯为太子尽心尽力，太子不能立功已是肯定的了。我们听说过'母被父宠爱者，其子被父所抱'，如今戚夫人日夜陪侍着皇上，赵王如意经常被抱着坐在皇上面前，皇上说'绝不能让没出息的儿子位居我的爱子之上’,显然他取代太子的宝位是肯定的了。你何不赶紧请吕后找机会向皇上哭诉:‘黥布,是天下猛将,善于领兵打仗,现在的将领都是陛下老同辈,竟然命令太子统帅这些人,这无异于让羊统帅狼,没有人肯听命效力的,而且,假如黥布得知这一情况,就会无所畏忌地长驱而西进击关中了。皇上虽然患病,可勉强卧乘在有盖帷的大车里出征,躺着督促将领们作战,各将领当不敢不听命尽力。皇上虽然受苦,但要为妻子儿女奋发啊。’”于是吕泽连夜晋见吕后,吕后伺机向皇上哭泣进言,说的就是四位老者商议的那些话。皇上说:“我想到这孩子本来就不足差遣,老子自己领军出征就是了。”于是皇上自己领兵东征,群臣留守,他们都来送行,直至灞上而止。留侯在病中,勉强起来送行,送到曲邮,谒见皇上,说:“我本应随从皇上出征,但因病情较重,不能陪行。楚人剽悍迅猛,愿皇上不必与楚人硬拼。”趁机劝皇上说:“可令太子为将军,监守关中的部众。”皇上说:“子房虽是生病,望勉强在卧养中辅导太子。”当时叔孙通任太子太傅,留侯兼任少傅的职责。

汉十二年,皇上从攻破黥布的军队回来,疾病更加沉重,越是想另立太子。留侯谏争,不听,因疾病沉重不再处理政事。太傅叔孙通引述古往今来的事例,誓死谏争维护太子。皇上表面上许诺太傅的请求,但心中仍然想另立太子。当宴饮之时,摆上酒席,太子在旁侍候。那四位老人随从着太子,年纪都在八十以上,胡须眉毛皓白,衣帽装束都很庄重伟丽。皇上对这四位老人的出现感到很是奇怪,问道:“他们是干什么的?”四人上前回答,各自讲出姓名,叫东园公、甪里先生、绮里季、夏黄公。皇上于是大为惊奇,问道:“我寻找诸公已有许多年了,各位都逃避我,现在各位为什么自己来和我儿子交游呢?”四人都说:“陛下常辱骂、轻慢士人,我们决意不受凌辱,所以心怀恐惧而逃亡隐匿。私下听说太子为人仁厚孝顺,恭敬爱士,天下士人无不仰望太子,并愿为太子效死,因此我们来到这里。”皇上说:“敬烦诸位能善始善终地关照太子。”

四人向皇上祝酒完毕后,撤席离去。皇上目送他们,并叫戚夫人过来指点着这四个人道:“我想另立太子,他们四人却辅佐太子,羽毛已经丰厚,翅膀已经长硬,难以变动了。吕后真是你的主人了。”戚夫人哭泣起来,皇上说:“你给我跳楚舞,我为你唱楚歌。”说罢唱道:“鸿鹄高飞呀,一举千里。羽翼长成呀,横渡四海。横渡四海呀,该当怎么办!虽有矰缴在手呀,还能向何处施放!”连唱数遍,戚夫人哀叹流泪,皇上起身离去,罢了酒宴。终于没有另立太子的原因,是得力于留侯的主意,招请了这四位老先生呵!

留侯随从皇上攻打过代国,在马邑城下出奇计,直至劝高帝立了萧何为相国,他与皇上从容计议的天下事很多,因为不关系到国家的存亡,所以不著录。留侯于是宣称道:“我家世代为韩国丞相,到韩国灭亡时,不吝惜万金的资财,为韩国向暴秦报仇,震动了天下。现在以三寸之舌为帝王的老师,得封食邑万家,位至列侯,这是平民的极限,对于我张良来说已经满足了。但愿抛弃人间俗事,只随从赤松子交游而已。”便学习不食五谷，练导气引体养生的方法。正值高帝去世，吕后感激留侯，便强迫他进食，说：“人生一世的光阴，有如骏马飞驰过一条缝隙那样短暂，何必自找苦吃到这种地步呢！”留侯不得已，只好勉强遵从吕后的话而进食。

八年后留侯逝世，谥为文成侯。儿子张不疑袭爵为侯。

子房早年所遇见的那位给他《太公兵法》的下邳桥上老人，十三年后张良跟随高帝经过济北时，果然见到了穀城山下的那块黄石，便取回来珍重地供奉祭祀。留侯死后，同时也一起安葬了那块黄石。每逢扫墓和冬夏祭日，也向黄石祭祀。

留侯张不疑，孝文帝五年因犯不敬罪，侯国被褫夺。

太史公说：学者们大都说没有鬼神，然而又说奇异的物象是有的。至于像留侯所遇见的老丈赠书，也可算是怪异的事了。高祖遭到的困厄不止一次，而留侯常出力帮助解决，这难道不是天意吗？皇上说：“出谋划策于军营帷幕之中，决定胜利于千里之外，我比不上子房。”我猜想这样一个人大概是魁梧伟岸的，及至看到他的画像，容貌却像秀丽的女性。正如孔子所说：“以貌取人，失之子羽。”留侯也正是这样。

陈丞相世家

陈平，汉高祖刘邦的重要谋士之一，是为西汉王朝的建立和巩固立下了汗马功劳的名臣。他学习黄老学派的学说，善于审时度势，足智多谋，离间项羽君臣，平息诸侯叛乱，巧解平城之围，以及后来联络周勃等粉碎了诸吕的篡权阴谋。

本篇概述了陈平的一生，并抓住上述典型历史事件，生动而又简练地勾勒出陈平足智多谋的形象，并从一个侧面展示了秦汉之际纷纭复杂的历史风云和西汉政权建立巩固的艰难曲折过程。

陈丞相平者，阳武户牖乡人也。少时家贫，好读书，有田三十亩，独与兄伯居。伯常耕田，纵平使游学①。平为人长大美色。人或谓陈平曰：“贫何食而肥若是？”其嫂嫉平之不视家生产，曰：“亦食糠覈耳②。有叔如此，不如无有。”伯闻之，逐其妇而弃之。

及平长，可娶妻，富人莫肯与者，贫者平亦耻之。久之，户牖富人有张负，张负女孙五嫁而夫辄死，人莫敢娶，平欲得之。邑中有丧，平贫，侍丧，以先往后罢为助。张负既见之丧所，独视伟平，平亦以故后去。负随平至其家，家乃负郭穷巷③，以弊席为门，然门外多长者车辙。张负归，谓其子仲曰：“吾欲以女孙予陈平。”张仲曰：“平贫不事事，一县中尽笑其所为，独奈何予女乎？”负曰：“人固有好美如陈平而长贫贱者乎？”卒与女。为平贫，乃假贷币以聘，予酒肉之资以内妇④。负诫其孙曰：“毋以贫故，事人不谨。事兄伯如事父，事嫂如母。”平既娶张氏女，赍用日饶⑤，游道日广。

里中社⑥，平为宰，分肉食甚均。父老曰：“善，陈孺子之为宰！”平曰：“嗟乎，使平得宰天下，亦如是肉矣！”

陈涉起而王陈，使周市略定魏地，立魏咎为魏王，与秦军相攻于临济⑦。陈平固已前谢其兄伯，从少年往事魏王咎于临济。魏王以为太仆⑧。说魏王不听，人或谗之，陈平亡去。

---

① 纵：放纵，听任。 ② 糠覈（hé 核）：米麦糠的粗屑，这里泛指粗食。 ③ 负郭穷巷：背靠城墙的偏僻小巷。 ④ 内：通“纳”。 ⑤ 赍（jī 机）：通“资”。 ⑥ 社：里中供奉土地神的地方。古代里中定期祭祀土地神，叫做社祭。 ⑦ 临济：地名，在今河南省陈留西北五十里。 ⑧ 太仆：官名，掌管帝王车马。

久之，项羽略地至河上，陈平往归之，从入破秦，赐平爵卿①。项羽之东王彭城也，汉王还定三秦而东②，殷王反楚。项羽乃以平为信武君③，将魏王咎客在楚者以往④，击降殷王而还。项王使项悍拜平为都尉，赐金二十溢⑤。居无何，汉王攻下殷，项王怒，将诛定殷者将吏。陈平惧诛，乃封其金与印，使使归项王，而平身间行杖剑亡。渡河，船人见其美丈夫独行，疑其亡将，要中当有金玉宝器⑥，目之，欲杀平。平恐，乃解衣裸而佐刺船。船人知其无有，乃止。

平遂至修武降汉，因魏无知求见汉王，汉王召入。是时万石君奋为汉王中涓⑦，受平谒⑧，入见平。平等七人俱进，赐食。王曰："罢。就舍矣。"平曰："臣为事来，所言不可以过今日⑨。"于是汉王与语而说之⑩，问曰："子之居楚何官？"曰："为都尉。"是日乃拜平为都尉，使为参乘⑪，典护军⑫。诸将尽讙⑬，曰："大王一日得楚之亡卒，未知其高下，而即与同载，反使监护军长者！"汉王闻之，愈益幸平，遂与东伐项王。至

---

① 爵卿：有卿的爵位，但无实际职务。 ② 三秦：项羽破秦入关后，封秦降将章邯、司马欣、董翳为王，分领秦关中故地，故关中合称三秦，地当今陕西省一带。 ③ 信武君：封号。 ④ 客：门客。 ⑤ 溢（yì 异）：通"镒"。金属重量单位，二十两为一溢。 ⑥ 要：通"腰"。 ⑦ 万石君：即石奋，因后来他全家有五人，做二千石官，所以当时的人就称他为万石君。中涓：即涓人，负责宫廷内清洁洒扫。 ⑧ 谒：名帖。 ⑨ 所言不可以过今日：指有紧要事需立即说，不能等到明天。 ⑩ 说：通"悦"。 ⑪ 参乘：即陪乘，古时乘车，尊者坐左边，驾车的人居中，侍卫陪护的坐在右边。参，通"骖"。 ⑫ 典护军：典，掌管。护，监护。 ⑬ 讙（huān 欢）：通"喧"，喧哗，起哄。

彭城，为楚所败。引而还，收散兵至荥阳，以平为亚将，属于韩王信①，军广武②。

绛侯、灌婴等咸谗陈平曰："平虽美丈夫，如冠玉耳，其中未必有也。臣闻平居家时，盗其嫂；事魏不容，亡归楚；归楚不中，又亡归汉。今日大王尊官之，令护军。臣闻平受诸将金，金多者得善处，金少者得恶处。平，反复乱臣也，愿王察之。"汉王疑之，召让魏无知。无知曰："臣所言者，能也；陛下所问者，行也。今有尾生、孝己之行而无益处于胜负之数③，陛下何暇用之乎？楚汉相距，臣进奇谋之士，顾其计诚足以利国家不耳④。且盗嫂、受金又何足疑乎？"汉王召让平曰："先生事魏不中，遂事楚而去，今又从吾游，信者固多心乎？"平曰："臣事魏王，魏王不能用臣说，故出事项王。项王不能信人，其所任爱，非诸项即妻之昆弟，虽有奇士不能用，平乃去楚。闻汉王之能用人，故归大王。臣裸身来，不受金无以为资。诚臣计画有可采者⑤，愿大王用之；使无可用者，金具在⑥，请封输官，得请骸骨⑦。"汉王乃谢，厚赐，拜为护军中尉⑧，尽护诸将。诸将乃不敢复言。

其后，楚急攻，绝汉甬道⑨，围汉王于荥阳城。久之，汉王

---

① 韩王信：和齐王韩信同时，但不是一人。 ② 军：驻扎。 ③ 尾生：古代传说中坚守信约的人。孝己：殷高宗武丁的儿子，传说以孝顺父母出名。 ④ 不（fǒu 否）：通"否"。 ⑤ 计画：计谋，画策。 ⑥ 具：通"俱"，都。 ⑦ 请骸骨：辞职引退。骸（hái 孩）骨，身体的代称。 ⑧ 护军中尉：官名，负责监督众将功过。 ⑨ 甬道：两旁筑墙的通道，用来运输粮草。

患之，请割荥阳以西以和。项王不听。汉王谓陈平曰："天下纷纷，何时定乎？"陈平曰："项王为人，恭敬爱人，士之廉节好礼者多归之。至于行功爵邑，重之，士亦以此不附。今大王慢而少礼，士廉节者不来；然大王能饶人以爵邑①，士之顽钝嗜利无耻者亦多归汉。诚各去其两短，袭其两长，天下指麾则定矣②。然大王恣侮人③，不能得廉节之士，顾楚有可乱者，彼项王骨鲠之臣亚父、钟离眛、龙且、周殷之属④，不过数人耳。大王诚能出捐数万斤金，行反间，间其君臣，以疑其心，项王为人意忌信谗，必内相诛。汉因举兵而攻之，破楚必矣。"汉王以为然，乃出黄金四万斤，与陈平，恣所为，不问其出入。

陈平既多以金纵反间于楚军，宣言诸将钟离眛等为项王将，功多矣，然而终不得裂地而王，欲与汉为一，以灭项氏而分王其地。项羽果意不信钟离眛等。项王既疑之，使使至汉。汉王为太牢具⑤，举进。见楚使，即详惊曰："吾以为亚父使，乃项王使！"复持去，更以恶草具进楚使。楚使归，具以报项王。项王果大疑亚父，亚父欲急攻下荥阳城，项王不信，不肯听。亚父闻项王疑之，乃怒曰："天下事大定矣，君王自为之！愿请骸骨归！"归未至彭城，疽发背而死⑥。陈平乃夜出

① 饶：宽裕。这里与上文的"重"相对，意思就是舍得给。② 麾（huī挥）：通"挥"。③ 恣侮人：肆意侮辱人。④ 亚父：即范增，项梁用为谋士，到项羽时被尊称为亚父，意思就是叫叔父。龙且（jū居）：项羽的将领。⑤ 太牢：古代祭祀或宴会，牛、羊、猪三牲齐备叫"太牢"，只有猪、羊叫"少牢"。⑥ 疽（jū居）：毒疮。

女子二千人荥阳城东门，楚因击之，陈平乃与汉王从城西门夜出去。遂入关，收散兵复东。

其明年，淮阴侯破齐，自立为齐王，使使言之汉王。汉王大怒而骂，陈平蹑汉王①，汉王亦悟，乃厚遇齐使，使张子房卒立信为齐王。封平以户牖乡。用其奇计策，卒灭楚。常以护军中尉从定燕王臧荼。

汉六年②，人有上书告楚王韩信反。高帝问诸将，诸将曰："亟发兵阬竖子耳③。"高帝默然。问陈平。平固辞谢，曰："诸将云何？"上具告之。陈平曰："人之上书言信反，有知之者乎？"曰："未有。"曰："信知之乎？"曰："不知。"陈平曰："陛下精兵孰与楚？"上曰："不能过。"平曰："陛下将用兵有能过韩信者乎？"上曰："莫及也。"平曰："今兵不如楚精，而将不能及，而举兵攻之，是趣之战也，窃为陛下危之！"上曰："为之奈何？"平曰："古者天子巡狩④，会诸侯⑤。南方有云梦，陛下弟出伪游云梦⑥，会诸侯于陈。陈，楚之西界，信闻天子以好出游，其势必无事而郊迎谒。谒而陛下因禽之⑦，此特一力士之事耳。"高帝以为然，乃发使告诸会陈，"吾将南游云梦"。上因随以行。行未至陈，楚王信果郊迎道中。高帝豫具武士⑧，见信至，即执缚之，载后车。信呼曰："天下已定，我固当烹！"

---

① 蹑(niè 聂)：踩。 ② 汉六年：公元前 201 年。 ③ 亟：急。阬：通"坑"。 ④ 巡狩：古代天子亲往诸侯境内巡行视察，叫"巡狩"。意为巡所守也。 ⑤ 会诸侯：天子所到地方，附近诸侯都来朝见述职。 ⑥ 弟：通"第"，但，只管。 ⑦ 禽：通"擒"。 ⑧ 豫：预先。

高帝顾谓信曰:"若毋声!而反,明矣!"武士反接之,遂会诸侯于陈,尽定楚地。还至雒阳①,赦信以为淮阴侯,而与功臣剖符定封②。

于是与平剖符,世世勿绝,为户牖侯。平辞曰:"此非臣之功也。"上曰:"吾用先生谋计,战胜克敌,非功而何?"平曰:"非魏无知臣安得进?"上曰:"若子可谓不背本矣。"乃复赏魏无知。其明年,以护军中尉从攻反者韩王信于代。卒至平城③,为匈奴所围,七日不得食。高帝用陈平奇计,使单于阏氏④,围以得开。高帝既出,其计秘,世莫得闻。

高帝南过曲逆⑤,上其城,望见其屋室甚大,曰:"壮哉县!吾行天下,独见洛阳与是耳。"顾问御史曰⑥:"曲逆户口几何?"对曰:"始秦时三万余户,间者兵数起,多亡匿,今见五千户。"于是乃诏御史,更以陈平为曲逆侯,尽食之⑦,除前所食户牖。

其后常以护军中尉从攻陈豨及黥布⑧。凡六出奇计,辄

---

① 雒阳:即洛阳。 ② 剖符定封:封功臣时,把功绩、封赏等铸刻在铜铁或竹木制的符券上,剖为两半,朝廷和被封人各一半,作为凭信。 ③ 卒:通"猝",仓促。平城:在今山西大同东。 ④ 单于(chán yú 婵于):匈奴君主的称号。阏氏(yān zhī 焉支):匈奴君主的正妻,相当于汉天子的皇后。 ⑤ 曲逆:古县名,治所在今河北省顺平东南。 ⑥ 御史:官名,掌管图书及户籍、档案等资料。 ⑦ 尽食之:汉代封侯所食户数多少不同,一县中除所食户外,其余户的赋税仍旧归朝廷。汉高祖的功臣中,仅有陈平尽食一县。 ⑧ 常:通"尝",曾经。陈豨(xī 西):汉将。黥布:初依附项羽,受封九江王,后反楚归汉。

益邑，凡六益封。奇计或颇秘，世莫能闻也。

高帝从破布军还，病创①，徐行至长安。燕王卢绾反，上使樊哙以相国将兵攻之。既行，人有短恶哙者②。高帝怒曰："哙见吾病，乃冀我死也。"用陈平谋而召绛侯周勃受诏床下，曰："陈平亟驰传载勃代哙将③，平至军中，即斩哙头！"二人既受诏，驰传未至军，行计之曰："樊哙，帝之故人也，功多，且又乃吕后弟吕媭之夫④，有亲且贵，帝以忿怒故⑤，欲斩之，则恐后悔。宁囚而致上，上自诛之。"未至军，为坛，以节召樊哙。哙受诏，即反接载槛车，传诣长安⑥，而令绛侯勃代将，将兵定燕反县。

平行闻高帝崩，平恐吕太后及吕媭谗怒，乃驰传先去。逢使者诏平与灌婴屯于荥阳。平受诏，立复驰至宫，哭甚哀，因奏事丧前。吕太后哀之，曰："君劳，出休矣。"平畏谗之就，因固请得宿卫中。太后乃以为郎中令，曰："傅教孝惠。"是后吕媭谗乃不得行。樊哙至，则赦复爵邑。

孝惠帝六年⑦，相国曹参卒，以安国侯王陵为右丞相，陈平为左丞相。

王陵者，故沛人，始为县豪⑧，高祖微时，兄事陵。陵少文，任气，好直言。及高祖起沛，入至咸阳，陵亦自聚党数千

---

① 病创：因受伤而发病。 ② 短恶（wù 务）：诋毁。 ③ 传（zhuàn 篆）：古时驿站里专供传递公文或接送来往官员的马车。 ④ 弟：古时称妹妹为女弟。吕媭（xū 须）：吕后妹。 ⑤ 忿：同"愤"。 ⑥ 诣（yì 异）：往，到。 ⑦ 孝惠帝六年：公元前189年。 ⑧ 县豪：县中有势力的大户。

人，居南阳，不肯从沛公。及汉王之还攻项籍，陵乃以兵属汉。项羽取陵母置军中，陵使至，则东乡坐陵母①，欲以招陵。陵母既私送使者，泣曰："为老妾语陵，谨事汉王。汉王，长者也，无以老妾故，持二心。妾以死送使者。"遂伏剑而死。项王怒，烹陵母。陵卒从汉王定天下。以善雍齿，雍齿，高帝之仇，而陵本无意从高帝，以故晚封，为安国侯。

安国侯既为右丞相，二岁，孝惠帝崩。高后欲立诸吕为王，问王陵，王陵曰："不可。"问陈平，陈平曰："可。"吕太后怒，乃详迁陵为帝太傅②，实不用陵。陵怒，谢疾免，杜门竟不朝请，七年而卒。

陵之免丞相，吕太后乃徙平为右丞相，以辟阳侯审食其为左丞相。左丞相不治，常给事于中。

食其亦沛人③。汉王之败彭城，西，楚取太上皇、吕后为质，食其以舍人侍吕后④。其后从破项籍为侯，幸于吕太后。及为相，居中，百官皆因决事。

吕媭常以前陈平为高帝谋执樊哙，数谗曰："陈平为相非治事，日饮醇酒，戏妇女。"陈平闻，日益甚。吕太后闻之，私独喜。面质吕媭于陈平曰："鄙语曰'儿妇人口不可用'，顾君与我何如耳，无畏吕媭之谗也。"

吕太后立诸吕为王，陈平伪听之。及吕太后崩，平与太

---

① 东乡：古代以东向的座位为尊，乡，通"向"。② 详：通"佯"，假装。太傅：帝王或太子的老师。③ 食其（yì jī 异基）：人名。④ 舍人：家人，仆人。

尉勃合谋，卒诛诸吕，立孝文皇帝，陈平本谋也。审食其免相。

孝文帝立，以为太尉勃亲以兵诛吕氏，功多，陈平欲让勃尊位，乃谢病，孝文帝初立，怪平病，问之，平曰："高祖时，勃功不如臣平。及诛诸吕，臣功亦不如勃。愿以右丞相让勃。"于是孝文帝乃以绛侯勃为右丞相，位次第一；平徙为左丞相，位次第二。赐平金千斤，益封三千户。

居顷之，孝文皇帝既益明习国家事，朝而问右丞相勃曰："天下一岁决狱几何？"勃谢曰："不知。"问："天下一岁钱谷出入几何？"勃又谢："不知。"汗出沾背，愧不能对。于是上亦问左丞相平。平曰："有主者。"上曰："主者谓谁？"平曰："陛下即问决狱，责廷尉①；问钱谷，责治粟内史②。"上曰："苟各有主者，而君所主者何事也？"平谢曰："主臣！陛下不知其驽下③，使待罪宰相④。宰相者，上佐天子理阴阳，顺四时，下育万物之宜，外镇抚四夷诸侯，内亲附百姓，使卿大夫各得任其职焉。"孝文帝乃称善。右丞相大惭，出而让陈平曰："君独不素教我对！"陈平笑曰："君居其位，不知其任邪？且陛下即问长安中盗贼数，君欲强对邪？"于是绛侯自知其能不如平远矣。居顷之，绛侯谢病请免相，陈平专为一丞相。

---

① 廷尉：掌管刑狱的最高长官。 ② 治粟内史：掌管租税、钱粮等国家财政收支的官员。 ③ 驽（nǔ 努）下：低能，笨拙，自谦的说法。驽，劣马。 ④ 待罪：供职的谦词。

孝文帝二年①，丞相陈平卒，谥为献侯②。子共侯买代侯。二年卒，子简侯恢代侯。二十三年卒，子何代侯。二十三年，何坐略人妻③，弃市④，国除。

始陈平曰："我多阴谋⑤，是道家之所禁。吾世即废，亦已矣，终不能复起，以吾多阴祸也。"然其后曾孙陈掌以卫氏亲贵戚，愿得续封陈氏，然终不得。

太史公曰：陈丞相少时，本好黄帝、老子之术⑥。方其割肉俎上之时⑦，其意固已远矣！倾侧扰攘楚、魏之间⑧，卒归高帝。常出奇计，救纠纷之难，振国家之患。及吕后时，事多故矣，然平竟自脱，定宗庙，以荣名终，称贤相，岂不善始善终哉！非知谋孰能当此者乎⑨？

【翻译】

丞相陈平，是阳武县户牖乡人。他年轻时家里贫困，但喜欢读书，有田三十亩，只和大哥陈伯住在一块。陈伯长期在家种田，而任凭陈平出外游学。陈平生得魁梧俊美。有人对陈平说："你家里这样穷，吃了什么长得这么肥胖？"陈平的嫂嫂嫌他不顾家，不从事生产，就说："也不过就是吃糠屑罢了。有这么个小叔子，还不如没有。"陈伯听到这番话，就把

---

① 孝文帝二年：公元前178年。 ② 谥：古代帝王、贵族、大臣、士大夫死后，依其生前事迹给予的称号。始于周，秦废汉复。 ③ 略：同"掠"。 ④ 弃市：在街上当众处死。 ⑤ 阴谋：诡秘的计谋。 ⑥ 黄帝、老子之术：即道家学说。 ⑦ 俎（zǔ）：切肉的砧板。 ⑧ 倾侧扰攘：彷徨不定的样子。 ⑨ 知：通"智"。

他的妻子赶出门离弃了。

等到陈平长大该成家的时候，有钱人家不肯把女儿嫁给他，而贫穷人家的女儿陈平又瞧不起。过了好久，户牖乡有个叫张负的富户，他的孙女嫁了五次，每次出嫁，丈夫不久就死去，再也没有人敢娶她了。而陈平却想娶她。有一次，乡镇上有人办丧事，陈平因为家贫，就去帮忙料理，他自始至终尽力相助。张负在丧家见到陈平，很看重他，而陈平也因此有意后走。张负跟随陈平到他家里，他的家在背靠城墙的穷巷子里，用破席子遮门，不过，门前却有不少有声望的人来往的车轮印迹。张负回去后，对儿子张仲说道："我想把孙女嫁给陈平。"张仲问道："陈平既贫穷又不做事，整个县城里的人都嘲笑他的所作所为，为什么还偏要把女儿嫁给他呢？"张负反问道："难道有像陈平这样仪表堂堂的人一辈子贫贱的吗？"终究还是把孙女嫁给了陈平。因为陈平贫穷，张负就借钱给他行聘，又给一些办酒席的钱用来娶妻完婚。张负这样告诫孙女道："不要因为穷，就待人家不恭谨。侍奉哥哥陈伯要像侍奉父亲一样，侍奉嫂嫂就要像侍奉母亲一样。"陈平娶了张家的女儿后，家产财物日益宽裕，交游也就更加广泛了。

里中社祭，陈平任社宰，主持分配祭肉，分得很公平。父老们都说："陈平这孩子做社宰，做得好！"陈平说道："唉，要是让我陈平主宰天下，也就会像分这祭肉一样啰！"

陈涉起义而在陈县称王，派周市平定了魏地，立魏咎为魏王，和秦军在临济交战。在这以前陈平已辞别了哥哥陈伯，和一帮年轻人一道到临济投奔了魏王咎。魏王任命他当太仆。他对魏王提建议而魏王不予采纳，加之又有人在魏王面前说他的坏话，陈平离开了魏王。

过了许久，项羽率兵攻打到黄河边上，陈平就去投奔他，跟着入关击破秦军，项羽奖赐陈平以爵卿。项羽到东边在彭城称王时，汉王刘邦回师平定了三秦而东进，殷王司马卬背叛楚。于是项羽封陈平为信武君，率领魏王咎在楚的旧部前去攻打，降服了殷王而凯旋归来。项王派项悍任命陈平为都尉，赏给他黄金二十镒。过了不久，汉王又攻下了殷地。项王大怒，准备诛杀那些原来去平定殷的将领和官吏。陈平怕被杀害，就把项王封赏给他的黄金和将印包好，派人送还项王，而自己则只身带着宝剑悄悄地逃走了。渡黄河时，船夫见他这么个仪表堂堂的美男子单身独行，怀疑他是个逃亡的将领，腰间一定带有金玉宝器，就盯着他，想杀陈平。陈平心中恐惧，就脱了衣服光着上身帮着划船，船夫于是知道他没有什么财物，也就放弃了谋害陈平的想法。

陈平于是到修武投降汉军，通过魏无知求见汉王，汉王召见了他。这时万石君石奋担任汉王的中涓，他接受了陈平的名帖，带他进去受汉王接见。陈平等七人一道进见，汉王赏赐了饮食。汉王对他们说："吃了饭，就到客舍里去休息吧。"陈平道："我是有要事而来，要说的话不能等到明天。"于是汉王就和他交谈起来，听了他所说的很高兴。问道："你在楚做什么官？"陈平答道："做都尉。"汉王当天就任命他为都尉，让他陪乘，并主管监督全体将领。将领们大哗，纷纷议论道："大王刚得到楚国一个逃兵，还不知道他的本领高低，就和他出入同车，反让他来监督我们这些将领！”汉王听了这些议论，更加亲近陈平，于是让陈平一起向东攻打项王。到达彭城，被楚军打败。领兵撤退，一路收集被打散的士兵退到荥阳，任命陈平为副将，隶属于韩王信，驻军于广武。

绛侯、灌婴等人都在汉王面前攻击陈平道：“陈平虽然相貌堂堂，就像帽子上装饰了珠玉罢了，帽中并没有什么。我们听说陈平住在家里时，和嫂嫂私通；投奔魏王，人家不能容他，逃亡归附了楚；在楚不能得意，又跑来投汉。现在大王这样尊宠他，给他高官，让他监督诸将。可我们又听说他收受诸将的贿赂，贿赂多的就得到了好处，而贿赂少的就得不到好处。陈平是个反复无常的乱臣，还望大王明察他的行为！”汉王于是怀疑陈平，把魏无知召来责问。魏无知道：“我向你推荐陈平的，是才能；陛下责问的，是品行。如今即使有尾生、孝己那样好的品行，而对战争的胜负却没有什么用处，陛下又哪里顾得上用他们呢？现在楚汉相持不下，我推荐足智多谋的人，只是考虑他们的谋略是不是有利于争夺天下而已。至于与嫂嫂私通，接受贿赂，又有什么值得怀疑的呢？”汉王又找陈平来责问：“先生事奉魏王不得意，才去投奔楚，可也中途跑了，如今又追随我，有信用的人难道是这样三心二意的吗？”陈平答道：“我事奉魏王，魏王不能采纳我的意见，所以就离开魏王去事奉项王。项王对人不信任，他所信任宠爱的，不是项氏宗族就是妻家的兄弟，虽然有奇才大略的人也不能任用，我才离开了楚。听说你汉王能够用人，所以来投奔你，我空手而来，不接受馈赠就没有资财用度。倘若我的计策有可以采用的，就希望大王采用；假如毫无可取之处，钱财都还在，愿请封查缴公，只是请大王允许我辞职回家。”汉王于是表示歉意，并给以丰厚的赏赐，任命他为护军中尉，监护所有将领。将领们也就不敢再说什么了。

后来，楚加紧进攻，断绝汉运输粮草的甬道，把汉王包围在荥阳城。日子一久，汉王忧虑起来，提出割让荥阳以西的地方和楚讲和。项王不同意。汉王问陈平道：“天下动乱，什么时候才能安定下来呢？”陈平说道：“项王为人是待人恭敬亲热，那些廉节好礼的士人大多归附他。而至于论功行赏，封官爵、授食邑时，他却很吝惜，士人也就因此而不能完全归附他。而现在大王却傲慢而不大讲礼貌，那些注重廉节、礼仪的士人就不愿来；但是大王你能慷慨大方地把爵位和食邑封赏给有功的人，那些圆滑而没有气节的贪利无耻之徒也就大都来归附你了。项王和你如能各人克服双方的缺点，发扬双方的长处，那么天下在挥手之间就可平定了。然而大王你肆意侮辱人，不能得到廉节之士。不过楚存在可能导致混乱的因素，那项王手下像范增、钟离眜、龙且、周殷那样刚正不阿、忠心耿耿的人，也不过就是几个人罢了。你若是能拿出几万斤黄金来，用反间计去离间项羽君臣，引起他们互相猜疑，项王为人喜欢猜疑别人，听信谗言，这样他们就必定会内部互相残杀。到时汉乘机发兵进攻它，楚败就是必定无疑的了。”汉王认为有道理，就拿出四万斤黄金给陈平，听任他支配，不过问他的收支。

陈平已用大量黄金在楚军中进行了离间，在楚军中散布说，钟离眛等作为项羽的将领，功劳很多了，但始终得不到裂土封王的赏赐，图谋和汉联合起来，灭掉项羽，瓜分楚国的土地，各自为王。项羽果然心生猜忌，不再信任钟离眛等人。项羽既已怀疑他们，就派使者到汉王那里去。汉王备办丰盛的酒菜，端了进去。见到楚国使者，就假装惊讶地说："我还以为是亚父的使者呢，原来是项王的使者啊！"便把酒菜撤出去，换上粗劣的饭菜招待楚使者。楚使者回去后，原原本本地都报告了项羽，项羽果然对范增大加怀疑。范增想赶快攻下荥阳城，项王因为不信任他，不愿听从他的意见。范增听说项羽怀疑自己，就生气地说："天下之事大局已定了，你好自为之吧！请允许我辞职回乡！"他回去还没走到彭城，背上毒疮发作而死。陈平于是在夜间派三千名妇女出荥阳城东门，楚军因而在东门出击，他即和汉王乘机从西门连夜逃走，于是进入关中，收集败散的士兵再向东进。

第二年，淮阴侯韩信攻破齐国，自立为齐王，派使者报告汉王。汉王大怒而骂，陈平暗地里踩了踩汉王的脚。汉王也明白过来了，于是很优厚地款待了齐的使者，并随即派张良去册封韩信为齐王。把户牖乡封给了陈平。汉王采用陈平的奇谋妙计，终于灭了楚。后来陈平还曾以护军中尉的身份跟从刘邦平定了反叛的燕王臧荼。

汉六年，有人上书告发楚王韩信谋反。高帝刘邦问诸将。诸将都说："迅速派军队去活埋这小子罢了。"高帝不吭声。后来又问陈平，陈平再三推辞不过，问道："将领们怎么说？"高帝把将领们的主张都告诉了他。陈平又问："那人上书告发韩信谋反，有人知道这件事吗？”高帝说：“没有。”陈平又问：“韩信本人知道吗？”高帝回答说：“不知道。”陈平继续问道：“你的军队和楚相比，谁的精锐？”高帝答道：“没楚军强。”陈平又问道：“那么你的将领在用兵上有超过韩信的吗？”高帝又答道：“都比不上。”陈平于是说道：“现在兵力没有楚军精锐，将领又都比不上韩信，而要派兵去攻打，这会促使韩信发兵反抗，我真替陛下担心。”高帝问道：“那怎么办呢？”陈平说：“古代天子巡狩，会见诸侯。南方有个云梦泽，陛下只要假装出游云梦，在陈地会见诸侯。陈地在楚国的西部边界，韩信听说天子因交好诸侯而出游，这种情势下必然不会有意外，因而出郊迎接进见。到他拜见时，陛下乘机把他抓起来，这就只不过是一个力士的事情罢了。”高帝认为这办法好；于是派人去通知诸侯到陈地聚会，说“我将要南游云梦”。高帝随即就动身出发。还没到陈地，楚王韩信果然到郊外大路上来迎接了。高帝预先安排了武士，见韩信一到，立即把他捆绑起来，载入随从的车子。韩信大声叫道：“现在天下已经平定了，我本该被烹杀！”高帝回头对韩信说道：“你不要喊叫，你谋反已经是明摆着的事！”武士把韩信的双手反绑了起来，于是高帝在陈地会见了诸侯，全部平定了楚地。回到洛阳，赦免了韩信，贬封为淮阴侯，又与功臣剖分符券，确定封赏。

因此高帝也就和陈平剖符，封他世代相传为户牖侯。陈平推却道：“这可不是我的功劳呀！”高帝问道：“我用了你的计谋，克敌制胜，不是功劳是什么？”陈平答道：“要不是魏无知，我哪里能得以进用呢？”高帝说道：“像你这样可算是不忘本了。”于是又赏了魏无知。第二年，陈平又作为护军中尉跟随汉高帝刘邦去代地攻打反叛的韩王信。匆匆忙忙到达平城，被匈奴包围，断粮达七天。刘邦采用了陈平的奇计，派人到单于的阏氏那里去活动，才得以解围。高帝解围后，陈平的计谋秘而不宣，世人都不知道它的内容。

刘邦回军经南路过曲逆县，登上城墙，望见县城里房屋挺高大，赞叹道：“多雄壮的县呀！我走遍天下，唯独看见洛阳与这里最宏伟。”回头问御史道：“曲逆县的户口有多少？”御史答道：“原来秦朝时有三万来户，近年来连年战乱，大部分人流亡避难去了，目前现存五千户。”于是刘邦诏令御史，改封陈平为曲逆侯，享有全县的赋税，收回从前所封的户牖乡。

此后陈平还曾作为护军中尉跟随高帝刘邦攻打反叛的陈豨及黥布。前后共出过六次奇计，每次都增加了封邑。有些奇计非常秘密，世人都无法知道。

刘邦率军平定了黥布的叛乱回师，因受伤发病，慢慢地回到长安。燕王卢绾起兵反叛，高帝就派樊哙以相国的身份率兵前去讨伐。发兵后，有人在高帝面前说樊哙的坏话，高帝大怒道：“樊哙见我病了，就希望我死呀！”因而采用陈平的计谋把绛侯周勃召到床前口授诏令，说道：“陈平你赶快用传车送周勃去接替樊哙统率军队，到了军中立即把樊哙斩首！”两人接受了诏令就乘车出发，还没有到达军中，在路上商量道：“樊哙是高帝的故交，功劳很多，而且又是吕后的妹妹吕婴的丈夫，既亲又贵，高帝因为一时的愤怒而要杀了他，恐怕将来会后悔。我们宁可把他囚禁起来送交皇上，让皇上自己去杀他。”没有进军营，筑了个坛台，以符节去召樊哙。樊哙来接受诏令，就把他反绑起来关进囚车，传递送至长安，让绛侯周勃代替樊哙统率军队，率兵去平定燕国反叛的各县。

陈平在归途中听说高帝去世了，担心吕婴进谗言而使吕后发怒，就自己乘传车急速先回。路上遇到朝廷的使者诏令陈平和灌婴屯兵于荥阳。陈平接受了诏令，立刻又乘传车赶到宫中，在高帝灵前哭得很哀伤，并乘机把处理樊哙的事在灵堂里向吕后奏明。吕太后哀怜他道：“你辛苦了，出去歇息吧！”陈平怕吕婴进谗，一再请求留在宫中担任守卫。吕后就任命他为郎中令，并对他说：“请你帮助辅导皇帝。”此后，吕婴进谗言便不能得逞。樊哙被送到长安，立即就被赦免，恢复了原来的爵位和封地。

孝惠帝六年，相国曹参去世，任命安国侯王陵为右丞相，陈平为左丞相。

王陵，原来是沛县人，本是县中的大户，刘邦还是平民的时候，把王陵作哥哥看待。王陵为人质朴，好感情用事，喜欢说直话。等到刘邦从沛县起兵，进到咸阳，王陵也自行聚集徒众数千人，屯驻南阳，不愿意跟随沛公。待到汉王回师攻打项羽，王陵才带兵归属到汉军。项羽把王陵的母亲弄来安置在军中，王陵的使者来，就让王陵的母亲坐在向东的尊位上，想借以招附王陵。王陵的母亲在会见过后私下送别使者，哭告说：“替我告诉王陵，小心地事奉汉王。汉王，是个长者，不要因为我这老婆子的缘故，怀别的心思。我用死来送你。”于是用剑自杀而死。项王大怒，烹煮王陵的母亲。王陵终于跟随汉王平定天下。因为和雍齿交好，雍齿，是高帝的仇人，加上王陵本来不打算追随刘邦，因而迟封，封为安国侯。

王陵担任右丞相两年后，孝惠帝去世。吕太后想要立自己的兄弟子侄为王，问王陵，王陵说：“不可。”问陈平，陈平道：“可以。”吕太后发怒，因而假装升迁王陵为皇帝的太傅，实际上不重用他。王陵很生气，称病辞职，在家闭门不出，也不进宫朝见请安，七年后去世。

王陵免去右丞相职务后，吕太后就让陈平接替，任命辟阳侯审食其为左丞相。左丞相不设官署，经常在宫中处理事情。

审食其也是沛人。汉王在彭城失败，向西撤退，楚军抓到刘邦的父亲、妻子作为人质，审食其作为舍人侍奉吕后。他后来跟随刘邦破灭项羽而被封侯，受到吕太后宠爱。到担任丞相，住在宫中，全体官员都通过他决定事情。

吕媭因陈平从前曾为高帝出过主意逮捕樊哙，多次在吕太后面前进谗言道：“陈平身为丞相而不管事，天天饮美酒，玩女人。”陈平听说后，就更加放肆寻欢作乐。吕太后知道了，心中暗暗高兴。当着吕媭的面对陈平说：“俗话说，‘小孩女人的话不能听’，只看你对我怎样了。不要担心吕媭说你的坏话。”

吕太后立自己的兄弟子侄为王，陈平假装听从。等到吕太后一死，陈平就与太尉周勃合谋，终于杀了吕氏诸王，拥立孝文皇帝，这就是陈平的本来的谋略。审食其被免除了丞相职务。

孝文帝即位后，认为太尉周勃亲自率兵诛杀了吕党，功劳大；陈平想让周勃居最高的职位，于是称病不上朝。文帝刚即位，对陈平的称病感到奇怪，于是问他。陈平答道："高帝时，周勃的功劳不如我陈平，这次诛灭吕氏，则我的功劳也比不上他。我愿把右丞相的职位让给他。"于是文帝就让周勃担任右丞相，位居第一；改任陈平为左丞相，位居第二。赐给陈平黄金一千斤，加封食邑三千户。

过不多久，文帝更加了解和熟悉国家大事了，上朝时问右丞相周勃："全国一年判决多少案件？"周勃抱歉地说："不知道。"文帝又问："全国一年钱粮收支有多少？"周勃又答不出，急得汗流浃背，惭愧自己答不上来。于是文帝再问左丞相陈平。陈平答道："有主管的人。"文帝又问："主管的人是谁？"陈平即说："陛下如果要了解判决案件的情况，可以询问廷尉；要知道钱粮情况，那就问治粟内史。"文帝又问道："既然各有主管的人，那么你所主管的是什么事呢？"陈平答道："管理群臣百官！陛下不以为我们能力低下，而让我们担任宰相。宰相嘛，就是对上辅佐皇帝调理阴阳，顺应四时，对下保证万物适时生长，对外镇抚四夷和诸侯，对内亲百姓附万民，使公卿大夫各尽其职。"文帝这才满意了。周勃深感惭愧，出来即埋怨陈平道："你平常怎么不告诉我如何回答！"陈平笑道："你身为宰相，难道还不知道宰相的职责吗？况且皇上要是问长安城中的盗贼数，你也想勉强回答吗？”于是周勃知道自己的能力比陈平要差得远了。过了不久，周勃就托病请求免了他的丞相职务，陈平一个人单独任丞相。

孝文帝二年，丞相陈平去世，谥为献侯。他的儿子共侯陈买继承侯位。两年后陈买去世，他的儿子简侯陈恢继承侯位。二十三年后陈恢去世，侯位由儿子陈何继承。又过了二十三年，陈何因强夺别人的妻子，被处死刑，废除了封国。

当初陈平曾说：“我这个人常搞阴谋，这是道家所禁忌的。我这一代就被废除，也就完了，以后再也不会复兴，原因就在于我积下的阴祸太多。”后来陈平的曾孙陈掌是大将军卫青的女婿，为贵戚，想承袭陈氏原来的封号，终究还是没有得到。

太史公说：陈平丞相年轻时，本来喜欢黄老之术。还在他分配祭肉的时候，他的志向就已经很远大了。依违于混乱的楚魏之间，终于归附了高帝。曾多次出奇谋妙计，解救了纠纷复杂的危难，排除了国家的灾祸。到吕太后时，变故很多，但他最终还是能自免于祸，稳定汉政权，安享荣华终生，被称为贤相，这难道不是善始善终吗！要不是足智多谋谁能做到这样！

孙子吴起列传

本篇记述了中国古代三位杰出的军事家孙武、孙膑及吴起的生平事迹。在司马迁的时代，这三位军事家的著作广为流传，因此本篇的重点不在阐释他们的军事思想和军事理论，而在于表彰他们实际的军事指挥才能。孙武年代最早，作者主要描述了他如何替吴王训练女兵的轶事，以显示他善于带兵打仗。孙膑是孙武的后人，作者主要记载了三件事，一是运用心计帮助齐将田忌赛马打赌而取胜；二是围魏救赵，深入敌方大本营，使敌人在前线的围攻不攻自破；三是利用减灶的办法，造成对方的错觉，诱敌深入，最后以伏兵一举歼灭敌人，使得那位嫉贤妒能的同学庞涓不得不自杀。本篇记吴起的篇幅最长，因为吴起不仅是一位杰出的军事家，也是一位杰出的政治家。他对于魏国和楚国的军事、政治的发展作出了显著的贡献。在具体的军事才能方面作者侧重描写了吴起与士兵同甘共苦的精神。

以《孙子兵法》为代表的中国古代军事艺术，为后人提供了丰富的思想营养，它已成为世界文化史上的一份重要遗产。读完本篇，有助于我们理解这一意义。

孙子武者①，齐人也。以兵法见于吴王阖庐②。阖庐曰："子之十三篇③，吾尽观之矣，可以小试勒兵乎？"对曰："可。"阖庐曰："可试以妇人乎？"曰："可。"于是许之，出宫中美女，得百八十人。孙子分为二队，以王之宠姬二人各为队长，皆令持戟。令之曰："汝知而心与左右手背乎④？"妇人曰："知之。"孙子曰："前，则视心；左，视左手；右，视右手；后，即视背。"妇人曰："诺。"约束既布，乃设鈇钺⑤，即三令五申之。于是鼓之右，妇人大笑。孙子曰："约束不明，申令不熟，将之罪也。"复三令五申而鼓之左，妇人复大笑。孙子曰："约束不明，申令不熟，将之罪也；既已明而不如法者，吏士之罪也。"乃欲斩左右队长。吴王从台上观，见且斩爱姬，大骇。趣使

① 孙子武：姓孙名武。子是古代对人的尊称。 ② 阖庐：春秋末期的吴国诸侯。 ③ 十三篇：即《孙子兵法》十三篇。 ④ 而：同"汝"，即今"你"字。 ⑤ 鈇钺（fū yuè 夫越）：大斧，军中行刑的工具。

使下令曰①："寡人已知将军能用兵矣。寡人非此二姬，食不甘味，愿勿斩也。"孙子曰："臣既已受命为将，将在军，君命有所不受。"遂斩队长二人以徇。用其次为队长，于是复鼓之。妇人左右前后跪起皆中规矩绳墨②，无敢出声。于是孙子使使报王曰："兵既整齐，王可试下观之，唯王所欲用之，虽赴水火犹可也。"吴王曰："将军罢休就舍，寡人不愿下观。"孙子曰："王徒好其言，不能用其实。"于是阖庐知孙子能用兵，卒以为将。西破强楚，入郢③，北威齐晋，显名诸侯，孙子与有力焉。

孙武既死，后百余岁有孙膑④，膑生阿鄄之间⑤，膑亦孙武之后世子孙也。孙膑尝与庞涓俱学兵法。庞涓既事魏⑥，得为惠王将军，而自以为能不及孙膑，乃阴使召孙膑。膑至，庞涓恐其贤于己，疾之，则以法刑断其两足而黥之，欲隐勿见。

齐使者如梁⑦，孙膑以刑徒阴见，说齐使。齐使以为奇，窃载与之齐。齐将田忌善而客待之。忌数与齐诸公子驰逐

---

① 趣(cù促)：同"促"。即"急"义。 ② 规矩绳墨：本为匠人的工具，这里借指规章。 ③ 入郢：事在公元前506年。郢是楚国都城，在今湖北江陵东南。 ④ 孙膑：继孙武后出现的另一名军事家。因受膑刑，故名孙膑。 ⑤ 阿鄄(wō juàn 窝绢)：齐封邑，一是今山东省阳谷县的阿城镇，一是今山东省的鄄城县。 ⑥ 庞涓：战国时魏国大将，曾与孙膑同向鬼谷子学兵法，魏惠王时任将军。 ⑦ 梁：即指魏。因当时魏国建都大梁(今河南的开封市)，所以，人们也把魏国称为梁国。

重射①。孙子见其马足不甚相远，马有上、中、下辈。于是孙子谓田忌曰："君弟重射②，臣能令君胜。"田忌信然之，与王及诸公子逐射千金。及临质③，孙子曰："今以君之下驷与彼上驷，取君上驷与彼中驷，取君中驷与彼下驷。"既驰三辈毕，而田忌一不胜而再胜，卒得王千金。于是忌进孙子于威王。威王问兵法，遂以为师。

其后魏伐赵，赵急，请救于齐。齐威王欲将孙膑，膑辞谢曰："刑余之人不可。"于是乃以田忌为将，而孙子为师，居辎车中④，坐为计谋。田忌欲引兵之赵，孙子曰："夫解杂乱纷纠者不控捲⑤，救斗者不搏撠⑥，批亢捣虚⑦，形格势禁⑧，则自为解耳。今梁赵相攻，轻兵锐卒必竭于外，老弱罢于内。君不若引兵疾走大梁，据其街路⑨，冲其方虚，彼必释赵而自救。是我一举解赵之围而收弊于魏也⑩。"田忌从之，魏果去邯郸，与齐战于桂陵⑪，大破梁军。

后十三岁，魏与赵攻韩，韩告急于齐。齐使田忌将而往，

---

① 重射(shí 石)：很大的赌注。驰逐重射，就是下大赌注比赛驾马。 ② 弟重射：尽管下大赌注。弟，但。 ③ 临质：临场比赛。质，对抗，争衡。 ④ 辎(zī 滋)车：有篷盖的车。 ⑤ 夫解杂乱纷纠者不控捲：指要解开乱丝乱麻之类的疙瘩不能乱抓乱扯。控，拉。捲，卷。 ⑥ 撠：同"击"。 ⑦ 批亢(kāng 康)捣虚：攻击对方的要害，直捣对方的空虚之地。批，打击。亢，喉咙。捣，冲击。 ⑧ 形格势禁：制止斗殴应该用怒颜或者权力。形，容色。格，阻。势，权力。 ⑨ 据其街路：占领他们的交通要道。 ⑩ 收弊于魏：收到魏军疲惫的效果。 ⑪ 桂陵：魏地。在今山东省菏泽东北。

直走大梁。魏将庞涓闻之，去韩而归，齐军既已过而西矣。孙子谓田忌曰："彼三晋之兵素悍勇而轻齐①，齐号为怯，善战者因其势而利导之。兵法，百里而趣利者蹶上将②，五十里而趣利者军半至。使齐军入魏地为十万灶，明日为五万灶，又明日为三万灶。"庞涓行三日，大喜，曰："我固知齐军怯，入吾地三日，士卒亡者过半矣。"乃弃其步军，与其轻锐倍日并行逐之。孙子度其行，暮当至马陵③。马陵道陜④，而旁多阻隘，可伏兵，乃斫大树白而书之曰："庞涓死于此树之下。"于是令齐军善射者万弩，夹道而伏，期曰："暮见火举而俱发。"庞涓果夜至斫木下，见白书，乃钻火烛之⑤。读其书未毕，齐军万弩俱发，魏军大乱相失。庞涓自知智穷兵败，乃自刭，曰："遂成竖子之名⑥！"齐因乘胜尽破其军，虏魏太子申以归。孙膑以此名显天下，世传其兵法⑦。

吴起者，卫人也⑧，好用兵。尝学于曾子⑨，事鲁君。齐人攻鲁，鲁欲将吴起，吴起取齐女为妻，而鲁疑之。吴起于是欲就名，遂杀其妻，以明不与齐也。鲁卒以为将。将而攻齐，

---

① 三晋：本泛指韩、赵、魏，这里侧重指魏军。 ② 趣（qù 去）：趋向，追逐。蹶（jué 决）：跌倒，挫折。 ③ 马陵：魏地，在今河北省大名东南。 ④ 陜（xiá 侠）：同"狭"。 ⑤ 钻火烛之：即钻木取火来照看树上的字。烛，照亮。 ⑥ 竖子：小子，对人的蔑称。 ⑦ 世传其兵法：即《孙膑兵法》。1972 年 4 月在山东临沂银雀山一号汉墓中出土了《孙子兵法》的竹简；另还有一批竹简，字数有一万一千余字，经考证就是失传已久的《孙膑兵法》。 ⑧ 卫：西周初年建立的诸侯国，战国时为魏的附庸。 ⑨ 曾子：名参，鲁人，孔子门下的弟子。

大破之。

鲁人或恶吴起曰："起之为人，猜忍人也。其少时，家累千金，游仕不遂，遂破其家。乡党笑之，吴起杀其谤己者三十余人，而东出卫郭门。与其母诀，啮臂而盟曰①：'起不为卿相，不复入卫。'遂事曾子。居顷之，其母死，起终不归。曾子薄之，而与起绝。起乃之鲁，学兵法以事鲁君。鲁君疑之，起杀妻以求将。夫鲁小国，而有战胜之名，则诸侯图鲁矣。且鲁卫兄弟之国也，而君用起，则是弃卫②。"鲁君疑之，谢吴起。

吴起于是闻魏文侯贤③，欲事之。文侯问李克曰："吴起何如人哉？"李克曰："起贪而好色④，然用兵司马穰苴不能过也⑤。"于是魏文侯以为将，击秦，拔五城。

起之为将，与士卒最下者同衣食。卧不设席，行不骑乘，亲裹赢粮，与士卒分劳苦。卒有病疽者，起为吮之。卒母闻而哭之。人曰："子卒也，而将军自吮其疽，何哭为。"母曰："非然也。往年吴公吮其父，其父战不旋踵，遂死于敌。吴公今又吮其子，妾不知其死所矣。是以哭之。"

文侯以吴起善用兵，廉平，尽能得士心，乃以为西河守⑥，以拒秦、韩。

---

① 啮臂：古人发誓时所做出的一种姿态。 ② 弃卫：因吴起杀卫之谤己者，在卫国有罪。因此鲁君用他，则有损于卫国。 ③ 魏文侯：即魏开国之君魏斯。 ④ 贪：贪于荣名。指吴起破产求仕、杀妻求将之事。 ⑤ 司马穰苴(ráng jū 瓤居)：春秋时齐国大夫，姓田，官司马，深通兵法。 ⑥ 西河守：西河相当于今陕西渭南地区一带，在黄河以西。守为当时守土治民的官员。

魏文侯既卒，起事其子武侯①。武侯浮西河而下②，中流，顾而谓吴起曰："美哉乎山河之固，此魏国之宝也！"起对曰："在德不在险。昔三苗氏左洞庭③，右彭蠡④，德义不修，禹灭之。夏桀之居，左河济⑤，右泰华⑥，伊阙在其南⑦，羊肠在其北⑧，修政不仁，汤放之。殷纣之国，左孟门⑨，右太行⑩，常山在其北⑪，大河经其南⑫，修政不德，武王杀之。由此观之，在德不在险，若君不修德，舟中之人尽为敌国也。"武侯曰："善。"

吴起为西河守，甚有声名。魏置相，相田文。吴起不悦，谓田文曰："请与子论功，可乎？"田文曰："可。"起曰："将三军，使士卒乐死，敌国不敢谋，子孰与起？"文曰："不如子。"起曰："治百官，亲万民，实府库，子孰与起？"文曰："不如子。"起曰："守西河而秦兵不敢东乡⑬，韩赵宾从，子孰与起？"文曰："不如子。"起曰："此三者，子皆出吾下，而位加吾上，何也？"文曰："主少国疑，大臣未附，百姓不信，方是之时，属之于子乎？属之于我乎？"起默然良久，曰："属之子矣。"文曰："此乃吾所以居子之上也。"吴起乃自知弗如田文。

---

① 武侯：名击。 ② 西河：这里指今山西、陕西一带的黄河。 ③ 三苗氏：即有苗氏，舜时南方的部落。洞庭：洞庭湖。 ④ 彭蠡：即鄱阳湖。 ⑤ 河济：黄河、济水。 ⑥ 泰华：泰山、华山。 ⑦ 伊阙：山名，又名龙门山，今河南省洛阳市西南。 ⑧ 羊肠：羊肠坂，在今山西省沁县北。 ⑨ 孟门：山名，在今山西省吉县西。 ⑩ 太行：山名，在今河南沁阳县北。 ⑪ 常山：恒山。 ⑫ 大河：黄河。 ⑬ 乡：同"向"。

田文既死，公叔为相，尚魏公主①，而害吴起。公叔之仆曰："起易去也。"公叔曰："奈何？"其仆曰："吴起为人节廉而自喜名也。君因先与武侯言曰：'夫吴起贤人也，而侯之国小，又与强秦壤界，臣窃恐起之无留心也。'武侯即曰：'奈何？'君因谓武侯曰：'试延以公主，起有留心则必受之，无留心则必辞矣。以此卜之。'君因召吴起而与归，即令公主怒而轻君。吴起见公主之贱君也，则必辞。"于是吴起见公主之贱魏相，果辞魏武侯。武侯疑之而弗信也。吴起惧得罪，遂去，即之楚。

楚悼王素闻起贤②，至则相楚。明法审令③，捐不急之官④，废公族疏远者，以抚养战斗之士。要在强兵，破驰说之言从横者。于是南平百越；北并陈蔡，却三晋；西伐秦。诸侯患楚之强。故楚之贵戚尽欲害吴起。及悼王死，宗室大臣作乱而攻吴起，吴起走之王尸而伏之。击起之徒因射刺吴起，并中悼王。悼王既葬，太子立⑤，乃使令尹尽诛射吴起而并中王尸者，坐射起而夷宗死者七十余家。

太史公曰：世俗所称师旅，皆道《孙子》十三篇，吴起《兵法》，世多有，故弗论，论其行事所施设者。语曰："能行之者未必能言，能言之者未必能行。"孙子筹策庞涓明矣，然不能蚤救患于被刑。吴起说武侯以形势不如德，然行之于楚，以

① 尚：古时臣娶君女叫"尚"。 ② 悼王：名疑。 ③ 审令：即令出必行。审，信也。 ④ 捐不急之官：裁掉无用的官员。捐，撤除。 ⑤ 太子：名臧，即楚肃王。

刻暴少恩亡其躯。悲夫！

【翻译】

孙武是齐国人。因为精通兵法受到吴国国王阖庐的接见。阖庐说："你的《兵法》十三篇，我都看过了，可以试着用来小规模地操练一下士兵吗？"孙武回答道："可以。"阖庐又问："可以试着用来操练一下妇女吗？"孙武回答道："可以。"于是吴王同意了，集合王宫里的美女，共计一百八十人。孙子将她们分为二队，用吴王的两名宠妾为各队的队长，命令妇女们都拿着战戟，并问她们："你们知道自己的心口、左右手和后背吗？"妇女们回答说："知道这些。"孙子又交代："向前，则朝着心口的方向；向左，则朝着左手的方向；向右，则朝着右手的方向；向后，则朝着后背的方向。"妇女们应声道："好的。"章程规定后，就布设刑具铁钺，随即孙子反复交代清楚以上的各种规章。于是命令击鼓向右，妇女们大笑。孙子说："规章不明白，交代不清楚，是我将领的过错。"孙子再反复交代后，接着命令击鼓向左，妇女们又大笑。孙子正色道："规定不明白，交代不清楚，是我将领的过错；但已经交代清楚了却不按规章办，那就是士兵们的错误了。"于是要斩左右队长。吴王在台上观看，见要斩杀自己的爱妾，大惊失色。急忙派手下人传下旨令："我已知道将军能用兵了。可我如果没有这二位爱妾，饭也吃不香，请将军不要杀了她们。"孙子回报说："我既然已经被任命为将，将在军中，君王的命令有的我是可以不接受的。"于是杀了两名队长以此来示众。

挨次提拔了另外的人为队长，接着再击鼓传令。妇女们向左、向右、向前、向后、跪下、站起都符合规章，没有人再敢作声了。于是孙子派使者向吴王报告："士兵已操练好了，大王可以下来检阅，任凭大王随意调遣，就是赴汤蹈火也行。"吴王回答道："将军就此而止，回屋去休息吧，我不想下来检阅了。"孙子叹道："大王只喜欢空谈，却不能讲求实在。"于是阖庐知道孙子能用兵，终于任命他为将军。率兵向西攻破强大的楚国，占领了郢都，向北威震齐晋两国，这样吴国在诸侯国中名声大作，孙子在其中出了大力。

孙武死了一百多年后出现了孙膑。孙膑生长在阿鄄两邑交界的地方，孙膑就是孙武的后代子孙。孙膑曾经和庞涓一起学习兵法。庞涓在魏国供职后，就做了魏惠王的将军，但因为自己觉得才能比不上孙膑，于是暗中派人去召孙膑来。孙膑来后，庞涓害怕他的德才比自己高，嫉妒他，就借法令为名斩断了孙膑的两脚，并在他的脸上刺了字，想使他隐没，不被人所知晓。

齐国的使者到了魏国，孙膑以罪犯的身份偷偷地去见齐国使者，他用自己在军事上的卓越见识向齐国使者游说。齐国使者认为他是个奇才，于是偷偷地让他坐进自己的车里，一起到了齐国。齐国将军田忌很赏识孙膑的才能，因而把他作为贵宾来款待。田忌屡次与齐国诸公子下大赌注比赛驾马。孙子在一旁观察到比赛的马匹实力相差不远，双方都有上、中、下三等马。于是孙子对田忌说："将军尽管大下赌注，我能让你取胜。"田忌相信他的话并答应了，和齐王及诸公子下千金赌注来赌比赛驾马。到了比赛的时候，孙子向田忌献计道：“现在用你的下等马和对方的上等马较量，用你的上等马和对方的中等马较量，用你的中等马和对方的下等马较量。”三局比赛结束后，田忌输了一局却胜了两局，到底赢得了齐王的千金。这时田忌乘机把孙子推荐给威王，齐威王向他请教军事上的问题，于是尊他为老师。

后来秦国征伐赵国，赵国危急，向齐国求援。齐威王要孙膑出任将军，孙膑推辞道：“我这个受过刑的人不行。”于是就任命田忌为将，孙子为军师，孙子就乘坐在有篷盖的车里，暗中运筹。田忌要立即带兵去赵救援，孙子说道：“解开乱结不能抓紧乱扯，制止斗殴不能插手帮打，解乱结要从缝隙处下手，劝斗殴须用怒颜或者权力来制止。这样问题就会迎刃而解了。今天梁赵两国互相攻杀，他们的精锐部队必然全部在外奔战，在内他们的老人妇弱必然疲竭了。将军不如率兵奔袭大梁，占领魏国的交通要冲，攻击魏国防守空虚的地方，这样魏军必然放弃攻赵而回师来营救大梁。这正是我一举解了赵国之围又达到了坐收魏军疲惫的效果。”田忌就照着孙膑所说的去行动，魏军果然离开了邯郸，与齐军在桂陵遭遇而战，齐军大败魏军。

十三年后，魏国与赵国联合进攻韩国，韩国向齐国告急求援。齐国派田忌将兵前往，直奔大梁。魏军将领庞涓听到这个消息，率兵离开韩国赶回，这时齐军已经穿过魏国的边界向西挺进。孙子对田忌说：“他们魏军向来勇猛慓悍因而轻视齐军，我齐军向来被说成是怯懦，会打仗的人要顺着这种情势向有利于自己的方向来利用引导。《兵法》说，日夜兼程行军百里去追逐胜利的会因兵员掉队的人数多也使上将受挫，急行军五十里以外去追逐胜利的兵员到达的只有半数。我们让齐军进入魏国先垒十万灶，到明天只垒五万灶，后天就只垒三万灶。”庞涓尾追齐军三天后，非常高兴，说道：“我本来就知道齐军胆怯，到了我国境内才三天，逃亡的士兵就已超过了半数。”于是甩掉步兵，带领轻兵锐卒日夜兼程地追赶。孙子计算魏军的行程，天黑时应该到达马陵，马陵道路狭窄，两旁地势多险阻，可以埋伏部队，于是令人剥去一棵大树的树皮，在剥了皮的树身上写道：“庞涓死在这棵树下。”随即又命令齐军中万名善射的弓弩手，埋伏在道路的两边，相互约好：“天黑时看见点燃的火光就一起射击。”庞涓在天黑时果然率兵到了剥了皮的大树下，看见这树上的字迹，就点火来照看树上的字，但还没有来得及读完，齐军已万箭齐发，魏军乱作一团，庞涓自知智穷兵败，于是抽刀自杀，临死时喊道：“终于成就了这小子的名声！”齐军因而乘胜大败魏军，俘虏了魏太子申，得胜而归，孙膑由于这次胜利而名扬天下，世上留传着他的《孙膑兵法》。

吴起是卫国人。喜欢带兵打仗。曾经跟随曾子求学。事奉过鲁国的国君。齐军进攻鲁国时，鲁国想起用吴起为将，可吴起娶了齐国的女子为妻子，因而鲁国猜疑他。于是吴起想要获取功名，就杀了他的妻子，以表明他不依附齐国。鲁国终于任命他为将，率兵向齐军进攻，大败齐军。

鲁国有人诋毁吴起说：“吴起这个人，为人心狠毒辣。他年轻时，家里有千金的财富，由于他四处奔走求官不成，终于使家境破落。乡邻们讥笑他，吴起就杀了三十多个讥笑他的人，便从卫国外城的东边出走。他与母亲诀别时，咬破自己的手臂发誓说：'我吴起做不了卿相，就不再回到卫国来了。'于是事奉曾子。过了不久，吴起的母亲去世了，吴起终于没有回去，曾子因此鄙薄他，便与吴起断绝了关系。吴起于是去鲁国，学习兵法以便用来事奉鲁国的君主。鲁国君主猜疑他，吴起就杀掉自己的妻子来谋取将位。鲁国是个小国，却有战胜齐国的名声，那么各个诸侯国就会来图谋鲁国了。况且鲁卫是兄弟之国，而君王起用吴起，这就是疏远了卫国呀。"于是鲁君不信任吴起，摒弃了他。

吴起这时听说魏文侯贤明，想要事奉他。文侯问李克："吴起是个什么样的人？"李克回答说："吴起贪求功名又喜欢女色，可是带兵打仗就是司马穰苴也不能超过他。"于是魏文侯任吴起为将，让他率兵进攻秦国，夺取了五座城市。

吴起担任将军，和最下级的士兵衣食待遇相同，睡觉不用褥席，行军不乘坐马车，亲自裹带军粮，和士卒分担劳苦。有个士兵长了痈疮，吴起为他亲口吸吮脓水。那个士兵的母亲听说此事便哭了起来。人们不解地问："你的儿子只是一个士兵，将军却为他亲口吸出脓水，为什么要哭呢？"那位母亲说："不是这么一回事，以前吴公曾为他的父亲吸过痈疮，他的父亲出去打仗勇往直前，终于死在敌人手里。吴公今天又来吸他儿子的痈疮，我还不知道他死在哪个地方哟，所以我要哭呀。"

魏文侯因为吴起会带兵，廉洁公平，受到所有士兵的爱戴，于是派他做西河守，以抵抗秦韩两国。

魏文侯死后，吴起事奉他的儿子武侯。武侯有次乘船沿西河顺流而下，半途上，武侯环顾而对吴起感慨地说："多么美呀，这险峻坚固的河山，这是我魏国的瑰宝呀！"吴起回答说："国家的坚固在仁义道德而不在地势险要。以前三苗氏左面据有洞庭湖，右面有鄱阳湖，可是政治上不推行仁义道德，夏禹灭亡了它。夏桀居住的地方，左面有黄河、济水，右面有泰山、华山，伊阙山在南面，羊肠坂在北面，可是他在政治上不推行仁义道德，商汤王放逐了他。殷纣统治的国家，左面有孟门山，右面有太行山，恒山雄峙在它的北面，黄河流经它的南面，可是他在政治上不推行仁义道德，武王杀了他。从这些历史事实可以看出，国家的坚固在仁义道德而不在河山的险要。倘若您不推行仁义道德，那么这条船上的人都会成为您的敌人了。"武侯赞叹道："妙。"

吴起担任西河守时，声名很好。魏国选拔宰相时，却选中田文做了宰相。吴起不高兴，对田文说："请让我与你比比功劳，可以吗？"田文说："可以。"吴起问："统率三军，让士兵们乐意地为国家而战死，使敌国不敢打魏国的主意，你我比起来谁强？"田文答道："我不如你。"吴起问："管理百官，亲和百姓，充实府库，你我比起来谁强？"田文答道："我不如你。"吴起问："防守西河因而秦兵不敢杀进，使韩赵两国附属魏国，你我比起来谁强？"田文答道："我不如你。"吴起又问："这三方面，你都在我之下，地位却在我之上，为什么？"田文回答说:“目前君主年幼,国家动荡不安,大臣们不齐心,百姓们不信赖,正当这个时候,国家的大权是托付给你呢?还是托付给我?”吴起沉思许久,才答道:“当然要托付给你。”田文接着说道:“这就是我为什么位居你之上的原因。”吴起这才知道自己的才能不如田文。

田文死后,公叔接替相位。他娶了魏国公主为妻,畏忌吴起不服。公叔的仆人说道:“赶走吴起是件很容易的事情。”公叔问道:“用什么办法呢?”公叔的仆人献计道:“吴起为人廉洁而且很重荣誉,你可趁机先对武侯说:‘吴起是个德才兼备的人,可是武侯你的国家太小了,又与强大的秦国接壤,因此我怕吴起没有留魏之心。’武侯倘若问怎么办呢,你就趁机对武侯讲:‘可以用给公主招亲的办法来挽留他作为试探,如果吴起有留在这里的意思,就必然会接受这一要求,如果吴起没有此心就必然会拒绝。用这种办法来考察他。’你于是马上去召吴起与他同回府上,再去激怒公主,让她轻辱你。吴起看见公主鄙薄你,就必然会谢绝娶公主的事情了。”当吴起见到公主侮辱魏国的宰相时,果然谢绝了魏武侯招亲的要求,这样魏武侯就怀疑吴起没有留魏之心,因而不信赖他了。吴起害怕得罪,就离开了魏国,马上到了楚国。

楚悼王平日听说吴起的贤名,因此吴起一到楚国就让他任相职。吴起便申明法度,信赏必罚,裁汰冗官,废除那些疏远的王族们的爵禄,用来抚养前方的将士。重要的是强兵备战,摒弃那些合纵连横到处奔走的游说之士。于是在南面平定了百越;在北面吞并了陈国、蔡国,打退了韩、赵、魏三国的进攻;向西讨伐秦国。诸侯各国忧虑楚国的强大,楚国的贵族都企图谋害吴起。到了楚悼王死时,王室大臣就起来叛乱追杀吴起,吴起逃到悼王的尸体旁,伏在尸体上,追杀吴起的人因为射杀吴起,而同时射中了悼王的尸体。悼王葬后,太子继承了王位,于是命令令尹去杀尽那些射杀吴起却射中悼王尸体的人。因为射杀吴起而获罪被灭了族的就有七十多家。

太史公说:社会上谈论军旅之事,都要引用《孙子》十三篇,和吴起的《兵法》,这些书世上流传甚广,所以不在这里论述了,只论述他们施用于行事中的实迹。人们常说:"能够做的人不一定能说,能够说的人不一定能做。"孙子挫败庞涓所运用的计谋太高明了。可是他却不能使自己早免于断足的苦刑。吴起向魏文侯陈述凭借山河之险不如推行仁德,然而他在楚国行事,却因为刻薄暴急,缺少仁德而导致自己送命丧生,这真是可悲哟!

商君列传

商鞅，本名公孙鞅，因他是卫国人，所以又名卫鞅，后来秦国把於、商等地封给他，因而号称商鞅或商君。本篇主要记述了商鞅在秦国变法图强的业绩。商鞅先是事奉魏相公叔座，得到了赏识。公叔座死后，商鞅由魏入秦，经景监引见，三次同秦孝公长谈，最后因建议秦国实行“强国之术”打动了秦孝公，得到信用，在秦国大刀阔斧地推行新法。商鞅变法的措施十分坚决，上自太子，下至平民，凡是违反新法的一律加以严惩。因此，变法取得了显著的成就：“行之十年，秦民大说，道不拾遗，山无盗贼，家给人足。民勇于公战，怯于私斗，乡邑大治。”司马迁虽然对商鞅的个人品格不予赞赏，认为他“天资刻薄”，但是，对商鞅变法的业绩则给予了客观的叙述和正面的肯定，这体现出了一个历史学家对历史实事求是的精神。

商君者，卫之诸庶孽公子也①，名鞅，姓公孙氏，其祖本姬姓也。鞅少好刑名之学②，事魏相公叔座为中庶子③。公叔座知其贤，未及进。会座病，魏惠王亲往问病，曰："公叔病有如不可讳，将奈社稷何？"公叔曰："座之中庶子公孙鞅，年虽少，有奇才，愿王举国而听之。"王嘿然。王且去，座屏人言曰："王即不听用鞅，必杀之，无令出境。"王许诺而去。公叔座召鞅谢曰："今者王问可以为相者，我言若，王色不许我。我方先君后臣，因谓王即弗用鞅，当杀之。王许我。汝可疾去矣，且见禽。"鞅曰："彼王不能用君之言任臣，又安能用君之言杀臣乎？"卒不去。惠王既去，而谓左右曰："公叔病甚，悲乎，欲令寡人以国听公孙鞅也，岂不悖哉④！"

公叔既死，公孙鞅闻秦孝公下令国中求贤者，将修缪公之业⑤，东复侵地，乃遂西入秦，因孝公宠臣景监以求见孝公。孝公既见卫鞅，语事良久，孝公时时睡，弗听。罢而孝公怒景

① 庶孽：古代用以指非正妻所生子。或单称"庶子"、"孽子"。② 刑名之学：指法家学说。刑名，或作形名，本指形体（实际）和名称。法家把"名"引申为法令、名分、言论等，主张"循名责实"，即以言论、名分等督责实际事功，因此称为刑名之学。 ③ 中庶子：官名，主管公族。 ④ 悖（bèi 倍）：荒谬。 ⑤ 缪（mù 牧）公：即穆公，名任好，春秋前期秦国国君。他在位时，秦国强大，被称为春秋五霸之一。

监曰:“子之客妄人耳,安足用邪!”景监以让卫鞅。卫鞅曰:“吾说公以帝道①,其志不开悟矣。”后五日,复求见鞅。鞅复见孝公,益愈,然而未中旨。罢而孝公复让景监,景监亦让鞅。鞅曰:“吾说以王道而未入也②,请复见鞅。”鞅复见孝公,孝公善之而未用也。罢而去。孝公谓景监曰:“汝客善,可与语矣。”鞅曰:“吾说公以霸道③,其意欲用之矣。诚复见我,我知之矣。”卫鞅复见孝公。公与语,不知膝之前于席也④。语数日不厌。景监曰:“子何以中吾君?吾君之欢甚也。”鞅曰:“吾说君以帝王之道比三代⑤,而君曰:‘久远,吾不能待。且贤君者,各及其身显名天下,安能邑邑待数十百年以成帝王乎⑥?’故吾以强国之术说君,君大说之耳。然亦难以比德于殷周矣。”

孝公既用卫鞅,鞅欲变法⑦,恐天下议己。卫鞅曰:“疑行无名,疑事无功。且夫有高人之行者,固见非于世;有独知之虑者,必见敖于民。愚者闇于成事,知者见于未萌。民不可

---

① 帝道:五帝之道,即传说的尧舜之道。 ② 王道:儒家推崇的夏、商、周三代圣王禹、汤、文、武治国之道,主张以仁义治天下。 ③ 霸道:与王道相对,指凭借武力、刑法、权势等进行统治的治国之道。 ④ 膝之前于席:古代以蒲席等为座,膝之前于席,指凑近说话人倾听,两膝向前移出了坐席的边缘。 ⑤ 三代:指夏、商、周三代。 ⑥ 邑邑:同“悒悒(yì 义)”,苦闷不安的样子。 ⑦ 鞅欲变法:王伯祥《史记选》注认为:孝公欲用卫鞅的建议而变更法度,恐人家议论,故卫鞅有“疑行无名……”之谏。所以“欲变法”之上的“鞅”字系承上而误衍。

与虑始而可与乐成。论至德者不和于俗，成大功者不谋于众。是以圣人苟可以强国，不法其故；苟可以利民，不循其礼。"孝公曰："善。"甘龙曰："不然。圣人不易民而教，知者不变法而治。因民而教，不劳而成功；缘法而治者，吏习而民安之。"卫鞅曰："龙之所言，世俗之言也。常人安于故俗，学者溺于所闻①，以此两者居官守法可也②，非所与论于法之外也。三代不同礼而王，五伯不同法而霸③。智者作法，愚者制焉；贤者更礼，不肖者拘焉。"杜挚曰："利不百，不变法；功不十，不易器。法古无过，循礼无邪。"卫鞅曰："治世不一道，便国不法古。故汤、武不循古而王，夏、殷不易礼而亡④。反古者不可非，而循礼者不足多。"孝公曰："善。"以卫鞅为左庶长⑤，卒定变法之令。

令民为什伍⑥，而相牧司连坐⑦。不告奸者腰斩，告奸者与斩敌首同赏，匿奸者与降敌同罚。民有二男以上不分异者，倍其赋。有军功者，各以率受上爵；为私斗者，各以轻重被刑大小。僇力本业，耕织致粟帛多者复其身。事末利及怠而贫者，举以为收孥⑧。宗室非有军功论，不得为属籍。明尊卑爵秩等级，各以差次名田宅，臣妾衣服以家次⑨。有功者显

① 溺：沉溺，拘泥。 ② 两者：指甘龙所讲的"因民而教"和"缘法而治"。 ③ 五伯：即春秋五霸。 ④ 夏、殷：这里指夏、殷的末代帝王桀、纣。 ⑤ 左庶长：秦第十等爵，列第十一级。 ⑥ 什伍：五家为一"伍"，十家为一"什"。 ⑦ 牧司：互相揭发、监督。 ⑧ 收孥：古代法律中有连坐，因一人犯法，而拘执其妻室儿女，作为官奴婢，叫收孥。 ⑨ 家次：家族的等级。

荣，无功者虽富无所芬华。

令既具，未布，恐民之不信，已乃立三丈之木于国都市南门，募民有能徙置北门者予十金。民怪之，莫敢徙。复曰，“能徙者予五十金。”有一人徙之，辄予五十金，以明不欺。卒下令。

令行于民期年，秦民之国都言初令之不便者以千数。于是太子犯法。卫鞅曰：“法之不行，自上犯之。”将法太子。太子，君嗣也，不可施刑，刑其傅公子虔，黥其师公孙贾。明日，秦人皆趋令。行之十年，秦民大说，道不拾遗，山无盗贼，家给人足。民勇于公战，怯于私斗，乡邑大治。秦民初言令不便者有来言令便者，卫鞅曰“此皆乱化之民也”，尽迁之于边城。其后民莫敢议令。

于是以鞅为大良造①。将兵围魏安邑②，降之。居三年，作为筑冀阙宫庭于咸阳③，秦自雍徙都之④。而令民父子兄弟同室内息者为禁。而集小乡邑聚为县，置令、丞。凡三十一县。为田开阡陌封疆⑤，而赋税平。平斗桶权衡丈尺。行之四年，公子虔复犯约，劓之。居五年，秦人富强，天子致胙于孝公⑥，诸侯毕贺。

其明年，齐败魏兵于马陵，虏其太子申，杀将军庞涓。其

---

① 大良造：即大上造，秦爵的第十六级。 ② 安邑：在今山西夏县禹王城。相传为夏禹的都城，战国时为魏都。 ③ 雍：春秋时秦国都城，地在今陕西凤翔县南。 ④ 冀阙：犹言“魏阙”，宫殿前面的城楼和阙门。 ⑤ 阡陌：田埂，南北向的叫“阡”，东西向的叫“陌”。 ⑥ 致胙(zuò 祚)于孝公：把祭祀后的祭肉赐给孝公，为当时周天子尊显诸侯的特典。

明年，卫鞅说孝公曰："秦之与魏，譬若人之有腹心疾，非魏并秦，秦即并魏。何者？魏居领阨之西①，都安邑，与秦界河而独擅山东之利。利则西侵秦，病则东收地。今以君之贤圣，国赖以盛。而魏往年大破于齐，诸侯叛之，可因此时伐魏。魏不支秦，必东徙。东徙，秦据河山之固，东乡以制诸侯，此帝王之业也。"孝公以为然，使卫鞅将而伐魏。魏使公子卬将而击之。军既相距，卫鞅遗魏将公子卬书曰："吾始与公子欢，今俱为两国将，不忍相攻。可与公子面相见，盟，乐饮而罢兵，以安秦魏。"魏公子卬以为然。会盟已，饮，而卫鞅伏甲士而袭虏魏公子卬，因攻其军，尽破之以归秦。魏惠王兵数破于齐、秦，国内空，日以削，恐，乃使使割河西之地献于秦以和。而魏遂去安邑，徙都大梁②。梁惠王曰："寡人恨不用公叔座之言也。"卫鞅既破魏还，秦封之於、商十五邑③，号为商君。

商君相秦十年，宗室贵戚多怨望者④。赵良见商君。商君曰："鞅之得见也，从孟兰皋，今鞅请得交，可乎？"赵良曰："仆弗敢愿也。孔丘有言曰：'推贤而戴者进，聚不肖而王者退⑤。'仆不肖，故不敢受命。仆闻之曰：'非其位而居之曰贪位，非

---

① 领阨：山岭险阨之地，这里指今山西省西南部以东中条山一带。领，通"岭"。 ② 大梁：战国时魏国都城，地在今河南省开封。③ 於、商：古邑名。战国时魏地。 ④ 怨望：怨恨。望，与怨同义。⑤ "推贤而戴者进"句：意思是说，推荐贤能之士则爱戴人民的人自会进用，聚集不肖之人于朝廷，那么行王道的人就会自行退去。贤，贤能。不肖，没出息，没本事。戴者，拥护、拥戴的人们。王者，言王道者。

其名而有之曰贪名。’仆听君之义，则恐仆贪位、贪名也。故不敢闻命。”商君曰：“子不说吾治秦与？”赵良曰：“反听之谓聪，内视之谓明，自胜之谓强。虞舜有言曰：‘自卑也尚矣。’君不若道虞舜之道，无为问仆矣。”商君曰：“始秦戎翟之教①，父子无别，同室而居。今我更制其教，而为其男女之别，大筑冀阙，营如鲁、卫矣。子观我治秦也，孰与五羖大夫贤②？”赵良曰：“千羊之皮，不如一狐之掖③；千人之诺诺，不如一士之谔谔。武王谔谔以昌，殷纣墨墨以亡④。君若不非武王乎，则仆请终日正言而无诛，可乎？”商君曰：“语有之矣，貌言华也，至言实也，苦言药也，甘言疾也。夫子果肯终日正言，鞅之药也。鞅将事子，子又何辞焉！”赵良曰：“夫五羖大夫，荆之鄙人也。闻秦缪公之贤而愿望见，行而无资，自粥于秦客⑤，被褐食牛。期年，缪公知之，举之牛口之下，而加之百姓之上，秦国莫敢望焉。相秦六七年，而东伐郑，三置晋国之君⑥，一救荆国之祸⑦。发教封内，而巴人致贡；施德诸侯，而八戎来

---

① 戎翟：指秦周边的少数民族。教：教化，风习。 ② 五羖（gǔ 古）大夫：指百里奚，奚本为虞国大夫，虞国灭亡，奚出逃，为楚人所获，穆公以五张羊皮将其换至秦，委以国政，后辅佐穆公称霸西戎。 ③ 狐掖：狐狸腋下的皮毛，用它做衣很轻便暖和。掖，通“腋”。 ④ 墨墨：通“默默”，指群臣缄口不言。 ⑤ 粥：通“鬻（yù 玉）”，卖。 ⑥ 三置晋国之君：指缪公九年（前651）纳晋惠公，二十二年（前638）晋怀公自秦逃归立为君，二十四年（前636）纳晋文公。 ⑦ 一救楚国之祸：指缪公二十八年（前631）会晋救楚国事。

服。由余闻之①,款关请见②。五羖大夫之相秦也,劳不坐乘,暑不张盖,行于国中,不从车乘,不操干戈,功名藏于府库③,德行施于后世。五羖大夫死,秦国男女流涕,童子不歌谣,舂者不相杵④。此五羖大夫之德也。今君之见秦王也,因嬖人景监以为主,非所以为名也。相秦不以百姓为事,而大筑冀阙,非所以为功也。刑黥太子之师傅,残伤民以骏刑⑤,是积怨畜祸也⑥。教之化民也深于命,民之效上也捷于令。今君又左建外易⑦,非所以为教也。君又南面而称寡人⑧,日绳秦之贵公子。《诗》曰:'相鼠有体⑨,人而无礼;人而无礼,何不遄死⑩。'以《诗》观之,非所以为寿也。公子虔杜门不出已八年矣,君又杀祝懽而黥公孙贾⑪。《诗》曰:'得人者兴,失人者崩。'此数事者,非所以得人也。君之出也,后车十数,从车载甲,多力而骈胁者为骖乘⑫,持矛而操阘戟者旁车而趋⑬。此一物不具,君固不出。《书》曰:'恃德者昌,恃力者

---

① 由余:一作繇余。祖先为晋人,逃亡入戎。秦穆公时入秦任上卿,助秦称霸西戎。 ② 款:敲,叩。 ③ 功名藏于府库:古时记功于竹帛,藏于国家的府库以备考。 ④ 舂:捣米。相杵(xiāng chǔ 香础):这里指舂米的人们在劳作中发出的哼哟声。相,助。杵,捣米的工具。 ⑤ 骏:通"峻"。 ⑥ 畜:通"蓄"。 ⑦ 左建外易:指事情违背常理。左,指失正。外,指失中。 ⑧ 称寡人:春秋战国时,凡有封地的人都可自称寡人,商鞅封於、商地,是封君,故称寡人。 ⑨ 相鼠:鼠之一种,见人交前足而拱,又称礼鼠。 ⑩ 遄(chuán 船):速急。 ⑪ 祝懽(huān 欢):也是太子的师傅。 ⑫ 骈胁:肋骨连成一片,指壮士。骖乘(cān shèng 参剩):古时指陪乘在车右的人,多作护卫。 ⑬ 阘(xī 希)戟:长戟。

亡。'君之危若朝露，尚将欲延年益寿乎？则何不归十五都，灌园于鄙，劝秦王显岩穴之士，养老存孤，敬父兄，序有功，尊有德，可以少安。君尚将贪商、於之富，宠秦国之教，畜百姓之怨，秦王一旦捐宾客而不立朝①，秦国之所以收君者，岂甚微哉？亡可翘足而待！”商君弗从。

后五月而秦孝公卒，太子立。公子虔之徒告商君欲反，发吏捕商君。商君亡至关下，欲舍客舍。客人不知其是商君也，曰：“商君之法，舍人无验者坐之。”商君喟然叹曰：“嗟乎！为法之敝一至此哉！”去之魏。魏人怨其欺公子卬而破魏师，弗受。商君欲之他国。魏人曰：“商君，秦之贼。秦强而贼入魏，弗归，不可。”遂内秦。商君既复入秦，走商邑，与其徒属发邑兵北出击郑。秦发兵攻商君，杀之于郑黾池。秦惠王车裂商君以徇②，曰：“莫如商鞅反者？”遂灭商君之家。

太史公曰：商君，其天资刻薄人也。迹其欲干孝公以帝王术，挟持浮说，非其质矣。且所因由嬖臣，及得用，刑公子虔，欺魏将卬，不师赵良之言，亦足发明商君之少恩矣。余尝读商君开塞耕战书③，与其人行事相类。卒受恶名于秦，有以也夫④！

---

① 捐宾客：谢绝宾客，古时讳言死，以“捐宾客”代指，意思是捐弃人事而死去。 ② 车裂：我国古代的一种酷刑，俗称五马分尸，即将头和四肢分系在五辆马车上，马车同时分驰，将肢体撕裂。 ③ 开塞耕战书：指《商君书》中的《农战》、《开塞》篇。 ④ 有以：自有因由。

【翻译】

商君，是卫国国君的旁支侧出之子。名鞅，姓公孙氏。他的祖先本来是姬姓。卫鞅从小时候就喜欢法家学说，他曾侍奉过魏国的相国公叔座，任中庶子的职务。公叔座知道他贤能，但还没向魏惠王进荐。当公叔座病重时，魏惠王亲自前去探望，并问道："公叔你的病倘有不测，国家大事将怎么办呢?"公叔回答说："我手下的中庶子公孙鞅，年纪虽轻，却有奇才，我希望大王将国事交给他而听其治理。"惠王默不作声。惠王临走，公叔座屏退左右从人对惠王说："大王如果不任用卫鞅，就一定要杀了他，不能让他出境。"惠王答应了后离去。公叔座又召见公孙鞅告诉他说："刚才大王问起我死之后，谁可担当相国的大任，我举荐了你，从大王的神色看来他不应允我的意见。处在我的位置上，应当先君上，后为臣下。因此我告诉惠王如果不用公孙鞅，应当杀掉他。大王答应了我。你赶快走罢，不然就将被拘捕。"公孙鞅说："惠王他不听你的话起用我，又怎么会听你的话杀我呢?"最终还是没有逃走。惠王离开公叔座之后，对左右的人说："公叔病糊涂了，可悲啊，想让我将全国的大事交付公孙鞅，这不是荒谬吗!"

公叔死了之后，公孙鞅听说秦孝公命令在全国范围内访求贤能的人，准备重整缪公的霸业，向东收复被侵占的土地。于是卫鞅往西进入秦国。他通过孝公的宠臣景监去求见孝公。孝公见了卫鞅，交谈了许久，孝公不断地打瞌睡，不听他讲话。会见结束后，孝公恼怒地对景监说："你的客人是荒唐的人,哪里值得任用呢!”景监因此埋怨卫鞅。卫鞅说:“我用尧舜之道开导孝公,他的思想上不能领会这些。”五天以后,景监再向孝公请求接见公孙鞅。卫鞅再次见到孝公,更进一步详论前日之说,但还是不能合乎孝公的意旨。事后孝公又责备景监。景监也责备卫鞅。卫鞅说:“我用三王之道开导孝公,但他听不进去。请你再引见我。”卫鞅又再见到孝公,这次孝公认为他不错但未任用他。会见结束而卫鞅走后,孝公对景监说:“你的客人不错,可以同他谈话。”卫鞅说:“我用霸道开导孝公,他有意准备采用了。如果他再接见我,我已知道他的志趣了。”卫鞅再次与孝公会面。孝公与他谈话,不自觉地向前移动双膝凑近公孙鞅。交谈了几天也不厌烦。景监问卫鞅:“你说了些什么打动了我们国君?他高兴得很呢!”卫鞅说:“我建议孝公采用帝王之道治国,才能像三代那样兴盛。但君王说:‘那太遥远了,我不能等待。再说贤明的君王,各自于自己在世时扬名天下,怎么能焦虑地等几十年、上百年来建立帝王的业绩呢?’所以我用强国的办法来开导孝公,孝公才大为高兴。然而仅凭这一点还难以与殷周的德行功业相媲美。”

孝公起用卫鞅之后,欲用他的建议变更法度,但又顾忌国人议论自己。卫鞅说:“行动犹豫不决的人不可能成名,做事优柔寡断,就建不成功业。再说行事超群的人,本来就要遭受世俗的非难,有独到见解的人,必定为一般人所讥毁。愚蠢的人对已经成功的事情还迷惑不解,有智慧的人事情尚未发生,他就预见到了。不能同老百姓筹谋事业的创始而只能与他们安享事业的成果。讲究高尚德行的人，不迎合旧习俗，建立非常功业的人，不与众人谋划。因此，圣明的贤人只要能强国，就不必要效法过去，只要能利民，就不因循陈规旧法。”孝公说：“说的是。”甘龙说：“不对。圣人不变更民俗而另施教化，有智慧者不改成法而更求致治之方。按照民众的习俗而加以教化，就能不费辛劳而成就功业，依从现行的成法来治理国家，官员熟悉而且民众乐意接受。”卫鞅说：“甘龙所讲的，是世俗的意见。平庸的人满足于旧有的习俗，读书的人沉溺于自己的见闻。凭这两点，做现成的官，拘守旧法是可以的，而不能和他们谈论超出常规的事情。三代的礼法不同而都能治理天下，五伯的法制不同而都能成就霸业；聪明的人制订了法令，愚笨的人只知道守制遵循。贤明的人变更礼法，没出息的人却拘守礼仪。”杜挚说：“好处不到百倍，就不变更旧法；功效不到十倍，就不改换旧器物。效法古制，可以无过失，遵依礼法，可以无邪恶。”卫鞅说：“治理国家，不必按照一种方法，只要对国家有利，就不必因循故礼。所以汤、武不效法陈规而兴盛，夏、殷不改换礼法却灭亡。背离古道的人无可非议，依照旧礼行事的人不值得称道。”孝公说：“讲得好。”当即任命卫鞅为左庶长，终于制订出变法的条令。

命令居民以什家为一“什”，五家为一“伍”编制起来，相互监督，犯法不检举则牵连受罚。不告发罪犯的人腰斩，告发罪犯的给予和斩敌人首级一样的奖赏；隐藏罪犯的人，处以与投敌一样的惩罚。民户有男丁二人以上而不分居的，加倍征收他们的赋税；立了军功的，分别按照功劳大小等级，提升爵位；因私怨而斗殴的，分别依情节的轻重处以大小不同的刑罚。尽力于农业生产、辛勤耕织收获粮食、布匹多的，免除其自身的徭役和赋税。因经商和懒惰而穷困的，一律拘执他们的家室作为奴隶。国君宗族中凡是没有军功记载的，一律不得录入族籍。明确分清尊卑爵位品秩的等级，各按级别来占有田宅。臣妾们的穿着各随主人家的爵位高低而定，建立了功勋的人显赫荣耀，那些没有功勋的人虽家资富足也没有什么可以炫耀的。

变法之令已经拟订，尚未公布，公孙鞅惟恐国民不相信变法的措施，于是在都城市井的南门树立三丈长的木头，招募民众中有谁能将它移放到市场的北门，就赏给十金。大家觉得诧异，没有人敢搬。后来又再宣布，"能够移动木头的人赏予五十金"。有一个人移去了木头，立即发给他五十金。以表明守信用，不骗人。随后便颁布变法条令。

在国民中推行法令一周年后，秦国国民中到京师来诉说新令不便的有几千人。此时，太子违犯新法。卫鞅说："法令得不到普遍执行，就是由于在上的人违反它。"他准备依法处治太子。太子，是国君的继承人，不能对他施刑；于是对太子的老师公子虔加刑，将太子的师傅公孙贾刺面。第二天，秦国国民都开始迅速奉行新令。新法施行了十年以后，秦国国民都十分欢欣，道不拾遗，山无盗贼，家给人足。民众勇于投身国家的战事，害怕涉足私人争斗；乡村和都市，秩序井然。当初说法令不好的秦国国民中，又有前来称赞法令好的。卫鞅说："这都是些扰乱教化的人。"将他们全部迁徙到边城。

此后国民中没有再敢议论法令的了。

因此孝公任命卫鞅为大良造，率兵围攻魏国的安邑城，并迫使它降服于秦。过了三年，卫鞅在咸阳建造高大的魏阙宫室。秦国将都城从雍迁到咸阳。下令禁止国民中父子兄弟不分居生息的情况。合并小的村落、城镇组建为县，设置县令和县丞。共计三十一县。挖开阡陌疆界、建立新的田制；使赋税公平。统一斗、桶、权、衡、丈、尺等计量单位。新法实行四年之后，公子虔又违犯法令，便将他处以割鼻之刑。五年后秦国强盛起来，周天子将祭祀过的肉送给孝公，诸侯纷纷称贺。

第二年，齐在马陵击败魏兵，俘虏太子申，杀了将军庞涓。次年，卫鞅对孝公说："魏国对于秦国来说，就好像人患有腹心的疾病一样，不是魏国吞并秦国，就是秦国吞灭魏国。为什么呢？因为魏国居于山岭险阨的西面，以安邑为都城，与秦隔河为界，能独揽河、山以东的地利。形势有利，魏国就可以向西侵犯秦国；形势不利，也可以向东扩展地盘。现在凭借君王的贤圣，国家得以昌隆兴盛，而魏国去年却被齐兵打得大败，诸侯纷纷离叛了它，我们现在可以趁此良机进攻魏国。魏国不能与秦抗衡，必然往东迁徙；魏国东迁，秦国就可以凭借黄河和中条山的坚固，东向以制约诸侯，这样就可以成就帝王的大业了。"孝公觉得有理。于是派卫鞅率兵攻打魏国。魏王命公子卬将兵迎击卫鞅。两军已对峙，卫鞅向魏将公子卬致信说："我当初本来和公子交好，如今都为两国将兵，实不忍心互相攻杀。我希望与公子直接见面，订立盟约，欢宴后各自罢兵，从而使秦、魏两国相安无事。”魏公子卬认为可以。会盟已毕，设宴饮酒，卫鞅埋伏的精兵袭击并俘虏了魏公子卬，乘机向魏军发起攻击，大破魏军而回。魏惠王因军队屡次被齐、秦击败，国内空虚，国势一天天削弱，恐惧不安，于是派遣使者割让黄河以西的地盘献给秦国，用以媾和。而后魏都迁离安邑，移至大梁。梁惠王说：“我悔不该不用公叔座的建议。”卫鞅在攻破魏国回师后，秦君将於、商十五邑赏赐给他，因此号称商君。

商君担任秦相十年，宗室贵戚之中多有怨恨他的人。赵良会见商君。商君说：“我通过孟兰皋的介绍得以与你见面，现在我请求同你交好，行吗？”赵良说：“在下不敢有这样的奢望。孔丘说过：‘推荐贤能则拥护者自进，聚集小人则言王道者自去。’我是一个无能的人，所以不敢接受你的命令。我听说：‘不是自己担当的职位而去占据它叫贪图禄位，不是自己应得的名分而谋取它叫贪图虚名。’如果我接受你的情谊，那么恐怕我会背上贪位、贪名的包袱。所以我不敢听从你的命令。”商君说：“你对我治理秦国感到不满意吗？”赵良说：“能听取不同意见叫做聪，能反躬自省叫做明，能克制自己叫做强。虞舜说过：‘自处卑下的人，是高尚的人。’你如果不遵循虞舜之道，就无须问我啦。”商君说：“当初秦国奉行戎翟的教化，父子之间没有分别，同室而居。现在我更改秦国的教化，而使秦有男女之别，大力修筑宏伟的宫阙，营造得比同鲁国和卫国。你看我治理秦国，比起五羖大夫来谁要强呢？”赵良说：“一千只羊的皮子，抵不上一只狐狸的腋毛；一千个人的随声附和,不如一个人正色直言。周武王由于能听取群臣的直言,所以能使得周昌盛起来。殷纣拒谏而饰非,群臣不敢进言,以致灭亡。你倘若不反对武王那样的行为的话,那么我请求自始至终地讲真话,而你不责怪,行吗?”商君说:“古语已有这样的说法了:‘表面好听的话是虚浮的,中肯切理的话是实在的,使人感到痛苦的批评是治病的良药,博人欢心的甜言蜜语是害人的疾病。’先生如果真肯自始至终地讲真话,则是我治病的良药,我公孙鞅将事奉先生,先生又何必推辞呢?”赵良说:“五羖大夫是楚国的平民。他听说秦缪公贤明,而希望见到缪公,路途中没有费用,便自卖其身于秦人,他身穿粗布短衣,替人家放牛。一年以后,缪公听说了他的才能,将他从牛棚下提拔上来,而安置在万民之上,秦国人不敢怨望这些。他任秦相六七年,向东进攻郑国,三次拥立晋国的国君,一次解救楚国的祸乱;在国内施行教化,并使得巴国也来纳贡。布施恩泽于诸侯,八方戎族都来归服。西戎的由余听说了,也叩开关门,请准投奔。五羖大夫身任秦相,劳累了也不坐车,盛暑也不张用帷盖;在国中巡行的时候,不要随从的车辆,不带防卫的武器;他的勋业已载入国家的史册,而其德行传播于后世。五羖大夫死时,秦国国民都痛苦流涕,儿童因哀伤而不歌唱,舂米的人因哀伤而不打号子。这就是五羖大夫的德行。而如今你见秦王,靠的是宠臣景监作荐主,这不是获取名声的正道;你治理秦国不以百姓利益而行事,却大力营造富丽宏伟的宫阙,这不是真正的建功立业;你对太子的师傅施黥刑,用酷刑来伤害百姓,这是积怨恨、种祸根,以教化导民,比号令更深切有效;而民众仿效君上的行为,也较号令为快速啊。但现在你违反常理树立威权与变革法度,这都是不足为训的。你现在在於、商之地,同封君一样自称寡人,每每绳治秦国的贵族及其子弟。《诗》中说道:'老鼠尚有体面,人的行为却不守礼,人的行为既不守礼,为什么不快快死去?'照这句诗来看,我不能恭维你了。公子虔已有八年之久闭门未出,而你又杀祝懽而在公孙贾的脸上刺字。《诗》上说:'得到人心的会兴盛,失却人心的就会衰败。'以上列举的几件事,都不是得人心的事情。你外出时,后面随从的车有十几辆,随从的车子上都载有披甲的兵卒;力大而训练有素的卫士作为陪乘,手执长矛和交戟的武士坐在两旁的车上并驰前进。这些防卫措施若有一项不具备,你是不会出来的。《书》中说:'凭借德行的就会昌盛,依仗强力的,必然灭亡。你现在的危险处境就像早晨的露水一样,可你还想延年益寿吗?那么你为何不归还赏赐给你的十五座城邑,隐居在僻静的地方整治园圃,劝告秦王重用隐居山林的贤人,收养无依靠的老人,抚恤无父兄的孤儿,敬重父老兄弟,按照功劳大小奖赏功臣,尊崇有德行的人,若能这样,可以稍微保全自己,而你还要贪恋商、於的富庶,醉心秦国的政教,积累百姓的怨恨,倘若秦王一旦去世而不当政,秦国想收捕你的人,还会少吗?你的败亡顷刻就会到来!"商君没有听从他的劝诫。

五个月后秦孝公去世,太子即位。公子虔等人告发商君想要谋反,便派遣刑吏捕捉商君。商君出逃到关下,准备住客舍。客舍主人不知道他就是商君，说："商君颁布的法令，留宿没有凭证的客人，客舍的主人就是违法犯罪。"商君感慨地叹息到："唉，制作法令的弊病，竟到了这种地步啊！"他离开秦境，奔往魏国。魏人记恨他欺诈公子卬而率军击破魏师，不接受他居留魏国。商君想逃往别国。魏国人说："商君是秦国的乱臣，秦国现在强盛，而乱臣逃入我魏国，不把他送回去，是不行的。"于是将商君送入秦国。商君重回秦国后，逃到自己的封邑商地，同封邑中的部属发动邑兵向北出击郑国。秦国派兵攻打商君，在郑国的黾池将他杀了。秦惠王车裂商君以示众，宣称说："不要像商鞅那样造反！"于是诛灭了商君家族。

太史公评论说：商君是天性刻薄的人，推究他当初想用帝王之道来干求孝公的重用，依仗浅薄的言论，不是他的真意所在。再说他靠的是宠臣的引荐，当得以重用时，便对公子虔施刑，欺骗魏将公子卬，不听取赵良的劝告，也就足以证明商君的刻薄了。我曾经读过商君撰著的《农战》、《开塞》等书篇，书中的思想内容，和他的为人行事相类似。他终于在秦国蒙受不好的名声，真是有原由的啊。

平原君虞卿列传

本篇是平原君和虞卿的合传。平原君赵胜是战国时期以养士著称的四公子之一，作品反映了战国时期各国之间的矛盾斗争及各国统治者重视游说之士的历史现象。

本篇围绕长平之战，邯郸之围，记叙了平原君和虞卿在坚守合纵，维护赵国利益方面所进行的活动。文中既记载了平原君的平庸无识，以及养士徒有虚名的事实，也肯定了他能听人劝谏，忠于赵国的品格。司马迁赞赏虞卿的真知卓见，坚守合纵不疑，一心维护赵国的坚定立场，对其穷途末路，发愤著书，则深表同情，同时也寄托了作者自己的无限感慨。

本篇在写作艺术上是很有特色的。如写平原

君矫情杀妾，写毛遂自荐，写公孙龙夜见平原君，劝止他的贪功受封，写虞卿、楼缓的斗计等等，都能抓住人物的性格特点，着墨不多，但绘声绘色。

此外，本篇记述了一些游说之士的活动，这些人或以“三寸之舌，强以百万之师”，或是施反间、弄权术，形成当时一股不可忽视的社会力量。为后人研究这段历史留下了宝贵的资料。

平原君赵胜者①，赵之诸公子也②。诸子中，胜最贤。喜宾客，宾客盖至者数千人。平原君相赵惠文王及孝成王③，三去相，三复位，封于东武城。

平原君家楼临民家。民家有躄者，槃散行汲④。平原君美人居楼上，临见，大笑之。明日，躄者至平原君门，请曰：“臣闻君之喜士，士不远千里而至者，以君能贵士而贱妾也。臣不幸，有罢癃之病⑤，而君之后宫临而笑臣，臣愿得笑臣者头。”平原君笑应曰：“诺。”躄者去，平原君笑曰：“观此竖子，乃欲以一笑之故杀吾美人，不亦甚乎！”终不杀。居岁余，宾客门下舍人稍稍引去者过半⑥。平原君怪之，曰：“胜所以待

---

① 平原君赵胜：赵武灵王的儿子，赵惠文王的弟弟，因最早的封地在平原（今山东省平原西南），故称为平原君。 ② 诸公子：除太子以外的国王的其他儿子。 ③ 惠文王：赵何，武灵王之子，在位三十三年。孝成王：赵丹，惠文王之子，在位二十一年。 ④ 躄（bì 敝）者：跛子。躄，两腿瘸。槃散：即蹒跚，跛行的样子。 ⑤ 罢癃（pí lóng 皮龙）：指残疾。 ⑥ 稍稍：陆续，渐渐。

诸君者未尝敢失礼，而去者何多也？”门下一人前对曰：“以君之不杀笑躄者，以君为爱色而贱士，士即去耳。”于是平原君乃斩笑躄者美人头，自造门进躄者，因谢焉。其后门下乃复稍稍来。是时齐有孟尝，魏有信陵，楚有春申，故争相倾以待士。

秦之围邯郸①，赵使平原君求救，合纵于楚②，约与食客门下有勇力文武备具者二十人偕。平原君曰：“使文能取胜，则善矣；文不能取胜，则歃血于华屋之下③，必得定从而还。士不外索，取于食客门下足矣。”得十九人，余无可取者，无以满二十人。门下有毛遂者，前，自赞于平原君曰：“遂闻君将合纵于楚，约于食客门下二十人偕，不外索。今少一人，愿君即以遂备员而行矣④。”平原君曰：“先生处胜之门下几年于此矣？”毛遂曰：“三年于此矣。”平原君曰：“夫贤士之处世也，譬若锥之处囊中，其末立见⑤。今先生处胜之门下三年于此矣，左右未有所称诵，胜未有所闻，是先生无所有也。先生不能，先生留。”毛遂曰：“臣乃今日请处囊中耳。使遂蚤得处囊中⑥，乃颖脱而出，非特其末见而已。”平原君竟与毛遂偕。十

① 秦之围邯郸：发生在赵孝成王九年，秦取长平后，进围赵邯郸。邯郸，在今河北省邯郸市西南。 ② 合纵（zòng 纵）于楚：推楚国为盟主，约定东方国家纵向联合起来，共同抵抗秦国。 ③ 歃（shà 啥）血于华屋之下：歃血，古人盟誓时的一种仪式，宰杀牲畜，饮血表示诚意。华屋，朝会或议事的地方。 ④ 备员：凑足人数。 ⑤ 其末立见：锥子尖立刻就会显露出来。末，指锥子尖。见，同“现”。 ⑥ 蚤：通“早”。

九人相与目笑之而未废也。

毛遂比至楚，与十九人论议，十九人皆服。平原君与楚合纵，言其利害，日出而言之，日中不决。十九人谓毛遂曰：“先生上。”毛遂按剑历阶而上，谓平原君曰：“从之利害，两言而决耳。今日出而言从，日中不决，何也？”楚王谓平原君曰：“客何为者也？”平原君曰：“是胜之舍人也。”楚王叱曰：“胡不下！吾乃与而君言，汝何为者也！”毛遂按剑而前曰：“王之所以叱遂者，以楚国之众也。今十步之内，王不得恃楚国之众也，王之命县于遂手①。吾君在前，叱者何也！且遂闻汤以七十里之地王天下，文王以百里之壤而臣诸侯，岂其士卒众多哉，诚能据其势而奋其威。今楚地方五千里，持戟百万②，此霸王之资也。以楚之强，天下弗能当。白起，小竖子耳，率数万之众，兴师以与楚战，一战而举鄢郢，再战而烧夷陵，三战而辱王之先人③。此百世之怨，而赵之所羞，而王弗知恶焉。合纵者为楚，非为赵也。吾君在前，叱者何也？”楚王曰：“唯！唯④！诚若先生之言，谨奉社稷而以从。”毛遂曰：“从定乎？”楚王曰：“定矣。”毛遂谓楚王之左右曰：“取鸡狗马之血来。”毛遂奉铜槃而跪进之楚王曰：“王当歃血而定从，次者吾君，次者遂。”遂定从于殿上。毛遂左手持槃血，而右手招十九人

① 县于遂手：掌握在我毛遂手里。县，通“悬”。 ② 持戟：指配备武器的能战之士。 ③ “一战而举鄢郢”三句：公元前 279 年，秦将白起取鄢、郢。第二年，白起烧夷陵（楚先王之墓，在今湖北宜昌东）。实际上是两次战役，毛遂为加重语气，分为一次、二次、三次。 ④ 唯唯：恭敬地连声答应。

曰："公相与歃此血于堂下。公等录录，所谓因人成事者也。"

平原君已定从而归，归至于赵，曰："胜不敢复相士。胜相士多者千人，寡者百数，自以为不失天下之士，今乃于毛先生而失之也。毛先生一至楚，而使赵重于九鼎大吕①。毛先生以三寸之舌，强于百万之师。胜不敢复相士。"遂以为上客。

平原君既返赵，楚使春申君将兵赴救赵，魏信陵君亦矫夺晋鄙军往救赵，皆未至。秦急围邯郸。邯郸急，且降，平原君甚患之。邯郸传舍吏子李同说平原君曰②："君不忧赵亡邪？"平原君曰："赵亡则胜为虏，何为不忧乎？"李同曰："邯郸之民，炊骨易子而食，可谓急矣，而君之后宫以百数，婢妾被绮縠③，余粱肉，而民褐衣不完，糟糠不厌。民困兵尽，或剡木为矛矢④，而君器物钟磬自若。使秦破赵，君安得有此？使赵得全，君何患无有？今君诚能令夫人以下编于士卒之间，分功而作，家之所有尽散以飨士⑤，士方其危苦之时，易德耳⑥。"于是平原君从之，得敢死之士三千人。李同遂与三千人赴秦军，秦军为之却三十里。亦会楚、魏救至，秦兵遂罢。邯郸复存。李同战死，封其父为李侯。

---

① 九鼎：古代象征国家政权的传国之宝，相传夏禹所铸。大吕：乐器名，传国宝器。 ② 传舍吏：客馆中管事的人。传舍，古时官方设置的供来往人歇息的住所。李同：原作李谈，司马迁避父讳而改。 ③ 被：同"披"。绮縠（hú 斛）：丝织品名。 ④ 剡（yǎn 演）：削。 ⑤ 飨（xiǎng 享）：款待，犒劳。 ⑥ 易德：容易见效，易于施以恩德。

虞卿欲以信陵君之存邯郸为平原君请封。公孙龙闻之，夜驾见平原君曰："龙闻虞卿欲以信陵君之存邯郸为君请封，有之乎？"平原君曰："然。"龙曰："此甚不可。且王举君而相赵者，非以君之智能为赵国无有也。割东武城而封君者，非以君为有功也，而以国人无勋，乃以君为亲戚故也。君受相印不辞无能，割者不言无功者，亦自以为亲戚故也。今信陵君存邯郸而请封，是亲戚受城而国人计功也①。此甚不可。且虞卿操其两权：事成，操右券以责②；事不成，以虚名德君。君必勿听也。"平原君遂不听虞卿。

平原君以赵孝成王十五年卒。子孙代，后竟与赵俱亡。平原君厚待公孙龙。公孙龙善为坚白之辩③，及邹衍过赵言至道④，乃绌公孙龙⑤。

虞卿者，游说之士也。蹑跻檐簦说赵孝成王⑥。一见，赐黄金百镒，白璧一双；再见，为赵上卿。故号为虞卿。

秦赵战于长平，赵不胜，亡一都尉。赵王召楼昌与虞卿曰："军战不胜，尉复死，寡人使束甲而趋之，何如？"楼昌曰："无益也，不如发重使为媾⑦。"虞卿曰："昌言媾者，以为不媾军必破也。而制媾者在秦。且王之论秦也，欲破赵之军乎，

---

① 亲戚受城而国人计功：以亲戚身份接受封城，以平常人的身份计算功劳。 ② 右券：古代契约分为左右两半，右半为右券，由债主掌握。 ③ 坚白之辩：古代名家的一种名辩论题。 ④ 邹衍：齐人，战国时有名的阴阳学家。 ⑤ 绌：同"黜"，罢斥。 ⑥ 蹑跻檐簦(niè qiāo dān dēng 聂敲担登)：蹑，踏。跻，草鞋。檐，擔，担。簦，长柄笠，即伞。 ⑦ 媾(gòu 构)：媾和。

不邪?”王曰:“秦不遗余力矣,必且欲破赵军。”虞卿曰:“王听臣,发使出重宝以附楚、魏,楚、魏欲得王之重宝,必内吾使。赵使入楚、魏,秦必疑天下之合纵,且必恐。如此,则媾乃可为也。”赵王不听,与平阳君为媾,发郑朱入秦。秦内之。赵王召虞卿曰:“寡人使平阳君为媾于秦,秦已内郑朱矣,卿以为奚如①?”虞卿对曰:“王不得媾,军必破矣。天下贺战胜者皆在秦矣。郑朱,贵人也,入秦,秦王与应侯必显重以示天下。楚、魏以赵为媾,必不救王。秦知天下不救王,则媾不可得成也。”应侯果显郑朱以示天下贺战胜者,终不肯媾。长平大败,遂围邯郸,为天下笑。

秦既解邯郸围,而赵王入朝,使赵郝约事于秦,割六县而媾。虞卿谓赵王曰:“秦之攻王也,倦而归乎?王以其力尚能进,爱王而弗攻乎?”王曰:“秦之攻我也,不遗余力矣,必以倦而归也。”虞卿曰:“秦以其力攻其所不能取,倦而归,王又以其力之所不能取以送之,是助秦自攻也。来年秦复攻王,王无救矣。”王以虞卿之言告赵郝。赵郝曰:“虞卿诚能尽秦力之所至乎?诚知秦力之所不能进,此弹丸之地弗予,令秦来年复攻王,王得无割其内而媾乎?”王曰:“请听子割矣,子能必使来年秦之不复攻我乎?”赵郝对曰:“此非臣之所敢任也。他日三晋之交于秦,相善也。今秦善韩、魏而攻王,王之所以事秦必不如韩、魏也。今臣为足下解负亲之攻,开关通币,齐交韩、魏,至来年而王独取攻于秦,此王之所以事秦必在韩、

① 奚如:何如,怎么样。

魏之后也。此非臣之所敢任也。”

王以告虞卿。虞卿对曰:“郝言‘不媾,来年秦复攻王,王得无割其内而媾乎’。今媾,郝又以不能必秦之不复攻也。今虽割六城,何益!来年复攻,又割其力之所不能取而媾,此自尽之术也,不如无媾。秦虽善攻,不能取六县;赵虽不能守,终不失六城。秦倦而归,兵必罢。我以六城收天下以攻罢秦,是我失之于天下而取偿于秦也。吾国尚利,孰与坐而割地,自弱以强秦哉?今郝曰‘秦善韩、魏而攻赵者,必王之事秦不如韩、魏也’,是使王岁以六城事秦也,即坐而城尽。来年秦复求割地,王将与之乎?弗与,是弃前功而挑秦祸也;与之,则无地而给之。语曰:‘强者善攻,弱者不能守。’今坐而听秦,秦兵不弊而多得地,是强秦而弱赵也。以益强之秦而割愈弱之赵,其计故不止矣。且王之地有尽,而秦之求无已。以有尽之地而给无已之求,其势必无赵矣。”

赵王计未定,楼缓从秦来,赵王与楼缓计之,曰:“予秦地如毋予①,孰吉?”缓辞让曰:“此非臣之所能知也。”王曰:“虽然,试言公之私。”楼缓对曰:“王亦闻夫公甫文伯母乎?公甫文伯仕于鲁,病死,女子为自杀于房中者二人。其母闻之,弗哭也。其相室曰②:‘焉有子死而弗哭者乎?’其母曰:‘孔子,贤人也,逐于鲁,而是人不随也;今死,而妇人为之自杀者二人,若是者,必其于长者薄而于妇人厚也。’故从母言之,是为

① 如:与……相比。 ② 相室:协助处理家事的人,如师傅、保姆之类。相,佐助。

贤母；从妻言之，是必不免为妒妻。故其言一也，言者异则人心变矣。今臣新从秦来而言勿予，则非计也；言予之，恐王以臣为秦也，故不敢对。使臣得为大王计，不如予之。”王曰：“诺。”

虞卿闻之，入见王曰：“此饰说也①，王昚勿予②！”楼缓闻之，往见王。王又以虞卿之言告楼缓。楼缓对曰：“不然。虞卿得其一，不得其二。夫秦、赵构难而天下皆说，何也？曰：‘吾且因强而乘弱矣。’今赵兵困于秦，天下之贺战胜者则必尽在于秦矣。故不如亟割地为和，以疑天下而慰秦之心。不然，天下将因秦之怒，乘赵之弊，瓜分之。赵且亡，何秦之图乎！故曰虞卿得其一，不得其二。愿王以此决之，勿复计也！”

虞卿闻之，往见王，曰：“危哉，楼子之所以为秦者，是愈疑天下，而何慰秦之心哉？独不言其示天下弱乎？且臣言勿予者，非固勿予而已也。秦索六城于王，而王以六城赂齐。齐，秦之深仇也，得王之六城，并力西击秦，齐之听王，不待辞之毕也。则是王失之于齐而取偿于秦也。而齐、赵之深仇可以报矣，而示天下有能为也。王以此发声，兵未窥于境，臣见秦之重赂至赵而反媾于王也。从秦为媾，韩、魏闻之，必尽重王；重王，必出重宝以先于王。则是王一举而结三国之亲，而与秦易道也③。”赵王曰：“善。”则使虞卿东见齐王，与之谋秦。

---

① 饰说：虚饰的假话。 ② 昚：古慎字。 ③ 易道：如同“易地”，是说赵秦双方更换了地位，赵由被动变为主动。

虞卿未返，秦使者已在赵矣。楼缓闻之，亡去。赵于是封虞卿以一城。

居顷之，而魏请为从。赵孝成王召虞卿谋。过平原君①。平原君曰："愿卿之论从也。"虞卿入见王。王曰："魏请为从。"对曰："魏过。"王曰："寡人固未之许。"对曰："王过。"王曰："魏请从，卿曰魏过；寡人未之许，又曰寡人过，然则从终不可乎？"对曰："臣闻小国之与大国从事也，有利则大国受其福，有败则小国受其祸。今魏以小国请其祸，而王以大国辞其福，臣故曰王过，魏亦过。窃以为从便。"王曰："善。"乃合魏为从。

虞卿既以魏齐之故，不重万户侯卿相之印，与魏齐间行②。卒去赵，困于梁。魏齐已死，不得意，乃著书，上采《春秋》，下观近世，曰《节义》、《称号》、《揣摩》、《政谋》，凡八篇。以刺讥国家得失，世传之曰《虞氏春秋》③。

太史公曰：平原君，翩翩浊世之佳公子也。然未睹大体。鄙语曰"利令智昏"，平原君贪冯亭邪说，使赵陷长平兵四十余万众，邯郸几亡。虞卿料事揣情，为赵画策，何其工也！及不忍魏齐，卒困于大梁，庸夫且知其不可，况贤人乎？然虞卿非穷愁，亦不能著书以自见于后世云。

① 过平原君：虞卿先到平原君家商谈。 ② 间行：从小道逃亡。 ③《虞氏春秋》：久已亡佚，《汉书·艺文志》载有十五篇，清马国翰《玉函山房辑佚书》有一卷。

【翻译】

平原君赵胜,是赵国的一位公子。在所有公子中,赵胜最有才能。喜欢招揽宾客,宾客来到平原君家的大约有数千人。平原君在赵惠文王和孝成王时分别担任过相,三次离开相位,又三次恢复相位,被分封到东武城。

平原君住宅的高楼临接平民家。平民家有个跛子,蹒跚外出打水。平原君的美妾住在楼上,俯视到了,对着跛子大笑起来。第二天,跛子来到平原君家,对平原君说:"我听说你喜欢招纳士人,士人不远千里来投奔你,是因为你能够尊重士人而轻视宠妾。我不幸患有残疾,但你的后宫宠妾却站在高楼上取笑我,我希望得到取笑我的那个宠妾的头。"平原君笑着回答说:"好吧。"那个跛子走了,平原君笑着说:"看这小子,竟要因为笑一笑的缘故,杀我美妾,不也太过分了吗?"始终没杀她。过了一年多,平原君的食客和门下弟子渐渐地借故辞去,走了一大半。平原君对这事感到很奇怪,说:"我对待大家不曾有失礼的地方,离我而去的人为什么这么多呢?"他门下的一个人上前回答:"因为你不杀那个耻笑跛子的宠妾,以为你爱好美色而薄待士人,因此士人就离去了。"于是平原君就斩下那个取笑跛子的美人的头,亲自登门献给跛子,并请他原谅。此后,原来离去的那些人又陆续归来。当时,齐国有孟尝君,魏国有信陵君,楚国有春申君,故意互相竞争以厚待士人。

秦国包围了赵国都城邯郸,赵国派平原君去请求援救,在楚国定合纵之约,打算挑选门客中有勇有谋、文武双全的二十个人陪同前往。平原君说:“如果不用武力能够完成使命,那就好了;文的不能取胜,那就在朝堂以血盟誓,一定要定下合纵的盟约才回来。随从的人不用到外边去找,在食客门下中挑选就足够了。”选出十九个人,剩下的人没有可挑选的,无法凑够二十人。门人中有个叫毛遂的,径自走到平原君面前,向平原君自荐说:“我听说你要到楚国去订立合纵之约,打算在门下食客中选二十个人陪同前往,不到外边去找人。现在还少一个人,希望你把我毛遂充数前往。”平原君说:“先生到我门下有几年了?”毛遂说:“到这里三年了。”平原君说:“大凡贤能的人生活在世上,好比锥子装在口袋里,锥子尖立刻就会显露出来。先生你现在来到我门下已经三年了,左右的人没有称颂过你,我也从未听说过称颂你的话,这说明你没有什么长处。先生没有才能,还是留下来。”毛遂说:“我现在就请你把我装在口袋里。假如我毛遂早被装在口袋里,那么锥柄都会露出来,而不仅仅是它的尖子露出来而已。”平原君终于让毛遂同行。十九个人互相挤眉弄眼嘲笑他,但没有阻止他去。

毛遂将到达楚国的时候,与同行十九人交谈议论,十九个人都很佩服毛遂。平原君与楚王商讨合纵之约,说明这件事的利害关系,从清晨开始商谈,直到中午不能决定下来。十九个人对毛遂说:“先生你上去吧!”毛遂按剑拾级而上,对平原君说:“合纵的利和害,三言两语就可以决定,现在从清晨开始商谈合纵之约,到中午还决定不下来,这是为什么?”楚王问平原君:“这个人是干什么的?”平原君说:“是我的门客。”楚王呵斥道：“还不下去！我与你的主人讨论问题，你来干什么！”毛遂手按着剑走到楚王面前，说：“大王你呵斥我的缘由，是依仗楚国的人强势众。现在十步之内，大王不得仗恃楚国的强大，你的性命掌握在我手里。我的君长在场，你凭什么斥责我！而且我听说商汤以七十里的地盘而称王天下，周文王以百里的疆域而使诸侯臣服，难道是他们的军队士兵众多吗！实在是能依据有利的形势而发挥了威力。现今楚国疆域方圆五千里，军队百万，这是称霸的凭借。就楚国强大而言，应该是天下无敌了。白起，只不过是个无能小人，率领几万军队，发兵来打楚国，一战攻拔鄢、郢两城，二战烧了夷陵，三战侮辱大王的祖先。这是世代的深仇，连赵国都以为羞耻，大王却不知羞耻痛恨。合纵是为了楚国，不是为了赵国。当我主人的面，你为什么呵斥我！”楚王连声说：“是啊！是啊！实在应当像先生所说，谨以国家的名义订立纵约。”毛遂说：“合纵的事可以决定下来了吗？”楚王说：“决定了。”毛遂对楚王左右的人说：“拿鸡、狗、马的血来。”毛遂捧着盛牲血的铜盘，跪着献给楚王，说：“大王应当首先歃血定合纵之盟，接着是我的主人，最后是我。”于是在殿堂上决定了合纵。毛遂左手拿着盛血的铜盘，右手招呼十九个门客说：“你们大家在堂下歃血。你们这些人碌碌无为，不过是依赖别人成就事功的那种人。”

平原君签订了合纵盟约而返回，回到赵国后，说：“我再不敢品评士人了。我品评过的士人多说有上千人，少说也有几百，自以为没有埋没天下有识之士，这次却把毛先生漏掉了。毛先生一到楚国，就使赵国的地位比九鼎大钟还要贵重，毛先生的三寸之舌，胜过百万军队，我再也不敢品评士人了。”于是待毛遂为上等客人。

平原君已回到赵国，楚国派春申君率兵来救赵国，魏国信陵君也假传王命夺取了晋鄙统帅的军队前来救赵，但都未到达。秦国加紧围困邯郸。邯郸情况危急，将要投降了，平原君十分忧虑。邯郸馆舍管事官吏的儿子李谈对平原君说：“难道你不担心赵国灭亡吗？”平原君说：“赵国灭亡则我赵胜成为俘虏，怎么不担心？”李谈说：“邯郸的老百姓，用死人骨头当柴烧，互相交换孩子充饥，可以说是危急万分了，相反，你的姬妾美人却数以百计，她们穿着绫缪绸缎，细粮和肉吃不完，老百姓连粗布短衣也穿不上，糟糠都吃不饱。百姓穷困、武器用完，有人削尖木棍当武器，相反你仍照旧安享器物钟磬。假如秦攻破赵国，您哪里还能这样？如果能保全赵国，你还用担心什么没有！现在你如果能让夫人以下都编入军队，也和别人一样共同劳动、操练，把家里的财产拿出来犒赏士人，士人们正当危急困苦的关头，容易使他们感恩戴德。”于是平原君采纳了李谈的建议，得到了三千名不怕死的勇士。李谈于是与三千勇士冲向秦军，秦军因此退却了三十里。正巧楚、魏救兵也到了，秦军于是撤走了。邯郸又保住了。李谈战死了，封他父亲为李侯。

虞卿打算以平原君请信陵君救赵保住了邯郸为理由，替平原君请求加封食邑。公孙龙听说这件事，连夜驾车来见平原君，说：“我听说虞卿打算因(请)信陵君保住了邯郸而为你请封，有这件事吗？”平原君说：“有这件事。”公孙龙说：“这绝对不行。赵王提拔你当赵国的相，并不是说像你这样有能力、有才智的人赵国没有；划出东武城封给你，不等于说你有功，别人没功，那是因为你是赵王亲属的缘故。你接受相印不以无能推辞，接受封地不说自己无功，大概也自以为是国王亲属的缘故吧。现在因为信陵君救赵邯郸又来请求封地，这不是平时以亲属身份接受封地，现在却以普通人身份来计算功劳么。这是绝对不行的。况且虞卿占住了两面讨好的口实：这件事办成了，他可以像债主一样手持债券向平原君讨取报酬；这件事没办成，他也会以曾经建议为你请封的缘故博取你的好感。你一定不要听他的！”平原君于是没有听虞卿的。

平原君死于赵孝成王十五年。子孙世代袭封为平原君，一直到赵国灭亡。平原君厚待公孙龙。公孙龙擅长辩析名实关系的坚白论。等到邹衍路过赵国宣传更高明的学说，才罢免、疏远了公孙龙。

虞卿是到处游说的说客。他穿着草鞋、扛把雨伞前往游说赵孝成王。第一次见面，赏他黄金百镒，白璧一双。第二次见面，封为赵国上卿。所以号称虞卿。

秦国、赵国在长平交战，赵国战败，都尉无一幸免。赵国把楼昌和虞卿叫来，说：“军队战败，都尉又都战死，我想裹甲而冲向敌阵，你们看怎么样？”楼昌说：“没有益处，不如派遣重要使臣去求和。”虞卿说：“楼昌说讲和，认为不求和，军队一定会惨败。但掌握媾和与否的主动权在秦国。再说大王估计一下秦国的目的，是想击破赵军，还是相反呢？”赵王说：“秦国不遗余力，必定是打算击破赵军。”虞卿说：“大王你听我的，派使者带厚礼去联络楚、魏，楚、魏想得到大王的厚礼，一定接纳我国的使者。我使节入楚、魏，秦必定疑心各国合纵，就一定会害怕。这样一来，讲和就是可行的了。”赵王不听，和平阳君赵豹决定求和，先遣信使郑朱前往秦国。秦接纳了郑朱。赵王把虞卿叫来，说：“我派平阳君到秦国去求和，秦已接纳了郑朱，你认为怎么样？”虞卿回答说：“大王实现不了求和，军队一定会被击破。到时候各国都会到秦国去祝贺胜利。郑朱，是赵国的显贵，他去秦。秦王和范雎必然借重郑朱的身份来宣扬赵国求和的事，以此向诸侯示威。楚、魏因为赵向秦求和，一定不来救大王。秦知道各国不援救大王，和局就不能得以实现。”范雎果然将郑朱在各国祝贺战胜的使者面前张扬了一番，终于没答应讲和。长平之战大败赵军，于是进围邯郸，赵王被各国所耻笑。

秦已经解除了对邯郸的包围，赵王派使者去朝见秦王，派赵郝与秦约定赵国服从秦国，割让六县的地方以求和。虞卿对赵王曰：“秦攻打大王，是因为军队疲惫而归吗？大王你认为秦军的力量还能进攻，只是因为怜悯你不进攻吗？”赵王说：“秦攻打我们，是不遗余力了，当然是疲惫而退兵了。”虞卿说：“秦国用全部力量攻打它不能得到的地方，疲惫而退兵，大王却将他们全力以赴而没有得到的地方奉送给他们，这是帮助秦国来攻打自己。明年秦又会来攻击大王，大王就没有救了。”赵王把虞卿的话告诉了赵郝，赵郝说：“虞卿真的能够摸清秦国兵力能攻取的地方么？真的摸清秦兵不能攻取的地方，而这区区六县之地又不给，假使秦明年又来攻打我们，大王能不割六县以内的地方求和吗？”赵王说：“那就听你的割让吧，你能保证明年秦不再来进攻我们吗？”赵郝回答说：“这个我不敢担保。早先韩、赵、魏三国和秦结交，彼此相好。现在秦和韩、魏相好而攻打赵国，说明大王事奉秦国一定不如韩、魏。现在我为你解除因背负秦国而招来的攻击，开放边关，礼尚往来，与秦修好和韩、魏相同，到明年大王单单招致秦国的进攻，这一定是大王事奉秦不如韩、魏的缘故。这不是我所敢于担保的。”

赵王把这件事告诉了虞卿。虞卿说：“赵郝说：‘不讲和，明年秦再来进攻赵，大王能不割六县之内的地方而求和吗？’现在讲和，他又说不能担保秦不再来进攻，现在我们虽割让六城，有什么用处！来年再来进攻，又要割让他们力量所不能得到的地方去求和，这是自取灭亡的办法，不如不讲和。秦军虽然善于进攻，却不一定能夺取六县。赵军虽然不能守，最后不一定丢掉六城。秦军疲倦而退兵，士兵一定疲劳。我们豁出六座城去拉拢各国诸侯，进攻疲惫的秦国，这样我们付出的代价就可以从秦得到补偿。我国得利，比白白地割让土地，削弱自己来使秦强大哪样好些？现在赵郝说‘秦对韩、魏关系好而攻打赵国，必定是大王服事秦国不如韩、魏’，这是让大王每年用六座城来奉献秦国，坐等赵城割让干净。以后秦再来要求割地，大王打算给它吗？不给，是尽弃前功，重新挑起秦来攻打的祸患。给呢，没有地方可给了。常言道:'强者善攻,弱者不能守。'现在我们被动地听凭秦的摆布,秦军不疲劳却能够多得地,这样做是强大秦国而削弱赵国。日益强大的秦国宰割日趋衰弱的赵国,他们割占土地的念头势必没有止境。何况,大王的土地有限,而秦国的贪欲无穷,用有限的土地供给无穷的贪欲,发展下去赵一定会灭亡的。"

赵王没拿定主意,楼缓从秦国回来了,赵王和楼缓商量这件事,说:"给秦土地或不给,哪种做法更好?"楼缓推辞说:"这不是我能够弄清的事情。"赵王说:"虽是这么说,你还是说说你个人的意见吧。"楼缓回答说:"大王也听说过那公甫文伯的母亲吗?公甫文伯在鲁国做官,病死了,两个女子为他在房内自杀。他母亲听到这个消息,不哭。她家的佣人说道:'哪有儿子死了而不哭的?'他母亲说:'孔子是很有德行的人,被鲁国驱逐,这人不追随他;现在他死了,却有两个女人为他自杀。如此看来,他一定对德高望重的人不尊重,而对女人却很亲近。'所以就母亲的角度来说,她是个贤慧的母亲,就妻子的角度来说,她就一定被认为是个爱妒嫉的妻子。因此同一句话,说话的人不同,看法就不一样。现在我刚刚从秦国归来,说不给,那不是办法;说给它,恐怕大王以为我是为秦国着想,所以不敢回答。如果让我替大王考虑,我看不如给它。"赵王说:"好吧。"

虞卿听说这件事,前来见赵王,说:"这是假话,大王一定要谨慎,切不可给它!"楼缓听说,也来见赵王。赵王又把虞卿的话告诉了楼缓,楼缓回答说:"不对。虞卿只知其一,不知其二。秦、赵结怨，诸侯都高兴，为什么呢？他们都想'我可以利用强的一方趁势去欺侮弱的一方'。现在赵兵被秦包围，各国祝贺战胜的人一定都在秦国。所以不如赶快割地求和，让各国疑心秦、赵之间的关系和好，并可安慰、讨好秦国。不这样，各国就会利用秦国的盛怒，趁着赵国的疲弱，共同瓜分赵国。赵国灭亡了，还能够图谋秦国的什么呢？所以我说虞卿只知其一，不知其二。希望大王就这样定下来，不要再商量了。"

虞卿听说这件事，前来见赵王，说："危险啊，楼缓为秦效劳的主意，这是使各国更加疑心赵与秦的关系好，哪里是什么讨好秦国？为什么单单不说这样做是在诸侯各国面前暴露赵国的弱点？何况我说的不割给秦国城池，并不是说不给就算了。秦国向大王索取六城，你把六城送给齐国。齐、秦二国相互之间有深仇大恨，齐国得到你的六座城，和我们合力西向攻打秦国，齐国听从你的建议，不等你的话说完就会答应下来。这样做大王对于齐而言是失去六城，但可从联齐攻秦中得到报偿。同时齐、赵两国的深仇都可以报了，又能向各国显示赵国是有能力有作为的。大王把齐、赵交好的风声宣扬出去，等不到齐、赵的兵马接近秦国边境，我想，秦就会派使者用厚礼到赵国来反而向你求和。你答应秦国的讲和要求，韩、魏听说，一定会看重大王。看重你，一定会献出珍贵的宝物来和你结好。这样做大王可以一举同三国缔结友好关系，我们与秦也便变换了主动与被动的地位。"赵王说："好！"就派虞卿东见齐王，和齐王商议共同对付秦国。虞卿还没从齐国回来，秦国的使者已经到了赵国。楼缓听说这事，就溜走了。于是赵王封给虞卿一座城。

过了不久，魏国来请求订立纵约。赵孝成王叫虞卿来商量。虞卿先到平原君家。平原君说："希望你赞同合纵。"虞卿去见赵王，赵王说："魏国请求合纵。"虞卿回答说："魏国错了。"赵王说："我也根本没答应。"虞卿说："大王错了。"赵王说："魏来请求合纵，你说魏错了；我没应允，你又说我错了，难道合纵是无论如何不行吗？"虞卿说："我听说小国和大国打交道，有好处就是大国受益，有害处就是小国受害。现在魏以小国的身份来领祸，而大王以大国的身份去辞福；所以我说大王错，魏也错。我个人认为合纵对赵国有利。"赵王说："好。"便和魏合纵。

虞卿因为魏齐的缘故，不在乎万户侯卿相的地位、官职，和魏齐从小道逃亡。终于离开赵国，困居于魏国的梁。魏齐死后，虞卿精神上受到打击，于是著书立说，上参考《春秋》，下考察近代，写了《节义》、《称号》、《揣摩》、《政谋》，共有八篇。批评当时政治的得失，后世流传称为《虞氏春秋》。

太史公说：平原君，风度翩翩，是乱世的贤公子。但不识大局。俗话说"利令智昏"，平原君听信冯亭的邪说贪图小利，致使赵国军队在长平之战中损失四十多万，邯郸差点灭亡。虞卿预料事物，盘算利害，为赵国出谋划策，是多么精明啊！等到不忍心魏齐，终于不得意而困于大梁，平庸的人尚且知道这是不可取的，何况贤明的人呢？但是虞卿如果不经历这穷愁潦倒，也不可能著书以传名于后世。

魏公子列传

魏公子即信陵君，他是司马迁精心刻画的人物。在这个人物身上寄托着作者的社会政治理想。本篇着意描述了信陵君的礼贤下士，其中用了许多笔墨来写信陵君不顾众人讥笑，厚待隐士侯嬴和屠夫朱亥，显示了信陵君宽和谦逊、卓有远见的政治家风度。作者又通过对信陵君在赵国结识隐迹于赌徒和卖浆人中的毛公、薛公的描写，来衬托作为有名的四公子之一的平原君的目光短浅。侯嬴、朱亥、毛公、薛公这些身居下层社会而有真本事的人，在关键时刻都能帮助信陵君建功立业。

本篇的另一主题是歌颂侯嬴等人“士为知己者死”的精神。这种精神是中国古代士大夫立身处世的道德价值观念的一部分，今天的读者，对此应当批判地加以分析。

魏公子无忌者，魏昭王少子而魏安釐王异母弟也①。昭王薨②，安釐王即位，封公子为信陵君③。是时范睢亡魏相秦④，以怨魏齐故，秦兵围大梁⑤，破魏华阳下军，走芒卯。魏王及公子患之。

公子为人仁而下士，士无贤不肖皆谦而礼交之，不敢以其富贵骄士。士以此方数千里争往归之，致食客三千人。当是时，诸侯以公子贤，多客，不敢加兵谋魏十余年。

公子与魏王博⑥，而北境传举烽⑦，言"赵寇至，且入界"。魏王释博，欲召大臣谋。公子止王曰："赵王田猎耳，非为寇也。"复博如故。王恐，心不在博。居顷，复从北方来传言曰："赵王猎耳，非为寇也。"魏王大惊，曰："公子何以知之？"公子曰："臣之客有能深得赵王阴事者⑧，赵王所为，客辄以报臣，臣以此知之。"是后魏王畏公子之贤能，不敢任公子以国政。

魏有隐士曰侯嬴⑨，年七十，家贫，为大梁夷门监者⑩。

---

① 魏昭王：名遫，公元前 295—前 277 年在位。魏安釐（xǐ 洗）王：名圉，公元前 276—前 243 年在位。 ② 薨（hōng 轰）：古时称诸侯死叫"薨"。 ③ 信陵：魏邑，在今河南省宁陵县西。 ④ 范睢：战国时魏人，为须贾所诬，被魏齐使人笞击折胁。后化名张禄，逃到秦国，任秦相，封应侯。 ⑤ 大梁：魏都，在今河南省开封市。 ⑥ 博：博棋，赌棋。 ⑦ 举烽：举烽火，古代以烽火发警报。 ⑧ 深：一本作"探"，即探听。 ⑨ 隐士：隐居起来不愿游说从政的士人。 ⑩ 夷门监者：监守东门的役吏。夷门，大梁有十二个城门，东门叫夷门。

公子闻之，往请，欲厚遗之。不肯受，曰："臣修身洁行数十年，终不以监门困故而受公子财。"公子于是乃置酒大会宾客。坐定，公子从车骑，虚左①，自迎夷门侯生。侯生摄敝衣冠②，直上载公子上坐；不让，欲以观公子。公子执辔愈恭③。侯生又谓公子曰："臣有客在市屠中，愿枉车骑过之。"公子引车入市，侯生下见其客朱亥，俾倪故久立④，与其客语，微察公子。公子颜色愈和。当是时，魏将相宗室宾客满堂，待公子举酒。市人皆观公子执辔。从骑皆窃骂侯生。侯生视公子色终不变，乃谢客就车。至家，公子引侯生坐上座，遍赞宾客，宾客皆惊。酒酣，公子起，为寿侯生前。侯生因谓公子曰："今日嬴之为公子亦足矣。嬴乃夷门抱关者也，而公子亲枉车骑，自迎嬴于众人广坐之中，不宜有所过，今公子故过之。然嬴欲就公子之名，故久立公子车骑市中，过客以观公子，公子愈恭。市人皆以嬴为小人，而以公子为长者能下士也。"于是罢酒，侯生遂为上客。

侯生谓公子曰："臣所过屠者朱亥，此子贤者，世莫能知，故隐屠间耳。"公子往数请之，朱亥故不复谢。公子怪之。

魏安釐王二十年，秦昭王已破赵长平军⑤，又进兵围邯郸。公子姊为赵惠文王弟平原君夫人，数遗魏王及公子

---

① 虚左：指留出车上左边的座位。古代以左边为尊贵，虚左以待客人，是表示客气、恭敬。 ② 摄敝衣冠：整理破旧的衣冠。摄，整顿，整理。 ③ 执辔(pèi 配)：指驾车。辔，驾驭牲口的缰绳。 ④ 俾倪(bì nì 必逆)：通"睥睨"，斜视。 ⑤ 长平：在今山西高平西北。

书①，请救于魏。魏王使将军晋鄙将十万众救赵。秦王使使者告魏王曰②："吾攻赵，旦暮且下，而诸侯敢救者，已拔赵，必移兵先击之。"魏王恐，使人止晋鄙，留军壁邺③，名为救赵，实持两端以观望。平原君使者冠盖相属于魏④，让魏公子曰："胜所以自附为婚姻者，以公子之高义，为能急人之困，今邯郸旦暮降秦而魏救不至，安在公子能急人之困也！且公子纵轻胜，弃之降秦，独不怜公子姊邪？"公子患之，数请魏王，及宾客辩士说王万端。魏王畏秦，终不听公子。公子自度终不能得之于王⑤，计不独生而令赵亡。乃请宾客，约车骑百余乘，欲以客往赴秦军，与赵俱死。

行过夷门，见侯生，具告所以欲死秦军状。辞决而行，侯生曰："公子勉之矣，老臣不能从。"公子行数里，心不快，曰："吾所以待侯生者备矣，天下莫不闻，今吾且死而侯生曾无一言半辞送我，我岂有所失哉！"复引车还问侯生。侯生笑曰："臣固知公子之还也。"曰："公子喜士，名闻天下。今有难，无他端而欲赴秦军，譬若以肉投馁虎⑥，何功之有哉？尚安事客？然公子遇臣厚，公子往而臣不送，以是知公子恨之复返也。"公子再拜，因问。侯生乃屏人间语，曰："嬴闻晋鄙之兵

---

① 遗（wèi 卫）：给予。 ② 秦王：这里指秦昭王，公元前 306 年至公元前 251 年在位。 ③ 邺：故城在今河北省临漳县西南。 ④ 冠：冠冕。盖：车盖。 ⑤ 度（duó 夺）：估计，料想。 ⑥ 馁（něi 内上声）：饿。

符常在王卧内①，而如姬最幸②，出入王卧内，力能窃之。嬴闻如姬父为人所杀，如姬资之三年，自王以下欲求报其父仇，莫能得。如姬为公子泣，公子使客斩其仇头，敬进如姬。如姬之欲为公子死，无所辞，顾未有路耳。公子诚一开口请如姬，如姬必许诺，则得虎符夺晋鄙军，北救赵而西却秦，此五霸之伐也。"公子从其计，请如姬。如姬果盗晋鄙兵符与公子。

公子行，侯生曰："将在外，主令有所不受，以便国家。公子即合符，而晋鄙不授公子兵而复请之，事必危矣。臣客屠者朱亥可与俱，此人力士。晋鄙听，大善；不听，可使击之。"于是公子泣。侯生曰："公子畏死邪？何泣也？"公子曰："晋鄙嚄唶宿将③，往恐不听，必当杀之，是以泣耳，岂畏死哉？"于是公子请朱亥。朱亥笑曰："臣乃市井鼓刀屠者，而公子亲数存之，所以不报谢者，以为小礼无所用。今公子有急，此乃臣效命之秋也。"遂与公子俱。公子过谢侯生。侯生曰："臣宜从，老不能；请数公子行日，以至晋鄙军之日，北向自刭以送公子。"公子遂行。

至邺，矫魏王令代晋鄙。晋鄙合符，疑之，举手视公子曰："今吾拥十万之众，屯于境上，国之重任，今单车来代之，

---

① 兵符：符是古代作为凭证的信物，上刻文字、花纹，从中间剖分为二券，有关双方各取一券，合券以验真假。用于军事上授受领兵权及调发军队的符叫兵符。兵符往往用金属铸成虎形，因而也叫虎符。 ② 如姬：魏王的宠姬。 ③ 嚄唶（huò zé 霍责）：大笑大叫，指呼喝有威势。

何如哉?”欲无听。朱亥袖四十斤铁椎,椎杀晋鄙,公子遂将晋鄙军。勒兵下令军中曰:“父子俱在军中,父归;兄弟俱在军中,兄归;独子无兄弟,归养。”得选兵八万人,进兵击秦军。秦军解去,遂救邯郸,存赵。赵王及平原君自迎公子于界,平原君负韊矢为公子先引①。赵王再拜曰:“自古贤人未有及公子者也。”当此之时,平原君不敢自比于人②。公子与侯生决,至军,侯生果北向自刭。

魏王怒公子之盗其兵符,矫杀晋鄙,公子亦自知也。已却秦存赵,使将将其军归魏,而公子独与客留赵。赵孝成王德公子之矫夺晋鄙兵而存赵,乃与平原君计,以五城封公子。公子闻之,意骄矜而有自功之色。客有说公子曰:“物有不可忘,或有不可不忘。夫人有德于公子,公子不可忘也;公子有德于人,愿公子忘之也。且矫魏王令,夺晋鄙兵以救赵,于赵则有功矣,于魏则未为忠臣也。公子乃自骄而功之,窃为公子不取也。”于是公子立自责,似若无所容者。赵王埽除自迎③,执主人之礼,引公子就西阶④。公子侧行辞让,从东阶上。自言罪过,以负于魏,无功于赵。赵王侍酒至暮,口不忍献五城,以公子退让也。公子竟留赵。赵王以鄗为公子汤沐邑⑤,魏亦复以信陵奉公子。公子留赵。

---

① 韊(lán 兰):盛箭的筒袋。 ② 人:这里指魏公子信陵君。 ③ 埽:同“扫”。 ④ 西阶:古代升堂礼节,主人从东阶上,宾客从西阶上。 ⑤ 鄗(hào 号):今河北省高邑县。汤沐邑:本是古代天子赐给诸侯作来朝见时斋戒自洁的地方,这里指用于供养生活的取资地。

公子闻赵有处士毛公藏于博徒，薛公藏于卖浆家，公子欲见两人，两人自匿不肯见公子。公子闻所在，乃间步往从此两人游，甚欢。平原君闻之，谓其夫人曰："始吾闻夫人弟公子天下无双，今吾闻之，乃妄从博徒卖浆者游，公子妄人耳。"夫人以告公子。公子乃谢夫人去，曰："始吾闻平原君贤，故负魏王而救赵，以称平原君。平原君之游，徒豪举耳，不求士也。无忌自在大梁时，尝闻此两人贤，至赵，恐不得见。以无忌从之游，尚恐其不我欲也，今平原君乃以为羞。其不足从游！"乃装为去。夫人具以语平原君。平原君乃免冠谢，固留公子。平原君门下闻之，半去平原君归公子。天下士复往归公子，公子倾平原君客。

公子留赵十年不归。秦闻公子在赵，日夜出兵东伐魏。魏王患之，使使往请公子。公子恐其怒之，乃诫门下："有敢为魏王使通者，死。"宾客皆背魏之赵，莫敢劝公子归。毛公、薛公两人往见公子曰："公子所以重于赵，名闻诸侯者，徒以有魏也。今秦攻魏，魏急而公子不恤，使秦破大梁而夷先王之宗庙，公子当何面目立天下乎？"语未及卒，公子立变色，告车趣驾归救魏①。

魏王见公子，相与泣，而以上将军印授公子，公子遂将。魏安釐王三十年，公子使使遍告诸侯。诸侯闻公子将，各遣将将兵救魏。公子率五国之兵破秦军于河外②，走蒙骜③。

---

① 趣（cù促）：急促。 ② 五国：指赵、齐、楚、燕、韩。 ③ 蒙骜：秦国上卿，蒙恬的祖父。

遂乘胜逐秦军至函谷关，抑秦兵，秦兵不敢出。当是时，公子威振天下，诸侯之客进兵法，公子皆名之，故世俗称《魏公子兵法》①。

秦王患之，乃行金万斤于魏，求晋鄙客，令毁公子于魏王曰："公子亡在外十年矣，今为魏将，诸侯将皆属，诸侯徒闻魏公子，不闻魏王。公子亦欲因此时定南面而王，诸侯畏公子之威，方欲共应之。"秦数使反间，伪贺公子得立为魏王未也。魏王日闻其毁，不能不信，后果使人代公子将。公子自知再以毁废，乃谢病不朝，与宾客为长夜饮，饮醇酒，多近妇女。日夜为乐饮者四岁，竟病酒而卒。其岁，魏安釐王亦薨。

秦闻公子死，使蒙骜攻魏，拔二十城，初置东郡②。其后秦稍蚕食魏，十八岁而虏魏王③，屠大梁。

高祖始微少时，数闻公子贤。及即天子位，每过大梁，常祠公子。高祖十二年，从击黥布还，为公子置守冢五家，世世岁以四时奉祠公子。

太史公曰：吾过大梁之墟，求问其所谓夷门。夷门者，城之东门也。天下诸公子亦有喜士者矣，然信陵君之接岩穴隐者④，不耻下交，有以也。名冠诸侯，不虚耳。高祖每过之而令民奉祠不绝也。

---

①《魏公子兵法》：《汉书·艺文志》载有《魏公子》二十一篇，已亡佚。 ② 东郡：包括今河北省东南部和山东省西部一带。 ③ 十八岁而虏魏王：公元前225年，秦灭魏；俘虏魏王假，上距魏公子死为十八年。 ④ 岩穴：山洞。这里指隐士居住的处所。

【翻译】

魏公子无忌，是魏昭王的小儿子，魏安釐王同父异母的弟弟。昭王死后，安釐王即位，封公子为信陵君。这时范雎从魏国逃亡到秦国，做了秦国的丞相，因怨恨魏齐的缘故，秦国的军队包围了魏都大梁，在华阳山打垮了魏国的下军，芒卯因战败逃走了，魏王和公子都在担心这件事。

公子为人仁义，待士谦恭，士人不论是贤能的还是不贤能的，他都谦虚有礼貌地去结交他们，不敢以自己的富贵轻慢士人。因此，方圆几千里的士人都争着投奔他，一共招徕了食客三千人。当时，诸侯因见公子贤能，门下食客众多，十几年不敢对魏用兵。

有一次，公子和魏王赌棋，北部边境发出了告警的烽火，传信说："赵国军队来侵犯，马上就要进入魏国国境。"魏王丢下棋子，准备召见大臣商量迎敌。公子阻止魏王说："赵王只不过是出来打猎罢了，并非来攻打我们。"于是，他们照旧下棋。魏王很害怕，下棋时心不在焉。一会儿，又从北方传信来说："赵王只是出来打猎，并不是来袭击我们。"魏王听了大为惊奇，对公子说："你怎么知道赵王是出来打猎而不是来袭击我们？"公子说："我的门客中有人能洞悉赵王的隐秘，赵王的一举一动，他立即就来报告我，我因此知道赵王的行动。"自此以后，魏王害怕公子的贤能，不敢把国家大事交给公子。

魏国有一位隐士叫侯嬴，年纪七十岁了，家境贫寒，做大梁城东门的看门人。公子听说他的为人，前去访问，想送厚礼给他。侯嬴不肯接受，说道："我修养品德，检点行为已有几十年了，总不能因看守城门生活穷困的缘故而接受你的财物。”公子于是就摆酒席大宴宾客。宾客都已入席，公子却带着随从车马，留出车上左边尊贵的座位，亲自去迎接东城门的侯嬴。侯嬴整理了一下破旧的衣帽，径直上车坐到公子的上首座位上，毫不推辞，想借此来考察公子的态度。公子拿着缰绳，显得更加恭敬。侯嬴又对公子说：“我有个朋友在集市上的屠宰场，我想委屈你的车马经过那个地方。”公子驱车进入市场，侯嬴跳下车去看他的朋友朱亥，瞟着公子，故意长时间地站在那里，和朱亥说话，暗中观察公子。公子脸上的神色更加谦和。就在这个时候，魏国的将相宗室宾客们坐满堂上，等候公子来开始宴饮。市上的人都看着公子为侯嬴驾车。公子的随从都私下骂侯嬴。侯嬴见公子神色始终不变，就和朋友告辞，上了车。到了公子家里，公子请侯嬴坐到上首的座位上，用赞美的话把侯嬴介绍给在座的客人，在座的宾客都大吃一惊。酒喝到正高兴时，公子站了起来，到侯嬴面前敬酒祝福。侯嬴于是对公子说：“我今天难为公子也够了。我不过是城东门的一个看门人，委屈公子驾车，在大庭广众中亲自来迎接我，我本不应去拜访朋友，如今公子竟同我去拜访他。然而我是想成就公子的美名，所以让你的车马在市中久候，以拜访朋友来观察公子的度量，而公子的神色却显得更加恭敬。市上的人都认为我是小人，而认为公子德行高，能礼贤下士。”宴饮完毕，侯嬴于是被拜为上客。

侯嬴对公子说：“我所访问的屠夫朱亥，是个贤人，世人都不了解他，所以隐身在屠宰场中。”公子好几次前去拜访朱亥，朱亥故意不答谢，公子对朱亥的行径感到很奇怪。

魏安釐王二十年，秦昭王在长平大败赵军之后，又进兵包围邯郸。公子的姐姐是赵惠文王的弟弟平原君的夫人，她接连几次写信给魏王和公子，向他们求救。魏王派将军晋鄙率兵十万前往救赵。秦王派人对魏王说："我进攻赵国，早晚之间就将攻克，诸侯有敢出兵救赵的，我们拔取赵国后，必定移师首先攻打它。"魏王听了很害怕，派人去告诉晋鄙，让他停止前进，把军队驻扎在邺，名义上说是救赵，实际上是保持与秦、赵两方的接触以进行观望。平原君的使者络绎不绝地来到魏国，责备公子说："我平原君之所以高攀而和魏国联姻，都是因为仰慕公子的高尚道义，能在困难的时候解救别人，现在邯郸城早晚就要投降秦国了，而魏国的救兵却不来，哪里表现得出公子能够急人之难呢？再说，公子纵然看不起我，抛弃我，让我投降秦国，难道能不怜惜你的姐姐吗？"公子很担心这件事，多次请求魏王，门客们也想方设法劝魏王救赵。魏王畏惧秦国，始终不答应公子的请求。公子自己估计终归得不到魏王的允许，决计不独自苟活而使赵国灭亡，于是请求宾客，凑集了一百多辆车子，想带着门下宾客冲向秦军，和赵国同归于尽。

经过大梁东门时，公子去拜见侯嬴，把自己要去和秦军拼死的情况都详尽地告诉了侯嬴。说完就道别而去，侯嬴说："公子好自为之，我这老头子不能跟随你去了。"公子走了几里路，心里很不愉快，心想："我对待侯老先生够周到了，天下的人没有谁不知道的，现在我将要赴死，侯老先生却没有一言半语的临别赠言，我难道有什么差错!”公子又回车去访问侯嬴。侯嬴笑着说：“我本来就知道你会回来的。公子你喜欢养士，名闻天下，现在有危难，没有别的办法，却只想和秦军拼命，这就好像投肉给饿虎，有什么用处呢！还哪里用得着宾客？但公子待我很好，公子赴死地而我却不送你，因此我知道你恨我一定会回来的。”公子对侯嬴拜了两拜，向他请教。侯嬴于是屏退旁人，悄悄地对公子说：“我听说调动晋鄙军队的兵符常常放在魏王的卧室内，如姬最受魏王的宠爱，她能出入魏王的卧室，有条件窃取兵符。我听说如姬的父亲被人杀了，如姬把仇恨积蓄在心里已有三年时间了，从国王到群臣，都想为她报杀父之仇，但都没能实现。如姬为此向公子哭泣，公子派门客砍下了她仇人的头，敬献给如姬。如姬愿为公子效死，绝不会推辞，只是报答无门罢了。公子如果真的开口请她帮助，她一定会答应，这样就会得到调兵的虎符，夺过晋鄙的军队，向北救赵，向西击退秦军，这是可以和五霸相比的功勋啊!”公子听从了侯嬴的计策去请求如姬，如姬果然盗取了调遣晋鄙军队的虎符，把它交给公子。

公子临行时，侯嬴对公子说：“将帅出兵在外，君令有所不受，这样做有利于国家。公子即使合了虎符，如果晋鄙不把兵权交给公子而重向魏王请示，那么事情就败露了。我的朋友屠夫朱亥可以同去，这人是个大力士。晋鄙听从公子，那再好不过了；如果他不听从，你可以让朱亥杀了他。”这时公子哭了起来，侯嬴说：“公子怕死吗？为什么哭呢？”公子说：“晋鄙是个叱咤风云的老将，我去取代他，他恐怕不会听从，这样，就必然要杀了他，我因此而哭泣，哪里是怕死啊！”于是，公子去邀请朱亥同行。朱亥笑着说：“我不过是市场上操刀宰牲的屠夫，但公子却亲自屡次来问候我，我所以不报谢你的原因，是因为小礼答谢没有什么用。现在公子有危难，正是我报效你的时候。”于是朱亥就与公子一起去了。公子经过侯嬴之门向他告辞，侯嬴说：“我本应跟随你去，但年老了，无能为力；我计算公子的行期，公子到达晋鄙军中的那一天，我就向北自刎来报谢公子。”于是，公子就上路了。

到达邺地，公子假传魏王的命令，去代晋鄙领兵。晋鄙核对了虎符，心里很疑惑，他举起手对公子说：“现在我率领十万人马屯扎在边境上，这是国家的重任，现在你单身来接替我这重任，这是怎么一回事呢？”晋鄙不打算听从，朱亥抽出藏在衣袖中的四十斤重的铁椎，椎杀了晋鄙。于是，公子就取得了对晋鄙军的指挥权。公子检阅部队，对军队下令说：“父子都在军中的，父亲回去。兄弟都在军中的，兄长回去。独子没有兄弟的，回去供养父母。”得到精选的士卒八万人，进兵袭击秦军。秦军解围而去，这样就救下了邯郸，保存了赵国。赵王和平原君都亲自到边界去迎接公子，平原君背了弓箭、箭袋在前面引路。赵王对公子连施两拜，说：“自古至今的贤人都没有比得上公子的。”这时，平原君自愧，不敢与公子相比。公子与侯嬴诀别，到晋鄙军中后，侯嬴果然面向北方自杀身死。

魏王对公子盗窃兵符，假托命令杀死晋鄙非常愤怒，公子自己也知道这一点。已经击退秦军，保存了赵国之后，公子就派一将军率领原晋鄙的军队回魏国,公子只和他的门客留在赵国。赵孝成王感激公子假传命令夺取晋鄙军队而使赵国免于灭亡,就和平原君商量,把五座城封给公子。公子听说后,心中骄傲而流露出自以为有功的神色。门客中有人对公子进言说:“事物有不可忘记的,也有不可不忘记的。别人给过你好处,你不可以忘记;你对别人有过好处,希望你忘了它。况且假称魏王命令,夺取晋鄙的军队来救赵国,对于赵国来说是有功的,对于魏国来说就不是忠臣了。现在公子却认为有功而自骄,我个人认为这是公子所不足取的。”于是公子立即自责,好像无地自容一样。赵王洒扫清道,亲自迎接公子,行主人的礼节,引路请公子从西阶上堂。公子侧身走着推让,从东阶上去。自言有罪过,称有负于魏王,无功于赵国。赵王陪公子饮酒一直到天黑,因为公子谦让,不便说出把五座城封给公子。公子最后留在赵国,赵王把鄗封给公子作为汤沐邑,魏王也仍把信陵地方的赋税收入送给公子。公子留在了赵国。

公子听说赵国有处士毛公避居于博徒之中,薛公隐藏在卖酒浆的人家,公子想见他们二人,两人都躲藏起来不想面见公子。公子得知他们躲藏的地方,就悄悄地步行到那里去和他们交游,相处得很融洽。平原君听到这事,对他夫人说:“我原听说你弟弟是天下无双的豪杰,现在我听说他轻妄地和赌徒、卖酒浆的人交游,公子不过是个轻浮的人罢了。”夫人把这话告诉公子。公子于是辞别夫人准备离去,对她说:“从前我听说平原君贤明,所以辜负魏王而解救赵国,以此来满足他平原君的心愿。平原君的交游，不过是豪放的举动罢了，不是要真的求得士人。我还在大梁时，就常听说这两人贤明，到赵国后，唯恐不能见到他们。以我魏无忌主动去和他们交游，还担心他们不愿和我交往，现在平原君却以为羞耻。看来真不值得和他交游。”于是整理行装，准备离开赵国。平原君夫人把这些都告诉了平原君。平原君赶忙前往脱帽道歉，一再挽留公子。平原君的门客听到这件事后，有一半人离开平原君而投奔公子。天下的士人也多去投奔公子。公子把平原君的门客都吸引过来了。

公子留在赵国十年不返回魏国。秦国听说公子在赵国，日夜出兵向东攻打魏国。魏王对此感到担忧，派使者去请公子回国。公子怕魏王还忌恨自己，就告诫他的门客说：“有敢为魏王的使者通报的，处死。”公子原来的门客都是背离魏国而来到赵国的，没有人敢劝说公子回魏国。毛公、薛公两人前去见公子，对公子说：“公子之所以这样被赵王重视，名闻诸侯，只是因为有魏国的存在，现在秦国攻打魏国，魏国危急而公子却无动于衷，假使秦攻破了大梁城，平毁了魏国先王的祖庙，那么公子还有什么脸面立于天下?”话还没说完，公子的脸色立刻变了，赶忙吩咐驾车的人，准备车马，回去救魏国。

魏王见到公子，互相面对着流泪，魏王把上将军的大印交给公子，公子于是率军。魏安釐王三十年，公子派人把自己做了上将军一事遍告诸侯各国。诸侯各国听说公子为上将军，各派遣将领领兵前来救魏。公子率五国的军队在河外打败秦军，使秦将蒙骜败走。于是乘胜追赶秦军至函谷关，压制秦兵，秦兵不敢出关。就在这个时候，公子威震天下，诸侯的门客进献兵法，公子便在这些兵法上都写上自己的名字，所以世间就称它为《魏公子兵法》。

秦王很忧虑这种状况，就动用了一万斤金，在魏国访求晋鄙的门客，让他们在魏王面前诽谤公子说："公子流亡在外十年，如今做了魏国的上将军，诸侯的将领都从属他，诸侯各国只听说有魏公子，没有人知道还有魏王。公子也想趁这机会即位为王，诸侯各国畏惧公子的威望，正想要共同拥立他。"秦国屡次使用反间计，假装来祝贺公子，问公子做了魏王没有。魏王每天都听到诽谤公子的话，不能不信，后来果然派人取代公子领兵。公子知道自己又一次因为被人诽谤诋毁而免职，于是便托病不上朝，和宾客们通宵达旦地饮醇酒，经常和美女厮混。这样昼夜饮酒作乐有四年，终因酒病而死。这一年，魏安釐王也去世了。

秦国听说公子死了，派蒙骜攻打魏国，攻陷二十座城，开始设置东郡。后来秦国逐步蚕食魏国，十八年后俘虏了魏王，并屠杀了大梁城里的军民。

汉高祖当初年轻位卑时，多次听说魏公子贤明。到他即位称帝后，每次路过大梁，常去祭祀公子。高祖十二年，高祖从击破黥布的战事中回来，为公子安置五户人家看守坟墓，让他们世世代代于每年四季祭日祭祀公子。

太史公说：我曾去过大梁城的遗址，向那里的人访寻所谓夷门的地点，原来夷门就是大梁城的东门。诸侯各国公子中也有喜欢养士的，但信陵君能够结交山林间的隐士，不耻下交，是有原由的啊。公子的名望在诸侯之上，不是虚夸的。汉高祖每次路过大梁时，都要那里的人年年供奉祭祀公子。

范睢蔡泽列传

战国时期，是我国历史上一个大动荡时期，在此期间，七个大的诸侯国各霸一方，互相争雄，战事频仍，而总的历史趋势是建立统一的封建王朝。在这样的条件下，游说之士，应运而生。他们发表各自的主张，宣传自己的策略，企图得到各诸侯国的任用。本文记述的范睢和蔡泽就是这一时期的代表人物。

秦国经过商鞅变法之后，到秦昭王时，其经济及军事实力在各国中已占有明显的优势。但是在国内，却由于宣太后、穰侯的专权，阻碍着秦国的进一步发展。范睢凭着自己的才智，取得了秦昭王的信任，并帮助翦除了宣太后的势力，在各诸侯国中进一步树立了秦国的威望，多次击败韩、魏两国的军队，扩大了疆域。最后他在蔡泽的劝说下，功成身退，蔡泽继范雎为秦国相国。

在本文中，司马迁主要通过范雎与秦王、蔡泽与范雎的谈话，显示了说客们的机智善辩，同时也反映出当时政治斗争的尖锐复杂。文章以具体而生动的内容再现了战国时期的历史特点，是富有史料价值和文学价值的佳作。

范雎者，魏人也，字叔。游说诸侯，欲事魏王，家贫无以自资，乃先事魏中大夫须贾。

须贾为魏昭王使于齐，范雎从。留数月，未得报。齐襄王闻雎辩口，乃使人赐雎金十斤及牛酒，雎辞谢不敢受，须贾知之，大怒，以为雎持魏国阴事告齐，故得此馈，令雎受其牛酒，还其金。既归，心怒雎，以告魏相。魏相，魏之诸公子①，曰魏齐。魏齐大怒，使舍人笞击雎、折胁摺齿②。雎详死，即卷以箦③，置厕中。宾客饮者醉，更溺雎④，故僇辱以惩后，令无妄言者。雎从箦中谓守者曰："公能出我，我必厚谢公。"守者乃请出弃箦中死人。魏齐醉，曰："可矣。"范雎得出。后魏齐悔，复召求之。魏人郑安平闻之，乃遂操范雎亡，伏匿，更名姓曰张禄。

当此时，秦昭王使谒者王稽于魏。郑安平诈为卒，侍王

---

① 诸公子：除太子以外的国王的其他儿子。 ② 摺（zhé 哲）：断。 ③ 箦（zè 责）：用竹片编成的席子。 ④ 更：轮流。溺（niào）：同"尿"。

稽。王稽问:"魏有贤人可与俱西游者乎?"郑安平曰:"臣里中有张禄先生①,欲见君,言天下事。其人有仇,不敢昼见。"王稽曰:"夜与俱来。"郑安平夜与张禄见王稽。语未究②,王稽知范雎贤,谓曰:"先生待我于三亭之南。"与私约而去。

王稽辞魏去,过载范雎入秦。至湖,望见车骑从西来。范雎曰:"彼来者为谁?"王稽曰:"秦相穰侯东行县邑。"范雎曰:"吾闻穰侯专秦权,恶内诸侯客③,此恐辱我,我宁且匿车中。"有顷,穰侯果至,劳王稽,因立车而语曰:"关东有何变?"曰:"无有。"又谓王稽曰:"谒君得无与诸侯客子俱来乎?无益,徒乱人国耳。"王稽曰:"不敢。"即别去。范雎曰:"吾闻穰侯智士也,其见事迟,乡者疑车中有人④,忘索之。"于是范雎下车走,曰:"此必悔之。"行十余里,果使骑还索车中,无客,乃已。王稽遂与范雎入咸阳。

已报使⑤,因言曰:"魏有张禄先生,天下辩士也。曰:'秦王之国危于累卵,得臣则安,然不可以书传也。'臣故载来。"秦王弗信,使舍食草具,待命岁余。

当是时,昭王已立三十六年。南拔楚之鄢、郢,楚怀王幽死于秦。秦东破齐。湣王尝称帝⑥,后去之。数困三晋。厌

---

① 里中:乡里之中,这里指郑安平的家乡。 ② 语未究:话还未讲完。究,竟、尽。 ③ 恶:厌恶。内:通"纳"。接纳的意思。 ④ 乡者:乡,通"向"。从前,早先。 ⑤ 已报使:指复命完毕。 ⑥ 齐湣王:名地,又作闵王,在位三十年。秦昭王十九年十月,秦王自立为西帝,派人让齐湣王自立为东帝。后齐湣王听从了苏代的话,称帝两天后便去掉了帝号。

天下辩士，无所信。

穰侯、华阳君，昭王母宣太后之弟也，而泾阳君、高陵君皆昭王同母弟也。穰侯相，三人者更将，有封邑，以太后故，私家富重于王室。及穰侯为秦将，且欲越韩、魏而伐齐纲寿①，欲以广其陶封②。范睢乃上书曰：

“臣闻明主立政，有功者不得不赏，有能者不得不官，劳大者其禄厚，功多者其爵尊，能治众者其官大。故无能者不能当职焉，有能者亦不得蔽隐。使以臣之言为可，愿行而益利其道；以臣之言为不可，久留臣无为也。语曰：‘庸主赏所爱而罚所恶；明主则不然，赏必加于有功，而刑必断于有罪。’今臣之胸不足以当椹质③，而要不足以待斧钺④，岂敢以疑事尝试于王哉⑤！虽以臣为贱人而轻辱，独不重任臣者之无反复于王邪？

“且臣闻周有砥砨、宋有结绿、梁有县藜、楚有和朴⑥，此四宝者，土之所生，良工之所失也，而为天下名器。然则圣王之所弃者，独不足以厚国家乎？

“臣闻善厚家者取之于国，善厚国者取之于诸侯。天下有明主则诸侯不得擅厚者，何也？为其割荣也⑦。良医知病

---

① 纲寿：齐邑名，或作刚寿。地在今山东省东平县西南。② 陶：地在今山东省定陶县。③ 椹（zhēn 斟）质：或作砧锧，古时腰斩刑的垫板。④ 要：腰的本字。⑤ 疑事：指没有把握的事。⑥ 砥砨（dǐ è 抵隘）、结绿、县（xuán 玄）藜、和朴：都是美玉之名。县，或作悬。朴，或作璞。⑦ 为其割荣也：为的是他们割取天下的荣禄归于自己。

人之死生，而圣主明于成败之事，利则行之，害则舍之，疑则少尝之，虽舜禹复生，弗能改已。语之至者，臣不敢载之于书，其浅者又不足听也。意者臣愚而不概于王心邪①？亡其言臣者贱而不可用乎②？自非然者，臣愿得少赐游观之间，望见颜色。一语无效，请伏斧质。”

于是秦昭王大说，乃谢王稽，使以传车，召范雎。

于是范雎乃得见于离宫，详为不知永巷而入其中。王来而宦者怒，逐之，曰：“王至！”范雎缪为曰③：“秦安得王？秦独有太后、穰侯耳。”欲以感怒昭王。昭王至，闻其与宦者争言，遂延迎，谢曰：“寡人宜以身受命久矣，会义渠之事急④，寡人旦暮自请太后；今义渠之事已，寡人乃得受命⑤。窃闵然不敏，敬执宾主之礼。”范雎辞让。是日观范雎之见者，群臣莫不洒然变色易容者⑥。

秦王屏左右，宫中虚无人。秦王跽而请曰⑦：“先生何以幸教寡人？”范雎曰：“唯唯。”有间，秦王复跽而请曰：“先生何以幸教寡人？”范雎曰：“唯唯。”若是者三。秦王跽曰：“先生卒不幸教寡人邪？”范雎曰：“非敢然也。臣闻昔者吕尚之遇文王也。身为渔夫而钓于渭滨耳。若是者，交疏也。已说而立为太师，载与俱归者，其言深也。故文王遂收功于吕尚而

---

① 概：符合。 ② 亡其：抑或，还是。 ③ 缪：通“谬”，错误。 ④ 义渠：古族名，是西戎部族之一，公元前 270 年为秦所并。 ⑤ 受命：这里指向范雎请教。 ⑥ 洒然：恭谨严肃的样子。 ⑦ 跽：长跪。

卒王天下。乡使文王疏吕尚而不与深言，是周无天子之德，而文武无与成其王业也。今臣羁旅之臣也①，交疏于王，而所愿陈者皆匡君之事，处人骨肉之间，愿效愚忠而未知王之心也。此所以王三问而不敢对者也。臣非有畏而不敢言也。臣知今日言之于前而明日伏诛于后，然臣不敢避也。大王信行臣之言，死不足以为臣患，亡不足以为臣忧，漆身为厉被发为狂不足以为臣耻。且以五帝之圣焉而死，三王之仁焉而死，五伯之贤焉而死，乌获、任鄙之力焉而死，成荆、孟贲、王庆忌、夏育之勇焉而死。死者，人之所必不免也。处必然之势，可以少有补于秦，此臣之所大愿也，臣又何患哉！伍子胥橐载而出昭关，夜行昼伏，至于陵水，无以糊其口，膝行蒲伏，稽首肉袒，鼓腹吹篪，乞食于吴市，卒兴吴国，阖闾为伯。使臣得尽谋如伍子胥，加之以幽囚，终身不复见，是臣之说行也，臣又何忧？箕子、接舆漆身为厉，被发为狂，无益于主。假使臣得同行于箕子，可以有补于所贤之主，是臣之大荣也，臣有何耻？臣之所恐者，独恐臣死之后，天下见臣之尽忠而身死，因以是杜口裹足，莫肯乡秦耳②。足下上畏太后之严，下惑于奸臣之态，居深宫之中，不离阿保之手，终身迷惑，无与昭奸。大者宗庙灭覆，小者身以孤危，此臣之所恐耳。若夫穷辱之事，死亡之患，臣不敢畏也。臣死而秦治，是臣死贤于生。”秦王跽曰：“先生是何言也！夫秦国辟远，寡人愚不

---

① 羁旅：寄居在外，客处他乡。羁，或作羇，寄。旅，客。
② 乡：通“向”。

肖，先生乃幸辱至于此，是天以寡人慁先生而存先王之宗庙也①。寡人得受命于先生，是天所以幸先王，而不弃其孤也。先生奈何而言若是！事无小大，上及太后，下至大臣，愿先生悉以教寡人，无疑寡人也。”范睢拜，秦王亦拜。

范睢曰：“大王之国，四塞以为固，北有甘泉、谷口，南带泾、渭，右陇、蜀，左关、阪，奋击百万②。战车千乘，利则出攻，不利则入守，此王者之地也。民怯于私斗而勇于公战，此王者之民也。王并此二者而有之。夫以秦卒之勇，车骑之众，以治诸侯，譬若施韩卢而搏蹇兔也③，霸王之业可致也，而群臣莫当其位。至今闭关十五年，不敢窥兵于山东者，是穰侯为秦谋不忠，而大王之计有所失也。”秦王跽曰：“寡人愿闻失计。”

然左右多窃听者，范睢恐，未敢言内，先言外事，以观秦王之俯仰④。因进曰：“夫穰侯越韩、魏而攻齐纲寿，非计也。少出师则不足以伤齐，多出师则害于秦。臣意王之计，欲少出师而悉韩、魏之兵也，则不义矣。今见与国之不亲也⑤，越人之国而攻，可乎？其于计疏矣。且昔齐湣王南攻楚，破军杀将，再辟地千里，而齐尺寸之地无得焉者，岂不欲得地哉，形势不能有也。诸侯见齐之罢弊，君臣之不和也，兴兵而伐

---

① 慁(hùn 混)：打扰，烦劳。 ② 奋击：指善于搏斗的战士。 ③ 韩卢：战国时韩国的名犬，因为是黑色，故称卢。这里用来比喻秦军的勇猛。蹇(jiǎn 简)兔：跛足的兔。在这里指秦以外的各诸侯。蹇，跛足。 ④ 俯仰：这里指秦王的态度。 ⑤ 今见与国之不亲也：这句话是指秦的与国韩、魏对秦不亲善。

齐，大破之。士辱兵顿，皆咎其王，曰：'谁为此计者乎？'王曰：'文子为之。'大臣作乱，文子出走。故齐所以大破者，以其伐楚而肥韩、魏也。此所谓借贼兵而赍盗粮者也①。王不如远交而近攻，得寸则王之寸也，得尺亦王之尺也。今释此而远攻，不亦缪乎！且昔者中山之国地方五百里，赵独吞之，功成名立而利附焉，天下莫之能害也。今夫韩、魏，中国之处而天下之枢也，王其欲霸，必亲中国以为天下枢，以威楚、赵。楚强则附赵，赵强则附楚，楚、赵皆附，齐必惧矣。齐惧，必卑辞重币以事秦。齐附而韩、魏因可虏也。"昭王曰："吾欲亲魏久矣，而魏多变之国也，寡人不能亲。请问亲魏奈何？"对曰："王卑词重币以事之；不可，则割地而赂之；不可，因举兵而伐之。"王曰："寡人敬闻命矣。"乃拜范睢为客卿，谋兵事。卒听范睢谋，使五大夫绾伐魏②，拔怀。后二岁，拔邢丘。

客卿范睢复说昭王曰："秦韩之地形，相错如绣③。秦之有韩也，譬如木之有蠹也④，人之有心腹之病也。天下无变则已，天下有变，其为秦患者孰大于韩乎？王不如收韩。"昭王曰："吾固欲收韩，韩不听，为之奈何？"对曰："韩安得无听乎？

---

① 赍(jī 机)盗粮：以粮食给盗贼。赍，以物送人。② 五大夫：爵位名，秦汉二十等爵中的第九等爵，汉初以第七等公大夫以上为高爵，汉文帝以后改以九等爵五大夫以上为高爵。③ 相错如绣：像锦绣的纹彩互相交错一样。④ 蠹(dù 妒)：蛀虫。

王下兵而攻荥阳，则巩、成皋之道不通①；北断太行之道，则上党之师不下。王一兴兵而攻荥阳，则其国断而为三。夫韩见必亡，安得不听乎？若韩听，而霸事因可虑矣。”王曰：“善。”且欲发使于韩。

范雎日益亲，复说用数年矣，因请间说曰：“臣居山东时，闻齐之有田文，不闻其有王也；闻秦之有太后、穰侯、华阳、高陵、泾阳，不闻其有王也。夫擅国之谓王，能利害之谓王，制杀生之威之谓王。今太后擅行不顾，穰侯出使不报，华阳、泾阳等击断无讳②，高陵进退不请。四贵备而国不危者，未之有也。为此四贵者下，乃所谓无王也。然则权安得不倾，令安得从王出乎？臣闻善治国者，乃内固其威而外重其权。穰侯使者操王之重，决制于诸侯，剖符于天下③，政适伐国④，莫敢不听。战胜攻取则利归于陶，国弊御于诸侯；战败则结怨于百姓，而祸归于社稷。诗曰：‘木实繁者披其枝⑤，披其枝者伤其心；大其都者危其国，尊其臣者卑其主。’崔杼、淖齿管齐⑥，射王股，擢王筋，悬之于庙梁，宿昔而死⑦。李兑管赵⑧，囚主

---

① 巩、成皋：巩在今河南巩义。成皋，春秋时为郑的制邑，又名虎牢，地在今河南荥阳。这两地的道路不通那么韩国宜阳一带的兵便不能东下救援。宜阳，地在今河南宜阳县。 ② 击断无讳：独自决断事情无所顾忌。击断，处理事情。 ③ 剖符：这里指发送符节。 ④ 政：通“征”。适：通“敌”。 ⑤ 木实：树上的果实。
⑥ 崔杼（zhù 柱）：春秋时齐臣，弑杀齐庄公。淖（nào 闹）齿：战国时齐臣，弑杀齐湣王。 ⑦ 宿昔：过了一夜。 ⑧ 李兑：战国时赵武灵王之臣。

父于沙丘①，百日而饿死。今臣闻秦太后、穰侯用事，高陵、华阳、泾阳佐之，卒无秦王，此亦淖齿、李兑之类也。且夫三代所以亡国者，君专授政，纵酒驰骋弋猎，不听政事。其所授者，妒贤嫉能，御下蔽上，以成其私，不为主计，而主不觉悟，故失其国。今自有秩以上至诸大吏，下及王左右，无非相国之人者。见王独立于朝②，臣窃为王恐，万世之后，有秦国者非王子孙也。"昭王闻之大惧，曰："善。"于是废太后，逐穰侯、高陵、华阳、泾阳君于关外。秦王乃拜范睢为相。收穰侯之印。使归陶，因使县官给车牛以徙③，千乘有余。到关，关阅其宝器，宝器珍怪多于王室。

秦封范睢于应，号为应侯。当是时，秦昭王四十一年也。

范睢即相秦，秦号曰张禄，而魏不知，以为范睢已死久矣。魏闻秦且东伐韩、魏，魏使须贾于秦。范睢闻之，为微行，敝衣间步之邸见须贾④。须贾见之而惊曰："范叔固无恙乎！"范睢曰："然。"须贾笑曰："范叔有说于秦邪？"曰："不也，睢前日得过于魏相，故亡逃至此，安敢说乎？"须贾曰："今叔何事？"范睢曰："臣为人庸赁⑤。"须贾意哀之，留与坐饮食，曰："范叔一寒如此哉⑥！"乃取其一绨袍以赐之。须贾因问曰："秦相张君，公知之乎？吾闻幸于王，天下之事皆决于相君。

---

① 主父：即赵武灵王，名雍，公元前325—前299年在位。沙丘：即赵国离宫沙丘台，在今河北省平乡县。② 见：通"现"。③ 县官：即国家。④ 之：往，去。邸：客舍。⑤ 庸赁：受雇用的帮工。⑥ 寒：贫困。

今吾事之去留在张君。孺子岂有客习于相君者哉①!”范睢曰:“主人翁习知之。唯睢亦得谒,睢请为见君于张君。”须贾曰:“吾马病,车轴折,非大车驷马,吾固不出。”范睢曰:“愿为君借大车驷马于主人翁。”

范睢归取大车驷马,为须贾御之,入秦相府。府中望见,有识者皆避匿。须贾怪之。至相舍门,谓须贾曰:“待我,我为君先入通于相君。”须贾待门下,持车良久,问门下曰:“范叔不出,何也?”门下曰:“无范叔。”须贾曰:“乡者与我载而入者。”门下曰:“乃吾相张君也。”须贾大惊,自知见卖②,乃肉袒厀行,因门下人谢罪。于是范睢盛帷帐,侍者甚众,见之。须贾顿首言死罪,曰:“贾不意君能自致于青云之上③,贾不敢复读天下之书,不敢复与天下之事。贾有汤镬之罪,请自屏于胡貉之地,唯君死生之!”范睢曰:“汝罪有几?”曰:“擢贾之发以续贾之罪④,尚未足。”范睢曰:“汝罪有三耳。昔者楚昭王时而申包胥为楚却吴军,楚王封之以荆五千户,包胥辞不受,为丘墓之寄以荆也。今睢之先人丘墓亦在魏,公前以睢为有外心于齐而恶睢于魏齐,公之罪一也。当魏齐辱我于厕中,公不止,罪二也。更醉而溺我,公其何忍乎?罪三矣。然公之所以得无死者,以绨袍恋恋,有故人之意,故释公。”乃谢罢。入言之昭王,罢归须贾。

须贾辞于范睢,范睢大供具,尽请诸侯使,与坐堂上,食

---

① 习:熟悉,相好。 ② 见卖:被欺骗。 ③ 青云之上:比喻很高的地位。 ④ 擢:拔。

饮甚设。而坐须贾于堂下,置莝豆其前①,令两黥徒夹而马食之。数曰:"为我告魏王,急持魏齐头来!不然者,我且屠大梁。"须贾归,以告魏齐。魏齐恐,亡走赵。匿平原君所。

范睢既相,王稽谓范睢曰:"事有不可知者三,有不可奈何者亦三。宫车一旦晏驾,是事之不可知者一也。君卒然捐馆舍②,是事之不可知者二也。使臣卒然填沟壑,是事之不可知者三也。宫车一日晏驾,君虽恨于臣,无可奈何。君卒然捐馆舍,君虽恨于臣,亦无可奈何。使臣卒然填沟壑,君虽恨于臣,亦无可奈何。"范睢不怿,乃入言于王曰:"非王稽之忠,莫能纳臣于函谷关;非大王之贤圣,莫能贵臣。今臣官至于相,爵在列侯,王稽之官尚止于谒者,非其内臣之意也。"昭王召王稽,拜为河东守,三岁不上计③,又任郑安平,昭王以为将军。范睢于是散家财物,尽以报所尝困厄者。一饭之德必偿,睚眦之怨必报④。

范睢相秦二年,秦昭王之四十二年,东伐韩少曲、高平⑤,拔之。

秦昭王闻魏齐在平原君所,欲为范睢必报其仇,乃详为好书遗平原君曰:"寡人闻君之高义,愿与君为布衣之友,君

---

① 莝(cuò 错):铡碎的草。 ② 卒然捐馆舍:忽然死去。卒,通"猝"。捐馆舍,捐弃馆舍,是对死亡的讳辞,前句的宫车晏驾和后句的填沟壑都如此,只是用于不同的对象,有尊谦的区别。 ③ 上计:战国时群臣将赋税收入等写成文本,送呈国君考核,称上计。 ④ 睚眦(yà zì 涯自):瞪眼睛,这里指小怨小忿。 ⑤ 少曲、高平:地名,地在今何处不详。

幸过寡人，寡人愿与君为十日之饮。”平原君畏秦，且以为然，而入秦见昭王。昭王与平原君饮数日，昭王谓平原君曰：“昔周文王得吕尚以为太公，齐桓公得管夷吾以为仲父，今范君亦寡人之叔父也。范君之仇在君之家，愿使人归取其头来；不然，吾不出君于关。”平原君曰：“贵而为交者，为贱也；富而为交者，为贫也。夫魏齐者，胜之友也，在，固不出也，今又不在臣所。”昭王乃遗赵王书曰：“王之弟在秦，范君之仇魏齐在平原君之家。王使人疾持其头来；不然，吾举兵而伐赵，又不出王之弟于关。”赵孝成王乃发卒围平原君家，急，魏齐夜亡出，见赵相虞卿。虞卿度赵王终不可说，乃解其相印，与魏齐亡，间行，念诸侯莫可以急抵者，乃复走大梁，欲因信陵君以走楚。信陵君闻之，畏秦，犹豫未肯见，曰：“虞卿何如人也?”时侯嬴在旁，曰：“人固未易知，知人亦未易也。夫虞卿蹑屩檐簦①，一见赵王，赐白璧一双，黄金百镒；再见，拜为上卿；三见，卒受相印，封万户侯。当此之时，天下争知之。夫魏齐穷困过虞卿，虞卿不敢重爵禄之尊，解相印，捐万户侯而间行。急士之穷而归公子，公子曰：‘何如人。’人固不易知，知人亦未易也!”信陵君大惭，驾如野迎之。魏齐闻信陵君之初难见之，怒而自刭。赵王闻之，卒取其头予秦。秦昭王乃出平原君归赵。

昭王四十三年，秦攻韩汾陉，拔之，因城河上广武。

① 蹑屩檐簦（niè juē dān dēng 聂倔担登）：蹑，踏。屩，草鞋。檐，担。簦，长柄笠，即伞。

后五年，昭王用应侯谋，纵反间卖赵，赵以其故，令马服子代廉颇将。秦大破赵于长平，遂围邯郸。已而与武安君白起有隙，言而杀之。任郑安平，使击赵。郑安平为赵所围，急，以兵二万人降赵。应侯席稿请罪①。秦之法，任人而所任不善者，各以其罪罪之。于是应侯罪当收三族。秦昭王恐伤应侯之意，乃下令国中："有敢言郑安平事者，以其罪罪之。"而加赐相国应侯食物日益厚，以顺适其意。后二岁，王稽为河东守，与诸侯通，坐法诛。而应侯日益以不怿。

昭王临朝叹息，应侯进曰："臣闻'主忧臣辱，主辱臣死'。今大王中朝而忧②，臣敢请其罪。"昭王曰："吾闻楚之铁剑利而倡优拙。夫铁剑利则士勇，倡优拙则思虑远。夫以远思虑而御勇士，吾恐楚之图秦也。夫物不素具，不可以应卒，今武安君既死，而郑安平等畔，内无良将而外多敌国，吾是以忧。"欲以激励应侯。应侯惧，不知所出。蔡泽闻之，往入秦也。

蔡泽者，燕人也。游学干诸侯小大甚众，不遇。而从唐举相，曰："吾闻先生相李兑，曰'百日之内持国秉'③，有之乎？"曰："有之。"曰："若臣者何如？"唐举孰视而笑曰："先生曷鼻，巨肩，魋颜④，蹙齃⑤，膝挛⑥。吾闻圣人不相，殆先生乎？"蔡泽知唐举戏之，乃曰："富贵吾所自有，吾所不知者寿也，愿闻之。"唐举曰："先生之寿，从今以往者四十三岁。"蔡

① 稿：用稻草编成的垫子。② 中朝：即当朝时。③ 秉：权柄。④ 魋（tuí 颓）颜：脸庞开阔。魋，大，壮伟。⑤ 蹙齃（cù è 促遏）：凹鼻梁。齃，鼻梁。⑥ 膝挛（luán 銮）：两膝蜷曲。挛，蜷曲不能伸。

泽笑谢而去，谓其御者曰："吾持粱刺齿肥，跃马疾驰，怀黄金之印，结紫绶于要，揖让人主之前，食肉富贵，四十三年足矣。"去之赵，见逐。之韩、魏，遇夺釜鬲于途。闻应侯任郑安平、王稽皆负重罪于秦，应侯内惭，蔡泽乃西入秦。

将见昭王，使人宣言以感怒应侯曰："燕客蔡泽，天下雄俊弘辩智士也①。彼一见秦王，秦王必困君而夺君之位。"应侯闻，曰："五帝三代之事，百家之说，吾既知之，众口之辩，吾皆摧之②，是恶能困我而夺我位乎？"使人召蔡泽。蔡泽入，则揖应侯。应侯固不快，及见之，又倨，应侯因让之曰："子尝宣言欲代我相秦，宁有之乎？"对曰："然。"应侯曰："请闻其说。"蔡泽曰："吁，君何见之晚也！夫四时之序，成功者去。夫人生百体坚强，手足便利，耳目聪明而心圣智，岂非士之愿与③？"应侯曰："然。"蔡泽曰："质仁秉义，行道施德，得志于天下，天下怀乐敬爱而尊慕之，皆愿以为君王，岂不辩智之期与④？"应侯曰："然。"蔡泽复曰："富贵显荣，成理万物，使各得其所；性命寿长，终其天年而不夭伤；天下继其统，守其业，传之无穷；名实纯粹，泽流千里，世世称之而无绝，与天地终始；岂道德之符而圣人所谓吉祥善事者与？"应侯曰："然。"

蔡泽曰："若夫秦之商君，楚之吴起，越之大夫种，其卒然亦可愿与？"应侯知蔡泽之欲困己以说，复谬曰："何为不可？夫公孙鞅之事孝公也，极身无贰虑⑤，尽公而不顾私；设刀锯

① 雄俊：这里形容有见识。弘辩：能言善辩。 ② 摧：折服。
③ 愿：祈望。 ④ 期：期望。 ⑤ 极身：终身。

以禁奸邪，信赏罚以致治；披腹心，示情素，蒙怨咎，欺旧友，夺魏公子卬，安秦社稷，利百姓，卒为秦禽将破敌，攘地千里①。吴起之事悼王也，使私不得害公，谗不得蔽忠，言不取苟合，行不取苟容，不为危易行，行义不辟难，然为霸主强国，不辞祸凶。大夫种之事越王也，主虽困辱，悉忠而不解，主虽绝亡，尽能而弗离，成功而不矜②，贵富而不骄怠。若此三子者，固义之至也，忠之节也。是故君子以义死难，视死如归；生而辱不如死而荣。士固有杀身以成名，唯义之所在，虽死无所恨。何为不可哉？"

蔡泽曰："主圣臣贤，天下之盛福也；君明臣直，国之福也；父慈子孝，夫信妻贞，家之福也。故比干忠而不能存殷③，子胥智而不能完吴，申生孝而晋国乱④。是皆有忠臣孝子，而国家灭乱者，何也？无明君贤父以听之，故天下以其君父为僇辱而怜其臣子⑤。今商君、吴起、大夫种之为人臣，是也；其君，非也。故世称三子致功而不见德，岂慕不遇世死乎？夫待死而后可以立忠成名，是微子不足仁，孔子不足圣，管仲不足大也。夫人之立功，岂不期于成全邪？身与名俱全者，上也。名可法而身死者，其次也。名在缪辱而身全者，下也。"于是应侯称善。

---

① 攘：推扩。 ② 矜：骄傲自夸。 ③ 比干：商代贵族，相传因屡次劝谏商纣王，被剖心而死。 ④ 申生：春秋时晋献公的太子，被献公的宠妾骊姬设计陷害，但他为父亲着想，含冤不辩，自缢而死。⑤ 僇（lù路）辱：污辱、羞耻。

蔡泽少得间，因曰："夫商君、吴起、大夫种，其为人臣尽忠致功则可愿矣，闳夭事文王①，周公辅成王也，岂不亦忠圣乎？以君臣论之，商君、吴起、大夫种其可愿孰与闳夭、周公哉？"应侯曰："商君、吴起、大夫种弗若也。"蔡泽曰："然则君之主慈仁任忠，惇厚旧故，其贤智与有道之士为胶漆，义不倍功臣②，孰与秦孝公、楚悼王、越王乎？"应侯曰："未知何如也。"蔡泽曰："今主亲忠臣，不过秦孝公、楚悼王、越王，君之设智，能为主安危修政，治乱强兵，批患折难，广地殖谷，富国足家，强主，尊社稷，显宗庙，天下莫敢欺犯其主，主之威盖震海内，功彰万里之外，声名光辉传于千世，君孰与商君、吴起、大夫种？"应侯曰："不若。"蔡泽曰："今主之亲忠臣不忘旧故不若孝公、悼王、勾践，而君之功绩爱信亲幸又不若商君、吴起、大夫种，然而君之禄位贵盛，私家之富过于三子，而身不退者，恐患之甚于三子，窃为君危之。语曰：'日中则移，月满则亏。'物盛则衰，天地之常数也。进退盈缩，与时变化，圣人之常道也。故'国有道则仕，国无道则隐'。圣人曰：'飞龙在天，利见大人。''不义而富且贵，于我如浮云。'今君之怨已雠而德已报，意欲至矣，而无变计，窃为君不取也。且夫翠、鹄、犀、象，其处势非不远死也，而所以死者，惑于饵也。苏秦，智伯之智，非不足以辟辱远死也，而所以死者，惑于贪利不止也。是以圣人制礼节欲，取于民有度，使之以时，用之有止，故志不溢，行不骄，常与道俱而不失，故天下承而不绝。昔者

① 闳夭：周文王之臣，灭商兴周过程中有功。 ② 倍：同"背"。

齐桓公九合诸侯，一匡天下，至于葵丘之会，有骄矜之志，畔者九国。吴王夫差兵无敌于天下，勇强以轻诸侯，陵齐晋，故遂以杀身亡国。夏育、太史噭叱呼骇三军①，然而身死于庸夫。此皆乘至盛而不返道理，不居卑退处俭约之患也。夫商君为秦孝公明法令，禁奸本，尊爵必赏，有罪必罚，平权衡，正度量，调轻重，决裂阡陌，以静生民之业而一其俗②，劝民耕农利土，一室无二事，力田稸积，习战陈之事，是以兵动而地广，兵休而国富，故秦无敌于天下，立威诸侯，成秦国之业。功已成矣，而遂以车裂。楚地方数千里，持戟百万，白起率数万之师以与楚战，一战举鄢郢而烧夷陵，再战南并蜀汉。又越韩、魏而攻强赵，北阬马服，诛屠四十余万之众，尽之于长平之下，流血成川，沸声若雷，遂入围邯郸，使秦有帝业。楚、赵天下之强国而秦之仇敌也，自是以后，楚、赵皆慑伏不敢攻秦者，白起之势也。身所服者七十余城，功已成矣，而遂赐剑死于杜邮。吴起为楚悼王立法，卑减大臣之威重③，罢无能，废无用，损不急之官，塞私门之请，一楚国之俗，禁游客之民，精耕战之士，南收杨越，北并陈、蔡，破横散从，使驰说之士无所开其口，禁朋党以励百姓，定楚国之政，兵震天下，威服诸侯。功已成矣，而卒枝解。大夫种为越王深谋远计，免会稽之危，以亡为存，因辱为荣，垦草入邑，辟地殖谷，率四方之士，专上下之力，辅勾践之贤，报夫差之仇，卒擒劲吴，令越成霸。功

① 夏育、太史噭(jiào 叫)：二人都是古代勇士。 ② 静：同“靖”，安定的意思。 ③ 卑减：削弱。

已彰而信矣，勾践终负而杀之。此四子者，功成不去，祸至于此。此所谓信而不能诎[1]，往而不能返者。范蠡知之，超然辟世，长为陶朱公。君独不观夫博者乎？或欲大投，或欲分功，此皆君之所明知也。今君相秦，计不下席，谋不出廊庙，坐制诸侯，利施三川，以实宜阳，决羊肠之险，塞太行之道，又斩范、中行之途，六国不得合纵，栈道千里，通于蜀汉，使天下皆畏秦，秦之欲得矣，君之功极矣，此亦秦之分功之时也。如是而不退，则商君、白公、吴起、大夫种是也。吾闻之：'鉴于水者见面之容，鉴于人者知吉与凶。'《书》曰：'成功之下，不可久处。'四子之祸，君何居焉？君何不以此时归相印，让贤者而授之，退而岩居川观，必有伯夷之廉，长为应侯，世世称孤，而有许由、延陵季子之让[2]，乔、松之寿[3]，孰与以祸终哉？即君何居焉？忍不能自离，疑不能自决，必有四子之祸矣。《易》曰'亢龙有悔'，此言上而不能下，信而不能诎，往而不能自返者也。愿君孰计之！"应侯曰："善。吾闻'欲而不知足，失其所以欲；有而不知止，失其所以有'。先生幸教，睢敬受命。"于是乃延入坐，为上客。

后数日，入朝，言于秦昭王曰："客新有从山东来者曰蔡泽[4]，其人辩士，明于三王之事、五伯之业，世俗之变，足以寄

① 信：即伸。诎：即屈。 ② 许由：相传为尧时贤人，尧想禅位于他，他不受而遁去。延陵季子：即季札，吴王寿梦第四子，把王位让给大哥诸樊。 ③ 乔、松：古代传说中的仙人。乔相传是周灵王太子。松相传为神农时赤松子。 ④ 新：刚刚。

秦国之政。臣之见人甚众，莫及，臣不如也。臣敢以闻。”秦昭王召见，与语，大说之，拜为客卿。应侯因谢病请归相印。昭王强起应侯，应侯遂称病笃①。范雎免相，昭王新说蔡泽计画，遂拜为秦相，东收周室。

蔡泽相秦数月，人或恶之②，惧诛，乃谢病归相印，号为纲成君。居秦十余年，事昭王、孝文王、庄襄王。卒事始皇帝，为秦使于燕，三年而燕使太子丹入质于秦。

太史公曰：韩子称“长袖善舞，多钱善贾”，信哉是言也！范雎、蔡泽世所谓一切辩士③，然游说诸侯至白首无所遇者，非计策之拙，所为说力少也。及二人羁旅入秦，继踵取卿相④，垂功于天下者，固强弱之势异也。然士亦有偶合，贤者多如此二子，不得尽意，岂可胜道哉！然二子不困厄，恶能激乎？

【翻译】

范雎，是魏国人，字叔。他在诸侯国中游说，想事奉魏王，因家境贫困，没有钱财供自己前去结交魏王，于是只得先去事奉魏国中大夫须贾。

须贾替魏昭王出使齐国，范雎随行。他们在齐国留居了好几个月，仍未得到齐国的答复。齐襄王听说范雎有雄辩的口才，便派人赏赐他金十斤和一些牛肉酒食，范雎推辞不敢

---

① 病笃：病重。笃，深，甚。 ② 恶：诋毁、说坏话。 ③ 一切：普通的，一般的。 ④ 踵：脚跟。

接受。须贾得知这件事后，大怒，认为范雎将魏国的一些秘密告诉了齐国，因此得到了齐国馈赠，便下令范雎只能接受牛肉酒食，退还齐国送的黄金。他们返回魏国后，须贾心中仍恼怒着范雎，并将此事告诉了魏相。魏国的丞相，是魏太子的兄弟，名叫魏齐。魏齐听说后，大怒，便下令他的门客用竹板鞭打范雎，打断了肋骨拉掉了牙齿。范雎装死，马上便被人用席子卷起来，放在厕所里。魏齐的宾客喝醉了酒，轮流向范雎身上拉尿，故意污辱他，以示惩戒，使得别人不敢再胡言乱语。范雎在席中对看守说："你如果能救出我，我一定会重重地酬谢你。"看守于是请示魏齐，将席子中的死人扔出去。魏齐在醉中，说："可以。"范雎因此得以逃出。后来魏齐感到后悔，又再下令缉拿他。魏人郑安平听说这事后，便带着范雎逃走，躲藏隐蔽，改名换姓叫张禄。

就在这时，秦昭王派谒者王稽到魏国去。郑安平装成客馆的侍役，侍奉王稽。王稽问他："魏国有能和我一起西游的贤能之士吗？"郑安平说："我的邻里中有一位张禄先生，很想拜见你，和你畅谈天下的大事。但这人和别人有仇，不敢白天来见你。"王稽说："那么你就在晚上和他一起来！"郑安平在夜晚和张禄一起来拜见王稽，话未谈完，王稽便知道范雎确是贤能之士，便对范雎说："你在三亭的南边等我吧。"与范雎私下约定后，便分手而去。

王稽辞魏而去，车子经过约定的地点，便载着范雎进入秦境。当到达湖县时，望见有马车从西边奔来。范雎问："那来的人是谁？"王稽说："是秦国的丞相穰侯东行巡视各县邑。”范睢说：“我听说穰侯在秦国专权，厌恶接纳各诸侯国来的说客，因此恐怕他要污辱我，我宁愿藏匿在车中。”不一会，穰侯果然来到了车前，慰劳王稽，便停住车子对王稽说：“关东有什么动静吗？”王稽说：“没有。”穰侯又对王稽说：“你有没有带着诸侯国的说客一起回来？这些人无济于事，只会扰乱人家的国事而已。”王稽说：“我不敢带他们来。”便随即分手而去，范睢说：“我听说穰侯是一位很有智略的人，但他遇事迟疑，刚才他就疑心车中有人，只是忘了搜查。”于是范睢便下车步行，并说：“穰侯必定会后悔刚才没有搜车。”车行十余里，穰侯果然派人骑马回来搜索王稽的车乘，见车中无人，方才罢休。王稽便和范睢一起来到了咸阳。

当王稽向秦王汇报了出使情况后，顺便对秦王说：“魏国有位张禄先生，是天下少有的能言善辩之士。他对我说‘秦王的国家就像累卵一样危险，如果得到了我就能转危为安，然而只能当面说不可以书信传达’。因此我就将他用车载来了。”秦王不相信张禄的话，将他安顿在客馆，供给粗糙的饮食。张禄等待任命达一年多时间。

当时，秦昭王在位已有三十六年。在南方攻下了楚国的鄢郢，楚怀王在秦国被幽禁致死。秦在东边攻破了齐国。齐湣王曾称帝，后来又去掉了帝号。秦昭王屡次围困韩、赵、魏三国。他厌恶天下的说客辩士，从不听信他们。

穰侯魏冉，以及华阳君芈戎，都是秦昭王母亲宣太后的弟弟，而泾阳君魏悝、高陵君魏显则都是秦昭王的同胞弟弟。穰侯为丞相，其他三人轮流为大将，都有封邑，因为宣太后的缘故，他们的家室比王室还要富有。及至穰侯为秦国的大将，他想越过韩国和魏国去征伐齐国的纲寿之地，以此扩充他在陶的封地。范睢于是上书秦昭王说：

“我听说开明的君主主持国政，对于有功的人不能不给他们奖赏，对于有才能的人不得不使他们为官，劳苦功高的人俸禄优厚，功勋卓著的人封爵尊显，能办理众多事务的人，官职就大。所以无能的人就不得担当职务，有才能的人也不可被埋没。假使认为我的话可行，希望按我的话实行，会更有利于国家的治理，如果你认为我的话不可行，那么久留我是没有用处的。人们常说：‘平庸的君主赏赐他所喜欢的人，而惩罚他所厌恶的人，开明的君主则不是这样，赏赐一定是给予那些有功之士，刑罚则一定施于有罪的人。’我的身躯经不起铡杀腰斩之刑，我又怎敢以没有把握的事来尝试大王的刑罚呢，虽然以我为贱人而加以轻慢侮辱，难道就能不重视荐任我的人对大王的忠诚不二吗？

“况且，我还听说周王室有砥砨，宋国有结绿，梁国有悬藜，楚国有和朴，这四种珍宝从土里生长出来，能工巧匠没能看重它，而它们却是天下名贵宝器。那么圣明的君王遗弃的人，难道就不足以使国家富强吗？

“我还听说善于积蓄家财的人，往往从国家那儿猎取财物，善于使国力富厚的人，往往从各诸侯国那儿收取财富。天下有开明的君主就不让各诸侯擅自增强自己的实力，为什么要这样呢？为的是他们割取天下的荣禄归于自己。高明的医生知道病人的生死，而圣明的君主能洞悉事情的成败。

有利的事就推行，有害的事就舍弃，拿不定把握的事就稍作尝试。即使是虞舜和大禹再生，这些原则也是不能改变的。对于我言论中精辟的地方，我不敢把它写在书信上；对于我言论中浅陋的地方，又不值得大王听取。我想是自己很愚陋而不可能符合大王的心意吗？抑或是推荐我的人地位低贱而不足听信吗？如果确实不是这样的话，希望大王能稍微赐予游览中的闲暇的时间亲自接见我。如果我所说的一句也不可取，我情愿伏罪。”

于是秦王非常高兴，而招呼王稽，让他派车去召见范睢。

这样范睢就在离宫得以见到秦王，他假装不知宫中禁地而擅自进入。秦王到来时，秦王身边的宦官很恼怒，并驱逐范睢，说道：“大王到了！”范睢假装糊涂地说：“秦国哪里有王，秦国只有太后、穰侯罢了。”想以此来激怒秦昭王。秦昭王到后，听到了范睢与宦官的争吵，便立即前来迎接，对范睢谢礼道：“我很早就应接受你的指教，但正遇上了要处理义渠这件紧急的事情，我早晚要请示太后，现在义渠之事已经了结了，我才得以向你请教。我怀疑自己糊涂愚钝，所以愿和你敬重地行宾主之间的礼仪。”范睢辞谢谦让再三。当天在场见到范睢和秦王相见情形的群臣，无不肃然地改变神态以对待范睢。

秦王屏退身边的人，宫中空无他人。秦王长跪着请问范睢道：“先生有什么良言要赐教我吗？”范睢应声道：“嗯嗯。”过了一会，秦王又长跪说：“先生有何良言要赐教我吗？”范睢又说：“嗯嗯。”像这样重复了三次。秦王再次长跪着说：“难道先生真的不肯赐教我吗?”范睢说:“我哪敢如此,我听说从前吕尚在幸遇周文王时,他不过是身为渔夫垂钓于渭河边罢了。他之所以这样做,是因为他和周文王之间相互交往不深的缘故。而他在和文王交谈之后,便立为太师,并且文王用车将吕尚载着一起回去,这是他们深谈了的缘故。所以周文王能凭借吕尚建功立业,终于取得了天下。如果当初文王疏远吕尚而不和他深谈,那么周朝便没有天子的威德,文王、武王也就不会成就王业。现今我是寄居在外的人,和大王交往不深,并且我所要陈述的又是辅助大王的事,都涉及到了你的骨肉至亲。我希望能尽忠为大王出谋画策,但又不知道大王的心意。这就是为什么大王三次问我而我不敢回答的原因。我并不是心怀畏悸而不敢陈述我的建议。我知道今天在大王面前讲了这番话,明天就会被大王诛杀,但我还是不敢回避。如果大王相信并且施行我的建议,即使将我处死我也不顾忌;即使是将我流放我也不感到忧虑;即使以漆涂身,身长癞疮,披头散发,疯疯癫癫,我也不感到羞耻。更何况像五帝那样圣明,三王那样仁义的君主以及像乌获、任鄙那样强健,成荆、孟贲、王庆忌、夏育那样勇猛的壮士,也同样会死去的呢。死是人人不可避免的,既然注定要死去,但如果我能对秦国稍有益处,这就是我的最大心愿了,我又有什么害怕的呢!伍子胥被人用口袋装着逃出昭关,晚上赶路,白天只得隐伏。当他到陵水时,没有什么东西能充饥,只得跪着爬行、低着头,袒露着身躯,鼓起肚皮吹箫,在吴国的集市上讨饭,但他最终还是振兴了吴国,使阖闾成为了霸主。假使让我像伍子胥那样尽出谋画策之能事，即使被幽禁，让我终身不见天日，但只要我的谋略得以实现，我又忧虑什么呢？箕子、接舆将自己周身涂漆，遍体长疮，披头散发，疯疯癫癫，但对他们的君主是毫无益处的。假使我能够和箕子一样行事，但只要对圣明的君主有些益处，这也是我的莫大荣幸，我又能有什么羞耻？我所担心的事，只不过是怕在我死之后，天下的人见我为你尽忠身死，因此闭口而不进言，裹足而不敢前来为你效忠。你对上慑于太后的威严，对下迷惑于奸臣的媚态，深居内宫，时刻不离侍从，终身遭受迷惑，因而无法辨别忠奸。这种情况所带来的灾祸，大则将会使宗庙国家灭亡，小则将会使自己陷入孤立危险的境地，这正是我所担心的呀。至于那些深受污辱的事情，以及生死存亡的祸患，我是不敢畏避的。如果我的死能使秦国得以治理的话，这样我死去要比活着还好。”秦王长跪着说：“先生讲的是什么话呀！秦国地处偏远，我愚昧不肖，先生能屈尊到此地，这是上天要我打扰先生而使先王的宗庙得以幸存。我能得到先生教诲，是上天怜爱我的先王，而不抛弃他们的子孙后代。先生为什么要这样说呢！事情无论大小，上至太后，下至臣子，希望先生尽详地指教我，不要怀疑我了。”范睢拜谢秦王，秦王也拜谢还礼。

范睢说：“大王的国家，四边有险阻作为屏障，北边有甘泉、谷口二山，南边连带泾水、渭水，右边有陇、蜀之地，左边有函谷关、鄗阪山之险，雄兵百万，战车千辆，形势有利时就向外进攻，形势不利时就退而据守，这是成就圣王大业的地方。民众害怕涉足私人争斗，勇于投身国家的战事，这是成就圣王大业的人民。大王同时兼有这两方面的有利条件。凭借秦国士卒的勇猛、车骑的众多来统治诸侯，就像纵放韩卢去捕捉跛兔那样容易。这样，霸王的大业就可以实现，然而你手下的群臣没有称职的。秦至今闭关自守十五年，不敢出兵去进取山东，是因为穰侯没有尽忠尽力地为秦国谋划，且大王的计策也有所失误。”秦王长跪着说：“我希望听到你对我计策失误的意见。”

然而在他们左右有许多偷听的人，范雎心怀顾惧，不敢讲秦国的内政，而先讲秦国对外的策略，以此观察秦王的态度。所以他进言说：“穰侯越过韩、魏两国而去攻打齐国的纲寿之地，这不是好计策。如果出兵过多，又会对秦有害，我猜想大王的意思，是想自己尽量少出兵而倾尽韩、魏的兵力，这是不仗义的。现在已发现了韩、魏两国对我们并不友善，但我们还越过他们的国土去攻打齐国，行吗？这在策略上未免太疏忽了。况且昔日齐湣王向南进攻楚国，破楚军，杀楚将，又拓展了方圆千里的领地，而齐国却没有从这里得到尺寸之地，难道他不想得到土地吗？这是由于当时的形势决定了他们不能得到土地。各国诸侯见齐国疲惫困顿，君臣不和，就联合起来进攻齐国，并大破齐军。齐国的将领受辱、士卒困顿，都纷纷埋怨他们的国王。他们质问齐王：‘是谁出的这个主意？’齐王说：‘是孟尝君田文出的主意。’于是大臣们作乱，迫使田文出走。齐国之所以遭受大败的原因，在于齐国在攻伐楚国时，使韩、魏两国得到了极大的好处。这就是人们常说的将兵器借给强盗，把粮食输送给强盗。大王不如交好远方的国家，进攻邻近的国家，这样，攻下了一寸土地，也就占有一寸土地，攻下了一尺土地，也就占有一尺土地，而现在大王却舍近而取远攻，这难道不是大错特错了吗！当初中山国地域方圆五百余里，而赵国独自吞并了它，功成名立，利益随之而来，天下各国却丝毫也不能损害赵国。现在韩、魏两国地处中原而为天下的枢纽，大王若想称霸天下，就必须和中原的国家保持友好的关系，控制天下的枢纽，用以威慑楚、赵两国。如果楚国强大了，我们就支持赵国，如果赵国强大了，我们就支持楚国，如果我们能对楚、赵两国都加以支持，那么齐国就一定会感到畏惧，一旦齐国感到惧畏，它就必定会用卑下的言辞和贵重的财币来奉事秦国。这样一旦亲附了秦国，那么可以乘机使韩、魏两国臣服。”秦昭王说：“我想交好魏国已经很久了，但魏国是一个多变的国家，我未能与它交好，请问我怎样才能交好魏国呢？”范睢回答说：“大王用谦恭的词句和贵重的财币去结交魏国，如果不行的话，就用割地的办法去笼络它；如果还是不行，大王就举兵去进攻它。”秦昭王说：“我完全听从你的建议。”于是秦昭王就拜范睢为客卿，和他一起商量用兵之事。最后秦昭王采纳了范睢的计谋，派五大夫绾率兵进攻魏国，并攻下了怀邑。此后二年，秦又攻下了魏国的邢丘邑。

客卿范睢再次劝说昭王道：“秦、韩两国的地形，就像锦绣上的纹彩那样相互交错。秦国如果让韩国存在的话，就像木头上有蛀虫，人有心腹大病一样。天下平安则罢，如果天下一有风吹草动，那些能给秦国带来祸患的，谁能比得过韩国呢？你还不如收服韩国。”秦昭王说：“我本来就想收服韩国，但韩国不听从摆布，怎么办？”范雎回答说：“韩国怎么会不听呢？你如果发兵攻打荥阳，巩和成皋一带的道路不通，北面如果切断了太行一带的通道，那么上党之师也不能南下救援。这样，大王一旦兴兵攻下荥阳，那么韩国就被切分为三段，韩国看到他的国家将要灭亡，怎能不听从秦国的摆布呢？如果韩国听命秦国，那么大王的霸业就可以得计了。”秦王说：“很好。”于是秦王就决定派遣使者到韩国去。

范雎日益受到秦王的宠幸，被秦王信赖重用了多年。他便私下对秦王说：“我住在山东时，听说齐国有孟尝君田文，没有听说有齐王；听说秦国有太后、穰侯、华阳君、高陵君、泾阳君，也没听说有大王。能够总揽国政的人才能称为王，能兴利除害的人才能称为王，能够掌握生死大权的人才能称为王。现在太后独断专行，无所顾忌，穰侯出使，也不禀报大王，华阳君、泾阳君也是专横行事，无所顾忌，高陵君筹谋行事，不向王请示。四类权贵聚集当朝，而国家不危险，是不可能的事。国人屈服于这四个权贵之下，于是国中无所谓有大王。那么国家的大权怎么会不旁落，政令又怎能从大王那儿下达呢？我听说善于治理国家的人，都是对内稳固自己的威望，而对外加重自己的权力。穰侯的使者把持王权，胁迫诸侯，擅持符信，来往于各国，征敌伐国，没有敢不听从的。如果出征获胜，好处则归穰侯，损害则加于诸侯。战败军破则百姓怨恨，祸患归于国家。诗文中说：‘树上的果实太多就会损伤树枝，损害树枝就会伤害树心；大建都城的，就会危及国家，尊宠大臣的，就会藐视君王。’崔杼、淖齿掌管齐国，崔杼箭射庄公之股，淖齿抽断湣王的筋骨，又将他吊在庙堂的梁上，隔夜致死。李兑掌管赵国，囚禁赵武灵王于沙丘，百日后饿死。现在我听说秦国的太后、穰侯掌管国政，高陵君、华阳君、信陵君辅佐他们，根本没有大王的位置，这和淖齿、李兑他们的情况也是相似的。况且夏、商、周三代之所以亡国，是因为当时君主将国政交给他们所信任的大臣，自己却酗酒作乐，行围打猎，不理政事的缘故。而这些被授予权柄的大臣，嫉贤妒能，欺上蒙下，培植私人势力，不为君王着想。而君主昏愦不悟，最终因此丧失了国家。现在秦国从有品秩的小官乃至大官以及大王左右侍臣，没有一个不是相国穰侯的私党。这样就使大王在朝廷处于孤立的地位，我私下都替大王感到担心，等到大王死后，恐怕把持秦国天下的人，再也不会是大王的后代了。”秦昭王听后十分担心，说道：“讲得好。”于是下令废黜了宣太后，并将穰侯、高陵君、华阳君、泾阳君驱逐出关外。于是秦国便拜范雎为相国，并没收了穰侯的相印，让他回到陶地，并由国家派出车牛迁徙他的家财，所用的车乘达一千多辆。经过关口，守关的官吏检查他所带的宝器，其珍奇异宝，比王室的还多。

秦王将应地封给范雎，名号为应侯。此时，是秦昭王四十一年。

范雎做了秦相，他在秦国的名字为张禄，但魏国并不知道，还以为范雎已死了多时呢。魏国听说秦国即将向东征伐韩国、魏国，就派须贾到秦国去。范雎听说这件事，就便装只身走出相府，穿着破旧的衣服，悄悄地到馆舍面见须贾，须贾见到他，吃惊地说道："原来你还活得很好呀！"范雎说："是的。"须贾又笑着说："你在秦国游说过了吗？"范雎说："没有，我往日在魏得罪了相国，所以才逃到这个地方，哪里敢游说？"须贾说："你现在在干什么？"范雎回答说："我在别人那儿做佣人。"须贾有些怜悯范雎，便留他一道吃饭，并对他说："你怎么穷困到了这种地步！"于是就取出一件绸制袍子赐给他。须贾乘机询问范雎："秦国的相国张禄，你认识他吗？我听说他深受秦王的宠信，国家大事都由他决断，我这次成功与否都取决于他，你有没有和张禄要好的朋友？"范雎说："我的主人和张禄是熟人，但我范雎也能通报谒见，我能替你向张禄请求接见。"须贾说："我的马生了病，车轴也折断了，如果不乘上四马大车，我决意不出门。"范雎说："我愿意向我的主人替你借四马大车。"

范雎回府接来四马大车，替须贾驾御着它，进入秦国相府。相府中的人看见了，有认出范雎的人都回避躲开。须贾对此感到很奇怪。他们来到相国办公的门前，范雎对须贾说："等我一下，我替你先进去向相国通报。"须贾在门前等待，扶着车子，等了很长时间，问看门的人道："范叔为什么不出来？"看门的人说："这里没范叔。"须贾说："刚才和我一起同车进来的人就是范叔呀。"看门人说："那是我们的相国张禄。"须贾十分惊恐，自知受骗，就解衣袒身，跪在地上，移膝前行，托守门人引进请罪。于是范雎张挂了许多帷帐，并安排了很多侍者,接见须贾。须贾叩头谢罪说:“我没想到你能使自己平步青云之上,我再也不敢阅读天下的书籍,再也不敢参与国家的大事了。我犯有应受烹杀的罪过,请将我遣送到远方胡貉居住的地方,听凭你裁决我的生死。”范睢说:“你知道你有几条罪状吗?”须贾说:“拔我的头发,来计算我的罪过,头发拔尽也不够。”范睢说:“你的罪状只有三条。从前楚昭王时,申包胥替楚国击退了吴国军队,楚王封给他荆地五千户,申包胥却推辞不肯接受,是因为他祖先的坟墓安置在荆地。现在我的祖坟也在魏国,你先前认为我对魏有外心而偏向齐国,你就在魏齐的面前诋毁我,这是你的第一条罪状。当魏齐污辱我,将我丢在厕所中时,你却不加劝止,这是你的第二条罪状。当魏齐的宾客喝醉了酒,轮番向我身上撒尿时,你又是何等的忍心啊!这是你的第三条罪状,你能不被处死的原因,是因为念及你赠送绨袍,还存有故人的感情,所以我才释放你。”说完便辞退须贾。范睢将这件事向昭王说了,便打发须贾回国。

须贾向范睢告辞,范睢大摆筵席,遍请各国使者,同他们一起坐在堂上,酒食丰盛。而让须贾坐在堂下,把铡碎的草摆在他面前,命令两个受黥刑的刑徒夹住他,像喂马一般喂草给他吃。范睢责令道:“替我通告魏王,赶快拿魏齐的头来,否则,我将兴兵屠灭大梁。”须贾回到魏国后,将范睢的话告诉了魏齐。魏齐惊恐万分,逃到赵国,躲藏在平原君家里。

范睢担任相职后,王稽对范睢说:“事情不能预知的有三件,不好怎么办的也有三件。国君哪一天会去世,这是不可预知的第一件事。你哪一天突然死去，这是不可预知的第二件事。我也不知哪天会突然死去，这是不可预知的第三件事。秦王一旦去世，你虽对我感到遗恨，也无可奈何。你哪天突然死去，你虽对我有所遗恨，也同样无可奈何。我哪天突然死去，你虽对我感到遗恨，也无可奈何。”范睢听后很不愉快，于是到王宫对秦王说：“若不是王稽的忠诚，没有可能把我带入函谷关；若不是大王贤能圣明，也就不可能重用我。现在我的官职已居于相位，爵位也到了列侯，但王稽的官位却仍停留在谒者这个位置上，这并不是他当初带我入关的本来愿望呀。”秦昭王便召见王稽，委任他为河东太守。特许王稽三年可以不报告他的赋税收入等政务。范睢又向秦王荐任郑安平，昭王任用郑安平为将军。范睢于是散发他的家财，全部用来报答曾为他而遭受了困厄的人。范睢对于给了他一顿饭的人的恩德，也一定要报偿，对于那些小怨小忿，也必定加以报复。

范睢出任秦相的第二年，即秦昭王四十二年，秦军向东进攻韩国的少曲、高平两地，并攻取了这两地。

秦昭王听说魏齐藏在平原君家里，想一定要为范睢报仇，于是假装修好写信给平原君，说：“我听说你的为人德高重义，想和你像普通平民那样友好地交往，希望你能来我这里，我愿和你痛饮十天。”平原君畏惧秦国，并且认为秦王的话也在理，于是来到秦国谒见秦昭王。秦昭王与平原君畅饮了几天，就对平原君说：“从前周文王得到吕尚，把他奉为太公；齐桓公得到管仲后，就称他为仲父，现在范睢也好像是我的叔父一样。范君的仇人正在你的家里,希望你能派人回去把他的头取来;不然的话,我就不放你出关。”平原君说:“自己显贵了,而仍与人结交,是因为不能忘却自己在微贱时与别人的交情。自己富有了,而仍与人的结交,是因为不忘自己在贫困时与别人的友情。魏齐是我赵胜的好友,即使是在我家,我也不会把他交出来,何况他现在又不在我家里?”于是秦昭王就写信给赵王说:“你弟弟赵胜现在正在秦国,而范睢的仇人魏齐又在平原君的家中。请你赶快派人将魏齐的头送来,不然的话,我将出兵攻伐赵国,同时也不让你弟弟出关。”赵孝成王于是发兵包围了平原君的家。魏齐见情况紧急,便连夜逃出赵胜家,去见赵的相国虞卿。虞卿估计赵王终究不会听取劝说,就解下自己的相印,和魏齐一起逃走,但又考虑到去诸侯各国没有急速可以抵达的,于是又逃亡到大梁,想通过信陵君的关系去楚国。信陵君听到这件事后,因畏惧秦国,犹豫不定不肯接见,问道:“虞卿是怎样的人?”当时侯嬴正在信陵君身边,说道:“人固然不容易被人了解,但要了解别人也不容易。当初虞卿穿着草鞋,扛着雨伞,第一次见赵王,赵王便赐他白璧一双,黄金百镒;第二次拜见赵王后,就被赵王拜为上卿;第三次见到赵王后,赵王终于授给他相印,封他为万户侯。到这时,天下的人都争着了解他。而现在魏齐因处于困境而去投奔他,虞卿不留恋高爵厚禄的尊位,解除自己的相印,丢弃万户侯的爵位而和魏齐私下逃走,把士人的困境当作自己的危难,而来投奔公子,你却问他是怎样的人。所以说人固然不易被人了解,而要了解别人也同样不容易啊!”信陵君听后非常惭愧,立即驾车到郊外去迎接魏齐和虞卿。魏齐听说信陵君起初不想见他们,就愤怒地拔剑自杀了。赵王听说后,终于将他的头取来交给秦国。秦昭王才将平原君释放回国。

秦昭王四十三年,秦国进攻韩国汾、陉二地,把它们攻取了。因而在黄河边上的广武山筑城。

五年后,秦昭王采纳了应侯范雎的计谋,用反间计使赵国受骗,赵国因听信反间计而让马服君赵奢的儿子赵括取代廉颇为将。秦国在长平大破赵军,并乘势包围了邯郸。不久范雎因与武安君白起发生了矛盾,便向昭王进谗言,杀害了白起。任用郑安平为将,让他率军击赵。郑安平被赵军围困,情况危急,便率领二万秦兵投降了赵国。应侯范雎就坐在草席上向昭王请罪。依照秦国的法令,凡荐举别人而被荐举的人不好,荐举与被荐举的人各以其罪责处置。因此应侯的罪责应当收捕三族。秦昭王怕伤害了应侯的感情,便下令全国:“有敢谈论郑安平事件的,与郑安平同罪处置。”而且加倍赏赐给相国应侯的食物日益丰厚,以顺从迎合范雎的心意。过了两年,王稽作为河东太守,和诸侯各国私下交往,犯了通敌之罪而被诛杀。范雎心中更加不舒服。

秦昭王坐朝,长声叹息,应侯上前说道:“我听说‘君主忧虑,臣子受辱;君主受辱,臣下当死’。而今天大王当朝忧虑,我请求伏受应得之罪。”昭王说:“我听说楚国的铁剑锋利而歌伎舞女笨拙。铁剑锋利,则士卒勇猛,歌伎舞女笨拙则国家必有深谋远虑。楚有长远的打算,再加上有勇猛的士卒,我担心楚国正在图谋秦国。凡事平常不预备，就不能应付突然发生的变故。现在武安君已死，而郑安平等人投敌，国内没有良将而国外却有众多的敌国，我因此而感到忧虑。”秦昭王想用这些来激励应侯，应侯感到很恐惧，不知道怎么说才好。蔡泽听说这件事后，就来到了秦国。

蔡泽是燕国人，他游说四方，干请许多大小诸侯，但都没有成功。他便到唐举那儿看相，并对他说：“我听说你给李兑看相时，说‘你在百天之内将会主持国政’，有这回事吗？”唐举说：“有这回事。”蔡泽说：“像我这样的人前途如何？”唐举仔细将他端详了一会，笑着说：“先生的鼻子上仰，肩胛凸起，面盘开阔，鼻梁凹陷，两膝蜷曲。我听说圣人不可貌相，莫非就是说的先生吧。”蔡泽知道唐举戏弄自己，就说：“我知道以后我自当富贵，但只是不知道我的寿命有多长，我想听你说说。”唐举说：“先生的寿命，从现在算起，还有四十三年。”蔡泽听罢，笑着致谢后离去，对驾车人说：“我能吃上米饭牛肉，骑上高头大马奔驰，怀中揣着黄金之印，腰上系着紫色绶带，在君主面前得到敬重，享受荣华富贵，四十三年也就足够了。”说罢便离开魏国前往赵国，被赵国驱逐出境，又到韩国和魏国去，途中被人抢去炊锅等物。他听说应侯范雎所荐任的郑安平、王稽都在秦国犯了大罪，应侯内心很惭愧，便向西进入秦国。

蔡泽在准备拜见秦昭王前，让人扬言激怒应侯说：“燕国的说客蔡泽，是天下见识高超，能言善辩的有智略的人。如果他一旦见到了秦王，秦王一定会不重视你并夺去你的相位。”应侯听说后，说：“五帝三代时的事情，诸子百家学说，我都知道，对众人的辩说，我都能折服他们，蔡泽怎能使秦王不重视我而夺去我的相位呢？”于是派人召见蔡泽。蔡泽来后，只是对范睢拱拱手而已。应侯本来就不高兴，等见到蔡泽，蔡泽的态度又很傲慢，便责斥蔡泽道：“你曾扬言想取代我为秦的相国，竟有这回事吗？”蔡泽回答说：“有这回事。”范睢说：“愿听到你的高见。”蔡泽说：“唉！你看问题怎么这样迟钝呀！春夏秋冬依次发展，季节依时更替。人生身体健壮，手足利索，耳聪目明，而思维敏捷，这难道不是士子们所希望的吗？”应侯说：“是的。”蔡泽又说：“诚信仁爱，主持正义，行道布德，使自己的志向在天下得以实现，让天下的人乐意敬重而尊慕自己，都希望能为君主效力，这难道不是智辩之士的期望吗？”应侯说：“是这样。”蔡泽接着说：“富贵显荣，处理一切事物，使它们各得其所；使自己能延年益寿，安享天年而不夭折，使天下继续它的统绪，巩固它的基业，传之无穷；表里完全一致，恩泽远及千里，世代称颂不绝，与天地相始终，这难道不是行道施德的应验，和圣人所称说的吉祥善事吗？”应侯回答说：“是的。”

蔡泽说：“像秦国的商鞅，楚国的吴起，越国的大夫种，他们那样的结局，也可以作为自己的愿望吗？”应侯知道蔡泽是想难住自己而这样说的，便诡辩地回答说：“这又有何不可？商鞅事奉秦孝公，终身没有二心，全力为公而不怀私心，设立刑法，以禁止邪恶，赏罚分明以治理国家；竭尽忠诚。昭示本心，蒙受责备，欺骗故友，诱捕魏公子卬，安定秦国的政权，便利百姓，终身为秦破敌军擒敌将，开拓上千里的疆域。吴起事奉楚悼王，使私人不能危害国家，谗言不能隐蔽忠良，说话不随声附和，行事不随波逐流，不因遇到危难而改变自己的行动，推行大义，不避祸患。为了使君主称霸，国家富强，从不畏避自己的危难。大夫文种事奉越王，尽管越王受到污辱，处境困难，他还是照样竭尽忠诚而不松懈，君主虽面临绝世亡国的危险，他也要尽自己的能力加以挽救而不躲避，成功而不自诩，富贵而不骄横懈怠。像这样的三个人，本来就是仗义的极致，尽忠的楷模。所以君子因保持节义而殉难，视死如归。受辱而偷生不如光荣地死去。士人本来就有杀身成名的，但只要节义还存在，虽然死去，也没有遗恨。像他们三人那样的结局又有什么不可以的呢？"

蔡泽说："君主圣明，臣下贤能，这是天下的洪福。君主开明，臣下正直，这是国家的洪福。父亲仁慈，儿子孝顺，丈夫诚实，妻子贞节，这是家庭的洪福。所以比干忠诚却不能保全殷商，伍子胥机智却不能保全吴国，申生孝顺而晋国动乱，这些国家都有忠臣、孝子，但国家却灭亡、动乱，是什么缘故呢？是因为没有开明的君主和贤能的父亲听信他们。所以天下的人都痛恨这些君父的残暴昏庸而怜惜他们臣子的忠孝。现在商鞅、吴起、大夫种等人作为臣子，做到了臣子的忠诚，而作为他们的君主，却没有做到君主的开明和贤能。所以世人称道他们三人尽了忠孝之功而不得好报，难道你羡慕他们不遇明君圣主而白白死去的结局吗？如果要等到死后才可以立忠成名，这样微子就不足称为'仁'，而孔子也就不足称为‘圣’，管仲也不足称为‘大’了。人们建功立业，难道不希望全身成名吗？身与名都得到保全的，是最好的；功名可以为后人效法而身亡的，这是次等的；名声败坏而身命苟全的，这是最差的。”于是应侯连声称好。

蔡泽稍稍停了一会，又接着说：“商鞅、吴起、大夫种，他们三人为各自的臣主尽忠立功，是可以倾慕的。闳夭事奉周文王，周公辅佐周成王，难道不也是忠诚、圣明吗？若从君臣的角度来看，那么商鞅、吴起、大夫种和闳夭、周公相比，谁更值得倾慕呢？”应侯说：“商鞅、吴起、大夫种他们比不上闳夭和周公。”蔡泽又说：“但你的君主秦昭王在慈爱仁厚，任用忠良，厚待旧故，重视智能之士，乐与有道之士结为深交，坚守道义，不背弃有功之臣等方面，能够比得上秦孝公、楚悼王和越王吗？”应侯说：“我不知道他们比较起来怎样。”蔡泽说：“当今秦国的君主在亲信忠诚这方面没有超过秦孝公、楚悼王、越王这些人。你发挥自己的才能，为君主安定危局，修明政治、整治骚乱，壮大军队，排除祸患，消灭灾难，开辟地域，增殖五谷，致富国家，富裕百姓，增强君主的权威，提高国家的地位，光耀祖宗，使天下的人不敢欺诈、冒犯他们的君主，使君主的威望震慑海内，功业显现于万里之外，声名传于子孙万代这些方面，你能比得上商鞅、吴起、大夫种等人吗？”应侯回答说：“我比不上他们。”蔡泽说：“现在的秦王在亲善忠臣、不忘旧友故臣等方面不如秦孝公、楚悼王、越王勾践等人，而你在功劳业绩、宠任亲近之人等方面又不如商鞅、吴起、大夫种等人，然而你的俸禄却比他们丰厚，爵位却比他们尊贵，私家的财富也超过了他们三人，但你身不退，恐怕将来你的祸患会比他们三人还要大啊，我私下替你感到担心。人们常说：‘太阳运行到中天，便要偏西，月亮圆满，便要亏缺。’物盛则衰，这是天地间的自然规律。进退盈缩，因时而变，这也是圣人们常常遵循的规律。所以对于贤士来说，如果国家的政治清明就可出来做官，如果政治黑暗就要隐居起来。圣人说过‘巨龙高飞于天，有利于出现有道德居高位的大人’。‘不义而富且贵，于我如浮云般。’如今你已报仇雪恨，报偿恩德，你的心愿已经达到了，但没有应变的打算，我私下认为你的做法是不可取的。况且翠鸟、鸿雁、犀牛和大象所处的环境，本不容易死去，它们之所以被人弄死，是因为它们贪恋人们的诱饵。苏秦、智伯的智谋，并不是不能避免污辱和诛杀，而他们之所以死去，是因为他们无止境地贪恋名利和诱惑。所以圣人制定礼仪，节制欲望，征取人民的财物，有一定的限度；役使民力，而不误农时；耗用民财，有一定的节制，因此欲望不过分，行为不骄横，经常遵循正道而不偏失，所以国家得以承续而不致于灭亡。以前齐桓公屡次纠合诸侯，统一天下，但当葵丘会盟时，有骄横自满的表现，致使诸侯国多有叛离。吴王夫差的军队天下无敌，勇猛强大，因而藐视各国诸侯，欺凌齐国和晋国，所以招致身死国亡之祸。夏育、太史噭叱咤一声，能够震骇三军，然而他们却死于庸夫之手。这都是他们处在声势鼎盛之时而不反思常理，不图卑身隐退自奉俭约带来的祸患，商鞅替秦孝公申明法令，禁绝罪恶的根源，尊有爵，赏有功，罚有罪，统一平正度量衡，废除阡陌，用以安定人民的生产，整齐生活习俗，规劝人民从事农业生产，利用土地资源，使每户百姓，专心本业，不理杂事，努力耕作，蓄积粮食，练习作战列阵，因此，一旦用兵便能扩充疆土，一旦休兵就会使国家富足。因而秦国无敌于天下，在诸侯中树立了威望，完成了秦国的霸业。大功告成，而商鞅遭车裂之刑。楚国国土数千里，士卒百万，白起只率数万军队与楚国交战，一战攻克鄢郢，火烧夷陵，再战就向南吞并了蜀汉。又率军越过韩、魏进攻强盛的赵国，在北境活埋了赵括的军队，诛杀了四十余万赵军，血流成河，沸声如雷，并乘势进围邯郸，使秦建立了帝王之业。楚、赵既是天下的强国，又是秦的仇敌，但他们之所以自此以后，都慑服不敢进攻秦国，是由于害怕白起的威势。白起亲自攻克的城池有七十余座，大功告成，但随后被赐剑自杀于杜邮。吴起为楚悼王订立法令，削弱大臣的威权，罢除无能之士，废除无用之人，减少不必要的官吏，杜绝徇私舞弊，统一楚国的习俗，约束游手好闲的人，精选耕战之士，向南征服了扬越，向北吞并了陈、蔡，破除连横，解散合纵，使那些说客不能在各国游说，禁止结党营私以勉励百姓，安定楚国的政治，使楚军威震天下，慑服诸侯。大功告成了，吴起遭到肢解之刑。大夫种为越王深谋远计，为他解除了会稽之危，使越国几亡而复存，转祸为福，同时率越民垦辟荒地，招抚流民，充实城邑，种植五谷，他还率领四方的民众，集中上下的力量，辅佐勾践，报了他与吴王夫差的旧仇，终于降伏了强大的吴国，使越王成为霸主。大夫种功绩昭彰，实实在在，但勾践最终还是负心地杀死了他。这四个人都是在功名成就的情况下，不事隐退，结果遭受到了如此的祸患。这就是所谓伸而不能屈，进而不能退啊。范蠡明白这个道理，超脱了利禄的束缚和人世的虚荣，超脱而避世，一直被人称道为陶朱公。你难道没见过赌博的人吗？他们有时想下大赌注，有时却分下赌注以取胜，这些都是你所能明白的道理。现在你作为秦的相国，设计不离坐席，画策不走出朝堂，垂手安坐就能控制诸侯，开拓三川地利以充实宜阳，控扼羊肠坂的险阻，堵塞太行山的通道，断绝三晋境内的要道，使得六国不能合纵，铺设千里栈道，通达蜀汉，使得各诸侯畏惧秦国。秦国的欲望实现了，而你的功绩也达到了极点，现在正是秦国削减你的功名的时候了。这时你还不愿引退，那么也会落得像商鞅、白起、吴起、大夫种等人那样的下场。我听说：'以水为镜，可以看清自己的面容，以他人的事迹为镜，便可看清自己的祸福。'《逸书》中说：'取得成功之后，不可久居其位。'像商鞅等四人那样的祸患，你为什么要去经受呢？你何不在此时归还相印，让位给贤能之士，把相印交给他们，自己隐居山林，必定能获得像伯夷那样廉洁的名声，永久保持应侯的地位，世世代代享受荣宠，获得像许由、延陵季子那样的谦让之名，寿比乔松，如果这样的话，这和受祸而死相比，哪种结局为好呢？你究竟想使自己处于哪一种结局呢？如果你留恋自己目前的地位而不隐退离开，而又犹豫不决的话，一定会遭受到商鞅等四人那样的祸患。《易经》中说'亢龙有悔'，这句话说的是能上不能下，能伸不能屈，能进不能退的情况，希望你好好地考虑一下。"应侯说：

"很好。我听说'贪欲而不知满足，他所欲望的东西都将丧失，占有东西而不知道加以限制，那么所占有的东西都将丧失'。先生的教诲，我一定很好地听从。"于是他就延请蔡泽入坐，将他奉为上客。

过了几天后，范睢上朝，对秦昭王说："我有位刚从东方来的客人叫蔡泽，此人是一个能言善辩之士，了解三王的事迹和五伯的业绩，以及世道风俗的变异，完全可以委任主持秦国的国政，我所见到的人才很多，但都不如他，我自己也不如他。所以我冒昧地将他介绍给你。"于是，秦昭王召见了蔡泽，和他交谈，对他很满意，拜他为客卿。范睢便乘机托病请求归还相印。秦昭王执意挽留范睢，范睢于是托言病重，这样，范睢就被免除了相职，秦昭王开始对蔡泽的计谋感到快意，于是就拜蔡泽为相国，随后，向东迁徙东周天子，灭亡了周王室。

蔡泽担任秦国相国几个月后，就有人说他的坏话，他害怕被杀，就托病交还了相印，号为纲成君。蔡泽在秦国住了十几年，先后事奉了秦昭王、孝文王和庄襄王。最后事奉秦始皇，为秦出使燕国，他在燕国居住了三年后，燕国便将太子丹作为人质送到秦国。

太史公说：韩非子讲'穿长袖衣的善于舞蹈，钱财多的善于经商'，这话真不假啊！范睢、蔡泽都是人们所说的应时的辩士，然而好多有才能的说客游说诸侯，直到鬓发斑白了也没有得到信任，这并不是因为他们所献的计谋拙劣，而是因为游说的说服力不强。范睢、蔡泽二人离开故土，来到秦国，相继取得卿相的职位,功名传布天下,本是因为他们凭借的条件与他人相比有强弱大小之别。然而一般的游士也会遇上偶然的机会,天下的贤士也有和范睢、蔡泽二人能力相同的,但不能尽情施展自己的才智,这哪能一一说尽呢?然而他们如果都不经历一番困厄,又怎么会激励自奋呢?

廉颇蔺相如列传

本篇记述战国末赵国名将廉颇和良相蔺相如的事迹。

老将廉颇勇冠三军，屡立战功，名重当世；良相蔺相如为维护国家荣誉和利益，置个人生死于度外，迫使强秦完璧归赵，多次出色地完成使命，以智以勇同秦君臣较量。廉颇与蔺相如，一文一武，本是赵国的中坚，但因为廉颇气量较小，以致将相不和。作者司马迁突出了廉颇知过则改，负荆请罪和蔺相如豁达大度，不计前嫌的言行，阐发了两人精神与品质上的相通之处，那就是大敌当前，捐弃个人恩怨，不计较个人得失，一切以国家利益为重。

这篇传文在描写人物和事态方面，做到了形象逼真，文字感人，并寓有深意，耐人回味。

廉颇者，赵之良将也。赵惠文王十六年①，廉颇为赵将伐齐，大破之，取阳晋②，拜为上卿，以勇气闻于诸侯。蔺相如者，赵人也，为赵宦者令缪贤舍人③。

赵惠文王时，得楚和氏璧④。秦昭王闻之，使人遗赵王书⑤，愿以十五城请易璧。赵王与大将军廉颇诸大臣谋：欲予秦，秦城恐不可得，徒见欺；欲勿予，即患秦兵之来。计未定，求人可使报秦者，未得。宦者令缪贤曰："臣舍人蔺相如可使。"王问："何以知之？"对曰："臣尝有罪，窃计欲亡走燕，臣舍人相如止臣，曰：'君何以知燕王？'臣语曰：'臣尝从大王与燕王会境上，燕王私握臣手曰："愿结友。"以此知之，故欲往。'相如谓臣曰：'夫赵强而燕弱，而君幸于赵王，故燕王欲结于君。今君乃亡赵走燕，燕畏赵，其势必不敢留君，而束君归赵矣。君不如肉袒伏斧质请罪⑥，则幸得脱矣。'臣从其计，大王亦幸赦臣。臣窃以为其人勇士，有智谋，宜可使。"于是王召见，问蔺相如曰："秦王以十五城请易寡人之璧，可予不⑦？"相如曰："秦强而赵弱，不可不许。"王曰："取吾璧，不予我城，奈何？"相如曰："秦以城求璧而赵不许，曲在赵。赵予

① 赵惠文王十六年：当公元前 283 年。赵惠文王，名何，赵武灵王的儿子。 ② 阳晋：齐邑，地当今山东菏泽西北。 ③ 宦者令：宫中宦官首领。舍人：战国至汉初，王公贵官的侍从宾客，左右亲近，通称舍人。 ④ 和氏璧：楚人卞和获得的一块宝玉。见《韩非子·和氏篇》。 ⑤ 遗（wèi 畏）：给予。 ⑥ 肉袒（tǎn 坦）伏斧质：解衣露出上身伏在刑具上。袒，露。斧质，刀斧和砧板，是杀头的刑具。 ⑦ 不：通"否"。

璧而秦不予赵城，曲在秦。均之二策①，宁许以负秦曲。”王曰：“谁可使者？”相如曰：“王必无人，臣愿奉璧往使②，城入赵而璧留秦，城不入，臣请完璧归赵。”赵王于是遂遣相如奉璧西入秦。

秦王坐章台见相如③，相如奉璧奏秦王。秦王大喜，传以示美人及左右，左右皆呼万岁。相如视秦王无意偿赵城，及前曰：“璧有瑕，请指示王！”王授璧。相如因持璧却立，倚柱，怒发上冲冠，谓秦王曰：“大王欲得璧，使人发书至赵王，赵王悉召群臣议，皆曰：‘秦贪，负其强，以空言求璧，偿城恐不可得。’议不欲予秦璧。臣以为布衣之交尚不相欺，况大国乎？且以一璧之故，逆强秦之欢④，不可。于是赵王乃斋戒五日，使臣奉璧，拜送书于庭⑤。何者？严大国之威以修敬也。今臣至，大王见臣列观⑥，礼节甚倨⑦；得璧，传之美人，以戏弄臣。臣观大王无意偿赵王城邑，故臣复取璧，大王必欲急臣，臣头今与璧俱碎于柱矣。”相如持其璧睨柱⑧，欲以击柱。秦王恐其破璧，乃辞谢固请，召有司案图，指从此以往十五都予赵。相如度秦王特以诈详为予赵城，实不可得，乃谓秦王曰：“和氏璧，天下所共传宝也，赵王恐，不敢不献。赵王送璧时，

① 均之二策：权衡这两种做法。均，权衡。 ② 奉：同“捧”。③ 章台：秦离宫，在今陕西长安故城西南。 ④ 逆：拂逆，触犯。⑤ 庭：通“廷”，听政的朝廷或朝堂。 ⑥ 列观（guàn 贯）：一般的台观；日常居住的宫观。 ⑦ 倨（jù 剧）：傲慢无礼。 ⑧ 睨（nì 逆）：斜视。

斋戒五日，今大王亦宜斋戒五日，设九宾于廷①，臣乃敢上璧。”秦王度之，终不可强夺，遂许斋五日，舍相如广成传②。相如度秦王虽斋，决负约不偿城，乃使其从者衣褐，怀其璧，从径道亡③，归璧于赵。

秦王斋五日后，乃设九宾礼于庭，引赵使者蔺相如。相如至，谓秦王曰：“秦自缪公以来二十余君，未尝有坚明约束者也。臣诚恐见欺于王而负赵，故令人持璧归，间至赵矣④。且秦强而赵弱，大王遣一介之使至赵⑤，赵立奉璧来；今以秦之强而先割十五都予赵，赵岂敢留璧而得罪于大王乎？臣知欺大王之罪当诛，臣请就汤镬⑥，惟大王与群臣孰计议之。”秦王与群臣相视而嘻。左右或欲引相如去。秦王因曰：“今杀相如，终不能得璧也，而绝秦、赵之欢，不如因而厚遇之，使归赵，赵王岂以一璧之故欺秦邪！”卒廷见相如，毕礼而归之。

相如既归，赵王以为贤大夫使不辱于诸侯，拜相如为上大夫⑦。秦亦不以城予赵，赵亦终不予秦璧。

其后秦伐赵，拔石城⑧。明年，复攻赵，杀二万人。

秦王使使者告赵王，欲与王为好会于西河外渑池⑨。赵王畏秦，欲毋行。廉颇、蔺相如计曰：“王不行，示赵弱且怯

---

① 设九宾于廷：朝廷上的一种隆重礼仪，由傧相九人依次传呼接引上殿。 ② 舍：招待住宿。传(zhuàn 撰)：传舍，客舍。 ③ 径道：便道，小路。 ④ 间：顷间。 ⑤ 一介之使：一个使臣。“介”通“个”。 ⑥ 汤镬(huò 获)：指烹刑。汤，热水，开水。镬，大锅。 ⑦ 上大夫：大夫位列中的最高一级，仅次于卿。 ⑧ 石城：在今河南林州西南八十五里。 ⑨ 渑(miǎn 免)池：今河南渑池县西十三里。

也。”赵王遂行，相如从。廉颇送至境，与王诀曰：“王行，度道里会遇之礼毕，还，不过三十日。三十日不还，则请立太子为王，以绝秦望。”王许之，遂与秦王会渑池。秦王饮酒酣，曰：“寡人窃闻赵王好音，请奏瑟！”赵王鼓瑟。秦御史前书曰：“某年月日，秦王与赵王会饮，令赵王鼓瑟。”蔺相如前曰：“赵王窃闻秦王善为秦声，请奏盆缻秦王①，以相娱乐！”秦王怒，不许。于是相如前进缻，因跪请秦王。秦王不肯击缻。相如曰：“五步之内，相如请得以颈血溅大王矣！”左右欲刃相如，相如张目叱之，左右皆靡。于是秦王不怿②，为一击缻。相如顾召赵御史书曰：“某年月日，秦王为赵王击缻。”秦之群臣曰：“请以赵十五城为秦王寿。”蔺相如亦曰：“请以秦之咸阳为赵王寿。”秦王竟酒，终不能加胜于赵。赵亦盛设兵以待秦，秦不敢动。

既罢归国，以相如功大，拜为上卿，位在廉颇之右。廉颇曰：“我为赵将，有攻城野战之大功，而蔺相如徒以口舌为劳，而位居我上，且相如素贱人，吾羞，不忍为之下。”宣言曰：“我见相如，必辱之。”相如闻，不肯与会。相如每朝时，常称病，不欲与廉颇争列。已而相如出，望见廉颇，相如引车避匿。于是舍人相与谏曰：“臣所以去亲戚而事君者，徒慕君之高义也。今君与廉颇同列，廉君宣恶言而君畏匿之，恐惧殊甚，且庸人尚羞之，况于将相乎！臣等不肖，请辞去。”蔺相如固止之，曰：“公之视廉将军孰与秦王？”曰：“不若也。”相如曰：“夫

---

① 缻（fǒu 否）：一种瓦制的乐器。 ② 不怿（yì 义）：不高兴。

以秦王之威而相如廷叱之，辱其群臣，相如虽驽①，独畏廉将军哉？顾吾念之，强秦之所以不敢加兵于赵者，徒以吾两人在也。今两虎共斗，其势不俱生，吾所以为此者，以先国家之急而后私仇也。”廉颇闻之，肉袒负荆，因宾客至蔺相如门谢罪，曰：“鄙贱之人，不知将军宽之至此也！”卒相与欢，为刎颈之交。……

后四年，赵惠文王卒，子孝成王立②。七年③，秦与赵兵相距长平。时赵奢已死，而蔺相如病笃。赵使廉颇将攻秦，秦数败赵军，赵军固壁不战。秦数挑战，廉颇不肯。赵王信秦之间。秦之间言曰：“秦之所恶，独畏马服君赵奢之子赵括为将耳。”赵王因以括为将，代廉颇。蔺相如曰：“王以名使括，若胶柱而鼓瑟耳④。括徒能读其父书传，不知合变也。”赵王不听，遂将之。

赵括自少时学兵法，言兵事，以天下莫能当。尝与其父奢言兵事，奢不能难，然不谓善。括母问奢其故，奢曰：“兵，死地也，而括易言之。使赵不将括即已，若必将之，破赵军者必括也。”及括将行，其母上书言于王曰：“括不可使将。”王曰：“何以？”对曰：“始妾事其父，时为将，身所奉饭饮而进食者以十数，所友者以百数，大王及宗室所赏赐者尽以予军吏

---

① 驽(nú奴)：本指劣马，走不快的马。这里指愚笨无能。 ② 赵孝成王继位在公元前266年。 ③ 七年：当为“六年”之误。 ④ 胶柱鼓瑟：柱是瑟上用来调弦的，若把它胶住，音阶无法调整，也就弹不成调了。这里比喻赵括只会纸上谈兵，死读父书，不知变通。

士大夫，受命之日，不问家事。今括一旦为将，东向而朝，军吏无敢仰视之者，王所赐金帛，归藏于家，而日视便利田宅可买者买之。王以为何如其父？父子异心，愿王勿遣！”王曰：“母置之，吾已决矣。”括母因曰：“王终遣之，即有如不称，妾得无随坐乎？”王许诺。

赵括既代廉颇，悉更约束，易置军吏。秦将白起闻之，纵奇兵，详败走，而绝其粮道，分断其军为二，士卒离心。四十余日，军饿，赵括出锐卒自搏战，秦军射杀赵括。括军败，数十万之众遂降秦，秦悉阬之。赵前后所亡凡四十五万。明年，秦兵遂围邯郸，岁余，几不得脱。赖楚、魏诸侯来救，乃得解邯郸之围。赵王亦以括母先言，竟不诛也。

自邯郸围解五年，而燕用栗腹之谋，曰“赵壮者尽于长平，其孤未壮”，举兵击赵。赵使廉颇将，击，大破燕军于鄗①，杀栗腹，遂围燕，燕割五城请和，乃听之。赵以尉文封廉颇为信平君，为假相国。

廉颇之免长平归也，失势之时，故客尽去，及复用为将，客又复至。廉颇曰：“客退矣！”客曰：“吁！君何见之晚也？夫天下以市道交，君有势，我则从君；君无势则去。此固其理也，有何怨乎？”居六年，赵使廉颇伐魏之繁阳②，拔之。

赵孝成王卒，子悼襄王立，使乐乘代廉颇。廉颇怒，攻乐乘，乐乘走。廉颇遂奔魏之大梁。其明年，赵乃以李牧为将

① 鄗(hào 浩)：县名，在今河北省高邑县。 ② 繁阳：在今河南内黄县东北。

而攻燕,拔武遂、方城①。

廉颇居梁久之,魏不能信用。赵以数困于秦兵,赵王思复得廉颇,廉颇亦思复用于赵。赵王使使者视廉颇尚可用否。廉颇之仇郭开多与使者金,令毁之。赵使者既见廉颇,廉颇为之一饭斗米,肉十斤,被甲上马,以示尚可用。赵使还报王曰:"廉将军虽老,尚善饭,然与臣坐,顷之三遗矢矣②。"赵王以为老,遂不召。

楚闻廉颇在魏,阴使人迎之。廉颇一为楚将,无功,曰:"我思用赵人。"廉颇卒死于寿春③。……

太史公曰:知死必勇,非死者难也,处死者难。方蔺相如引璧睨柱,及叱秦王左右,势不过诛,然士或怯懦而不敢发。相如一奋其气,威信敌国④,退而让颇,名重太山,其处智勇,可谓兼之矣!

【翻译】

廉颇是赵国的良将。赵惠文王十六年,廉颇率赵国兵讨伐齐国,大败齐军,攻取了阳晋,被任为上卿,以勇气闻名于诸侯。蔺相如是赵国人,是赵国宦官首领缪贤的门客。

赵惠文王时,得到了楚国的和氏璧。秦昭王听说这事,派人送信给赵王,情愿把十五座城池给赵国,以换取这和氏

---

① 武遂:在今河北省徐水县西遂成镇。方城:今河北省固安县南。② 三遗矢:拉屎三次。"矢"通"屎"。③ 寿春:在今安徽省寿县。④ 信:通"伸"。

璧。赵王与大将军廉颇及各大臣商量:要是把璧给秦国,秦国的城市恐怕不可能得到,白白地被欺骗了;要是不给吧,又担心秦兵的到来。计策商定不下,征求能够出使去答复秦国的人,没有物色到。宦官首领缪贤说:“我的门客蔺相如可以出使。”赵王问:“你怎么知道他可以呢?”缪贤答:“我曾犯罪,私下打算逃到燕国去。我的门客相如劝阻我,说:‘你凭什么知道燕王可以投奔呢?’我告诉他说:‘我曾随从大王与燕王在边境上会见,燕王私下握着我的手说“愿意交个朋友”。从此事知道可投奔燕国,所以想去燕国。’相如对我说:“赵国强大而燕国弱小,而你得宠于赵王,所以燕王想和你结交。现在你是失宠于赵而逃奔燕国,燕国惧怕赵国,势必不敢留你,会把你拘捕起来送还赵国的。你不如解衣露膊,把头伏在铡刀上去请罪,这样就能侥幸得到赦免了。”我听从了他的话,大王也施恩赦免了我。我个人认为这个人是勇士,有智谋,应该可以出使。”于是赵王召见,问蔺相如:“秦王以十五座城池请求交换我的和氏璧,可不可以给他?”相如说:“秦国强大而赵国弱小,不可不许。”赵王说:“如果拿了我的玉璧,不给我城池,怎么办?”相如说:“秦用城池请求换璧而赵不同意,理曲在赵国方面。赵给予玉璧而秦不给赵国城池,理曲在秦方面,权衡这两种做法,宁可答应秦的要求,使秦负理曲的责任。”赵王说:“谁可以出使呢?”相如说:“大王果真没合适的人,我愿捧璧出使秦国,城归入赵国那么璧就留给秦,城若不归入赵国,我就把和氏璧仍旧完整无缺地归还赵国。”赵王于是就派遣相如捧璧向西出使秦国。

秦王在离宫章台接见相如，相如捧璧呈献秦王。秦王大喜，将璧以次传递给姬妾和左右近侍观赏，左右都高呼万岁。相如看秦王无意把城偿付给赵国，于是上前去说："璧上有点瑕疵，请让我指给大王看。"秦王把璧还给相如，相如手拿着璧，退了几步站定，把身子靠在庭柱上，怒发冲冠，对秦王说："大王想得到璧，使人送信给赵王，赵王把群臣都召集来商议，大家都说：'秦国贪心，仗着强大而用空话来索取和氏璧，偿付城市恐怕不可能。'商议不打算给秦国玉璧。我认为平民交朋友尚且互不欺骗，何况大国呢？再说因一块玉璧的缘故，触犯强秦的欢心，不可取。于是赵王就斋戒五日，派我捧璧出使，呈递国书于朝堂。为什么呢？为的是尊重大国的威望，所以这样毕恭毕敬。现在我到了秦国，大王在一般的台观之间接见我，礼节极为倨傲，得到玉璧后传给姬妾观看而戏弄我。我看大王无意偿付赵国城邑，所以我又把璧要回来。大王一定要逼迫我，我的头今天就和璧一起撞碎在柱子上。"相如手持玉璧，眼斜看着柱子，就要往柱上撞去。秦王害怕他撞坏了玉璧，就连忙赔礼道歉，再三恳求相如不要如此，召唤管理版图的官吏来查看地图，在图上指出从这儿到那儿的十五座城池划给赵国。相如估计秦王故意装作要把这几座城偿付赵国，实际上赵国是得不到的，就对秦王说："和氏璧是天下公认的宝物，赵王害怕，不敢不献。赵王送璧时，斋戒五日，现在大王也应斋戒五日，备大礼相迎，我才敢献上玉璧。"秦王考虑再三，认为终究不可强夺，于是同意斋戒五日，款留相如住在广成客馆中。相如考虑秦王虽然斋戒，必然背约不偿付城邑，就让他的随从穿上粗布衣，把和氏璧藏在怀中，经由小路逃走，把玉璧带回了赵国。

秦王斋戒五日后，于是在朝廷上设九宾大礼，延请赵使者蔺相如。相如到了，对秦王说："秦自缪公以来二十多位君主，不曾有过坚守信用恪守条约的人。我实在害怕被大王欺骗而对不起赵国，所以派人拿着璧回去，此刻已到了赵国了。况且秦强而赵弱，大王只须派一个使者到赵国，赵国立即就会捧璧来秦；现在以秦国的强大而先割十五座城给赵国，赵国岂敢留下玉璧而得罪大王呢？我知道欺骗大王罪当诛杀，我愿接受烹刑，希望大王和群臣仔细商议吧！"秦王与群臣面面相觑，发出一片唏嘘之声。秦王左右的侍卫，有的要把相如拉下去。秦王乘机说："现在杀了相如，终究不能得到玉璧，而又断绝了秦、赵的交情，倒不如就这机会好好款待他，让他回赵国，赵王难道会因一块玉璧的缘故欺骗秦国吗！"终于在朝廷上接见相如，完成大礼，然后让相如回赵国。

相如已回到赵国，赵王认为贤能的大夫出使外国，不被诸侯所侮辱，就任命相如为上大夫。秦国也不把城邑给赵国，赵国也始终不给秦国玉璧。

后来秦国侵伐赵国，攻取了石城。第二年，又攻赵，杀两万人。

秦王派使者通知赵王，想与赵王在西河外渑池进行友好会见。赵王害怕秦国，想不去。廉颇、蔺相如商议说："大王不去，就显得赵国软弱而且胆怯。"赵王于是就出发，相如随从。廉颇送到边境，与赵王诀别说："从王出发日起，计算道路里程和会见的礼仪结束，再回来，不过三十天。三十天若还不回来，就请立太子为王，以断绝秦国要挟的想法。”赵王同意了，于是和秦王在渑池相会。秦王畅饮到高潮的时候，说：“我听说赵王喜欢音乐，请弹奏瑟吧。”赵王弹奏了瑟。秦国御史走向前写道：“某年某月某日，秦王与赵王一起饮酒，令赵王奏瑟。”蔺相如走上前说：“赵王听说秦王擅长奏乐，愿呈献盆缻给秦王，请你击缻互相娱乐。”秦王发怒，不答应。于是蔺相如向前进献缻，便跪下请秦王击缻。秦王不肯击缻。相如说：“五步之内，我可以把颈血溅洒在你大王身上了。”秦王左右侍卫想要刺杀相如，相如瞪大眼睛大声呵叱他们。左右侍卫都吓倒了。于是秦王很不高兴地击了一下缻。相如回头召赵国御史写道，“某年某月某日，秦王为赵王击缻。”秦国的群臣说：“请用赵国的十五座城送给秦王作为献礼。”蔺相如也说：“请把秦国的咸阳城送给赵王作为献礼。”秦王直到酒宴结束，终究不能压倒赵国。赵国也严整兵卫，防备秦国，秦国不敢行动。

渑池之会结束，赵王一行归国。因为相如功大，授官为上卿，位居廉颇之上。廉颇说：“我为赵将，有攻城野战的大功，而蔺相如仅能依靠口舌为功，却位居我的上面，况且相如素来是低贱的人，我感到羞耻，不甘心位居他之下。”扬言说：“我见到相如一定污辱他。”相如听说，不肯与廉颇见面。相如每当上朝时，常称说有病，不想同廉颇争位次先后。后来相如外出，望见廉颇，相如掉转车子回避躲开。于是相如的门客都劝谏说：“我们所以离开亲属投奔来事奉你，只是因为仰慕你的崇高义气。现在你和廉颇官位相同，廉颇恶言中伤而你却害怕躲藏，恐惧得太厉害了，平庸的人尚且以为羞耻，何况身为将相的人呢！我们都是无能的人，请求告辞而去！”蔺相如再三挽留他们，说：“诸位认为廉将军与秦王谁强？”门客说：“廉将军不如秦王。”相如说：“以秦王的威严，而相如敢在秦廷上叱骂他，羞辱他的群臣，我虽然愚劣，难道就怕廉将军么！但我考虑到，强秦之所以不敢侵犯赵国，只是由于有我们两个人在。现在两虎相斗，必有一伤，我所以这样做，是因为要先考虑国家的危难而后再顾及个人的私怨。”廉颇听说这些，解衣露膊，背着荆杖，由宾客送到相如门上去请罪，说：“我是鄙贱的人，不知将军宽大到如此地步！”终于和相如交欢，结为生死之交。

……

四年后，赵惠文王去世，儿子赵孝成王继位。赵孝成王七年，秦军与赵军在长平对峙。当时赵奢已死，而蔺相如病重。赵让廉颇率军攻秦，秦几次击败赵军，赵军坚壁不战。秦多次挑战，廉颇不肯接战。赵王听信了秦国的离间。秦国离间的话说：“秦国所担心畏忌的，仅仅是怕马服君赵奢的儿子赵括做统帅而已。”赵王于是就任命赵括为统帅，代替廉颇。蔺相如说：“大王根据赵括的虚名来任用他，就像胶住弦柱鼓瑟一样，赵括只会读他父亲留传下来的兵书，却不知应变。”赵王不听，终究以赵括为将。

赵括从少年时学兵法，谈论军事，以为天下人没有能抵得过他的。曾与其父赵奢谈军事，赵奢驳不倒他，但也不称好。赵括的母亲问赵奢其中的缘故，赵奢说："用兵打仗，是生死攸关的大事，而赵括却说得很轻巧。假若赵国不以他为将也就罢了，若一定以他为将，使赵军失败的人必定就是他。"等到赵括将要出发的时候，他的母亲上书赵王说："赵括不可为将。"赵王说："凭什么？"回答说："当初我事奉他父亲的时候，他父亲时常为将，他亲自捧着饮食进献的人数以十计，当朋友看待的数以百计，大王及宗室所赏赐的东西全部送给军吏大夫。一旦接到命令，就不过问家事。现在赵括刚做了大将，面向东坐而接见部下，部下没有敢抬头看他的，大王所赏赐的金钱布帛，他都带回来收在家中，而天天注意哪里有合适的田地房屋，可以买下来。大王以为他哪一点像他父亲？父子心思不同，希望大王不要派遣他！"赵王说："你不要多说了，我已经决定下来了。"赵括的母亲便说："大王一定要派他去，倘若有不称职的地方，我能不受他株连坐罪吗？"赵王答应了。

赵括代替廉颇后，把原来的章程尽都改了，撤换了许多军吏。秦将白起听到这些情况，派出一支奇兵，假装败走，断绝了赵军的粮道，把赵军分割为两部分，赵军军心涣散。四十多天，赵军饥饿难当，赵括便亲率精锐部队与秦军搏斗，秦军射杀赵括。赵括军队大败，数十万大军于是投降秦军，秦军把他们全部活埋了。赵国前后所损失的兵员共四十五万。第二年，秦军包围了邯郸，达一年多，赵国几乎无法解脱。幸亏靠楚、魏诸侯来救援，才得以解除邯郸之围。赵王也因赵括的母亲有言在先，终于没诛杀她。

邯郸解围五年后，燕国听从栗腹的计谋，说："赵国的丁壮都死在长平了，他们遗留的孤儿还未长大成人。"便发兵击赵。赵使廉颇率兵还击，大破燕军于鄗地，杀栗腹，于是包围了燕国。燕国割让五座城邑请和。赵国于是同意了。赵国把尉文地方封给廉颇为信平君，担任名誉相国。

当年廉颇被免职从长平归来，失势之时，原来的门客全部离去了。等到再被任命为将，门客又都回来了。廉颇说："你们都走吧！"门客说："吱呀！你的见识怎么这样陈旧呀？天下朋友相交就像市场交易，你有势，我就跟从你；你无势，我就离开你。这本是通常的道理，又有什么怨恨呢？"过了六年，赵国让廉颇攻打魏国的繁阳，攻取了它。

赵孝成王死，儿子悼襄王继位。派乐乘代替廉颇，廉颇发怒，攻打乐乘，乐乘逃走。廉颇于是投奔到魏国首都大梁。第二年，赵国就用李牧为将攻打燕国。攻取了武遂、方城。

廉颇居住大梁时间久了，魏国不能信用他。赵国因多次被秦兵困扰，赵王想再次起用廉颇。廉颇也想再为赵国效力。赵王派使者探视廉颇是不是还可以任用。廉颇的仇人郭开用很多钱财贿赂出使的人，叫他诽谤廉颇。赵使者见了廉颇后，廉颇为了表示自己健壮，一顿饭吃了一斗米，十斤肉，披甲上马，显示自己还可任用。赵使者回来报告赵王说"廉将军虽然老了，饭量还好，但和我交谈，一会儿的功夫拉了三次屎。"赵王认为廉颇老了，终于没有招回廉颇。

楚国听说廉颇在魏国，悄悄地派人迎接他。廉颇竟当了楚将，但没有什么功劳，说："我想指挥赵国士兵。"廉颇最后死在寿春。……

太史公说：知道将要死去，必定会更加英勇，去死并不难，难的是如何对待死。当蔺相如手持玉璧，眼瞟着柱子，以及呵叱秦王左右的时候，充其量不过是被处死而已，但一般人有的因胆怯而不敢这样做。相如竟能奋其勇气，威慑敌国，退让廉颇，名重泰山。他对于智和勇，可以说是兼而得之了。

田单列传

在中国军事史上，有过许多以少胜多的著名战例，本篇所记述的田单智用“火牛阵”的事迹，就是其中的一次。当齐国面临城破国亡的危难时刻，田单为了扭转十分被动的战局，深思熟虑，挫伤燕军斗志，松懈燕军警惕，同时激励守城军民的士气；在决战条件成熟后，田单巧用“火牛阵”实行奇袭，一举大破燕军，取得了全部收复齐国失地的辉煌胜利。这次战役的胜利，有力地证明了人的主观能动性在决定战争胜负中的重要作用。

田单者，齐诸田疏属也①。湣王时，单为临菑市掾②，不见知。及燕使乐毅伐破齐，齐湣王出奔，已而保莒城③。燕师长驱平齐，而田单走安平④，令其宗人尽断其车轴末而傅铁笼。已而燕军攻安平，城坏，齐人走，争途，以辖折车败⑤，为燕所虏，唯田单宗人以铁笼故得脱，东保即墨⑥。燕即尽降齐城，唯独莒、即墨不下。燕军闻齐王在莒，并兵攻之。淖齿既杀湣王于莒⑦，因坚守，距燕军，数年不下。燕引兵东围即墨，即墨大夫出与战⑧，败死。城中相与推田单，曰："安平之战，田单宗人以铁笼得全，习兵。"立以为将军，以即墨距燕。

顷之，燕昭王卒⑨，惠王立⑩，与乐毅有隙⑪。田单闻之，乃纵反间于燕，宣言曰："齐王已死，城之不拔者二耳。乐毅畏诛而不敢归，以伐齐为名，实欲连兵南面而王齐，齐人未附，故且缓攻即墨以待其事。齐人所惧，唯恐他将之来，即墨残矣。"燕王以为然，使骑劫代乐毅⑫。

---

① 齐诸田疏属：齐王宗室中的远房子弟。因为当时齐国田姓的贵族很多，所以称诸田。 ② 掾（yuàn 院）：古代官署属员的通称。 ③ 莒（jǔ 矩）城：在今山东省莒县。 ④ 安平：旧城在今山东省临淄东十九里。 ⑤ 辖（wèi 谓）：车轴的两头。 ⑥ 即墨：在今山东省平度东南。 ⑦ 淖（nào 闹）齿：楚国将领，据《史记·田敬仲完世家》记载：楚国派淖齿率军队救齐，并且辅助齐湣王，淖齿于是杀掉湣王，与燕国共同瓜分了侵占的土地和东西。 ⑧ 即墨大夫：即墨邑的行政长官。 ⑨ 燕昭王：名平，在位三十三年（公元前 311—前 279 年），是战国时期燕国最有作为的国君。 ⑩ 惠王：昭王之子，在位七年（公元前 278—前 272 年）。 ⑪ 乐毅：赵国人，燕昭王时为燕国的上将军。 ⑫ 骑劫：燕国将领。

乐毅因归赵，燕人士卒忿。而田单乃令城中人食必祭其先祖于庭，飞鸟悉翔舞城中下食。燕人怪之。田单因宣言曰：“神来下教我。”乃令城中人曰：“当有神人为我师。”有一卒曰：“臣可以为师乎？”因反走。田单乃起，引还，东向坐，师事之。卒曰：“臣欺君，诚无能也。”田单曰：“子勿言也！”因师之。每出约束，必称神师。乃宣言曰：“吾唯惧燕军之劓所得齐卒，置之前行与我战，即墨败矣。”燕人闻之，如其言。城中人见齐诸降者尽劓①，皆怒，坚守，唯恐见得。单又纵反间曰：“吾惧燕人掘吾城外冢墓，僇先人②，可为寒心。”燕军尽掘垄墓③，烧死人。即墨人从城上望见，皆涕泣，俱欲出战，怒自十倍。

田单知士卒之可用，乃身操版插④，与士卒分功，妻妾编于行伍之间，尽散饮食飨士⑤。令甲卒皆伏，使老弱女子乘城，遣使约降于燕，燕军皆呼万岁。田单又收民金，得千溢，令即墨富豪遗燕将，曰：“即墨即降，愿无虏掠吾族家妻妾，令安堵⑥。”燕将大喜，许之，燕军由此益懈。

田单乃收城中得千余牛，为绛缯衣⑦，画以五彩龙纹，束兵刃于其角，而灌脂束苇于尾，烧其端。凿城数十穴，夜纵

---

① 劓（yì 易）：古代割掉鼻子的一种刑罚。 ② 僇（lù 路）先人：凌辱先人（指祖先的尸骸）。 ③ 垄墓：即坟墓。 ④ 版插：建筑用具。筑墙时，用版夹土，用杵捣紧。插，同“锸”，用以挖土。 ⑤ 飨（xiǎng 响）士：用酒犒赏士卒。 ⑥ 安堵：平安稳固的像墙一样。堵，墙。 ⑦ 绛缯（jiàng zēng 降曾）衣：深红色丝绸衣物。绛，深红色。缯，丝织品的总称。

牛，壮士五千人随其后。牛尾热，怒而奔燕军，燕军夜大惊。牛尾炬火光明炫耀，燕军视之皆龙纹，所触尽死伤。五千人因衔枚击之①，而城中鼓噪从之，老弱皆击铜器为声，声动天地，燕军大骇，败走。齐人遂夷杀其将骑劫②。燕军扰乱奔走，齐人追亡逐北，所过城邑皆畔燕而归田单，兵日益多，乘胜，燕日败亡，卒至河上，而齐七十余城皆复为齐。乃迎襄王于莒③，入临淄而听政。

襄王封田单，号曰安平君。

太史公曰：兵以正合，以奇胜。善之者，出奇无穷。奇正还相生，如环之无端。夫始如处女，适人开户④，后如脱兔，适不及距⑤。其田单之谓邪！

初，淖齿之杀湣王也，莒人求湣王子法章，得之太史嬓之家⑥，为人灌园。嬓女怜而善遇之。后法章私以情告女，女遂与通。及莒人共立法章为齐王，以莒距燕，而太史氏女遂为后，所谓"君王后"也。

燕之初入齐，闻画邑人王蠋贤⑦，令军中曰："环画邑三十里无入。"以王蠋之故。已而使人谓蠋曰："齐人多高子之义⑧，吾以子为将，封子万家。"蠋固谢。燕人曰："子不听，吾

---

① 衔枚：古代行军袭击敌人时，让士兵口衔短筷，系在耳朵上，以禁止喧哗，叫做衔枚。 ② 夷杀：如说"斩杀"，夷和杀同义。 ③ 襄王：名法章，湣王子，在位十九年（公元前 283—前 265 年）。 ④ 适：通"敌"。 ⑤ 距：通"拒"。 ⑥ 太史嬓（jiāo 交）：姓太史，名嬓。 ⑦ 画邑：齐邑名，在今山东省临淄西北。王蠋（zhú 逐）：生平不详。 ⑧ 高：推重。

引三军而屠画邑。”王蠋曰：“忠臣不事二君，贞女不更二夫。齐王不听吾谏，故退而耕于野。国既破亡，吾不能存；今又劫之以兵为君将，是助桀为暴也。与其生而无义，固不如烹！”遂经其颈于树枝，自奋绝脰而死①。齐亡大夫闻之，曰：“王蠋，布衣也，义不北面于燕②，况在位食禄者乎！”乃相聚如莒，求诸子③，立为襄王。

【翻译】

田单是齐国宗室中的远房子弟。齐湣王时，田单做了都城临菑城的官署属吏，没有人知道他的才能。等到燕王派乐毅攻破齐国，齐湣王仓惶出逃，随后退守莒城。燕国的军队长驱直入，平定齐国，田单逃到安平，教他的族人都把车轴两端突出的部分砍掉，用铁箍包好车轴。接着燕军攻打安平，城墙毁坏，齐国人争先恐后地夺路而逃，结果因车轴折断，车子损坏，被燕国的军队俘虏了，只有田单的族人，因为事先用铁皮包好了车轴，全部逃了出来，往东退守即墨城。燕军几乎全部降服了齐国城池，只有莒、即墨没有攻下。燕军听说齐湣王在莒地，合力攻打莒。淖齿在莒城杀死了齐湣王，便固守莒城，抗击燕军，好几年未被攻克。燕军又东进围困即

---

① 自奋绝脰（dòu 豆）：奋，跳动。绝脰，弄断脖子。脰，颈，脖子。 ② 北面：指臣服于人。古代帝王皆面向南坐，群臣向北而拜，故称臣服为“北面”。 ③ 求诸子：此文句不通，据崔适说：“诸子”应作“其子”。

墨,即墨大夫出兵抗战,兵败被杀。城里的人都推举田单,说:"安平战斗中,田单的宗族因事先用铁皮包好了车轴,所以全部脱逃,他一定熟悉兵法。"推举他做了将军,凭借即墨抵抗燕国的军队。

不久,燕昭王去世,他的儿子惠王继位,和乐毅有矛盾。田单听说了这件事,便派人到燕国去行反间计,扬言说:"齐王已经死了,城邑却还有两座没有攻下来。乐毅害怕得罪被杀,不敢回国,以讨伐齐国为名,实际上是想在南面联合军队,称王于齐。齐国人没有归附,所以他暂缓进攻即墨以等待时机。齐国人所害怕的,只怕别的将领来取代乐毅,即墨就会破灭了。"燕惠王信以为真,便派骑劫代替了乐毅。

乐毅因而投奔赵国,燕国士兵为乐毅忿忿不平。田单于是命令城中的居民吃饭时一定要在庭院中祭祀祖先,飞鸟都在城的上空盘旋飞翔,下来啄食。燕国人对此感到很奇怪。田单因而扬言,"有天神下来指教我。"于是命令城中的人说:"一定有神人作我的老师。"有一个士兵说:"我可以做老师吗?"说罢回头就跑。田单站起来,把这个士兵拉回来,让他坐在朝东的尊位上。以师礼来事奉那个士兵。那个士兵却说:"我是欺骗你的,实际我没有什么本事。"田单说:"你别说出去了!"于是以他作为老师。每当发号施令,必定说是神师的指示。同时又扬言:"我们只是担心燕军割掉所俘虏的齐国士兵的鼻子,并把他们安置在队伍的前列和我们打仗,那样即墨就要灭亡了。"燕军听到这些话,就照着做了。城中的人看到齐国那些投降的人都被割了鼻子,都很愤怒,坚守城池，唯恐被俘。田单又行反间计说：“我们害怕燕国人挖我们城外的坟墓，凌辱我们的先人，那真叫人心寒。”燕军把齐人在城外的坟墓都挖了，并且焚烧尸骨。即墨的居民在城上望见了这种场面，痛哭流涕，都要求出战，倍加忿怒。

田单知道这时士卒可用，于是亲自拿起筑城的工具，和士卒分担劳苦，妻妾也编入了军队之中，散发许多饮食犒赏士卒。命令披甲的战士都埋伏起来，让老弱妇儿登城守望，派人约定向燕军投降，燕军都高呼万岁。田单又收集民间黄金，得到千镒，命令即墨城内的富豪送给燕军将领，说：“即墨投降，希望不要掠夺我们的家族妻妾，让我们平安无事。”燕将非常欢喜，答应了他们的请求。燕国的军队从此更加松懈。

田单征集城中的牛，共得一千多头，给牛裹上深红色的绸衣，画上五彩龙纹，牛角上绑着尖刀，牛尾上捆扎好浸透油脂的苇草，点燃苇草的末端。在城墙的脚下挖掘了几十个大洞，晚上放出这些牛，五千名精壮的士兵跟在牛群的后面。牛的尾巴灼热，狂怒地奔向燕军，燕军在黑夜中惊恐万分。牛尾巴的火把光亮耀眼，燕军看到的都是龙纹怪物，凡被碰上的都死的死，伤的伤。五千壮士随后突袭冲杀，同时城中的士兵也喊杀声震天，跟着冲杀出来，老弱百姓也都敲响铜器，声音惊天动地，燕军惊恐万状，大败而逃。齐兵于是斩杀了燕将骑劫。燕军自相践踏，扰乱奔逃，齐国人紧追不舍，所经过的城邑都背叛燕国而归附田单，军队一天天增加，乘胜前进，燕军一天天地败退逃散，最后抵达河上，齐国被占领的七十多座城池都收复了。于是从莒城迎接襄王，进入临淄治理政事。

齐襄王册封田单，名号叫安平君。

太史公说：以正兵和敌人交战，以奇兵战胜敌人。善于用兵的能设想出无穷的奇谋。由奇而得正，因正而得奇，相互递生，好比玉环，没有起点，也没有终点。用兵的开始可装作像处女那样的安静怯懦，麻痹敌人，敞开营门，其后出兵就像脱逃的兔子那样迅速敏捷，使敌人来不及抵抗，田单正是这样的啊！

当初淖齿杀了齐湣王，莒人寻找湣王的儿子法章，在太史嬓家找到了他，当时他替人家种菜园，太史嬓的女儿同情而厚待他。后来法章偷偷地把真实情况告诉了她，于是太史嬓的女儿便和法章私通。等到莒人共同拥立法章做齐王，凭借莒城抗距燕军，太史嬓的女儿于是做了王后，就是所谓“君王后”。

燕军当初侵入齐国，听说画邑人王蠋贤能，便命令军队说“画邑周围三十里不准进入”，这是因为王蠋的缘故。后来派人对王蠋说：“齐国人都推崇你的节义，我们任命你为将领，封给你万户采邑。”王蠋再三谢绝。燕人说：“你如果不服从，我们就出动三军屠杀画邑。”王蠋说：“忠臣不事奉二君，贞女不改嫁二夫，齐王不听我的劝谏，所以我隐退而耕作于田野。国家已经灭亡，我不能挽救它；现在你们又用武力胁迫我做你们的将领，这是助桀为虐啊！与其偷生而无义，还不如被烹杀。”于是将颈项缠吊于树枝上，自己用力挣扎，把脖子折断而死。齐国逃亡在外的士大夫听说了这事，都说：“王蠋是平民百姓，尚且守节义，不臣服燕国，何况我们这些身居官位享受国家俸禄的人呢！”于是相约来到莒地，寻找湣王的儿子，推立他做了襄王。

刺客列传

本篇记述了春秋战国时期五位著名刺客：曹沫、专诸、豫让、聂政、荆轲的侠义事迹。曹沫是鲁国将领，在齐鲁订盟约时劫持齐桓公，迫使他退还他所侵占的鲁国领土。专诸由伍子胥引荐给吴国公子光，协助公子光杀死吴王僚夺取王位。豫让感戴智伯的知遇之恩，不惜残身破相为智伯报仇。聂政忠信骁勇，单枪匹马刺杀韩相侠累，为严仲子雪恨。聂政的姐姐聂荣，是一个平凡妇女，却刚强不惧，视死如归。

司马迁着重描写的是荆轲：荆轲与鲁勾践赌博发生争执离去，与盖聂论剑，因意见不合遭呵斥，又默默而退，表现了他的忍让；结交高渐离，饮酒而歌于市中，表现了他怀才不遇，抑郁愤恨的心情；受命行刺秦王，悲歌易水之上，表现了他一无反顾的壮士气概。这些描写，已是淋漓尽致，十分动人。最后对荆轲刺秦王的具体场面的细致描绘，不仅活现出不可一世的秦王的虚弱、狼狈，而且突出地渲染了荆轲的镇定自若、机智勇敢及视死如归。读了之后，使人对这脍炙人口的故事，不能忘怀。

《刺客列传》写的都是在特定历史条件下出现的人物，他们的事迹，他们那种守志不屈的精神，印记着当时的道德观念，我们今天应该以历史的眼光去看待它们。

曹沫者，鲁人也，以勇力事鲁庄公①。庄公好力。曹沫为鲁将，与齐战，三败北。鲁庄公惧，乃献遂邑之地以和②，犹复以为将。

齐桓公许与鲁会于柯而盟③。桓公与庄公既盟于坛上，曹沫执匕首劫齐桓公，桓公左右莫敢动，而问曰："子将何欲？"曹沫曰："齐强鲁弱，而大国侵鲁亦甚矣。今鲁城坏即压齐境，君其图之！"桓公乃许尽归鲁之侵地。既已言，曹沫投其匕首，下坛，北面就群臣之位，颜色不变，辞令如故。桓公

① 鲁庄公：名同，春秋时鲁国国君，公元前693—前662年在位。 ② 遂邑：地名，在今山东宁阳县西北。 ③ 柯：齐邑，即今山东省阳谷县东北五十里的阿城镇。柯之会在鲁庄公十三年，即公元前680年。

怒，欲倍其约①。管仲曰②："不可。夫贪小利以自快，弃信于诸侯，失天下之援，不如与之。"于是桓公乃遂割鲁侵地，曹沫三战所亡地，尽复予鲁。

其后百六十有七年而吴有专诸之事。

专诸者，吴堂邑人也③。伍子胥之亡楚而如吴也④，知专诸之能。伍子胥既见吴王僚⑤，说以伐楚之利，吴公子光曰⑥："彼伍员父兄皆死于楚而员言伐楚，欲自为报私仇也，非能为吴。"吴王乃止。伍子胥知公子光之欲杀吴王僚，乃曰："彼光将有内志，未可说以外事。"乃进专诸于公子光。

光之父曰吴王诸樊。诸樊弟三人：次曰余祭，次曰夷眛，次曰季子札。诸樊知季子札贤而不立太子，以次传三弟，欲卒致国于季子札。诸樊既死，传余祭。余祭死，传夷眛。夷眛死，当传季子札；季子札逃不肯立，吴人乃立夷眛之子僚为王。公子光曰："使以兄弟次邪，季子当立；必以子乎，则光真适嗣⑦，当立。"故尝阴养谋臣以求立。

光既得专诸，善客待之。九年而楚平王死⑧。春，吴王僚

---

① 倍：通"背"。 ② 管仲：春秋时齐国人，名夷吾，字仲，齐桓公时任相职。 ③ 堂邑：本是楚国的棠邑，后属吴，故城在今江苏省六合北。 ④ 伍子胥：名员，楚人，为避父兄之祸，逃到吴国，任吴相，率兵破楚，后遭谗自杀。 ⑤ 吴王僚：号州于，公元前526—前515年在位。 ⑥ 公子光：吴王诸樊之子，即吴王阖闾，公元前514—前496年在位。 ⑦ 适嗣（sì四）：嫡传的后代。适，同"嫡"。嗣，子孙。 ⑧ 楚平王：名弃疾，后改名居，公元前528—前516年在位。

欲因楚丧，使其二弟公子盖余、属庸将兵围楚之灊①；使延陵季子于晋，以观诸侯之变。楚发兵绝吴将盖余、属庸路，吴兵不得还。于是公子光谓专诸曰："此时不可失，不求何获！且光真王嗣，当立，季子虽来，不吾废也。"专诸曰："王僚可杀也。母老子弱，而两弟将兵伐楚，楚绝其后。方今吴外困于楚，而内空无骨鲠之臣，是无如我何。"公子光顿首曰："光之身，子之身也。"

四月丙子，光伏甲士于窟室中，而具酒请王僚。王僚使兵陈自宫至光之家，门户阶陛左右，皆王僚之亲戚也。夹立侍，皆持长铍②。酒既酣，公子光详为足疾，入窟室中，使专诸置匕首鱼炙之腹中而进之。既至王前，专诸擘鱼③，因以匕首刺王僚，王僚立死。左右亦杀专诸，王人扰乱。公子光出其伏甲以攻王僚之徒，尽灭之，遂自立为王，是为阖闾。阖闾乃封专诸之子以为上卿。

其后七十余年而晋有豫让之事。

豫让者，晋人也，故尝事范氏及中行氏④，而无所知名。去而事智伯⑤，智伯甚尊宠之。及智伯伐赵襄子⑥，赵襄子与韩、魏合谋灭智伯⑦，灭智伯之后而三分其地。赵襄子最怨智伯，漆其头以为饮器。豫让遁逃山中，曰："嗟乎！士为知己

---

① 灊（qián 前）：楚邑，故城在今安徽省霍山县东北三十里。
② 长铍（pī 披）：长柄两刃刀。 ③ 擘（bāi 掰）：拆开。 ④ 范氏、中行氏：都是晋国大夫。 ⑤ 智伯：名瑶，也称智襄子，晋国大夫。
⑥ 赵襄子：名毋卹，晋大夫赵衰之后。 ⑦ 韩、魏：即韩氏、魏氏，与范、中行、智、赵共同执掌晋政，叫六卿。

者死，女为说己者容。今智伯知我，我必为报仇而死，以报智伯，则吾魂魄不愧矣。”乃变名姓为刑人，入宫涂厕，中挟匕首，欲以刺襄子。襄子如厕，心动，执问涂厕之刑人，则豫让，内持刀兵，曰：“欲为智伯报仇！”左右欲诛之。襄子曰：“彼义人也，吾谨避之耳。且智伯亡无后，而其臣欲为报仇，此天下之贤人也。”卒释去之。

居顷之，豫让又漆身为厉①，吞炭为哑，使形状不可知。行乞于市，其妻不识也。行见其友，其友识之，曰：“汝非豫让邪？”曰：“我是也。”其友为泣曰：“以子之才，委质而臣事襄子②，襄子必近幸子③。近幸子，乃为所欲，顾不易邪④？何乃残身苦形，欲以求报襄子，不亦难乎！”豫让曰：“既已委质臣事人，而求杀之，是怀二心以事其君也。且吾所为者极难耳！然所以为此者，将以愧天下后世之为人臣怀二心以事其君者也。”

既去，顷之，襄子当出，豫让伏于所当过之桥下。襄子至桥，马惊，襄子曰：“此必是豫让也。”使人问之，果豫让也。于是襄子乃数豫让曰⑤：“子不尝事范、中行氏乎？智伯尽灭之，而子不为报仇，而反委质臣于智伯；智伯亦已死矣，而子独何以为之报仇之深也？”豫让曰：“臣事范、中行氏，范、中行氏皆众人遇我，我故众人报之。至于智伯，国士遇我，我故国士报之。”襄子喟然叹息而泣曰：“嗟乎，豫子！子之为智伯，名既

---

① 厉（lài 赖）：癞。 ② 委：托付。质：形质，即身体。 ③ 近幸：得宠而亲近。 ④ 顾：反。邪：通“耶”。 ⑤ 数：斥责。

成矣，而寡人赦子亦已足矣！子其自为计，寡人不复释子！”使兵围之。豫让曰：“臣闻明主不掩人之美，而忠臣有死名之义。前君已宽赦臣，天下莫不称君之贤。今日之事，臣固伏诛，然愿请君之衣而击之焉，以致报仇之意，则虽死不恨。非所敢望也，敢布腹心！”于是襄子大义之①，乃使使持衣与豫让。豫让拔剑三跃而击之，曰：“吾可以下报智伯矣！”遂伏剑自杀。死之日，赵国志士闻之，皆为涕泣。

其后四十余年而轵有聂政之事。

聂政者，轵深井里人也②。杀人避仇，与母、姊如齐，以屠为事。

久之，濮阳严仲子事韩哀侯③，与韩相侠累有郤④。严仲子恐诛，亡去，游求人可以报侠累者。至齐，齐人或言聂政勇敢士也，避仇隐于屠者之间。严仲子至门请，数反⑤，然后具酒自畅聂政母前⑥。酒酣，严仲子奉黄金百溢，前为聂政母寿。聂政惊怪其厚，因谢严仲子。严仲子固进，而聂政谢曰：“臣幸有老母，家贫，客游以为狗屠，可以旦夕得甘毳以养亲⑦；亲供养备，不敢当仲子之赐。”严仲子辟人⑧，因为聂政言曰：“臣有仇，而行游诸侯众矣；然至齐，窃闻足下义甚高，

---

① 义：同情。感动。 ② 轵(zhǐ 止)：魏邑，故城在今河南省济源东南十三里的轵城镇。深井里：轵邑里名。 ③ 韩哀侯：韩国第四君，在位六年(公元前 376—前 371 年)。濮阳：卫地，在今山东鄄城县。严仲子：名遂。 ④ 郤：同“隙”，矛盾。 ⑤ 反：通“返”。 ⑥ 自畅聂政母前：亲自捧酒进奉聂政的母亲。畅，当为“觞”。 ⑦ 甘毳：甘，甜。毳(cuì 翠)，通“脆”，较硬易碎的食物。 ⑧ 辟：通“避”。

故进百金者，将用为大人粗粝之费，得以交足下之驩，岂敢以有求望邪！”聂政曰：“臣所以降志辱身居市井屠者，徒幸以养老母；老母在，政身未敢以许人也。”严仲子固让，聂政竟不肯受也。然严仲子卒备宾主之礼而去。

久之，聂政母死，既已葬，除服①。聂政曰：“嗟乎！政乃市井之人，鼓刀以屠，而严仲子乃诸侯之卿相也，不远千里，枉车骑而交臣。臣之所以待之，至浅鲜矣，未有大功可以称者，而严仲子奉百金为亲寿，我虽不受，然是者徒深知政也。夫贤者以感忿睚眦之意②，而亲信穷僻之人，而政独安得嘿然而已乎③！且前日要政，政徒以老母；老母今以天年终，政将为知己者用。”乃遂西至濮阳，见严仲子，曰：“前日所以不许仲子者，徒以亲在；今不幸而母以天年终。仲子所欲报仇者为谁？请得从事焉！”严仲子具告曰：“臣之仇，韩相侠累，侠累又韩君之季父也，宗族甚多，居处兵卫甚设。臣欲使人刺之，终莫能就。今足下幸而不弃，请益其车骑壮士可为足下辅翼者。”聂政曰：“韩之与卫，相去中间不甚远，今杀人之相，相又国君之亲，此其势不可以多人；多人不能无生得失，生得失则语泄。语泄，是韩举国而与仲子为仇，岂不殆哉！”遂谢车骑人徒，聂政乃辞。独行。

杖剑至韩，韩相侠累方坐府上，持兵戟而卫侍者甚众。聂政直入，上阶刺杀侠累，左右大乱。聂政大呼，所击杀者数

---

① 除服：三年服丧期满，换去丧服。② 睚眦（yá zì 牙字）：发怒时瞪眼。③ 嘿：同“默”。

十人。因自皮面决眼，自屠出肠，遂以死。

韩取聂政尸暴于市，购问莫知谁子。于是韩悬购之："有能言杀相侠累者予千金。"久之莫知也。

政姊荣闻人有刺杀韩相者，贼不得，国不知其名姓，暴其尸而悬之千金，乃於邑曰①："其是吾弟与②？嗟呼！严仲子知吾弟！"立起，如韩，之市，而死者果政也。伏尸哭极哀，曰："是轵深井里所谓聂政者也。"市行者诸众人皆曰："此人暴虐吾国相，王悬购其名姓千金，夫人不闻与？何敢来识之也？"荣应之曰："闻之。然政所以蒙污辱自弃于市贩之间者，为老母幸无恙，妾未嫁也。亲既以天年下世，妾已嫁夫，严仲子乃察举吾弟困污之中而交之，泽厚矣，可奈何！士固为知己者死，今乃以妾尚在之故，重自刑以绝从，妾其奈何畏殁身之诛，终灭贤弟之名！"大惊韩市人。乃大呼天者三，卒於邑悲哀而死政之旁。

晋、楚、齐、卫闻之，皆曰："非独政能也，乃其姊亦烈女也。乡使政诚知其姊无濡忍之志，不重暴骸之难，必绝险千里以列其名，姊弟俱僇于韩市者③，亦未必敢以身许严仲子也。严仲子亦可谓知人能得士矣！"

其后二百二十余年④，秦有荆轲之事。

荆轲者，卫人也。其先乃齐人，徙于卫，卫人谓之庆卿⑤。

---

① 於邑：同"呜咽"，悲哽。 ② 与：通"欤"。 ③ 僇：通"戮"。④ 二百二十余年：实为一百七十一年。 ⑤ 庆卿：齐国有庆氏，荆轲的先世是齐人，可能原姓庆。

而之燕，燕人谓之荆卿。

荆卿好读书击剑，以术说卫元君①，卫元君不用。其后秦伐魏，置东郡，徙卫元君之支属于野王②。

荆轲尝游过榆次③，与盖聂论剑。盖聂怒而目之，荆轲出。人或言复召荆卿，盖聂曰："曩者吾与论剑有不称者④，吾目之。试往，是宜去，不敢留。"使使往之主人，荆卿则已驾而去榆次矣。使者还报，盖聂曰："固去也，吾曩者目摄之。"

荆轲游于邯郸，鲁句践与荆轲博，争道，鲁句践怒而叱之，荆轲嘿而逃去，遂不复会。

荆轲既至燕，爱燕之狗屠及善击筑者高渐离⑤。荆轲嗜酒，日与狗屠及高渐离饮于燕市，酒酣以往，高渐离击筑，荆轲和而歌于市中，相乐也。已而相泣，旁若无人者。荆轲虽游于酒人乎，然其为人沈深好书⑥，其所游诸侯，尽与其贤豪长者相结。其之燕，燕之处士田光先生亦善待之，知其非庸人也。

居顷之，会燕太子丹质秦亡归燕⑦。燕太子丹者，故尝质于赵，而秦王政生于赵，其少时与丹驩。及政立为秦王，而丹质于秦。秦王之遇燕太子丹不善，故丹怨而亡归。归而求为

---

① 卫元君：卫国第四十一位君主，公元前251—前230年在位。 ② 野王：即野王邑，在今河南沁阳县。 ③ 榆次：即今山西省榆次。 ④ 曩(nǎng 囊上声)：以往，从前。 ⑤ 筑：一种打击乐器，形像琴，有弦。 ⑥ 沈：同"沉"。 ⑦ 燕太子丹：燕王喜之子。秦王政即位，丹到秦国为人质，王喜二十三年(前232)，燕丹从秦国逃回燕国。

报秦王者，国小，力不能。其后秦日出兵山东以伐齐、楚、三晋，稍蚕食诸侯，且至于燕。燕君臣皆恐祸之至。太子丹患之，问其傅鞠武。武对曰："秦地遍天下，威胁韩、魏、赵氏，北有甘泉、谷口之固①，南有泾、渭之沃，擅巴、汉之饶，右陇、蜀之山，左关、殽之险，民众而士厉，兵革有余。意有所出，则长城之南，易水以北，未有所定也。奈何以见陵之怨②，欲批其逆鳞哉③！"丹曰："然则何由？"对曰："请入图之！"

居有间，秦将樊於期得罪于秦王，亡之燕，太子受而舍之。鞠武谏曰："不可！夫以秦王之暴而积怒于燕，足为寒心，又况闻樊将军之所在乎？是谓'委肉当饿虎之蹊'也，祸必不振矣！虽有管、晏，不能为之谋也。愿太子疾遣樊将军入匈奴以灭口。请西约三晋，南连齐、楚，北购于单于，其后乃可图也。"太子曰："太傅之计，旷日弥久，心惛然④，恐不能须臾。且非独于此也，夫樊将军穷困于天下，归身于丹，丹终不以迫于强秦而弃所哀怜之交，置之匈奴，是固丹命卒之时也。愿太傅更虑之！"鞠武曰："夫行危欲求安，造祸而求福，计浅而怨深，连结一人之后交，不顾国家之大害，此所谓'资怨而助祸'矣。夫以鸿毛燎于炉炭之上，必无事矣。且以雕鸷之秦⑤，行怨暴之怒，岂足道哉！燕有田光先生，其为人智

---

① 甘泉：山名，在今陕西省淳化县西北。谷口：即寒门，在今陕西省礼泉县东北。 ② 陵：通"凌"，欺侮。 ③ 批：触动。逆鳞：相传龙的喉下有逆鳞，触到它，就要杀人，这里比喻秦王的凶残。④ 惛然：烦乱。通"昏"。 ⑤ 雕鸷（zhì 智）：雕与鸷都是猛禽，这里用来比喻秦朝的凶狠残暴。

深而勇沈，可与谋。”太子曰：“愿因太傅而得交于田先生，可乎？”鞠武曰：“敬诺。”出见田先生，道：“太子愿图国事于先生也。”田光曰：“敬奉教。”乃造焉①。

太子逢迎，却行为导②，跪而蔽席③。田光坐定，左右无人，太子避席而请曰：“燕、秦不两立，愿先生留意也！”田光曰：“臣闻骐骥盛壮之时，一日而驰千里，至其衰老，驽马先之。今太子闻光盛壮之时，不知臣精已消亡矣。虽然，光不敢以图国事，所善荆卿可使也。”太子曰：“愿因先生得结交于荆卿，可乎？”田光曰：“敬诺。”即起，趋出。太子送至门，戒曰：“丹所报，先生所言者，国之大事也，愿先生勿泄也！”田光俛而笑④，曰：“诺。”偻行见荆卿，曰：“光与子相善，燕国莫不知。今太子闻光壮盛之时，不知吾形已不逮也，幸而教之曰：‘燕、秦不两立，愿先生留意也。’光窃不自外，言足下于太子也，愿足下过太子于宫。”荆轲曰：“谨奉教。”田光曰：“吾闻之，长者为行，不使人疑之。今太子告光曰：‘所言者，国之大事也，愿先生勿泄。’是太子疑光也。夫为行而使人疑之，非节侠也。”欲自杀以激荆卿，曰：“愿足下急过太子，言光已死，明不言也。”因遂自刎而死。

荆轲遂见太子，言田光已死，致光之言。太子再拜而跪，膝行流涕，有顷而后言曰：“丹所以诫田先生毋言者，欲以成大事之谋也。今田先生以死明不言，岂丹之心哉！”荆轲坐定，太子避席顿首曰：“田先生不知丹之不肖，使得至前，敢有

---

① 造：去，前往。② 却：即却。③ 蔽：拂拭。④ 俛：同“俯”。

所道，此天之所以哀燕而不弃其孤也。今秦有贪利之心，而欲不可足也。非尽天下之地，臣海内之王者，其意不厌①。今秦已虏韩王，尽纳其地。又举兵南伐楚，北临赵；王翦将数十万之众距漳、邺②，而李信出太原、云中。赵不能支秦，必入臣，入臣则祸至燕。燕小弱，数困于兵，今计举国不足以当秦。诸侯服秦，莫敢合从。丹之私计愚，以为诚得天下之勇士使于秦，窥以重利；秦王贪，其势必得所愿矣。诚得劫秦王，使悉反诸侯侵地，若曹沫之与齐桓公，则大善矣；则不可，因而刺杀之。彼秦大将擅兵于外而内有乱，则君臣相疑，以其间诸侯得合从，其破秦必矣。此丹之上愿，而不知所委命，唯荆卿留意焉！"久之，荆轲曰："此国之大事也，臣驽下，恐不足任使。"太子前顿首，固请毋让，然后许诺。于是尊荆卿为上卿，舍上舍。太子日造门下，供太牢具③，异物间进，车骑美女恣荆轲所欲，以顺适其意。

久之，荆轲未有行意。秦将王翦破赵，虏赵王，尽收入其地，进兵北略地至燕南界。太子丹恐惧，乃请荆轲曰："秦兵旦暮渡易水，则虽欲长侍足下，岂可得哉！"荆轲曰："微太子言，臣愿谒之。今行而毋信，则秦未可亲也。夫樊将军，秦王购之金千斤，邑万家。诚得樊将军首与燕督亢之地图④，奉献

---

① 厌：通"餍"，满足。 ② 漳、邺：漳水、邺邑，在今河北省临漳县和河南省安阳之间一带地区。 ③ 太牢：古代祭祀或宴会，牛、羊、猪三牲齐备叫太牢。 ④ 督亢：燕国南界的肥沃之地，在今河北省易县东南。

秦王，秦王必说见臣，臣乃得有以报。”太子曰：“樊将军穷困来归丹，丹不忍以己之私而伤长者之意，愿足下更虑之！”

荆轲知太子不忍，乃遂私见樊於期，曰：“秦之遇将军可谓深矣，父母宗族皆为戮没。今闻购将军首金千斤，邑万家，将奈何？”於期仰天太息流涕曰：“於期每念之，常痛于骨髓，顾计不知所出耳！”荆轲曰：“今有一言可以解燕国之患，报将军之仇者，何如？”於期乃前曰：“为之奈何？”荆轲曰：“愿得将军之首以献秦王，秦王必喜而见臣，臣左手把其袖，右手揕其匈①，然则将军之仇报，而燕见陵之愧除矣。将军岂有意乎？”樊於期偏袒搤捥而进曰②：“此臣之日夜切齿腐心也，乃今得闻教！”遂自刎。太子闻之，驰往，伏尸而哭，极哀。既已不可奈何，乃遂盛樊於期首，函封之。

于是太子豫求天下之利匕首，得赵人徐夫人匕首③，取之百金，使工以药焠之。以试人，血濡缕，人无不立死者。乃装为遣荆卿。燕国有勇士秦舞阳，年十三，杀人，人不敢忤视④。乃令秦舞阳为副。荆轲有所待，欲与俱；其人居远未来，而为治行。顷之，未发。太子迟之，疑其改悔，乃复请曰：“日已尽矣，荆卿岂有意哉？丹请得先遣秦舞阳。”荆轲怒，叱太子曰：“何太子之遣？往而不反者，竖子也！且提一匕首入不测之强秦，仆所以留者，待吾客与俱。今太子迟之，请辞决矣！”遂发。

---

① 揕（zhèn 振）：用刀剑刺。匈：即胸。 ② 搤：同“扼”。 ③ 徐夫人：男子，姓徐，名夫人。 ④ 忤（wǔ 午）视：反目而视。

太子及宾客知其事者，皆白衣冠以送之。至易水之上，既祖，取道，高渐离击筑，荆轲和而歌，为变徵之声①，士皆垂泪涕泣。又前而为歌曰："风萧萧兮易水寒，壮士一去兮不复还！"复为羽声忼慨，士皆瞋目，发尽上指冠。于是荆轲就车而去，终已不顾。

遂至秦，持千金之资币物，厚遗秦王宠臣中庶子蒙嘉。嘉为先言于秦王曰："燕王诚振怖大王之威②，不敢举兵以逆军吏，愿举国为内臣，比诸侯之列，给贡职如郡县，而得奉守先王之宗庙。恐惧不敢自陈，谨斩樊於期之头，及献燕督亢之地图，函封，燕王拜送于庭，使使以闻大王，唯大王命之！"秦王闻之，大喜，乃朝服，设九宾，见燕使者咸阳宫。荆轲奉樊於期头函，而秦舞阳奉地图匣，以次进。至陛，秦舞阳色变振恐，群臣怪之。荆轲顾笑舞阳，前谢曰："北蕃蛮夷之鄙人，未尝见天子，故振慑。愿大王少假借之，使得毕使于前。"秦王谓轲曰："取舞阳所持地图。"轲既取图奏之，秦王发图，图穷而匕首见③。因左手把秦王之袖，而右手持匕首揕之。未至身，秦王惊，自引而起，袖绝。拔剑，剑长，操其室。时惶急，剑坚，故不可立拔。荆轲逐秦王，秦王环柱而走。群臣皆愕，卒起不意④，尽失其度。而秦法，群臣侍殿上者不得持尺

① 变徵(zhǐ止)：古代基本音律分宫、商、角、徵、羽五音，变徵相当于简谱"4"，这里指音调，相当于"E"，下文的羽声也指音调。
② 振怖：震动，恐怖。振，同"震"。 ③ 见：即现。 ④ 卒：通"猝"，突然。

寸之兵；诸郎中执兵皆陈殿下，非有诏召不得上。方急时，不及召下兵，以故荆轲乃逐秦王，而卒惶急无以击轲，而以手共搏之。是时，侍医夏无且以其所奉药囊提荆轲也①。秦王方环柱走，卒惶急，不知所为，左右乃曰："王负剑！"负剑，遂拔以击荆轲，断其左股。荆轲废，乃引其匕首以擿秦王②，不中，中铜柱。秦王复击轲，轲被八创。轲自知事不就，倚柱而笑，箕踞以骂曰："事所以不成者，以欲生劫之，必得约契以报太子也。"于是左右既前杀轲，秦王不怡者良久。已而论功，赏群臣及当坐者各有差，而赐夏无且黄金二百溢③，曰："无且爱我，乃以药囊提荆轲也。"

于是秦王大怒，益发兵诣赵，诏王翦军以伐燕。十月而拔蓟城④。燕王喜、太子丹等尽率其精兵东保于辽东⑤。秦将李信追击燕王急，代王嘉乃遗燕王喜书曰："秦所以尤追燕急者，以太子丹故也。今王诚杀丹献之秦王，秦王必解，而社稷幸得血食⑥。"其后李信追丹，丹匿衍水中，燕王乃使使斩太子丹，欲献之秦。秦复进兵攻之。后五年⑦，秦卒灭燕，虏燕王喜。

其明年，秦并天下，立号为皇帝。于是秦逐太子丹、荆轲之客，皆亡。高渐离变名姓为人庸保，匿作于宋子⑧。久之，作

---

① 提：投击。 ② 擿：同"掷"。 ③ 夏无且（jū 居）：秦始皇的侍医。 ④ 蓟城：燕都城，在今北京市德胜门外土城关。 ⑤ 辽东：辽河以东，即今辽宁省辽阳一带。 ⑥ 血食：享受肉食。这里指祭祀。 ⑦ 后五年：即秦王政二十五年（前 222）。 ⑧ 宋子：地名，故址在今河北省赵县北二十五里。

苦，闻其家堂上客击筑，傍偟不能去。每出言曰："彼有善有不善。"从者以告其主，曰："彼庸乃知音，窃言是非。"家丈人召使前击筑，一坐称善，赐酒。而高渐离念久隐畏约无穷时，乃退，出其装匣中筑与其善衣，更容貌而前。举坐客皆惊，下与抗礼，以为上客。使击筑而歌，客无不流涕而去者。宋子传客之，闻于秦始皇。秦始皇召见，人有识者，乃曰："高渐离也。"秦皇帝惜其善击筑，重赦之，乃矐其目①，使击筑，未尝不称善。稍益近之，高渐离乃以铅置筑中，复进得近，举筑朴秦皇帝②，不中。于是遂诛高渐离，终身不复近诸侯之人。

鲁句践已闻荆轲之刺秦王，私曰："嗟乎，惜哉其不讲于刺剑之术也！甚矣吾不知人也！曩者吾叱之，彼乃以我为非人也！"

太史公曰：世言荆轲，其称太子丹之命，"天雨粟，马生角"也，太过。又言荆轲伤秦王，皆非也。始公孙季功、董生与夏无且游，具知其事，为余道之如是。自曹沫至荆轲五人，此其义或成或不成，然其立意较然，不欺其志，名垂后世，岂妄也哉！

【翻译】

曹沫，是鲁国人，凭勇敢力大事奉鲁庄公。庄公喜欢力大勇猛之士。曹沫为鲁国将领，与齐国作战，三次被打败逃走。鲁庄公很惧怕，便献上遂邑这块地方以求和，仍又任他

---

① 矐(huò 霍)：使人失明。 ② 朴：通"扑"，撞击。

为将领。

齐桓公答应和鲁国在柯地盟会订立和约。桓公和庄公在坛上订立了盟约后，曹沫手执匕首劫持齐桓公，桓公左右的人没有敢动的，问道："你想干什么？"曹沫说："齐国强大鲁国弱小，大国侵犯鲁国也太过分了。现在鲁国的城墙倒塌就要压在齐国境上，希望大王想想！"桓公于是答应全部归还侵占的鲁国土地。桓公说完，曹沫扔掉匕首，走下坛台，面朝北就列群臣位置，脸色不变，言辞和先前一样从容。桓公愤怒，想背弃自己的诺言。管仲说："不可以。贪图小便宜来满足自己的快意，在诸侯面前失去信义，失去诸侯各国的帮助，不如给它。"这样桓公就归还了所侵占的鲁国领土，曹沫在三次战役中所失去的土地，都全部还给了鲁国。

曹沫之后一百六十七年，吴国有关于专诸的事迹。

专诸，是吴国堂邑人。伍子胥逃离楚国，来到吴国，了解到了专诸的才能。伍子胥谒见吴王僚以后，向他游说攻打楚国的好处，公子光说："那伍员的父亲、哥哥都死在楚国，而伍员献计攻打楚国，是想为自己报私仇，不是替吴国打算。"吴王于是作罢。伍子胥了解到公子光想杀吴王僚，就说："那公子光有夺位的念头，不能以伐楚等其他事情游说他。"于是向公子光引荐了专诸。

公子光的父亲是吴王诸樊。诸樊有三个弟弟：大弟叫余祭，二弟叫夷昧，三弟叫季子札。诸樊知道季子札贤明便不立自己的儿子为太子，把王位依次传给三个弟弟，想最后把国家交给季子札。诸樊死后，王位传给余祭。余祭死后，传给夷眛。夷眛死后，应当传给季子札，季子札逃走不肯继位，吴国人就立了夷眛的儿子僚为吴王。公子光说："假使依照兄弟相传的次序，那么季子札应该立为王；如果一定要立儿子的话，那么我公子光是真正的嫡传后代，应当继承王位。"因此经常私养谋士以图将来谋取王位。

公子光得到专诸之后，当作上客来款待他。九年后楚平王死。这年春天，吴王僚想趁楚国大丧，派他的两个弟弟公子盖余、属庸率兵包围了楚国的灊地，派延陵季子到晋国，观察其他诸侯国的反应。楚国出兵切断了吴将盖余、属庸的后路，吴兵不能回国。这时公子光对专诸说："这个机会不可失去，不争取能获得什么呢！而且我公子光是真正的王位继承人，应当立为王，季子即使回来，也不会废掉我。"专诸说："吴王僚可以杀掉。母亲年迈，孩子弱小，而两个弟弟率兵伐楚，楚国断绝了他们的退路。眼下吴国在外面受楚国的困扰，而国君左右空虚，没有一个正直的大臣。这样就不能奈何我们了。"公子光叩头说："我公子光的身体，就是你的身体。"

四月丙子这天，公子光把全副武装的兵士埋伏在地下室里，准备了酒饭宴请吴王。吴王僚派卫队从王宫一直排到公子光的家中，门户台阶的两旁，都是吴王僚的亲属。卫队夹道站立侍候，个个手执长铍。酒喝到了酣畅时，公子光假装脚有病，离席而进入地下室中，让专诸把匕首放在熟鱼的腹中端上去。当走到吴王僚面前时，专诸剖开鱼，趁机用匕首刺杀吴王僚，吴王僚当即死去。左右侍卫也杀死了专诸。吴王僚的卫士骚乱。公子光派出埋伏的士兵攻击吴王僚的随从，将他们全部杀死，随后便自立为吴王，这就是阖闾。阖闾于是封专诸的儿子为上卿。

此后七十多年晋国有关于豫让的事迹。

豫让是晋国人，原曾事奉范氏和中行氏，但不为世人所知。后离去而事奉智伯，智伯非常敬重宠爱他。等到智伯讨伐赵襄子，赵襄子和韩氏、魏氏合谋攻灭了智伯，灭了智伯后三家瓜分了智伯的领地。赵襄子极其怨恨智伯，把智伯的头骨漆做饮酒的器具。豫让逃进山里，悲叹道："唉呀！士人为理解自己的人而死，女人为喜欢自己的人而打扮。现在智伯理解我，我定要为他报仇而死，以报答智伯，那样我死而无憾了！"于是改名换姓装扮为刑徒，混入赵襄子的宫里修理厕所，衣内暗藏着匕首，想刺杀襄子。襄子上厕所，心里有一种预感，抓来修理厕所的刑徒审问，就是豫让，他衣服里藏着匕首，说："要为智伯报仇！"襄王的侍从要杀了他。襄子说："他是重义气的人，我小心防备就是了。况且智伯死了没有后代，而他的臣僚想替他报仇，这是天下的贤明之士。"最终放他走了。

过了不久，豫让又用漆涂身，让全身长疮，吞炭毁嗓，把声音变哑，使自己的形貌叫人认不出，在街市上行乞，他的妻子也认不出来了。在路上遇到了他的朋友，朋友认出了他，说："你不是豫让吗？"豫让说："我是。"朋友对他哭着说："凭你的才能，以臣子的身份委身事奉襄子，襄子一定会亲近宠信你。亲近宠信你，就可以为所欲为，反过来不是更容易报仇吗？何必摧残身体糟蹋形貌，想以此谋求向襄子报仇，不也是很困难的吗!”豫让说:“既然已经委身以臣子的身份事奉他人,却谋求杀害他,这是心怀二心事奉其主。况且我所做的事极其艰难啊!然而我之所以这样做,是要以我的行为使天下后世做人臣而心怀二心以事奉其主的人感到惭愧。”

豫让走了后,不久,襄子要外出,豫让埋伏在赵襄子要经过的桥下。赵襄子走到桥上,马受惊,赵襄子说:“这肯定又是豫让。”派人问他,果然是豫让,于是襄子斥责豫让说:“你不是曾经事奉过范氏和中行氏吗?智伯把他们都灭了,而你不替他们报仇,却反而委身臣事智伯;智伯也已经死了,可你为什么单单为智伯报仇这样深切呢?”豫让说:“我事奉范氏、中行氏,范氏、中行氏都以对待普通人的礼节来待我,我因此也以普通人的礼节报答他们。至于智伯,以对待国士的礼节对待我,我因此以国士的礼节报答他。”赵襄子喟然叹息而哭泣道:“唉呀!豫子,你为智伯报仇,已经成名了,而我饶恕你也已经够了!你自己想办法,我不再放你了!”命令卫兵包围他。豫让说:“我听说贤明的君主不埋没别人的美德,而忠诚的臣子有为名而死的道义。前一次你已经宽恕我了,天下没有人不称道你的贤明。今天的事情,我本应就死,但我希望讨得你的衣而刺击它,以表达我报仇的心愿,那么我就是死了也不遗恨,不敢奢望你一定答应,但我冒昧地表露我的衷心!”于是赵襄子为他的这番话大受感动,就派人把衣服拿给豫让,豫让拔剑三次跳起来击斩衣服,说道:“我可以到九泉之下报答智伯了。”随即引剑自杀。豫让自杀的那天,赵国的仁人志士听说这件事后,都为他哭泣。

豫让之后四十多年，轵地有关于聂政的事迹。

聂政，是轵地深井里人。因杀了人躲避仇人，和母亲、姐姐到了齐国，以屠宰业为生。

过了许久，濮阳人严仲子事奉韩哀侯，与韩相侠累有矛盾。严仲子害怕被杀，就逃走了，四处访求可以替他向侠累报仇的人。到了齐国，齐国有人告诉他聂政是一位英勇敢为的人，躲避仇人隐藏在屠夫中间。严仲子便登门拜访，多次往返，然后准备了酒食，亲自捧酒敬奉聂政的母亲。酒喝到酣畅时，严仲子奉上黄金百镒，上前为聂政的母亲祝寿。聂政惊异他的厚礼相待，坚决辞谢严仲子。严仲子坚持进奉，聂政辞谢道："我有幸老母在堂，家境贫寒，游居他乡做屠狗的营生，可以早晚得到些甘脆的食物奉养母亲；老母的供养不缺，不敢接受仲子你的馈赠。"严仲子避开旁人，于是对聂政说道："我有私仇，在外游历各国访求的人已很多了；然而到了齐国，私下听说你重义气，名气很高，所以进献黄金百镒的目的，只是作为供给你母亲一些粗茶淡饭的费用，得以与你交好，怎么敢因此心存别有所求的奢望呢！"聂政说："我之所以降志辱身居住在市井屠夫中间，仅仅希望赡养老母亲，老母健在，我聂政不敢以身许事他人。"严仲子再三推让，聂政终究不肯接受。然而严仲子最后备行了宾主礼节而离去。

过了许久，聂政的母亲去世了，安葬了以后，服丧完毕。聂政说："唉呀！我聂政是市井平民，操刀屠宰，而严仲子却是诸侯的卿相，不远千里，屈尊车驾而下交于我。而我对待他，却极为浅薄，没有大功可以当得起这样的厚遇，但严仲子以黄金百镒给我母亲作献礼，我虽然没有接受，但他这样做，就表明只有他深深地赏识我聂政。贤达的人因小小的恩怨之情而感愤，便来亲信穷困疏远的人，而我聂政怎么能默不作声就算了呢！况且前一次邀请我，我只是以老母亲健在不忍离去；老母如今寿终正寝，我要为知己效力了。”于是西行到了濮阳，谒见仲子，说：“前一次所以不答应仲子你的邀请，只是由于母亲健在；现在不幸母亲已终其天年。仲子你想报仇的人是谁？我愿意立即去干这件事！”严仲子详细地讲述了事由说：“我的仇人，是韩国的国相侠累，侠累又是韩国国君的叔父，宗族人多势众，住所防卫严密。我想派人刺杀他，始终没有成功。如今有幸你看得起我，答应下来，我请求多派车骑壮士，作为你的辅助。”聂政说：“韩国和卫国相距不很远，现在要刺杀韩相，而韩相又是国君的亲戚，在这种情况下不可以多人同行；人多了难免不出差错，出现差错就会泄露风声。风声泄露了，韩国上下都要与你仲子为仇，这难道不危险吗！”于是谢绝车骑随从，聂政便告辞而只身上路了。

聂政手持刀剑到了韩国，韩相侠累正坐在府上，手执兵器担任护卫的士卒很多。聂政径直进去，踏上台阶刺杀侠累，左右的人乱作一团。聂政大声呼喊，被击刺杀死的有数十人。然后自己剥去脸皮，剜出眼睛，剖腹出肠，便死去了。

韩国把聂政的尸体暴露在街市上，悬赏查问，没人知道死者是谁家的人。于是韩国悬重赏，访求刺客的姓名，“有能说出刺杀国相侠累的人姓名的赏一千金”。很长时间没有人知道。

聂政的姐姐聂荣听说有人刺杀韩国国相，凶手身世不明，国人都不知道他的姓名，陈尸并悬赏千金，便呜咽着说："他是我弟弟吧？哎呀，严仲子真正理解我弟弟！"立刻动身到韩国的街市上去，而死者果然是聂政。聂荣伏在尸体上痛哭，极为悲哀，说："这是轵邑深井里的叫做聂政的人。"街市上过路的众人都说："这人暴戾虐杀我国相，君王悬赏千金查问他的姓名，夫人没有听说吗？怎敢来认尸呢？"聂荣回答说："听说了。然而聂政之所以甘受污辱把自己混迹街市商贩之间，是因为老母健在，我尚未出嫁。母亲已经享尽天年而下世，我也已经出嫁，严仲子在我弟弟身处困厄污辱之时看上了他并和他交游，对他恩情深厚，可有什么办法呢！有志之士本来应为知己者而死，如今竟因为我还在的缘故，自残毁形来断绝连累别人的线索，我怎么能畏惧杀身之祸，永远埋灭了我贤弟的声名！"这使韩国街市上的人非常吃惊。聂荣于是大声呼天三声，终于抽泣悲哀地死在聂政的身旁。

晋国、楚国、齐国、卫国的人听说这事，都说："不只是聂政贤能啊，就是他姐姐也是刚烈的女性。早先假使聂政真正知道他姐姐没有软弱容忍的性格，不惜暴露尸骨的为难，断然越过千里险阻来显露他的声名，姐弟共同死在韩国的街市上的话，那么聂政也未必敢以身许诺严仲子。严仲子也可说是善于了解人并能得到有志之士了！"

聂政之后二百二十多年，秦国有关于荆轲的事迹。

荆轲，是卫国人。他的先世是齐国人，迁居到卫国，卫国人叫他庆卿。后来到了燕国，燕国人叫他荆卿。

荆卿喜爱读书和击剑，以击剑术游说卫元君，卫元君不予任用。此后秦国攻打魏国，设置东郡，把卫元君的支属迁移到野王地方。

荆轲曾经出游经过榆次，和盖聂讨论剑术。盖聂发怒而用眼睛瞪他，荆轲便离去了。有人劝盖聂再召回荆卿，盖聂说："起先我和他讨论剑术，有看法不同的地方，我对他瞪眼睛。去试试看，本来他应当离去，不敢留在这里。"派人前去荆轲寄居的主人家，荆轲却已经驾车离开榆次了。使者回来报告，盖聂说："肯定离开了，我早先的眼光把他震慑住了。"

荆轲出游到邯郸，鲁国句践和荆轲赌博，较量输赢，鲁句践气愤得大声呵斥他，荆轲不声不响地逃走了，此后不再见面。

荆轲到了燕国，喜欢燕国以杀狗为业和擅长敲筑的高渐离。荆轲喜欢喝酒，每天和杀狗的屠夫及高渐离在燕国的街市上喝酒，饮到酣畅以后，高渐离敲筑，荆轲在市中和着节拍歌唱，互相为乐。然后相对而泣，旁若无人。荆轲虽然和酒徒交游，但他的为人却是稳重沉着而且喜欢读书；他出游诸侯国，都跟当地的贤达豪杰有名望的人结交。他到了燕国，燕国的隐士田光先生也待他很好，知道他不是平庸的人。

过了不久，恰逢燕国太子丹到秦国做人质逃亡回到燕国。燕国太子丹，过去曾在赵国做过人质，秦王政出生在赵国，他年幼时和太子丹交好。等到嬴政被立为秦王，而太子丹到秦国做人质。秦王对太子丹不友好，因此太子丹怨恨而逃回燕国。回国后寻求向秦王报仇的人，国家弱小，力不从心。此后秦国时常出兵崤山以东讨伐齐国、楚国、三晋，逐渐蚕食诸侯国，将要到达燕国。燕国的君臣都惊恐大祸临头。太子丹很忧虑，询问他的师傅鞠武。鞠武回答说："秦国的领土遍及天下，威胁韩氏、魏氏、赵氏，它的北面有坚固的甘泉山、谷口隘，南面有肥沃的泾河、渭水流域，拥有巴郡、汉中郡那样富饶的地方，西面有陇山、蜀山那样的高山峻岭，东面有函谷关、崤山那样的险要地带，百姓众多而士卒勇猛，军备充裕。一旦有向外扩张的意图，那么长城以南、易水以北的地带，就没有安定之日了。何苦因被欺凌的怨恨，便要去触犯他激怒他呢！"太子丹说："那么该走什么路呢？"鞠武回答道："请再仔细想想！"

过了一些时候，秦国将领樊於期得罪秦王，逃到燕国，太子丹接纳并留他住了下来。鞠武进谏说："不可以！因为秦王的暴虐，已把怨恨累积在燕国，够使我们寒心的了，又何况听说樊将军藏身在这里呢！这是'把肉抛掷在饿虎过往的路上'啊，祸害一定不能挽救了！即使有管仲、晏子这样的贤人也不能替你出主意了。希望太子你赶快遣送樊将军到匈奴以便消除别人的口实。请向西联络三晋，向南联合齐国、楚国，北与匈奴单于讲和，然后才可以谋划对付秦国的办法。"太子说："老师的计策，实行起来，旷日持久，我心里烦乱，恐怕不能再等片刻了。况且不仅如此，樊将军在世间遭受穷困，逃命到我这里来，我终不能因为受强秦的胁迫而抛弃哀愁可怜的朋友，把樊将军送到匈奴，这种事情是我生命终结之前不会做的。希望老师重新考虑！"鞠武说："你行危险的事而想求得安全,制造祸患而寻求得福,计谋短浅而结怨很深,连结一个人将来的交谊,不顾及国家的大害,这就是所谓'加深仇怨而助长祸患'了。把鸿毛放在炉火上烧烤,必然无济于事。况且如雕鸟鸷禽那样凶猛的秦国,发泄它怨恨粗暴的怒火,难道不是不言而喻的吗?燕国有位田光先生,他为人智谋深远而勇敢沉着,可以和他谋划。"太子说:"希望通过老师得以与田先生交往,可以吗?"鞠武说:"遵命。"说完就出去会见田先生,说道:"太子希望与田先生商讨国家大事。"田光说:"敬请指教。"于是前往太子家。

太子出门迎接,退着引导田光,跪下来拂扫座席。田光坐下来。旁边没有人,太子起身请求道:"燕国、秦国势不两立,希望先生多费心!"田光说:"我听说好马强壮的时候,一日驰骋千里;到它衰老时,连最差的马也能跑在它的前面。如今太子只听说我强壮时的事情,不了解我的精力已经消耗完了!虽然我田光不敢参与谋划国家大事,但我所交好的荆卿可以为你任用。"太子说道:"希望通过先生结识荆卿,可以吗?"田光道:"遵命。"立即起身快步走出。太子送到门口,告诫说:"我所告知你的,以及先生所说的话,都是国家大事,希望先生不要泄漏出去!"田光低着头笑了,说:"是。"弯腰走着去见荆卿,说:"我和你交情很深,燕国没有人不知道。现在太子听说了我年青力壮时的事情,不知道我的身体已经不行了,宠幸而教诲我:'燕、秦两国势不两立,希望先生多费心。'我私下不客气,把你荐举给了太子,希望足下到宫中去见太子。"荆轲说:"我恭敬地接受你的教诲。"田光道:"我听说,有德行的人办事，不使别人怀疑自己。今天太子告诫我说：'所说的是国家大事，希望先生不要泄漏。'这是太子不放心我。办事叫人不放心，不算是节义豪侠之士啊。"于是想以自杀来激励荆卿，说："希望足下赶快去见太子，告诉他我田光已经自杀，表明我没有泄密。"因此就自杀而死。

荆轲于是谒见太子，告知田光已经自杀，转述了田光临死时说的话。太子连拜了两拜后跪下，边跪着向前移动边流泪，过了一会儿之后说："我之所以告诫田先生不要泄密，是因为想保证这件大事的谋划成功。现在田光先生以自杀表明他没有说出去，这哪里是我的本意啊！"荆轲坐定，太子离开席位叩头说："田先生不了解我的不才，使我能得以来到你面前，敢烦有所指教，这是上天哀怜燕国而不抛弃我啊。现在秦国有贪利之心，而且欲壑难填。不并吞尽天下的土地，征服海内的诸王，它的贪心是不会满足的。现在秦国已经俘虏了韩王，把韩国土地全部纳入了自己的版图。又发兵向南攻伐楚国，向北逼近赵国；王翦率领数十万兵力抵达漳水和邺地，而李信出兵太原、云中。赵国抵挡不住秦国，必然会去称臣，赵国臣服于秦国那祸患就降临到燕国了。燕国国小势弱，多次遭受战乱困苦，现在估计即使竭尽燕国全力也不足以抵挡秦国。诸侯屈服于秦国，没有谁敢合纵抗秦。我个人的打算很笨，以为真正能募得天下的勇士出使到秦国，以重利诱惑它；秦王贪婪，他势必被重利所打动而使我能如愿以偿。果真能劫持秦王，迫使他归还侵占的全部诸侯领土，就像曹沫胁迫齐桓公那样，那就最好了。假若秦王不肯，就伺机刺杀他。秦国的大将们专揽兵权在外而国内又有动乱，那么君臣便会互相怀疑，利用这混乱的空隙诸侯得以合纵，那就一定能破秦了。这是我的最高愿望，但不知道应该把这一使命委托给谁，只有靠你荆卿费心啊！”过了好久，荆轲说：“这是国家大事，我才智低劣，恐怕不配担当这个使命。”太子上前叩头，坚决请他不要推辞，这样荆卿才答应了。于是太子尊荆卿为上卿，住上等的馆舍。太子每天到荆轲住的地方问候，供奉丰盛的食物，珍奇异物时时进献，又选送车马、美女尽量满足荆轲的欲望，用以顺从适应他的愿望。

过了很久，荆轲没有起身赴秦的意思。秦将王翦攻破赵国，俘虏赵王，全部侵占了赵国的土地，向北进军攻城略地到达燕国南边的边境。太子丹很恐惧，就去请求荆轲说：“秦兵早晚就要渡过易水了，那样的话即使想长久侍奉你，难道还可能吗？”荆轲说：“太子不说，我也要去拜见你了。如今前往秦国却没有取信的凭证，那么就没有接近秦王的可能。樊将军，秦王为了捉拿他悬赏千金及万户人家的采邑。要是能得到樊将军的头和燕国督亢的地图，奉献给秦王，秦王一定高兴会见我，我才得有机会报效您。”太子说：“樊将军穷厄困顿来投奔我，我不忍心因为自己的私事而伤害长者的心意，希望足下另作考虑！”

荆轲知道太子不忍心，于是便私下会见樊於期，说：“秦王对待将军可说太刻毒了，父母宗族都被杀戮及没为官奴婢。如今听说以千金、万户采邑悬赏，要得到将军的首级，该怎么办？”於期仰天叹息流泪道：“我於期每当想到这些，常常痛入骨髓，只是想不出什么办法！”荆轲说：“现在有一句话可以解除燕国的祸患，报将军的仇恨，怎么样？”於期便上前问道：“该怎么做？”荆轲回答说：“我愿得到将军的首级去献给秦王，秦王一定高兴而召见我，我用左手抓住他的袖子，右手执刀刺他的胸膛，这样，那么将军的仇报了，而燕国被欺侮的耻辱也消除了。将军有这样的想法吗？”樊於期袒露右臂，用左手握着右腕说道：“这是我天天切齿痛心的事，今天方才得到你的开导！”于是自杀。太子听说后，乘车驰往，伏在尸体上痛哭，极为悲哀。既然人已死了，也就无可奈何。于是便把樊於期的首级装在匣子里封藏起来。

于是太子预先访求各处锋利的匕首，得到赵国徐夫人的匕首，用一百金购取，让工匠用毒药汁淬练在匕首的锋刃上。用人作试验，只要有一缕血渗透出来，人便没有不立刻死去的。于是整治行装来派遣荆卿。燕国有一个勇士叫秦舞阳，十三岁，杀过人，人们不敢对他反目相看。便令秦舞阳作为副手。荆轲等待一个朋友，想和他同行；这个人住得很远，还没有到来，便替他准备行装。耽搁了一段时间没有动身。太子认为荆轲拖延了时间，怀疑他反悔，就又请求道：“太阳已经落山了，荆卿有动身的意思吗？我请求先派秦舞阳走。”荆轲气愤地大声呵斥太子说：“你怎么这样派遣人呢？受命前往而不能返回复命的人，是小人！将带一把匕首进入凶多吉少的强秦，我之所以拖延，就是要等待我的客人同行。如今太子认为我拖延，请就此辞行诀别吧！”于是就出发。

太子及其宾客中知道这事的，都穿着白色的衣服为他送行。到达易水之上，饯行后，上了路，高渐离击筑，荆轲和着节拍歌唱，是变徵调的哀歌，人们都垂泪哭泣。荆轲又边往前走边唱道："风萧萧兮易水寒，壮士一去兮不复还！"又唱起激昂慷慨的羽调，人们都瞪大眼睛，怒发冲冠。于是荆轲登车而去，始终没再回头。

不久到了秦国，拿着价值千金的礼物，厚赠给秦王的宠臣中庶子蒙嘉。蒙嘉替荆轲先向秦王说："燕王实在惧怕大王的威严，不敢兴兵抵抗大王的将士，愿意使全国上下都隶属于秦国作为内臣，排在朝秦的诸侯队伍里，纳贡应差像直属的郡县一样，而得以供奉保卫先王的宗庙。因害怕大王而不敢擅自陈说，谨斩樊於期的头，以及献上燕国督亢的地图，装在匣子里，燕王在朝堂上拜送，特地派了使臣来报知大王，请大王指示！"秦王听后大喜，于是穿上上朝的服装，布置最隆重的礼仪，在咸阳宫召见燕国使臣。荆轲捧着盛有樊於期头颅的匣子，秦舞阳捧着盛有地图的匣子，依次进入。到殿前的台阶下，秦舞阳惊恐失色，大臣们都觉得奇怪。荆轲回头讥笑舞阳，走上前谢罪说："北方外族粗野的人，不曾见过天子，因而紧张。愿大王稍为宽恕他一下，让他在大王面前完成使命！"秦王对荆轲说："拿他所持的地图来。"荆轲取过地图奉献给秦王，秦王展开地图来看，地图展到尾端而匕首显露出来。荆轲趁机左手抓住秦王的衣袖，右手握着匕首直刺秦王。没有刺到秦王的身体，秦王大惊，自己抽身而起，袖子被扯断了。秦王拔剑，剑太长，只握住了剑鞘。当时惊惶性急，剑又紧插在鞘里，因而不能立刻拔出来。荆轲追赶秦王，秦王绕柱躲避。大臣们都愣住了，事起仓促出乎意外，群臣都失去了常态。而秦国的法律规定，大臣们在朝廷上侍奉君王，不许携带任何武器；侍卫君王的郎中们手持武器，都只能列队站在殿下，没有诏令宣召不能上殿。在这危急时刻，来不及召令殿下的卫兵，因此荆轲便追赶着秦王，而大臣们终于惊慌着急，没有办法击杀荆轲，只好一同徒手和他搏斗。这时，侍医夏无且用他捧着的药袋投击荆轲。秦王正绕柱而跑，始终惊惶失措不知怎么办，左右的人于是喊道："大王背起剑！"秦王把剑背起，顺势拔出剑直砍荆轲，砍断了他的左腿，荆轲残废，于是拿起匕首掷击秦王。没有掷中，却刺中了铜柱。秦王又砍击荆轲，荆轲被砍伤了八处。荆轲自知谋刺不能成功，靠着柱子而笑，又蹲坐在地上骂道："我的事情之所以不能成功，是因为想生擒你秦王，一定要得到归还各国侵地的诺言，以便回报太子。"这时秦王左右的人上前杀死了荆轲。秦王很久心里都不高兴。过后评论功罪，对当赏当罚的群臣按照不同等次给予赏罚，赏赐夏无且黄金二百镒，说："无且爱护我，就用药袋投击荆轲。"

因此秦王大怒，增派军队前往赵国，诏令王翦的军队攻伐燕国。十个月攻占了蓟城。燕王喜、太子丹等都率精兵在东面保卫辽东。秦将李信追击燕王很急，代王嘉便送书信给燕王喜说："秦军之所以追击燕军格外急迫，是因为太子丹的缘故。现在大王要是能杀死太子丹献给秦王，秦王必然和解，而国家侥幸可以不亡，宗庙得以祭祀。"此后李信追击太子丹，太子丹隐匿在衍水一带。燕王就派人斩了太子丹，想献给秦国。秦国又进兵攻燕。五年后，秦国终于灭亡了燕国，俘虏了燕王喜。

第二年，秦王吞并了天下，立号为皇帝。于是秦王朝追捕太子丹、荆轲的党羽，这些人都逃亡了。高渐离改名换姓替人家作佣工，隐匿在宋子地方。过了很久，他劳作得辛苦的时候，听到主人家堂上客人敲筑，徘徊不愿离去。常常脱口而说道："那击筑的有的击得好有的不怎么样。"一道做工的佣人把这些话告诉主人，说："那个庸工是个懂音乐的人，背地里评论击筑的好坏。"主人召呼他上前敲筑，堂上满座的客人都叫好。主人赏赐酒给他喝。高渐离思忖，长久地隐匿躲藏是没有尽头的，就退出来，拿出行装中的筑和好衣服，改装整容而走上前来。满座的客人都吃了一惊，走下座席用平等的礼节待他，尊为贵客。让高渐离敲筑唱歌，客人们没有一个不是流着眼泪离去的。宋子那个地方的人轮流请他做客，有人把这事告诉了秦始皇。秦始皇召见，有人认识他，就说："他就是高渐离啊。"秦皇帝爱惜他擅长敲筑，于是就特别赦免他，只弄瞎了他的眼睛。让他敲筑，没有一次不称善叫好的。逐渐地秦始皇更加接近他，高渐离便把铅块放在筑里面，又进而接近始皇帝，他举起筑扑向秦始皇，没有击中。秦始皇于是便杀了高渐离，终身不再接近诸侯国的遗民。

鲁句践听说荆轲刺秦王的事情后，私下叹道："唉！可惜他不能精通刺剑的技术啊！真是呀，我实在不了解他！从前我斥责他，他是把我看成外人了！"

太史公评论道：世人谈论荆轲的故事，称说太子丹的命运是"天降粟米，马儿长角"，太过分了。又说荆轲刺伤了秦王，都不正确。当初公孙季功、董生和夏无且交游，详细了解事情的始末，他们向我讲的就是这样。从曹沫到荆轲这五个人，他们行节义有成功的也有不成功的，然而他们所立的志愿都很显明，都没有改变自己的志愿，英名流芳后世，难道是虚妄的么！

淮阴侯列传

韩信是秦末农民起义爆发后，在豪杰纷起中出现的一位叱咤风云的战将。他先是追随项梁、项羽，因没能得到信用，转而投入汉王刘邦麾下，他辅助刘邦一举平定三秦，为日后的东进打开了通道。接着又东奔西逐、南征北战，拔魏、破代、平赵、取燕、定齐、南摧楚军二十万，为汉王朝的建立，立下了赫赫战功。他威盛功高，矜才自负，而又热衷于裂土称王，终于被吕后诛灭。

司马迁曾亲自到淮阴实地考察过韩信的事迹。他在本篇中用不多的笔墨，通过对韩信在早年潦倒中受辱、葬母的记述，表现了韩信的非凡志向。又用主要笔触，通过对他一系列征战的着意描写，揭示了楚汉战争的发展过程及纷纭复杂的形势变化，同时盛赞了韩信卓越的军事才能和佐汉破楚的巨大历史功勋。文中也不惜笔墨对刘邦、韩信、吕后、萧何等人为人处世的特点进行了勾画和对比，对韩信的悲惨结局寄予了无限的惋惜和同情。而且，在行文着笔上，详略相参、疏密互见，极尽流畅活泼之妙。

淮阴侯韩信者，淮阴人也。始为布衣时，贫无行①，不得推择为吏，又不能治生商贾，常从人寄食饮，人多厌之者。常数从其下乡南昌亭长寄食，数月，亭长妻患之，乃晨炊蓐食②。食时信往，不为具食。信亦知其意，怒，竟绝去。

信钓于城下，诸母漂，有一母见信饥，饭信，竟漂数十日。信喜，谓漂母曰："吾必有以重报母。"母怒曰："大丈夫不能自食③，吾哀王孙而进食④，岂望报乎！"

淮阴屠中少年有侮信者，曰："若虽长大，好带刀剑，中情怯耳。"众辱之曰："信能死，刺我；不能死，出我袴下⑤。"于是信孰视之⑥，俛出袴下⑦，蒲伏。一市人皆笑信，以为怯。

及项梁渡淮，信杖剑从之，居戏下⑧，无所知名。项梁败，

---

① 行（xìng 幸）：德行，善行。 ② 蓐（rù 辱去声）食：在床上吃饭。蓐，草垫子。 ③ 食（sì 饲）：供养。 ④ 王孙：古代对贵族子弟的通称，也是对青年人的一种尊称，相当于称"公子"。 ⑤ 袴：通"胯"。⑥ 孰：通"熟"。 ⑦ 俛：同"俯"。 ⑧ 戏（huī 灰）下：麾下，部下。

又属项羽，羽以为郎中。数以策干项羽①，羽不用。汉王之入蜀，信亡楚归汉。未得知名，为连敖②。坐法当斩，其辈十三人皆已斩，次至信，信乃仰视，适见滕公③，曰："上不欲就天下乎？何为斩壮士！"滕公奇其言，壮其貌，释而不斩，与语，大说之。言于上，上拜以为治粟都尉④，上未之奇也。

信数与萧何语，何奇之。至南郑，诸将行道亡者数十人，信度何等已数言上，上不我用，即亡。何闻信亡，不及以闻，自追之。人有言上曰："丞相何亡。"上大怒，如失左右手。居一二日，何来谒上，上且怒且喜，骂何曰："若亡，何也？"何曰："臣不敢亡也，臣追亡者。"上曰："若所追者谁何？"曰："韩信也。"上复骂曰："诸将亡者以十数，公无所追，追信，诈也。"何曰："诸将易得耳。至如信者，国士无双。王必欲长王汉中，无所事信；必欲争天下，非信无所与计事者。顾王策安所决耳。"王曰："吾亦欲东耳，安能郁郁久居此乎？"何曰："王计必欲东，能用信，信即留；不能用，信终亡耳。"王曰："吾为公以为将。"何曰："虽为将，信必不留。"王曰："以为大将。"何曰："幸甚！"于是王欲召信拜之。何曰："王素慢无礼，今拜大将如呼小儿耳，此乃信所以去也。王必欲拜之，择良日，斋戒，设坛场，具礼，乃可耳。"王许之。诸将皆喜，人人各自以为得大将。至拜大将，乃韩信也，一军皆惊。

---

① 干：求，进说。 ② 连敖：掌管仓库粮饷的小官。 ③ 滕公：即夏侯婴，是刘邦的好友，因曾为滕县令，故称。 ④ 治粟都尉：管理全国盐铁事务的官。

信拜礼毕，上坐。王曰："丞相数言将军，将军何以教寡人计策！"信谢，因问王曰："今东乡争权天下，岂非项王邪？"汉王曰："然。"曰："大王自料勇悍仁强孰与项王？"汉王默然良久，曰："不如也。"信再拜贺曰："惟信亦以为大王不如也。然臣尝事之，请言项王之为人也。项王喑噁叱咤①，千人皆废②，然不能任属贤将，此特匹夫之勇耳。项王见人恭敬慈爱，言语呕呕③，人有疾病，涕泣分食饮，至使人有功当封爵者，印刓敝④，忍不能予，此所谓妇人之仁也。项王虽霸天下而臣诸侯，不居关中而都彭城。有背义帝之约，而以亲爱王，诸侯不平。诸侯之见项王迁逐义帝置江南，亦皆归逐其主而自王善地。项王所过无不残灭者，天下多怨，百姓不亲附，特劫于威强耳。名虽为霸，实失天下心。故曰其强易弱。今大王诚能反其道：任天下武勇，何所不诛！以天下城邑封功臣，何所不服！以义兵从思东归之士，何所不散！且三秦王为秦将，将秦子弟数岁矣，所杀亡不可胜计，又欺其众降诸侯，至新安，项王诈阬秦降卒二十余万，唯独邯、欣、翳得脱，秦父兄怨此三人，痛入骨髓，今楚强以威王此三人，秦民莫爱也。大王之入武关，秋毫无所害，除秦苛法，与秦民约，法三章耳⑤，秦民无不欲得大王王秦者。于诸侯之约，大王当王关中，关中民咸知之。大王失职入汉中，秦民无不恨者。今大王举而

---

① 喑噁(yīn wù 因务)：满怀怒气的样子。② 废：慑伏。③ 呕呕(xū xū 嘘嘘)：和悦的样子。④ 刓(wán 玩)敝：刓，磨去棱角。敝，损坏。⑤ 法三章：即"杀人者死，伤人及盗抵罪"。

东，三秦可传檄而定也①。”于是汉王大喜，自以为得信晚，遂听信计，部署诸将所击。

八月，汉王举兵东出陈仓②，定三秦。汉二年③，出关，收魏、河南，韩、殷王皆降④。合齐、赵共击楚。四月，至彭城，汉兵败散而还。信复收兵与汉王会荥阳，复击破楚京、索之间。以故楚兵卒不能西。

汉之败却彭城，塞王欣、翟王翳亡汉降楚。齐、赵亦反汉与楚和。六月，魏王豹谒归视亲疾，至国，即绝河关反汉，与楚约和。汉王使郦生说豹，不下。其八月，以信为左丞相，击魏。魏王盛兵蒲坂，塞临晋，信乃益为疑兵，陈船欲度临晋，而伏兵从夏阳以木罂缻渡军⑤，袭安邑。魏王豹惊，引兵迎信，信遂虏豹，定魏为河东郡。汉王遣张耳与信俱，引兵东，北击赵、代。后九月，破代兵，禽夏说阏与⑥。信之下魏破代，汉辄使人收其精兵，诣荥阳以距楚。

信与张耳以兵数万，欲东下井陉击赵。赵王、成安君陈馀闻汉且袭之也，聚兵井陉口，号称二十万。广武君李左车说成安君曰：“闻汉将韩信涉西河，虏魏王，禽夏说，新喋血阏与，今乃辅以张耳，议欲下赵，此乘胜而去国远斗，其锋不可

---

① 传檄（xí 习）：发布声讨罪行的文告。 ② 陈仓：秦置陈仓县，陈仓地当今陕西宝鸡市。 ③ 汉二年：公元前205年。 ④ 韩、殷王：项羽所封的韩王郑昌、殷王司马卬。 ⑤ 木罂缻（yīng fǒu 英否）：形状像盆、瓮一类的渡河木器。 ⑥ 阏与（yù yǔ 玉与）：城邑名。

当。臣闻千里餽粮①，士有饥色；樵苏后爨②，师不宿饱③。今井陉之道，车不得方轨，骑不得成列，行数百里，其势粮食必在其后。愿足下假臣奇兵三万人，从间道绝其辎重；足下深沟高垒，坚营勿与战。彼前不得斗，退不得还，吾奇兵绝其后，使野无所掠，不至十日，而两将之头可致于戏下。愿君留意臣之计。否，必为二子所禽矣！”成安君，儒者也，常称“义兵不用诈谋奇计”，曰：“吾闻兵法十则围之，倍则战。今韩信兵号数万，其实不过数千。能千里而袭我，亦已罢极，今如此避而不击，后有大者，何以加之！则诸侯谓吾怯，而轻来伐我。”不听广武君策。广武君策不用。

韩信使人间视，知其不用，还报，则大喜，乃敢引兵遂下。未至井陉口三十里，止舍。夜半传发，选轻骑二千人，人持一赤帜，从间道萆山而望赵军④，诫曰：“赵见我走，必空壁逐我，若疾入赵壁，拔赵帜，立汉赤帜。”令其裨将传飧⑤，曰：“今日破赵会食！”诸将皆莫信，详应曰：“诺。”谓军吏曰：“赵已先据便地为壁，且彼未见吾大将旗鼓，未肯击前行，恐吾至阻险而还。”信乃使万人先行，出，背水陈。赵军望见而大笑。平旦，信建大将之旗鼓，鼓行出井陉口，赵开壁击之，大战良久。于是信、张耳详弃鼓旗，走水上军。水上军开入之，复疾战。赵果空壁争汉鼓旗，逐韩信、张耳。韩信、张耳已入水上军，军

---

① 餽：通“馈”，运送。 ② 樵苏后爨（cuàn 窜）：樵，打柴。苏，打草。爨，做饭。 ③ 宿：久，经常。 ④ 萆：同“蔽”，遮掩，隐蔽。⑤ 裨（bì 避）将：偏将、副将。飧（sūn 孙）：食物。

皆殊死战，不可败。信所出奇兵二千骑，共候赵空壁逐利，则驰入赵壁，皆拔赵旗，立汉赤帜二千。赵军已不胜，不能得信等，欲还归壁，壁皆汉赤帜，而大惊，以为汉皆已得赵王将矣。兵遂乱，遁走，赵将虽斩之，不能禁也。于是汉兵夹击，大破虏赵军，斩成安君泜水上①，禽赵王歇。

信乃令军中毋杀广武君，有能生得者购千金。于是有缚广武君而致戏下者，信乃解其缚，东乡坐，西乡对，师事之。

诸将效首虏，毕贺，因问信曰："兵法右倍山陵，前左水泽，今者将军令臣等反背水阵，曰破赵会食，臣等不服。然竟以胜，此何术也？"信曰："此在兵法，顾诸军不察耳。兵法不曰'陷之死地然后生，置之亡地而后存'？且信非得素拊循士大夫也②，此所谓'驱市人而战之'，其势非置之死地，使人人自为战；今予之生地，皆走，宁尚可得而用之乎！"诸将皆服曰："善。非臣所及也。"

于是信用广武君曰："仆欲北攻燕，东伐齐，何若而有功？"广武君辞谢曰："臣闻败军之将，不可以言勇，亡国之大夫不可以图存，今臣败亡之虏，何足以权大事乎！"信曰："仆闻之，百里奚居虞而虞亡，在秦而秦霸，非愚于虞而智于秦也，用与不用，听与不听也。诚令成安君听足下计，若信者亦已为禽矣。以不用足下，故信得侍耳。"因固问曰："仆委心归计，愿足下勿辞！"广武君曰："臣闻智者千虑，必有一失；愚者

① 泜（chí 池）水：即槐河，在今河北省。 ② 拊（fǔ 府）循：抚慰，安抚。拊通"抚"。

千虑，必有一得。故曰：‘狂夫之言，圣人择焉。’顾恐臣计未必足用，愿效愚忠。夫成安君有百战百胜之计，一旦而失之，军败鄗下，身死泜上。今将军涉西河，虏魏王，禽夏说阏与，一举而下井陉，不终朝破赵二十万众，诛成安君。名闻海内，威震天下，农夫莫不辍耕释耒，褕衣甘食①，倾耳以待命者。若此，将军之所长也。然而众劳卒罢，其实难用。今将军欲举倦弊之兵，顿之燕坚城之下②，欲战恐久力不能拔，情见势屈，旷日粮竭，而弱燕不服，齐必距境以自强也。燕、齐相持而不下，则刘、项之权未有所分也。若此者，将军所短也。臣愚，窃以为亦过矣。故善用兵者不以短击长，而以长击短。”韩信曰：“然则何由？”广武君对曰：“方今为将军计，莫如案甲休兵，镇赵抚其孤，百里之内，牛酒日至，以飨士大夫醳兵③，北首燕路，而后遣辩士奉咫尺之书，暴其所长于燕，燕必不敢不听从。燕已从，使喧言者东告齐④，齐必从风而服，虽有智者，亦不知为齐计矣。如是，则天下事皆可图也。兵固有先声而后实者，此之谓也。”韩信曰：“善。”从其策，发使使燕，燕从风而靡⑤。乃遣使报汉，因请立张耳为赵王，以镇抚其国。汉王许之，乃立张耳为赵王。

楚数使奇兵渡河击赵，赵王耳、韩信往来救赵，因行定赵城邑，发兵诣汉。楚方急围汉王于荥阳，汉王南出，之宛、叶间，得黥布，走入成皋，楚又复急围之。六月，汉王出成皋，东

---

① 褕（yú余）：美好。 ② 顿：屯，驻扎。 ③ 飨（xiǎng响）：犒劳。醳（yì异）：醉酒。 ④ 喧言者：即辩士。 ⑤ 靡（mǐ米）：倒下。

渡河，独与滕公俱，从张耳军修武。至，宿传舍。晨自称汉使，驰入赵壁。张耳、韩信未起，即其卧内上夺其印符，以麾召诸将，易置之。信、耳起，乃知汉王来，大惊。汉王夺两人军，即令张耳备守赵地，拜韩信为相国①，收赵兵未发者击齐。

信引兵东，未渡平原②，闻汉王使郦食其已说下齐③，韩信欲止。范阳辩士蒯通说信曰："将军受诏击齐，而汉独发间使下齐，宁有诏止将军乎？何以得毋行也！且郦生一士，伏轼掉三寸之舌，下齐七十余城，将军将数万众，岁余乃下赵五十余城，为将数岁，反不如一竖儒之功乎？"于是信然之，从其计，遂渡河。齐已听郦生，即留纵酒，罢备汉守御。信因袭齐历下军④，遂至临菑。齐王田广以郦生卖己，乃亨之⑤，而走高密，使使之楚请救。韩信已定临菑，遂东追广至高密西。楚亦使龙且将⑥，号称二十万，救齐。

齐王广、龙且并军与信战，未合，人或说龙且曰："汉兵远斗穷战，其锋不可当。齐、楚自居其地战，兵易败散。不如深壁，令齐王使其信臣招所亡城，亡城闻其王在，楚来救，必反汉。汉兵二千里客居，齐城皆反之，其势无所得食，可无战而降也。"龙且曰："吾平生知韩信为人⑦，易与耳。且夫救齐不战而降之，吾何功！今战而胜之，齐之半可得，何为止？"遂

---

① 相国：相当于丞相，这里指赵相国。② 平原：古邑名，汉置平原县。治所在今山东平原县南。③ 郦食其（lì yì jī 利义基）：人名。④ 历下：地名。在今山东省历城西。⑤ 亨：同"烹"。⑥ 龙且（jū 居）：人名。⑦ 知韩信为人：指韩信年轻时曾受胯下之辱的事，龙且也认为韩信胆小。

战，与信夹潍水陈①。韩信乃夜令人为万余囊，满盛沙，壅水上流，引军半渡，击龙且。详不胜，还走。龙且果喜曰："固知信怯也。"遂追信渡水。信使人决壅囊，水大至。龙且军大半不得渡，即急击，杀龙且。龙且水东军散走，齐王广亡去。信遂追北至城阳，皆虏楚卒。

汉四年②，遂皆降平齐。使人言汉王曰："齐伪诈多变，反复之国也。南边楚，不为假王以镇之③，其势不定。愿为假王便。"当是时，楚方急围汉王于荥阳，韩信使者至，发书，汉王大怒，骂曰："吾困于此，旦暮望若来佐我，乃欲自立为王！"张良、陈平蹑汉王足，因附耳语曰："汉方不利，宁能禁信之王乎？不如因而立，善遇之，使自为守。不然，变生。"汉王亦悟，因复骂曰："大丈夫定诸侯，即为真王耳，何以假为！"乃遣张良往立信为齐王，征其兵击楚。

楚已亡龙且，项王恐，使盱眙人武涉往说齐王信曰④："天下共苦秦久矣，相与勠力击秦。秦已破，计功割地，分土而王之，以休士卒。今汉王复兴兵而东，侵人之分，夺人之地，已破三秦，引兵出关，收诸侯之兵以东击楚，其意非尽吞天下者不休，其不知厌足如是甚也。且汉王不可必，身居项王掌握中数矣，项王怜而活之，然得脱，辄倍约，复击项王，其不可亲信如此。今足下虽自以与汉王为厚交，为之尽力用兵，终为

---

① 潍水：俗称维河，在今山东省境内。 ② 汉四年：公元前203年。 ③ 假王：名义上的王，代理王。 ④ 盱眙（xū yí 虚夷）：地名，故址在今江苏盱眙县东北。

之所禽矣。足下所以得须臾至今者，以项王尚存也。当今二王之事，权在足下。足下右投则汉王胜，左投则项王胜①，项王今日亡，则次取足下。足下与项王有故，何不反汉与楚连和，三分天下王之？今释此时，而自必于汉以击楚，且为智者固若此乎！”韩信谢曰：“臣事项王，官不过郎中，位不过执戟，言不听，画不用，故倍楚而归汉。汉王授我上将军印，予我数万众，解衣衣我，推食食我，言听计用，故吾得以至于此。夫人深亲信我，我倍之不祥，虽死不易。幸为信谢项王！”

武涉已去，齐人蒯通知天下权在韩信，欲为奇策而感动之，以相人说韩信曰：“仆尝受相人之术。”韩信曰：“先生相人何如？”对曰：“贵贱在于骨法，忧喜在于容色，成败在于决断，以此参之②，万不失一。”韩信曰：“善。先生相寡人何如？”对曰：“愿少间③。”信曰：“左右去矣！”通曰：“相君之面，不过封侯，又危不安。相君之背④，贵乃不可言。”韩信曰：“何谓也？”蒯通曰：“天下初发难也，俊雄豪杰建号壹呼⑤，天下之士云合雾集，鱼鳞杂遝⑥，熛至风起⑦。当此之时，忧在亡秦而已。今楚汉分争，使天下无罪之人肝胆涂地，父子暴骸骨于中野，不可胜数。楚人起彭城，转斗逐北，至于荥阳，乘利席卷，威

① 右投、左投：当时齐对汉、楚而言，汉在右，楚在左，所以才说“右投则汉王胜，左投则项王胜”。 ② 参：参验。 ③ 少间：短暂的空隙。 ④ 背：脊背，这里又暗指背叛。 ⑤ 建号：即称王。 ⑥ 杂遝（tà 踏）：拥挤纷乱。 ⑦ 熛至风起：像火飞腾、风卷起一样。

震天下。然兵困于京、索之间，迫西山而不能进者，三年于此矣。汉王将数十万之众，距巩、雒，阻山河之险，一日数战，无尺寸之功，折北不救①，败荥阳，伤成皋，遂走宛、叶之间，此所谓智勇俱困者也。夫锐气挫于险塞，而粮食竭于内府，百姓罢极怨望，容容无所倚②。以臣料之，其势非天下之贤圣固不能息天下之祸。当今两主之命县于足下③。足下为汉则汉胜，与楚则楚胜。臣愿披腹心，输肝胆，效愚计，恐足下不能用也。诚能听臣之计，莫若两利而俱存之，三分天下，鼎足而居，其势莫敢先动。夫以足下之贤圣，有甲兵之众，据强齐，从燕、赵，出空虚之地而制其后，因民之欲，西乡为百姓请命，则天下风走而响应矣，孰敢不听！割大弱强，以立诸侯，诸侯已立，天下服听而归德于齐。案齐之故，有胶、泗之地，怀诸侯以德，深拱揖让，则天下之君王相率而朝于齐矣。盖闻'天与弗取，反受其咎；时至不行，反受其殃'。愿足下孰虑之！"

韩信曰："汉王遇我甚厚，载我以其车，衣我以其衣，食我以其食。吾闻之，乘人之车者载人之患，衣人之衣者怀人之忧，食人之食者死人之事，吾岂可以乡利倍义乎！"蒯生曰："足下自以为善汉王，欲建万世之业，臣窃以为误矣。始常山王、成安君为布衣时，相与为刎颈之交。后争张黡、陈泽之

---

① 折北：折，挫折。北，失败。 ② 容容：动荡不安的样子。
③ 县(xuán 玄)：悬的本字，维系、决定的意思。

事①，二人相怨。常山王背项王，奉项婴头而窜，逃归于汉王。汉王借兵而东下，杀成安君泜水之南，头足异处，卒为天下笑。此二人相与，天下至驩也②。然而卒相禽者，何也？患生于多欲而人心难测也。今足下欲行忠信以交于汉王，必不能固于二君之相与也，而事多大于张黡、陈泽。故臣以为足下必汉王之不危已，亦误矣。大夫种、范蠡存亡越，霸句践，立功成名而身死亡。野兽已尽而猎狗亨。夫以交友言之，则不如张耳之与成安君者也；以忠信言之，则不过大夫种、范蠡之于句践也。此二人者，足以观矣。愿足下深虑之！且臣闻勇略震主者身危，而功盖天下者不赏。臣请言大王功略：足下涉西河，虏魏王，禽夏说，引兵下井陉，诛成安君，徇赵，胁燕，定齐，南摧楚人之兵二十万，东杀龙且，西乡以报。此所谓功无二于天下，而略不世出者也。今足下戴震主之威，挟不赏之功，归楚，楚人不信；归汉，汉人震恐；足下欲持是安归乎？夫势在人臣之位，而有震主之威，名高天下，窃为足下危之！"韩信谢曰："先生且休矣，吾将念之。"

后数日，蒯通复说曰："夫听者事之候也，计者事之机也，听过计失而能久安者，鲜矣。听不失一二者，不可乱以言；计

① 张黡（yǎn 掩）、陈泽之事：秦末农民起义爆发后，张耳、陈馀立赵歇为赵王，共同辅佐。后秦军把赵歇、张耳围困在钜鹿城内，当时陈馀驻军城北，以为寡不敌众而不敢出兵。张耳派张黡、陈泽去责备陈馀。陈馀迫不得已，让他们两人带五千人试攻秦军，结果两人都战死。解围后，张耳因此怨恨陈馀，陈馀一气之下出走，两人从此结仇。 ② 驩：同"欢"。

不失本末者，不可纷以辞。夫随厮养之役者，失万乘之权①；守儋石之禄者②，阙卿相之位③。故知者决之断也，疑者事之害也，审毫氂之小计，遗天下之大数，智诚知之，决弗敢行者，百事之祸也。故曰：'猛虎之犹豫，不若蜂虿之致螫④；骐骥之跼躅⑤，不如驽马之安步；孟贲之狐疑⑥，不如庸夫之必至也；虽有舜、禹之智，吟而不言，不如瘖聋之指麾也。'此言贵能行之。夫功者难成而易败，时者难得而易失也。时乎时，不再来。愿足下详察之！"韩信犹豫，不忍倍汉，又自以为功多，汉终不夺我齐。遂谢蒯通。蒯通说不听，已详狂为巫。

汉王之困固陵⑦，用张良计⑧，召齐王信，遂将兵会垓下。项羽已破，高祖袭夺齐王军。汉五年正月⑨，徙齐王信为楚王，都下邳。

信至国，召所从食漂母，赐千金。及下乡南昌亭长，赐百钱，曰："公，小人也，为德不卒。"召辱己之少年令出胯下者以为楚中尉。告诸将相曰："此壮士也，方辱我时，我宁不能杀之邪！杀之无名，故忍而就于此。"

项王亡将钟离昧家在伊庐，素与信善。项王死后，亡归

---

① 万乘：指君王。 ② 儋（dàn 旦）石之禄：微少的俸禄。儋，同"担"。一百斤为一担，一百二十斤为一石。 ③ 阙：缺。 ④ 虿（chài 柴去声）：蝎子一类的毒虫。螫（shì 世）：刺。 ⑤ 跼躅：局促。 ⑥ 孟贲（bēn 奔）：古代的勇士。 ⑦ 固陵：即固始，地在今河南省淮阳县西北。 ⑧ 张良计：为了召集各地的军队，张良建议把自陈以东到海的地方都给韩信，睢阳以北到谷城，给彭越，让他们各为自己打仗，借以灭楚。 ⑨ 汉五年：公元前 202 年。

信。汉王怨眛，闻其在楚，诏楚捕眛。信初之国，行县邑，陈兵出入。汉六年，人有上书告楚王信反。高帝以陈平计，天子巡狩会诸侯，南方有云梦，发使告诸侯会陈："吾将游云梦。"实欲袭信，信弗知。高祖且至楚，信欲发兵反，自度无罪，欲谒上，恐见禽。人或说信曰："斩眛谒上，上必喜，无患。"信见眛计事，眛曰："汉所以不击取楚，以眛在公所。若欲捕我以自媚于汉，吾今日死，公亦随手亡矣。"乃骂信曰："公非长者。"卒自刭。信持其首，谒高祖于陈。上令武士缚信，载后车。信曰："果若人言：'狡兔死，良狗亨；高鸟尽，良弓藏；敌国破，谋臣亡。'天下已定，我固当亨！"上曰："人告公反。"遂械系信。至雒阳，赦信罪，以为淮阴侯。

信知汉王畏恶其能，常称病不朝从。信由此日夜怨望，居常鞅鞅，羞与绛、灌等列。信尝过樊将军哙，哙跪拜送迎，言称臣，曰："大王乃肯临臣！"信出门，笑曰："生乃与哙等为伍！"上常从容与信言诸将能不①，各有差。上问曰："如我，能将几何？"信曰："陛下不过能将十万。"上曰："于君何如？"曰："臣多多益善耳。"上笑曰："多多益善，何为为我禽？"信曰："陛下不能将兵，而善将将，此乃信之所以为陛下禽也。且陛下所谓天授，非人力也。"

陈豨拜为钜鹿守，辞于淮阴侯。淮阴侯挈其手，辟左右与之步于庭，仰天叹曰："子可与言乎？欲与子有言也。"豨曰："唯将军令之。"淮阴侯曰："公之所居，天下精兵处也；而

---

① 不(fǒu 否)：同"否"。

公，陛下之信幸臣也。人言公之畔，陛下必不信；再至，陛下乃疑矣；三至，必怒而自将。吾为公从中起，天下可图也。”陈豨素知其能也，信之，曰：“谨奉教！”汉十年，陈豨果反。上自将而往，信病不从。阴使人至豨所曰：“弟举兵，吾从此助公。”信乃谋与家臣夜诈诏赦诸官徒奴，欲发以袭吕后、太子。部署已定，待豨报。其舍人得罪于信，信囚，欲杀之。舍人弟上变①，告信欲反状于吕后。吕后欲召，恐其党不就，乃与萧相国谋，诈令人从上所来，言豨已得死，列侯群臣皆贺。相国绐信曰：“虽疾，强入贺。”信入，吕后使武士缚信，斩之长乐钟室。信方斩，曰：“吾悔不用蒯通之计，乃为儿女子所诈②，岂非天哉！”遂夷信三族。

高祖已从豨军来，至，见信死，且喜且怜之，问：“信死亦何言？”吕后曰：“信言恨不用蒯通计。”高祖曰：“是齐辩士也。”乃诏齐捕蒯通。蒯通至，上曰：“若教淮阴侯反乎？”对曰：“然，臣固教之。竖子不用臣之策，故令自夷于此。如彼竖子用臣之计，陛下安得而夷之乎！”上怒曰：“亨之！”通曰：“嗟乎！冤哉亨也！”上曰：“若教韩信反，何冤？”对曰：“秦之纲绝而维弛③，山东大扰④，异姓并起，英俊乌集。秦失其鹿⑤，天下共逐之，于是高材疾足者先得焉。蹠之狗吠尧，尧

① 上变：上书告发变故。 ② 儿女子：小孩、妇女，这里指太子和吕后。 ③ 纲绝而维弛：纲，网上的大绳。维，系车盖的绳子。纲、维，借指国家的法度。 ④ 山东：崤山以东原来六国的土地。 ⑤ 鹿：比喻国家政权。

非不仁，狗固吠非其主。当是时，臣唯独知韩信，非知陛下也。且天下锐精持锋欲为陛下所为者甚众①，顾力不能耳。又可尽亨之邪！”高帝曰：“置之！”乃释通之罪。

太史公曰：吾如淮阴，淮阴人为余言，韩信虽为布衣时，其志与众异。其母死，贫无以葬，然乃行营高敞地，令其旁可置万家。余视其母冢，良然。假令韩信学道谦让，不伐己功，不矜其能，则庶几哉，于汉家勋可以比周、召、太公之徒，后世血食矣。不务出此，而天下已集，乃谋畔逆，夷灭宗族，不亦宜乎！

【翻译】

淮阴侯韩信，是淮阴人。当初还是平民的时候，贫穷而又没有善行，不能够被推选为官吏，也不会从事生产或经营商业。经常投靠在别人家里吃闲饭，别人大都不喜欢他。他曾经多次投靠在下乡南昌亭长家里求食，一连几个月，亭长的妻子很厌恶他，于是很早就起来做了饭在床上吃了。等到吃饭的时候韩信来，没有给他准备饭。韩信也就明白了她的用意，很生气，从此再也不去他家了。

韩信到城边钓鱼，有几位老大娘在漂洗丝绵，其中有一位老大娘看到韩信饥饿的样子，就拿饭给他吃，在她漂洗的几十天内，天天如此。韩信很高兴，对老大娘说道：“我将来一定加倍报答你。”老大娘却生气地说：“一个堂堂男子汉自

① 锐精持锋：精，精铁。锋，利刃。都指武器。

己养不活自己，我只不过是看你可怜才给你饭吃，难道是希望什么报答吗！”

淮阴屠户中有个年轻人侮辱韩信道：“你虽然身材高大，喜欢带刀剑，实际上是个胆小鬼。”并当众侮辱他说：“你要是有胆量，就刺我一刀；要是不敢，就从我的胯下钻过去。”韩信注视了他好一会，就低头俯身从他的胯下爬了过去。满街的人都因此嘲笑他，以为他胆小怕事。

等到项梁率兵渡过淮河，韩信杖剑从军，投到他的部下，一直没有什么名气。项梁兵败后，又隶属于项羽，项羽任命他为郎中。他曾多次向项羽献计策，项羽都没有采纳。汉王刘邦率兵进入蜀地后，韩信从楚军中逃出来投奔了汉军，不过也没有什么名气，只担任了一个管理粮仓的小官。因犯法要处斩，他的同伙十三人都被斩首后，轮到他，他抬头仰望，恰巧看到了滕公夏侯婴，说道：“汉王不是想要得到天下吗？为什么斩壮士呢！”夏侯婴对他的话很惊奇，对他的仪容也很赞赏，于是放开他不杀。和他交谈，对他所说的很欣赏，并把此事告诉了汉王，汉王任命韩信为治粟都尉，但并不看重他。

韩信曾多次和萧何交谈，萧何很赏识他。去南郑时，将领们在半路上逃亡了几十人，韩信猜想萧何等人已经多次把自己推荐给汉王，汉王不重用自己，随即逃走了。萧何听说韩信跑了，来不及报告刘邦，就亲自去追赶他。有人禀报汉王说：“丞相萧何逃走了。”汉王大怒，就像少了左右手。过了一两天，萧何回来进见汉王，汉王又气又喜，骂萧何道：“你逃跑，为什么？”萧何答道：“我不敢逃跑，我是去追逃跑的人了。”汉王问道：“你所追的是谁？”萧何道：“韩信。”汉王又骂道：“将领中逃走了的数以十计，你没去追；追韩信，不过是借口。”萧何答道：“那些将领容易得到，至于像韩信这样的人，那可是举国无双的奇才。你要是只想长期在汉中称王，那倒用不着韩信；但如果必想争夺天下，那除了韩信就没有能共商大计的人了。这要看你的计算怎么决定了！”汉王说：“我也想向东进啊，哪能长久住在这里郁郁不乐呢！”萧何道：“你既然打算一定要东进，要是能够任用韩信，韩信就会留下来；要是不能重用他，他终究还是会逃跑的。”汉王道：“我就因你的推荐，任命他为将军吧。”萧何道：“虽然任命他为将军，他也肯定不会留下来。”汉王道：“用作大将。”萧何道：“很好！”于是汉王准备把韩信召来任命。萧何阻止道：“你平时待人傲慢，没有礼貌，如今任命大将，就像叫小孩一样，这就是韩信所以要离去的原因。如果你真要任用他为大将，就选一个好日子，亲自斋戒，设立坛场，具备礼节，那才行。”汉王同意了。将领们听到这消息都非常高兴，人人都自以为会担任大将。等到任命大将的时候，就只韩信一个人，全军都很吃惊。

韩信的任命仪式结束后，汉王坐了下来。汉王问道：“丞相经常说起将军，将军用什么计策来指教我？”韩信谦让了一番，于是问汉王道：“现在大王向东去争夺天下，对手不就是项王吗？”汉王道：“是的。”韩信又问：“你自己估计在勇猛仁爱等方面与项王比较哪个强？”汉王沉默了好一会，说道：“我比不上他。”韩信作了两个揖称赞道：“就是我也认为大王你比不上他。不过我曾跟随过他，请让我说说他的为人吧。项王发怒咆哮，千百人都恐惧，但是他不能信用贤将，这只不过是匹夫之勇罢了。项王待人，恭敬慈爱，说话客气；有人病了，他泪流满面，端茶送水；可是假如到了有人因功应当封官授爵的时候，他把印拿在手里，直到玩弄得磨去了棱角，还舍不得给人家。这样的仁爱也就是所谓女人的仁慈罢了。他虽然称霸天下而统治诸侯，但不占据关中而在彭城建立都城。他又违背义帝'先破秦入关者为王'的约定，而把自己亲近喜爱的人封王，诸侯都不满。诸侯见他把义帝迁赶到了江南，也都在受封回去后赶走原来的王而自己占领好地方称王。项王军队所经过的地方，没有不残毁灭绝的，天下的怨愤很大，老百姓都不拥护他，只不过是慑于他的威力勉强屈从罢了。他名义上虽称霸王，实际上不得人心，因而他的强大容易削弱。现在大王你要是能够反其道而行之，任用天下英勇善战的人才，有哪里不能平定！将天下的城邑分封功臣，又有哪个不服！用义兵跟着想东归的士卒，谁的军队又不能击溃！而且项羽分封在秦国旧地的三个王都是原来的秦将，率领秦国子弟已经多年了，被杀死和逃亡了的不可胜数，他们又欺骗部下投降诸侯，到达新安后，项羽用欺骗的手段埋杀了秦军投降的士兵二十多万，唯独章邯、司马欣、董翳脱身了，秦地父老兄弟怨恨这三个人，恨之入骨。现在楚借用威势勉强把他们三人立为王，因而秦地百姓并不拥护。你进入武关，秋毫无犯，废除秦朝苛刻的法律，和秦人约定，订立三条法规，秦人没有不希望你为秦王的。按照诸侯事先的约定，你应当在关中为王，这是关中百姓都知道的。你失去应得的职位进入汉中，秦人没有不感到遗憾的。现在你率军东进，三秦一带只要发布一道文告就能收服。”于是汉王很高兴，只恨相见太晚，因而听从他的计谋，部署各路将领准备向东进攻。

八月，汉王率兵东出陈仓，平定了三秦。汉二年，出函谷关，收服了魏王魏豹、河南王申阳，韩王郑昌、殷王司马卬也都投降了。接着，又联合齐、赵共同进攻楚。四月，到达彭城，汉军兵败离散撤退。韩信又收集部队和汉王在荥阳会合，再次组织进攻，在京县、索城之间打败楚军，致使楚军再也不能西进了。

汉军在彭城失败撤退后，塞王司马欣、翟王董翳背叛汉而投降了楚，齐、赵两国也叛汉而与楚讲和。六月，魏王魏豹请求回去探望生病的母亲，一到自己的封地，就断绝黄河渡口临晋关的交通，背叛汉王，与楚相约讲和。汉王派郦食其去劝说魏豹，没有成功。当年八月，任命韩信为左丞相，攻打魏。魏王聚集重兵驻扎在蒲坂，封锁临晋关，于是韩信布置了许多疑兵，结集船队假装要渡过临晋关，而伏兵则在夏阳用木盆、木桶偷渡黄河，袭击魏都安邑。魏豹惊慌失措，带兵迎击韩信，韩信于是俘虏了魏豹，平定魏地，设置了河东郡。汉王派张耳与韩信同行，率兵向东攻赵，往北攻代。这年的闰九月，击败代军，在阏与擒获代相夏说。韩信攻下魏、打败代军后，汉王立即派人收编了他的精锐部队，到荥阳抵抗楚军。

韩信和张耳率兵数万，准备东下井陉隘击赵。赵王赵歇和成安君陈馀听说汉军要来袭击他们，在井陉隘口聚集军队，号称二十万。广武君李左车向陈馀献计说："听说韩信渡过黄河，俘虏魏王、活捉夏说，最近又血洗阏与；现在又加上张耳辅佐，企图攻下赵国，这是乘胜离开本土到远处作战，锋芒是不可阻挡的。我听说从千里之外运粮食，士兵就会有饥色；到吃饭时才打柴做饭，部队就会经常吃不饱。而现在井陉隘路窄，车辆不能并行，骑兵不能成排，行军的行列要拉长几百里，粮草一定远远落在后面。请你暂时拨给我三万精兵，从小道去截住他们的辎重；你则挖成深沟，筑起高墙，坚守着不和他们对阵。他们向前不能作战，向后又退不回，我的奇兵截断他们的后路，使他们在荒野里也抢不到东西，不到十天，韩信、张耳两个将领的头就可以送到你的旗下。希望你考虑我的计策！要不然，肯定会被这两个小子抓住！"陈馀本是一介书生，一向声称"仁义之师不搞阴谋诡计"，即说道："我听兵法说十倍于敌则围困，两倍则作战，如今韩信的军队号称数万，实际上不过几千人，他们跋涉上千里来袭击我们，已经极为疲惫。现在像这样还避而不出击，以后再有更强大的敌人，那又怎么对付！而这样做，诸侯说我们胆小，而轻易来攻打我们。"陈馀不听从李左车的计策。广武君李左车的计策终不被采用。

韩信派人暗中侦察，知道陈馀不用李左车的计策，回来报告，韩信很高兴，于是就大胆地率军直下井陉隘。离井陉口三十里，停下来宿营。半夜里传令出发，选择了两千名轻骑兵，每人拿着一面红旗，从小路隐蔽到山上观望赵军，韩信告诫他们说："赵军看到我军后退，必定会倾巢出动来追赶我们，到时候你们迅速突入他们的营垒，拔下赵军的旗帜，换上我们的红旗。"又命令副将传送干粮，并说："今天打败赵军会餐！"所有将领都不相信，假装答应道："好。"韩信对执事的军官说道："赵军已先占领有利地形构筑营垒，而且他们没有见到我们的大将旗鼓，肯定不会攻打我军的先行部队，怕我们到了路狭山险的地方遇到阻击而退回去。"韩信于是派一万人打先锋，出了隘口，背靠河水列阵。赵军看见大笑。凌晨时分，韩信打起大将旗鼓，擂着鼓开出井陉口，赵军打开营垒出击他们，大战了好久。于是韩信、张耳假装战败，丢弃旗鼓，奔向河边的阵地。河边驻军打开营门迎接，接着又和赵军急战。赵军果然倾巢出动去争夺汉军旗鼓，追逐韩信、张耳。韩信、张耳已经进入水边军营，士兵都殊死奋战，赵军无法打败他们。韩信派出的两千轻骑兵，等到赵军全跑出营地去追求战利品时，就迅速冲入赵军营垒，纷纷拔掉赵军旗帜而树起两千面汉军红旗。赵军没有打胜，又不能捉到韩信、张耳等人，想要撤回营地，却见营垒中全是汉军的红旗，因而大惊失色，以为汉军已全部抓获了赵王的将领，于是军队大乱，士兵纷纷逃跑。赵将虽然斩杀一些士兵，还是禁止不住。于是汉军前后夹攻，大败赵军，在泜水边斩了成安君陈馀，活捉了赵王赵歇。

韩信传令军中，不得杀害广武君李左车，有能活捉他的赏一千金。于是有人捆着广武君李左车送到了韩信的将旗下，韩信亲自为李左车松绑，让他坐在向东的尊位上，自己面向西坐着，像对待老师一样对待他。

将领们呈献完首级和战俘，纷纷庆贺，并问韩信道："兵法上说布列阵地要右边背靠山陵，左面和前方临近水泽，现在你反而命令我们背靠着水列阵，宣布打败赵军会餐，当时我们并不信服。可是结果竟取得了胜利，这是什么战术？"韩信道："这也出于兵法，只是你们没有注意罢了。兵法上不是说'陷于死地而结果得生，置于亡地反而得存'吗？况且我平时不能亲近爱抚将士，这也就等于是带领一群乌合之众去作战，自然就不得不置于死地，使每个人都为了保全自己而努力奋战；要是留下生路，他们都会临阵脱逃，哪里还能指挥他们去拼杀呢！"将领们都佩服地说道："有道理。将军的谋略不是我们比得上的。"

于是韩信问李左车："我想向北攻打燕国，向东讨伐齐国，怎样才能够取胜？"李左车推辞道："我听说打了败仗的将领，没有资格谈论勇敢；亡了国的士大夫，不能谋划国家的存亡。如今我是个兵败国亡的俘虏，怎能参谋大事！"韩信说："我曾听说百里奚在虞国而虞国灭亡了，在秦国而秦国却称了霸，这并不是他在虞国笨而到秦国就聪明了，而在于国君任不任用他，听不听从他的意见。假使陈馀听从你的计策，那我韩信也就当了俘虏了。正因为他不用你的计策，才使我韩信能够在这里听从你的指教。"于是再三恳求道："我诚心诚意地求教，希望你不要推辞！"李左车道："我听说智者千虑，必有一失；愚者千虑，必有一得。所以俗话说'即使是一个狂人所说的话，圣人也有考虑选择的价值'。只怕我的计策不足以采用，不过我愿意尽心效力。陈馀有百战百胜的计谋，但一旦失算，就失败在鄗城之下，身死在泜水之上。如今你渡过黄河，俘虏魏王，在阏与活捉夏说，一举又攻下井陉，不到一个上午就击破二十万赵军，处死陈馀，名闻海内，威震天下，农夫没有不放下农具，停止耕作，穿好吃好，侧起耳朵听候命令的。这就是你的长处。不过当前民众劳苦，士卒疲惫，难以继续作战。如果将军打算用这样劳苦疲惫的军队，去围攻燕国的坚固城池，恐怕拖长了时间而攻不下来，情况暴露而陷入被动，时间长了粮食也会缺乏，而弱小的燕国不降服，齐国必定在边境上坚守自卫。和燕、齐相持不下，刘邦、项羽双方的悬殊也就分不出来。这就是你的不足。我虽然不聪明，但私下也觉得这样不好。所以会用兵的人不以自己的短处去攻击敌人的长处，而是用长处去攻击短处。"韩信又问道："那怎么办呢？"李左车答道："如今替将军打算，不如按兵不动，安定赵国，抚恤赵国阵亡者的后代，那么百里之内，每天有酒肉送来，慰问、犒劳将士。把部队摆成北上攻燕的架势，然后派能言善辩的人带上书信，向燕国说明自己的长处，燕国必定不敢不听从。燕国服从了，再派能言善辩的人往东通告齐国，齐国也一定会像草随风倒那样很快降服，虽然有聪明人，也不知该怎样为齐国出谋画策了。如果这样，则天下事都可以图谋了。用兵所谓先虚张声势，而后加以实力，就是说的这个道理。"韩信说道："好。"听从了他的计策，派遣使者出使燕国，燕国随即投降。韩信派使者报告汉王，请立张耳为赵王，来镇抚赵国。汉王同意了，于是就立张耳为赵王。

楚国多次派奇兵渡过黄河袭击赵国，赵王张耳、韩信往返援救，因而边行军边安定了赵国所有的城邑，调发各城邑的军队去接济汉王。楚军正在荥阳加紧包围汉王，汉王从南边突围，到达宛县和叶县之间，降服黥布，退到成皋，楚军又团团把成皋包围起来。六月，汉王突出成皋，东渡黄河，只有滕公夏侯婴同行，跟随张耳的军队到修武。到了修武后，住宿在驿站的客舍里。第二天凌晨自称是汉王的使者，纵马进入赵军营垒。张耳、韩信还没起床，汉王就在他们的卧室内夺取了他们的印信和兵符，用令旗召集诸将，更换了他们的职位。韩信、张耳起来后，才知道汉王来了，非常吃惊。汉王夺过他们两人的军队，就命令张耳守卫赵地，任命韩信为赵相国，让他收集赵军中还没有发往荥阳的部队，去进攻齐国。

韩信率兵东进，还没有从平原津渡过黄河，就听说汉王派郦食其已经说服齐国投降，韩信准备停止进军。范阳辩士蒯通劝韩信道："将军奉命进攻齐国，而汉王只不过派密使说服齐国，难道有命令让将军停下来吗？为什么不再进军！况且郦生不过是一个书生，乘车到齐国，只凭一张嘴就轻而易举地收服齐国七十多座城邑；将军率领几万人，一年多才攻下赵国五十多座城邑，当了多年的大将军，难道反而比不上一个小儒生的功劳吗？"韩信觉得有理，于是听从他的计策，渡过黄河。齐国已经听从郦食其的劝说，就留下他纵酒作乐，撤除了防备汉军的部队和设施。韩信乘机袭击齐国在历下的军队，因而抵达临菑。齐王田广认为郦生出卖了自己，就烹杀了郦生而逃往高密，派使者到楚国请求救兵。韩信已经平定了临菑，于是东追田广到达高密西边。楚国也派龙且率兵，号称二十万，援救齐国。

齐王田广、龙且把军队合并在一起和韩信对阵，尚未交锋，有人劝龙且道："汉军远离本土作战，必定是全力以赴，势不可挡；齐、楚军队在自己的家乡作战，士兵都恋家，容易逃散。倒还不如加强营垒，叫齐王派他亲信的人去招附被汉军攻克了的城邑。那些城邑的人听说他们的国王还在，又有楚军来救援，必定会背叛汉军。汉军驻扎在远离本土两千里之外，齐国的城邑又都反抗他们，他们势必得不到给养，那就可以用不着作战就使他们投降了。"龙且说道："我素来熟悉韩信的为人，容易对付。况且援救齐国，没打仗就使他投了降，那我又有什么功劳！假使经过战斗而取胜，那么我就可以得到半个齐国，我为什么不打！"于是决定交战，和韩信隔着潍水相对列阵。韩信令人在夜间做了一万多只袋子，盛满沙土，在河的上游把水堵住，带一半军队渡河，攻打龙且。假装打不赢，后退。龙且果然高兴地说："我本来就知道韩信胆小。"于是渡河追击韩信。韩信派人决开上游堵水的袋子，河水汹涌而来，龙且的军队大部分过不了河，韩信立即迅速反击，杀了龙且。龙且在河对面的军队溃散逃走，齐王田广也逃跑了。韩信于是追击败兵到城阳，全部俘虏了楚军士卒。

汉四年，齐国城邑全部投降，韩信平定了齐国，派人上书汉王说："齐国是狡诈多变，反复无常的国家，南边又靠近楚国，不暂时设立一个代理的王来镇抚，它的局势就很难安定。

请允许我暂时代理齐王。”当时，楚军正把汉王团团包围在荥阳，韩信的使者到后，汉王打开书信一看，非常生气，骂道：“我被围困在这里，日夜盼望你来援助我，可你倒想自己称王！”张良、陈平暗中踩了踩汉王的脚，并附在汉王耳边悄悄地说道：“现在汉军正处于劣势，怎么能禁止韩信称王呢！不如乘机立他为齐王，好好地对待他，让他自己去镇守齐国；否则，就会发生变故！”汉王也明白过来了，于是又故意骂道：“男子汉大丈夫平定了诸侯国，做就做正式的王，又何必做暂时代理的王呢！”于是派张良去立韩信为齐王，征调他的部队进攻楚军。

楚国已经失去了龙且，项王担忧起来了，派盱眙人武涉去争取韩信道：“天下共受暴秦之苦很久了，因此大家联合起来共同反抗秦王朝。秦被推翻了，按功劳分配土地，分别为王，停止战事。可如今汉王又兴兵东征，侵略别人的封国，占领别人的土地；已经打败三秦，率兵出函谷关，收集诸侯的兵向东进攻楚国，其意图就在于不全部并吞天下诸侯就不罢休，他的不知足到了这个地步，真是太过分了。而且汉王不可相信，他多次落到项王的手里，项王可怜他而把他放了，可他只要一脱身，就背信弃义，又来攻打项王，他的不可亲近、不可信任也就是这样子。现在你虽然自以为和汉王交情深厚，为他尽力作战，终究还是会被他捉拿的。你之所以可以延续到现在，原因就在于项王还存在。眼下在他们两个人争夺天下的事业中，举足轻重的是你。你向右边倒则汉王取胜，向左边靠则项王取胜。项王今天死，明天就轮到你了。

你和项王原来有过交往，为什么不叛汉与楚讲和，三分天下而自立为王呢？现在错过这个时机，死心塌地地帮助汉王去攻打楚国，难道一个有智谋的人应该这样做吗！”韩信辞谢道：“我过去事奉项王，官不过就是个郎中，职位也不过就是搞搞守卫而已，我的意见他不听从，我出的计策他也不采纳，所以才背楚而归附汉。汉王授给我大将军印，让我带数万人马，把衣服脱给我穿，把好饭让给我吃，言听计从，所以我才有了今天。别人对我很好，很信任我，我背叛他不会有好的结果，就是死也不改变主意了。还望你替我向项王表示歉意！”

武涉走后，齐国人蒯通明白天下的胜负取决于韩信，想用妙计打动他，就以看相人的身份对韩信说：“我曾学了看相术。”韩信问道：“你看相的技术怎样？”蒯通答道：“人的贵贱取决于骨骼，运气取决于气色，成败取决于果断，用这三方面互相参照，绝没有不准的。”韩信道：“不错。请先生看我的相怎么样？”蒯通答道：“请屏退旁人。”韩信就命令道：“旁人都出去！”蒯通说道：“从你的脸面看起来，不过封侯罢了，而且还有危险。而从你的背看起来，那可真是贵不可言了。”韩信问道：“那是什么意思？”蒯通答道：“天下才起义的时候，只要英雄豪杰建立名号，振臂一呼，天下的勇士就像云雾一样会合，像鱼鳞一样拥挤纷乱；如火焰般燃烧，狂风般骤起。在那个时候，大家所考虑的只是怎样推翻秦王朝。现在楚汉分争，使天下无罪的人肝胆涂地，父子的尸骨暴露在荒野中，不可胜数。楚军在彭城起兵，转战追击，到达荥阳，乘胜席卷，威震天下。然而被围困在京县、索亭之间，阻挡于成皋以西的山地而不能进军，在这里已停留了三年。汉王统率数十万人马，依据巩、洛两地，凭借山河的险阻，虽然一天几战，却无法推进，甚至受到挫败而无法自救，先在荥阳失败，后又在成皋受伤，于是逃奔到宛县、叶县之间，这正是有智的智用尽，有力的力使完。锐气在险阻中受挫，而仓库中的粮食耗尽，老百姓疲惫不堪，怨声载道，人心惶惶，无所依靠。据我看来，这形势表明，不是天下的贤圣就不能平息天下的动乱。当前刘、项二王的命运就维系在你身上。你帮助汉则汉胜，加入到楚则楚胜。我愿披肝沥胆，奉献愚计，只怕你不愿用。假如你能够听从我的计策，不如两边都不损害，让他们共存下来，你与他们三分天下，鼎足而立，在这种形势下，谁也不敢先动。以你的贤才圣德，又拥有众多的军队，占据强大的齐国，率领燕、赵，出兵控制楚汉双方兵力空虚的地方，牵制他们的后方，顺应民众的愿望，向西要求楚汉停战，结束连年的战祸，为百姓求得生存，则天下将迅速响应，谁还敢不听从！进而削弱强大的国家，分割其地封立诸侯，诸侯封立起来了，天下就会感恩戴德，归服听命于齐国。安定好齐国现有的地盘，占据胶州、泗水一带，以恩德安抚诸侯，从容有礼，那么天下的君王都会相继到齐国朝见了。我听说'上天赐予的好处不要，反而受害；时机到了不行动，反而遭殃'。希望你仔细考虑。"

韩信道："汉王对我恩德深厚，把他自己的车给我坐，把他自己的衣服给我穿，把他自己的食物给我吃。我听说：乘别人的车就要替别人承受患难，穿别人的衣服就要替别人操心，吃别人的饭就要为别人的事尽力，我怎么能为了追求私利而背信弃义呢！”蒯通道：“你自以为和汉王交情深厚，要因此而建立不朽的功业，我私下认为这种想法错了。当初常山王张耳、成安君陈馀还在平民时，彼此结成了生死之交。可后来因为张黡、陈泽的事发生争执，两人互相责怪。张耳背叛项羽，带了项羽使者项婴的脑袋逃走，归附了汉王。汉王派他领兵东下，在泜水之南杀了陈馀，使陈馀身首分离，结果为天下人耻笑。他们两人的关系，是天下最融洽的了，可最后还是反目为仇，互相攻打，这是为什么呢？原因就在于忧患产生于欲望太多，人心难测。现在你要忠诚守信和汉王交往，你们之间的信任程度不能比张耳、陈馀他们两个人更强，而你们之间所发生的事情则大多比张黡、陈泽的事大。所以我认为你相信汉王不会加害你，也错了。大夫文种、范蠡复兴了即将灭亡的越国，辅佐越王勾践称霸诸侯，立了功，成了名，但最后还是一个被杀，一个被迫逃亡。野兽打尽了，猎狗也就烹杀了。以交友而论，你与汉王的关系比不上张耳和陈馀的关系；以忠臣守信而论，你与汉王也超不过文种、范蠡与勾践。这两件人和事，就足以借鉴了。望你仔细考虑。况且我曾听说，勇敢和谋略震慑君主的人自身就有危险，而功劳太大的人则得不到奖赏。请允许我说说你的功勋和谋略吧：你横渡黄河，俘虏魏豹，活捉夏说，率兵下井陉隘，处死陈馀，灭掉赵国，逼降燕国，平定齐国，南下打垮楚军二十万，在东方杀了龙且，向西报捷。这可以说是功劳之大，举世无双；谋略之强，世间少有。如今你蒙着震动主上的威势，带着无法行赏的功劳，归附楚，楚国人不信任；归附汉，汉人又害怕。在这种情况下你准备往哪边走？作为臣下而有震动君主的威势，誉满天下，真替你担心！”韩信婉转地说道：“你不必说了，我会考虑的。”

几天后，蒯通又对韩信说道：“能听取意见，是事情成功的征兆；能仔细考虑，是事情成功的关键。不听取意见，不考虑得失，而能够长期安定的，很少。听取建议，如果误解的不超过一两成，那就不会被花言巧语所迷惑；考虑周全，能权衡主次轻重，就不会受到别人议论的干扰。安于作劈柴养马差事的人，就会失去当君王的可能；满足于微薄俸禄的人，就得不到卿相的高职。所以说，办事坚决，是智者果断的表现，而犹豫不决，则是误事的根源，斤斤计较一毫一厘的小利，而忘记了天下的大局，心里虽然明白，但不敢下决心实行，那就是不能成就任何事情的祸根。所以说：‘猛虎的游移不前，还不如蜂蝎的施用毒刺；良马的徘徊不前，还比不上劣马的稳步前进；孟贲那样的勇士优柔寡断，还不如一般的人决意为事情的成功而苦干；虽然有舜和禹那样的智慧，但闭口不言，还不如聋哑人的用手示意。’这也就是说可贵在于能行动。功业难于建立而容易失败，时机难于得到却容易丧失。时机啊，时机，失去了不再来。希望你还是仔细考虑。”韩信犹豫不决，不忍心背叛汉，又自认为功劳大，汉王终究不会来夺走自己的齐国，于是辞谢蒯通。蒯通的建议没被采纳，后来他就装疯做巫师去了。

汉王在固陵受到困阻，采纳张良的计策，召齐王韩信，韩信率兵在垓下会战。汉王又用突然袭击的办法夺走了齐王的军队。汉五年正月，迁齐王韩信为楚王，定都下邳。

韩信到达封国楚地，找来曾经给他食物的那位漂母，赐黄金一千作为报酬。又找到下乡南昌亭长，赐给一百钱，说道："你是个小人，做好事有始无终。"召来曾让他从胯下钻过去侮辱他的那个年轻人，任命他为楚国中尉。并对将领们说道："这真是个壮士。当时他侮辱我时，我难道真不敢杀他吗？杀了他不能成名，所以就忍辱而达到了现在的境地。"

项羽的逃将钟离眛家在伊庐邑，平素和韩信相好。项羽死后，逃亡归附韩信。汉王怨恨钟离眛。韩信刚到楚国，巡视县邑，出入带兵护卫。汉六年，有人上书控告楚王韩信谋反。高帝刘邦采纳陈平的计策，以天子巡视的名义会见诸侯，南方有个云梦泽，派使者通知各诸侯王到陈地相会说："我将到云梦泽游玩。"实际上是想袭击韩信，韩信并不知道。高帝将到楚国时，韩信准备率兵反叛，但又自以为没有罪，用不着；想进见高帝，又担心被擒拿。有人建议韩信道："斩了钟离眛进见高帝，高帝必定高兴，也就不会有祸患了。"韩信和钟离眛商量，钟离眛说道："汉所以不派兵用武力攻打楚国，是因为我在你这里。你要是抓了我去向汉王献媚，我现在死了，你也随着就没命了。"于是又骂韩信道："你并不是一个忠厚长者！"说罢，自刎而死。韩信带了他的首级，在陈县进见了高帝。高帝命令武士把韩信捆了起来，关在随行的囚车上。韩信道："果然像别人所说的，'狡兔死了，良狗就被烹杀；飞鸟射尽了，良弓也就被收藏起来；敌国灭了，谋将也就要被处杀’。现在天下已经太平了，本是我要被烹杀的时候了！”高帝道：“有人告你谋反。”于是把韩信扣上刑具。到洛阳后，赦免了韩信的罪，降封为淮阴侯。

韩信知道高帝害怕和嫉妒他的才能，经常称病不来朝见和侍从。韩信因此整天牢骚满腹，抱怨不迭，经常闷闷不乐，羞于和周勃、灌婴等处于同等地位。韩信曾到将军樊哙家，樊哙跪拜迎送，自称为臣，并说：“真没想到大王你竟然愿意屈驾光临臣下家门！”韩信出来后，笑道：“想不到我竟然可与樊哙等人为伍！”高帝曾和韩信闲聊诸将能力的大小，评价各有短长。高帝问道：“像我这样能带多少军队？”韩信道：“陛下不过能带十万而已。”高帝又问道：“你又怎么样？”韩信道：“我多多益善。”高帝笑道：“多多益善，为什么又被我抓获了？”韩信答道：“陛下不擅长领兵，但善于带将，这就是我韩信之所以被你捉拿的原因了。况且你是上天授予的，并不是人力所能达到的。”

陈豨被任命为钜鹿郡守，向韩信告别。韩信握着他的手，摒退旁边的人，和他在庭中散步，仰天而叹道：“能和你谈一谈吗？我有话要跟你说。”陈豨道：“你就请讲吧。”韩信道：“你所处的地方，是天下精兵聚集的要地；而你，是皇上亲信宠幸的人。如果有人说你谋反，皇上肯定不会相信；要是再有人说，皇上就会怀疑了；待到第三个人这么说时，皇上就会大为发怒并亲自带兵来攻打你了。我替你作内应，那么天下就有希望夺到手了。”陈豨素来知道韩信有才能，就相信了，并说道："还望多多指教！"汉十年，陈豨果然反叛。高帝亲自率兵去攻打，韩信称病没有同去。悄悄派人到陈豨那里，告诉他："尽管起兵，我在这里助你一臂之力。"韩信于是和随从亲信商量晚上作假诏令赦免各衙署领有的苦役和官奴，准备派去袭击吕后、太子。部署好以后，等着陈豨的回信。他的门客中有个人得罪了韩信，韩信把他关了起来，准备杀了他。这人的弟弟上书，把韩信要谋反的事报告了吕后。吕后想把韩信召来，又怕他的党羽不肯就范。于是和相国萧何谋画，派人假装从高帝那里来，说陈豨已经被捕处死了，诸侯百官纷纷朝贺。萧何骗韩信道："虽然有病，还是勉强支持着进宫来祝贺。"韩信进宫后，吕后派武士把韩信捆了起来，在长乐宫中挂钟的屋子里斩了他。韩信临斩时，说道："我真后悔不采纳蒯通的计策，而被女人小孩欺骗，这难道不是天意吗！"于是灭了韩信的三族。

后来高帝打败陈豨的军队回来，回到宫中，见韩信已死，感到既高兴又可怜，问道："韩信死时说了什么？"吕后答道："韩信说悔恨没有用蒯通的计策。"高帝道："那是一个齐国辩士。"于是下令齐国捉拿蒯通。蒯通到后，高帝问道："是你怂恿韩信背叛我吗？"蒯通答道："是的，我确实劝过他。这小子不采用我的计策，所以才在这里身死族灭。倘若那小子听从我的计谋，那你又怎么能把他抓起来杀了呢！"高帝怒道："烹了他！"蒯通叹道："唉，烹死我，冤枉啊！"高帝问道："你怂恿韩信谋反，有什么冤枉？"蒯通答道："秦朝纲纪废弛，崤山以东大乱，异姓纷纷起兵，天下英雄豪杰如乌鸦似的群集起来。

秦政权崩溃，天下纷纷争夺，于是才智高超、行动敏捷的人就取得了胜利。‘蹠的狗对着尧狂叫，并不是尧帝不仁，狗的生性本来就是对着不是自己的主人吠叫。’在那个时候，我只熟悉韩信，而不熟悉陛下。况且天下磨刀执剑要像你一样争夺天下的人很多，只是力不能及罢了，难道你又能够把他们全部烹杀吗！”高帝于是命令：“放了他。”赦免了蒯通的罪过。

太史公道：我到淮阴去，淮阴人对我说，韩信还是普通百姓的时候，志向就与众不同。他的母亲去世，家里穷得无法安葬，可他还是四处谋求地势高而宽敞的地方，要让旁边可以居下上万户人家。我看了他母亲的坟地，确实是这样。假使韩信明理谦让，不居功自傲，不自夸才高，那么他在汉朝的功勋就差不多可以和古代的周公、召公、太公等人相媲美了，封国也就可以传之不绝，他也就可以享受到后世的祭祀了。他不这样做，而在天下已经统一时，还图谋反叛，被灭掉宗族，难道不是应该的吗！

季布栾布列传

季布和栾布是汉初两位很有侠义风度的勇士。本篇写季布，着意刻画他那种大丈夫能屈能伸，直言不讳，嫉恶如仇，注重信誉的品格。写栾布，侧重描述他对彭越的忠诚以及视死如归的精神。作者在写这篇传记时，正像写《刺客列传》等篇一样，融入了个人对人生世事的深沉感慨。“太史公曰”中所说的“自负其才，故受辱而不羞”，“贤者诚重其死”这些话，正是司马迁忍辱重死，以成《史记》的自我写照，读者在欣赏本篇时，联系《史记》中与这篇相类似的论述，当可认识到司马迁所说的“死或重于泰山，或轻于鸿毛”，并不是偶然激愤的话。

季布者，楚人也。为气任侠，有名于楚。项籍使将兵，数窘汉王。及项羽灭，高祖购求布千金，敢有舍匿，罪及三族。季布匿濮阳周氏。周氏曰："汉购将军急，迹且至臣家，将军能听臣，臣敢献计；即不能，愿先自到。"季布许之。乃髡钳季布①，衣褐衣，置广柳车中②，并与其家僮数十人，之鲁朱家所卖之。朱家心知是季布，乃买而置之田。诫其子曰："田事听此奴，必与同食。"朱家乃乘轺车之洛阳③，见汝阴侯滕公④。滕公留朱家饮数日。因谓滕公曰："季布何大罪，而上求之急也？"滕公曰："布数为项羽窘上，上怨之，故必欲得之。"朱家曰："君视季布何如人也？"曰："贤者也。"朱家曰："臣各为其主用，季布为项籍用，职耳。项氏臣可尽诛邪？今上始得天下，独以己之私怨求一人，何示天下之不广也！且以季布之贤而汉求之急如此，此不北走胡即南走越耳。夫忌壮士以资敌国，此伍子胥所以鞭荆平王之墓也⑤。君何不从容为上言邪？"汝阴侯滕公心知朱家大侠，意季布匿其所，乃许曰："诺。"待间，果言如朱家指。上乃赦季布。当是时，诸公皆多季布能摧刚为柔⑥，朱家亦以此名闻当世。季布召见，谢，上拜为郎中。

---

① 髡(kūn 昆)钳：秦时的刑罚。髡是去发，钳是用铁箍扎着脖子。 ② 广柳车：当时运输用的大牛车，一说是装棺柩的丧车。 ③ 轺(yáo 窑)车：赶路用的轻便车。 ④ 滕公：即夏侯婴。 ⑤ 伍子胥鞭荆平王之墓：伍子胥的父亲被楚平王杀了，他逃到吴国，帮助吴国打败楚国，于是把平王的尸骨挖出，鞭打三百，以泄私仇。 ⑥ 诸公：泛指当时一般评论的人。多：推重，赞扬。

孝惠时，为中郎将。单于尝为书嫚吕后①，不逊，吕后大怒，召诸将议之。上将军樊哙曰："臣愿得十万众，横行匈奴中。"诸将皆阿吕后意，曰"然"。季布曰："樊哙可斩也！夫高祖将兵四十余万众，困于平城②，今哙奈何以十万众横行匈奴中，面欺！且秦以事于胡，陈胜等起。于今创痍未瘳③，哙又面谀，欲摇动天下。"是时殿上皆恐，太后罢朝，遂不复议击匈奴事。

季布为河东守④。孝文时，人有言其贤者，孝文召，欲以为御史大夫。复有言其勇，使酒难近。至，留邸一月，见罢。季布因进曰："臣无功窃宠，待罪河东⑤，陛下无故召臣，此人必有以臣欺陛下者；今臣至，无所受事，罢去，此人必有以毁臣者。夫陛下以一人之誉而召臣，一人之毁而去臣，臣恐天下有识闻之有以窥陛下也⑥。"上默然惭，良久曰："河东吾股肱郡⑦，故特召君耳。"布辞之官。

楚人曹丘生，辩士，数招权顾金钱⑧。事贵人赵同等⑨，与窦长君善⑩。季布闻之，寄书谏窦长君曰："吾闻曹丘生非

---

① 嫚(màn 慢)：轻视，侮辱。 ② 困于平城：事见《陈丞相世家》。 ③ 瘳(chōu 抽)：病愈。 ④ 河东守：即河东郡的郡守。河东郡在今山西省西南。 ⑤ 待罪：谦词，指任职。意为在职恐惧，时时警惕自己的罪过。 ⑥ 有以窥陛下：有人通过这窥见陛下的深浅。 ⑦ 股肱(gōng 公)：股是大腿，肱是胳膊。这里是比喻河东郡的地理位置很重要。 ⑧ 招权：倚仗权势。顾金钱：取钱财。 ⑨ 赵同：即当时的宦官赵谈，因司马迁避父司马谈之讳而改谈为同。 ⑩ 窦长君：文帝窦后的哥哥。

长者，勿与通。”及曹丘生归①，欲得书请季布②。窦长君曰：“季将军不说足下，足下无往。”固请书，遂行。使人先发书，季布果大怒，待曹丘。曹丘至，即揖季布曰：“楚人谚曰：得黄金百，不如得季布一诺，足下何以得此声于梁楚间哉？且仆楚人，足下亦楚人也，仆游扬足下之名于天下，顾不重邪？何足下距仆之深也！”季布乃大说，引入，留数月，为上客，厚送之。季布名所以益闻者，曹丘扬之也。

季布弟季心，气盖关中，遇人恭谨，为任侠，方数千里，士皆争为之死。尝杀人，亡之吴，从袁丝匿。长事袁丝③，弟畜灌夫、籍福之属④。尝为中司马⑤，中尉郅都不敢不加礼，少年多时时窃籍其名以行⑥。当是时，季心以勇，布以诺，著闻关中。

季布母弟丁公，为楚将。丁公为项羽逐窘高祖彭城西，短兵接，高祖急，顾丁公曰：“两贤岂相厄哉！”于是丁公引兵而还，汉王遂解去。及项王灭，丁公谒见高祖。高祖以丁公徇军中，曰：“丁公为项王臣不忠，使项王失天下者，乃丁公也。”遂斩丁公，曰：“使后世为人臣者无效丁公！”

栾布者，梁人也。始梁王彭越为家人时⑦，尝与布游。穷

---

① 归：自京城回楚。 ② 欲得书请季布：要窦长君给他一封介绍信，求见季布。请，谒见。 ③ 长事袁丝：像对待长辈那样来对待袁丝。袁丝，即袁盎，袁盎字丝。 ④ 弟畜灌夫、籍福之属：把灌夫、籍福等人当着弟辈来看待。 ⑤ 中司马：中尉所属的司马，即后文所提到的中尉郅都的下属。 ⑥ 窃籍其名以行：暗地里打着他的招牌来行事。 ⑦ 家人：一般的平民。

困，赁佣于齐，为酒人保①，数岁，彭越去之巨野中为盗，而布为人所略卖，为奴于燕。为其家主报仇，燕将臧荼举以为都尉。臧荼后为燕王，以布为将。及臧荼反，汉击燕，虏布，梁王彭越闻之，乃言上，请赎布以为梁大夫。

使于齐，未还，汉召彭越，责以谋反，夷三族。已而枭彭越头于洛阳下，诏曰："有敢收视者，辄捕之。"布从齐还，奏事彭越头下②，祠而哭之。吏捕布以闻。上召布，骂曰："若与彭越反邪？吾禁人勿收，若独祠而哭之，与越反明矣。趣亨之③。"方提趣汤④，布顾曰："愿一言而死。"上曰："何言？"布曰："方上之困于平城，败荥阳、成皋间，项王所以不能遂西，徒以彭王居梁地，与汉合从苦楚也。当是之时，彭王一顾，与楚则汉破，与汉则楚破。且垓下之会，微彭王⑤，项氏不亡。天下已定，彭王剖符受封，亦欲传之万世。今陛下一征兵于梁，彭王病不行，而陛下疑以为反，反形未见，以苛小案诛灭之，臣恐功臣人人自危也。今彭王已死，臣生不如死，请就亨。"于是上乃释布罪，拜为都尉。

孝文时，为燕相，至将军。布乃称曰："穷困不能辱身下志，非人也；富贵不能快意，非贤也。"于是尝有德者厚报之，有怨者必以法灭之。吴楚反时⑥，以军功封俞侯，复为燕相。

---

① 保：雇员。 ② 奏事彭越头下：指受彭越之命出使齐国的栾布从齐返回，仍照旧在彭越的头下汇报。 ③ 趣（cù 促）亨之：立即烹杀你。趣，同"促"，急也。 ④ 趣（qū 趋）：这里同"趋"。 ⑤ 微：无。 ⑥ 吴楚反：指景帝时的吴楚七国之乱。

燕齐之间皆为栾布立社①，号曰栾公社。

景帝中五年薨。子贲嗣，为太常，牺牲不如令，国除。

太史公曰：以项羽之气，而季布以勇显于楚，身屦军搴旗者数矣②，可谓壮士。然至被刑戮，为人奴而不死，何其下也！彼必自负其材，故受辱而不羞，欲有所用其未足也③，故终为汉名将。贤者诚重其死。夫婢妾贱人感慨而自杀者，非能勇也，其计画无复之耳④。栾布哭彭越，趣汤如归者，彼诚知所处，不自重其死。虽往古烈士，何以加哉！

【翻译】

季布是楚国人。喜欢仗义行侠，在楚国很有声望。项羽派他带兵打仗，多次围困汉王刘邦。因此到了项羽兵败身亡时，汉高祖就悬千金捉拿季布，谁胆敢窝藏季布就灭绝他的三族。季布逃亡到了濮阳人姓周的家里。周氏对季布说："汉王朝正急于捉拿将军，此时快要搜寻到我家了，倘若将军能听我一言，我就冒昧地献上一计；倘若不能的话，我情愿先在你面前自杀算了。"季布答应了周氏。于是周氏剃去他的头发，用铁箍扎着他的脖子，让他穿上粗布衣，装进广柳车里，并和他的几十名家奴装在一起，运到鲁国一个叫朱家的

① 立社：相当于后世的建造祠堂。 ② 身屦（jù 锯）军搴旗者数矣：亲自多次消灭敌军、拔取敌旗。搴，拔取。屦，本当作覆，覆灭。 ③ 欲有所用其未足也：要去发挥和完成他还没有施展出来的才能和抱负。 ④ 其计画无复之耳：只是他们觉得没有任何别的出路罢了。

家里把他们卖掉，朱家心里明白其中谁是季布，就把他买了下来放进庄园里劳动。他告诫自己的儿子说："种田的事情要听这个奴隶的，你一定让他和你吃一样的饭菜。"朱家自己便乘坐轻便的快车赶到洛阳，去见汝阴侯滕公。滕公留朱家住下，款待了好几天，朱家找到一个适当的机会询问滕公："季布犯了什么大罪，皇上却这样急于捉拿他？"滕公答道："季布曾多次为项羽卖命围困皇上，皇上很恨他，所以一定要捉拿到他。"朱家又问："你觉得季布这个人怎么样？"滕公回答说："他是个德才兼备的人。"朱家于是进言："做臣子的各被自己的君主所用，季布被项羽起用，只不过是尽职罢了。难道项羽的臣子都要杀尽吗？今天皇上才得到天下，难道仅仅因为自己的私仇就去捉拿一个人，何必要向天下人表明自己这种狭小的气度呢？况且凭着季布的德才而汉王朝又这么急于抓拿他，这样一来他不是北投匈奴就是南奔南越了。忌恨豪杰，就会帮助敌国，这就是楚平王的尸骨为什么遭到伍子胥鞭笞的原因。你为什么不从中斡旋向皇上进言呢？"汝阴侯滕公知道朱家是个仗义的大侠，猜测季布就藏在他的家里，于是答应说："好吧。"等有一个机会时，果然照朱家的意思向皇上讲了，汉高祖于是赦免了季布。这时，社会上的舆论都赞扬季布刚柔相济，能屈能伸，朱家也由于这件事而闻名于当世。季布受到召见，谢罪。于是高祖任命他为郎中。

孝惠帝时，季布任中郎将。匈奴单于曾写信侮辱吕后，语气不恭。吕后勃然大怒，召集大将们讨论如何对付这件事。上将军樊哙说:“我只要率十万兵马,就能荡平匈奴。”大将们都迎合吕后的旨意,说:“是这样的。”季布反驳道:“樊哙该杀!高帝曾率兵四十多万,却被匈奴围困在平城,今天樊哙怎么能用十万兵马去荡平匈奴,这是当面撒谎!况且秦朝就是因为对匈奴用兵,才引起了陈胜等人的起义。而在今天战争的创伤还没有医治好,樊哙又当面说谎逢迎,这是要毁掉我们的国家。”这时在座的无不心惊胆寒,太后于是退朝,再也不议论出击匈奴的事了。

季布任河东守,在孝文帝时,有人赞扬他是个德才兼备的人,于是孝文帝召见他,想任命他为御史大夫。后又有人说他勇悍,好发酒疯使人难以接近。所以季布到了京城,在客馆里住了一个月,受到接见后没有得到任何新的任命就要他回去。季布因此上言道:“我没有功劳却窃取了皇上的宠爱,因此能在河东任郡守。陛下无故召我来,这必然有人称赞我有才能来欺骗陛下。现在我来了,却没有接受任何新的任命就要我回去,这必然又有人在陛下的面前诋毁我。陛下因为一个人的赞美就召我来,又因为一个人的诽谤打发我走,我害怕天下有识之士听说这件事,从而能窥测到陛下的好恶了。”文帝默不作声内心惭愧,过了许久才说:“河东郡是我的一个很重要的郡,所以我是特地召你来询问一下的。”季布告别了文帝,去河东郡就任原职。

楚国人曹丘生,是个辩士,多次依仗权势谋取钱财。事奉宦官赵谈等,和窦长君要好。季布听说这事,寄信去规劝窦长君:“我听说曹丘生不是个德行好的人,请不要和他来往了。”到曹丘生回楚国时，他要窦长君向季布写封信引荐一下他，窦长君劝道：“季将军不喜欢你，请你不要去了。”曹丘生执意请求给他写了介绍信，于是起程去楚国。他叫人先送去这封信，季布见信后果然怒火中烧，等着曹丘生登门时发作。曹丘生一到，就向季布长揖道：“楚国人有句歌谣说：‘得到一百黄金，还不如得到季布的一句许诺。’你知道你是怎样在梁楚一带得到这样好的名声吗？况且我是个楚国人，你也是楚国人。我把你的大名到处传播，难道就没有一点可看重的吗？你为什么要这样固执地拒绝我！”季布于是大喜，引入内室，留曹丘生住了几个月，把他当上宾款待，厚礼送别。季布的名声后来愈发大振的原因，是曹丘生宣扬传播的结果。

季布的弟弟季心，他的勇气过人称雄关中，待人恭谨，好仗义行侠，方圆几千里以内，壮士们都争着为他效死。季心曾杀过人，逃亡到吴国，躲在袁丝的家里。他像对待长辈那样对待袁丝，像对待弟弟一样对待灌夫、籍福等人。曾做过中司马，就是他的直接上司中尉郅都也不敢对他不礼貌。少年们大多常常私下用他的名义来行事。在那时，季心以他的勇气，季布以他的信誉，闻名于关中一带。

季布的舅舅丁公，是楚项羽的将领。丁公有次追逼汉高祖刘邦到彭城西南，两军短兵相接，高祖被追急了，回头对丁公说道：“两位好汉何苦这样彼此厮杀，相互困斗哟！”于是丁公领兵而去，汉高祖才得以脱险逃出。到了项羽被灭时，丁公来求见高祖，高祖却把丁公抓了起来巡示军中，说道：“丁公作为一个项王的臣子却不忠诚，使项王失掉了天下的人，就是这个丁公。”于是杀了丁公，告诫全军：“我这样做是为了让后来当臣子的人不要去仿效丁公！”

栾布为梁国人。当初，梁王彭越为普通老百姓时，曾和栾布有过交游。由于贫困，他们去齐国做工，当了酒家的佣人。几年后，彭越跑到巨野大泽中当了强盗，栾布却被人掠去出卖，在燕国当家奴。因为他为自己的家主报了仇，被燕国将领臧荼推荐当了都尉。臧荼后来做了燕王，起用栾布为将。到了臧荼谋反时，汉朝击败了燕王，俘虏了栾布。梁王彭越听到这一消息，于是向高祖说情，恳求赎回了栾布，并任命他为梁国的大夫。

栾布受彭越之命出使齐国，还没有返回，汉朝就召去彭越，以谋反为名加罪于他，诛灭了他的三族。不久就把彭越的头砍下悬挂在洛阳城下，高祖并下诏告示天下：“有谁敢来收尸或者来哀悼祭祀的，立即捉拿。”栾布从齐国返回，赶到洛阳城下，照旧在彭越的头下禀告出使齐国的情况，接着又是痛哭流涕的拜祭。官吏立即捉拿了栾布，报告汉高祖。高祖召见栾布，大声骂道：“你要跟随彭越造反吗？我禁止任何人收敛彭越的头颅，只有你一人为他拜祭而且还为他痛哭流涕，很显然你是要跟彭越造反了。我要立即把你烹了。”刑吏正要架起栾布走向那烧着开水的鼎镬时，栾布回头对高祖说：“我想在死前说一句话。”高祖问：“你要讲什么？”栾布说：“当初你在彭城受困，在荥阳、成皋一带受挫时，项王所以最终不能西进，只是因为彭越王据守梁国一带与汉王你联合起来牵制了楚军而已。当时，彭越王只要偏向一方，或者帮助楚国，汉就灭亡，或者帮助汉国，楚便灭亡。再说垓下会战，没有彭越王，项羽就不会失败。天下已经平定了，彭越王与你盟誓剖符，接受你的册封，也是想把你给的封赐传给子孙万代罢了。如今陛下向梁国征兵，彭越王有病不能带兵前来，于是陛下就怀疑他有谋反之心，没有拿到谋反的证据，就用那些微不足道的小过失为理由来诛灭他，我害怕这样一来功臣们会人人自危。现在彭越王已经死了，我活着还不如死了，请你把我烹了吧。”听到这里，高祖于是便赦免了栾布的罪过，任命他为都尉。

孝文帝时，栾布做了燕国的宰相，后来又升为将军。于是栾布向世人宣称：“贫困的时候，如果不能委曲求全降低志向，就是不知道做人的道理；富贵的时候，如果不能扬眉吐气施展自己的抱负，就不是一个有德才的人。”于是他就加倍报答那些曾给过他恩德的人，而用刑法去诛灭那些曾和他结过怨仇的人。吴楚叛乱时，他因为有军功受封为俞侯，又做了燕国的宰相。燕国、齐国一带都为栾布建造祠堂，取名为栾公社。

景帝中五年时，栾布去世，他的侯国由儿子栾贲继承，栾贲被任命为太常，后因祭祀时所用的牲畜没有按照法令的要求，侯国就被废除了。

太史公评论道：由于项羽崇尚气力，所以季布得以用他的勇气在楚国一带扬名，他亲自多次率兵消灭敌军，拔取敌军战旗，可以称得上是一名壮士。然而到了将要受刑被诛杀时，他却躲藏在别人家中为奴偷生，这是何等的低下哟！他一定是认为自己才志远大，所以屈身受辱却不感到羞耻，这是想要发挥他那还没有充分施展出来的抱负和才能，因此后来他终于成了汉代的名将。有才志的人是不愿轻易丧生的。而那些女奴贱人们因为一时的怨愤就自杀寻死，不是他们有什么勇气，而只是他们觉得没有任何别的出路和希望罢了。栾布哀哭彭越，走向就要烹杀他的鼎镬却从容自在，这是因为他确实知道自己该怎样来安排自己的命运，所以他对死并不畏惧。即使是古代的英烈们，也不能超过他了呀！

张释之冯唐列传

张释之事奉汉文帝，善于进言应对。特别是熟悉秦汉之际的历史，能分析秦朝灭亡的原因，得到汉文帝的信任，职位一再提升，最后任为廷尉。这篇列传以生动的事例，流畅的语言，记叙张释之尽力职事，持议公平，对于触犯法令者，无论太子王侯、平民百姓，一概以法为准绳加以处置。他出任廷尉后，自知“廷尉，天下之平也，一倾而天下用法皆为轻重”。因此，断案务求平允，不迎合皇上的意旨。他谏说汉文帝：法是天子与天下庶民共有共遵的。他问罪以法为准，量刑不随意轻重。通篇传文把张释之为人处世的态度及个性特点，写得形象动人，栩栩如生。这篇传记也展现了社会矛盾，显示了广阔的社会历史背景。

冯唐好直言，在传文中着重载列了他与汉文帝的对话，述说了委任、信用将帅，给予在外指挥作战的将帅以职权的重要性，从中可见他对在战争中应重视将帅作用的问题，确有真知灼见。

张廷尉释之者，堵阳人也①，字季。有兄仲同居。以訾为骑郎②，事孝文帝，十岁不得调，无所知名。释之曰："久宦减仲之产，不遂。"欲自免归。中郎将袁盎知其贤③，惜其去，乃请徙释之补谒者④。释之既朝毕，因前言便宜事。文帝曰："卑之，毋甚高论，令今可施行也。"于是释之言秦汉之间事，秦所以失而汉所以兴者久之。文帝称善，乃拜释之为谒者仆射⑤。

释之从行，登虎圈⑥。上问上林尉诸禽兽簿⑦，十余问，尉左右视，尽不能对。虎圈啬夫从旁代尉对上所问禽兽簿甚悉⑧，欲以观其能口对响应无穷者。文帝曰："吏不当若是邪？尉无赖！"乃诏释之拜啬夫为上林令。释之久之前曰："陛下

① 堵阳：即堵阳县，其地在今河南省西南部唐河上游。 ② 訾(zǐ紫)：同"赀"，本指家财，这里指家财殷实，合于出任官职的条件。骑郎：负责侍卫的官员。 ③ 中郎将：皇帝的侍卫武官，属郎中令。 ④ 谒者：皇帝的侍从人员，职掌接收文奏，通报传达，是郎中令的属官。 ⑤ 仆射(pú yè菩夜)：官名。是领管某一职事的官员。谒者仆射，是领管谒者的长官。 ⑥ 虎圈：上林苑养禽兽的地方。 ⑦ 上林尉：管理上林苑的官员。禽兽簿：指登记禽兽的各种簿册。 ⑧ 啬(sè色)夫：官名，这里指管理虎圈事务的小官吏。

以绛侯周勃何如人也?”上曰:“长者也。”又复问:“东阳侯张相如何如人也?”上复曰:“长者。”释之曰:“夫绛侯、东阳侯称为长者,此两人言事曾不能出口①,岂斅此啬夫谍谍利口捷给哉②! 且秦以任刀笔之吏,吏争以亟疾苛察相高,然其敝徒文具耳,无恻隐之实。以故不闻其过。陵迟而至于二世③,天下土崩。今陛下以啬夫口辩而超迁之,臣恐天下随风靡靡,争为口辩而无其实。且下之化上疾于景响④,举错不可不审也⑤。”文帝曰:“善。”乃止不拜啬夫。

上就车,召释之参乘⑥,徐行,问释之秦之敝。具以质言。至宫,上拜释之为公车令⑦。

顷之,太子与梁王共车入朝,不下司马门,于是释之追止太子、梁王无得入殿门。遂劾不下公门不敬,奏之。薄太后闻之,文帝免冠谢曰:“教儿子不谨。”薄太后乃使使承诏赦太子、梁王,然后得入。文帝由是奇释之,拜为中大夫⑧。

顷之,至中郎将。从行至霸陵,居北临厕⑨。是时慎夫人从,上指示慎夫人新丰道,曰:“此走邯郸道也。”使慎夫人鼓

---

① 曾不能出口:文帝曾问右丞相周勃,天下一年内决狱多少,钱、谷出入多少。周勃不能回答。“曾不能出口”就是指的此事。参看《陈丞相世家》。 ② 斅(xiào 孝):效法。谍谍:亦作喋喋,形容快嘴多言。 ③ 陵迟:或作陵夷、凌迟,这里指衰颓。 ④ 疾于景响:比影之随形、响之应声还要快。景,同“影”。 ⑤ 错(cù 醋):通“措”。 ⑥ 参乘(cān shèng 餐圣):陪乘。参或作“骖”。 ⑦ 公车令:掌管司马门屯卫的官员。 ⑧ 中大夫:郎中令的属官,掌管议论。 ⑨ 居:登。临:亲临。厕:同“侧”。

瑟，上自倚瑟而歌，意惨凄悲怀，顾谓群臣曰："嗟乎！以北山石为椁①，用纻絮斮陈②，蕠漆其间，岂可动哉！"左右皆曰善。释之前进曰："使其中有可欲者③，虽锢南山犹有隙；使其中无可欲者，虽无石椁，又何戚焉！"文帝称善。其后拜释之为廷尉④。

顷之，上行出中渭桥，有一人从桥下走出，乘舆马惊。于是使骑捕，属之廷尉。释之治问。曰："县人来，闻跸⑤，匿桥下。久之，以为行已过，即出，见乘舆车骑，即走耳。"廷尉奏当：一人犯跸，当罚金。文帝怒曰："此人亲惊吾马，吾马赖柔和，令他马，固不败伤我乎？而廷尉乃当之罚金！"释之曰："法者天子所与天下公共也。今法如此而更重之，是法不信于民也。且方其时，上使立诛之则已。今既下廷尉，廷尉，天下之平也，一倾而天下用法皆为轻重，民安所措其手足？唯陛下察之。"良久，上曰："廷尉当是也。"

其后有人盗高庙坐前玉环，捕得，文帝怒，下廷尉治。释之案律盗宗庙服御物者为奏⑥，奏当弃市。上大怒曰："人之无道，乃盗先帝庙器。吾属廷尉者，欲致之族，而君以法奏之，非吾所以共承宗庙意也。"释之免冠顿首谢曰："法如是足

---

① 椁(guǒ 果)：棺外的套棺，俗称外棺。 ② 纻絮斮陈：斩切纻丝布列于缝隙之间。斮，斫的异体字，切，斩。陈，布列。 ③ 有可欲者：有能引起人们欲望的东西，这里指珍宝一类的随葬品。张释之的意思是反对文帝厚葬。 ④ 廷尉：最高的法官。 ⑤ 跸：帝王出行时清道，禁止行人来往的戒严令。 ⑥ 案律：依照法律规定。案，同"按"。

也。且罪等，然以逆顺为差。今盗宗庙器而族之，有如万分之一，假令愚民取长陵一抔土①，陛下何以加其法乎？”久之，文帝与太后言之，乃许廷尉当。是时，中尉条侯周亚夫与梁相山都侯王恬开见释之持议平，乃结为亲友。张廷尉由此天下称之。

后文帝崩，景帝立，释之恐，称病。欲免去，惧大诛至；欲见谢，则未知何如。用王生计，卒见谢，景帝不过也。

王生者，善为黄老言，处士也。尝召居廷中，三公九卿尽会立，王生老人，曰："吾袜解。"顾谓张廷尉："为我结袜②？"释之跪而结之。既已，人或谓王生曰："独奈何廷辱张廷尉，使跪结袜？"王生曰："吾老且贱，自度终无益于张廷尉。张廷尉方今天下名臣，吾故聊辱廷尉，使跪结袜，欲以重之。"诸公闻之，贤王生而重张廷尉。

张廷尉事景帝岁余，为淮南王相，犹尚以前过也。久之，释之卒。其子曰张挚，字长公，官至大夫，免。以不能取容当世，故终身不仕。

冯唐者，其大父赵人③。父徙代。汉兴徙安陵。唐以孝著，为中郎署长④，事文帝。文帝辇过，问唐曰："父老何自为郎？家安在？"唐具以实对。文帝曰："吾居代时，吾尚食监高

---

① 长陵：汉高祖的陵墓。一抔(póu)土：一捧土。后世因此用"一抔土"代称坟墓。 ② 结袜：把袜子系(jì既)好。 ③ 大父：祖父。 ④ 中郎署长：官名，中郎署之长。中郎是侍从皇帝的。

祛数为我言赵将李齐之贤①，战于钜鹿下。今吾每饭，意未尝不在钜鹿也。父知之乎？”唐对曰：“尚不如廉颇、李牧之为将也。”上曰：“何以？”唐曰：“臣大父在赵时，为官率将②，善李牧。臣父故为代相，善赵将李齐，知其为人也。”上既闻廉颇、李牧为人，良说③，而搏髀曰④：“嗟乎！吾独不得廉颇、李牧时为吾将，吾岂忧匈奴哉！”唐曰：“主臣⑤！陛下虽得廉颇、李牧，弗能用也。”上怒，起入禁中。良久，召唐让曰：“公奈何众辱我，独无间处乎⑥？”唐谢曰：“鄙人不知忌讳。”

当是之时，匈奴新大入朝那⑦，杀北地都尉卬，上以胡寇为意，乃卒复问唐曰：“公何以知吾不能用廉颇、李牧也？”唐对曰：“臣闻上古王者之遣将也，跪而推毂，曰：‘阃以内者⑧，寡人制之；阃以外者，将军制之。’军功爵赏皆决于外，归而奏之。此非虚言也。臣大父言，李牧为赵将居边，军市之租皆自用飨士，赏赐决于外，不从中扰也。委任而责成功，故李牧乃得尽其智能，遣选车千三百乘，彀骑万三千⑨，百金之士十万⑩，是以北逐单于，破东胡，灭澹林⑪，西抑强秦，南支韩、

---

① 尚食监：官名。掌管供给王者的膳食。 ② 官率将：又称“官士将”，是统率百人的队长。 ③ 说：通“悦”。 ④ 搏髀（bì 婢）：拍大腿。 ⑤ 主臣：对皇帝说话时惶恐而恭敬的称谓，与称“昧死”相当。 ⑥ 间处：这里指没有旁人在场、彼此可以直率地谈话的地方。 ⑦ 朝（zhū 朱）那：县名，西汉置。县治在今宁夏固原东南。 ⑧ 阃（kǔn 捆）：门槛，这里指城门。 ⑨ 彀（gòu 够）骑：骑射之士。彀，张弓。 ⑩ 百金之士：出战能立功，其功可赏百金的战士。 ⑪ 澹（dàn 淡）林：古族名，或作儋林、襜褴。

魏。当是之时，赵几霸。其后会赵王迁立，其母倡也。王迁立，乃用郭开谗，卒诛李牧，令颜聚代之。是以兵破士北，为秦所禽灭。今臣窃闻魏尚为云中守，其军市租尽以飨士卒，出私养钱，五日一椎牛①，飨宾客军吏舍人，是以匈奴远避，不近云中之塞。虏曾一入，尚率车骑击之，所杀甚众。夫士卒尽家人子②，起田中从军，安知尺籍伍符③，终日力战，斩首捕虏，上功莫府④，一言不相应，文吏以法绳之。其赏不行而吏奉法必用。臣愚，以为陛下法太明，赏太轻，罚太重。且云中守魏尚坐上功首虏差六级，陛下下之吏，削其爵，罚作之。由此言之，陛下虽得廉颇、李牧，弗能用也。臣诚愚，触忌讳，死罪死罪!”文帝说。是日令冯唐持节赦魏尚，复以为云中守，而拜唐为车骑都尉⑤，主中尉及郡国车士。

七年，景帝立，以唐为楚相，免。武帝立，求贤良，举冯唐。唐时年九十余，不能复为官，乃以唐子冯遂为郎。遂字王孙，亦奇士，与余善。

太史公曰：张季之言长者，守法不阿意；冯公之论将率，有味哉！有味哉！语曰：“不知其人，视其友。”二君之所称诵，可著廊庙⑥。《书》曰：“不偏不党，王道荡荡；不党不偏，王道便便⑦。”张季、冯公近之矣。

---

① 椎牛：杀牛。 ② 家人：平民百姓。 ③ 尺籍：古代书写军令的簿册。伍符：古代军中各伍互相作保的符信。五人为“伍”。 ④ 莫府：即幕府。 ⑤ 车骑都尉：管领京师及各地方政府的车战之士。 ⑥ 廊庙：朝廷。 ⑦ “不偏不党”句：见《尚书·洪范》。原文是：“无偏无党，王道荡荡；无党无偏，王道平平。”无，不。

【翻译】

张释之廷尉是堵阳人,字季。与兄张仲居住在一起。因家庭殷实,得以选拔为皇帝的侍从,侍奉孝文帝,整整十年没有升迁,没有什么名声。释之道:“骑郎当久了,消耗了我哥哥的家产,真不顺心啊。”想自动请求免职归家。中郎将袁盎知道释之的贤能,舍不得让他离去,于是请求升调释之,让他担任负责上传下达职事的谒者。释之在朝见皇帝后,上前向皇帝陈说国家当前应做的事情。文帝说:“说些浅显易晓的道理,不要发太高的议论,所议论的应是当前切实可行的啊。”于是释之谈论秦、汉之间的旧事,论说秦灭亡和汉兴起的原因,谈了许久。文帝称赞说得好,于是任命释之为谒者的长官。

释之随从文帝出行,临观上林苑中畜养禽兽的地方——虎圈。文帝问主管上林苑的尉官,苑中各种禽兽登录在册的情况,问了十多个问题,尉官左边瞅瞅,右边看看,全不能回答。而在这时,料理虎圈的小官从旁代替尉官回答文帝所问禽兽登录在册情况,十分详尽,他想以此表现自己能随口对答问题,就像回声那样有迅速响应的本领。文帝说:“难道当官主事的不应该这样啊?尉官才能低下,不足任使。”于是诏令释之将啬夫提升为上林苑的令长。过了一会后释之上前说:“陛下认为绛侯周勃是什么样的人?”文帝说:“他是有德行、有名望的人。”释之又问道:“东阳侯张相如是什么样的人?”文帝回答说:“他也是有德行、有名望的人。”释之说:“那绛侯、东阳侯可以称得上是德高望重的人,但这两个人在回答问题时，也曾经是不能脱口出言应对，难道都要效法啬夫那样滔滔不绝、能言善对吗！再说秦朝因为信任捉刀弄笔办理文牍的官吏，这些官吏以办事紧急、督察苛刻来争胜，而秦朝的弊端正是空具有其官样文书，却毫无关心怜悯黎民百姓的实际举措。因此缘故，秦始皇不能听说到他的过失，败坏到二世君临天下之时，秦王朝便土崩瓦解了。而今陛下因为虎圈啬夫能言善对而越级提拔他，我唯恐天下的人随风行事，形成不良的风尚，人们竞相注重应对善辩而无实际的才干。况且下面接受上面的教化，比影之随形、响之应声还要快。因此赏罚举措不可不谨慎啊！"文帝听后说："说得对。"于是废除了升迁啬夫的命令，不任命啬夫为上林令。

文帝上车，召令释之与他同车陪坐。车乘慢慢地行进，文帝向释之询问秦朝的弊政，释之详尽地以实情禀告。回到宫中后，文帝任命释之为掌管司马门的公车令。

过了不久，太子和梁王同车入朝，进入司马门时竟不下车，释之当即追上前去阻拦太子和梁王，不许乘车进入殿门。于是释之弹劾太子、梁王入司马门不下车，是大不敬，上奏皇帝。薄太后听说了这一弹劾太子的事，文帝摘下皇冠向太后请罪道："是我教子不严。"薄太后于是派使者传诏令赦太子和梁王。然后释之才准许他们入宫。文帝由这件事的处理而看出释之有奇才，任命他为掌管议论的中大夫。

过了不久，释之又升调为中郎将。随从文帝出行到了霸陵。文帝登上霸陵，亲临陵北的霸水侧畔眺望。当时文帝宠爱的慎夫人随行，文帝指着去新丰的道路给慎夫人看，感慨地说:“这就是通往邯郸的道路啊。”文帝命慎夫人弹瑟,自己和着瑟调歌咏,意境凄惋悲凉,回头对群臣说:“唉!用北山的美石做外棺,将纻丝絮绵填塞其缝隙,涂上漆胶,又怎能振撼它!”左右随从都同声称好。释之上前进言说:“假若棺椁中有珍宝金银,即使是将整座南山浇铸起来,那它也还是有缝隙的;假若棺内没有奇物异宝,虽然没有石椁,又有什么可忧虑的啊!”说得文帝连声称赞。此后文帝又任命释之为廷尉。

不久,文帝出行经中渭桥,有一人从桥下走出来,皇帝御辇的驭马受惊。文帝于是派骑士捕捉这惊驾的人,将他交给廷尉。释之审问查究。惊驾人交代说:“我是长安县人,来到中渭桥,听到清道戒严令,只得藏匿桥下。过了好久,以为皇上御驾已过了中渭桥,便从桥下出来,看见了皇帝的御车,只好马上转身奔跑。”廷尉奏上判决结果:此人干犯戒严,应处罚金。文帝愤怒地说:“此人直接使我的马受惊,幸亏我的马温顺,假使是别的马匹,不就要翻车伤我么!可是廷尉却仅仅判处他罚金!”释之进言说:“法律是天子和老百姓共有共守的。现在按法律规定是判罚金,而如果改判重罪,那么这法律就不能取信于民了。再说假使在当时,你派人立即把他杀掉也就罢了。现在既然下交给我廷尉,而廷尉正是天下的公平执法人。廷尉一有偏差,全国的执法用律就都会跟着偏轻偏重,这样,平民百姓将何处措手足?请陛下体察考虑这用法的事情。”过了好久,文帝说:“廷尉的判决是对的。”

后来有人偷盗高祖庙神座前的玉环,盗窃者被捕获,文帝发怒，将犯人交给廷尉治罪。释之依照法律规定，援引盗取宗庙内供用物的罪名上奏，奏上的判决是处以死刑。皇上大怒，说道："此人无道至极，竟然盗窃先帝庙里的供奉器物，我将此案交给廷尉的意思，是要诛杀他和他的父母兄弟妻子，而你却援引法律奏请判处死刑，这不是我所要恭敬奉承先人宗庙的本意啊。"释之脱帽叩头说："依法决断处死已经足够了，况且即使是罪名相等的，也要以顺逆程度的差异来确定判刑的轻重。而今因为罪犯偷窃了宗庙供奉器物竟诛杀他们父母兄弟妻子，那么万一有蠢人在长陵上取走一把土，你又怎样去加重处罚他呢？"过了许久，文帝与太后谈到这件事，于是批准了廷尉的判决。当时，中尉条侯周亚夫和梁王的相山都侯王恬开，亲见释之议事执法公平，便与他结为亲友。因此天下称赞张廷尉的为人。

后来文帝逝世，景帝继立为帝，释之因为景帝为太子时，自己曾有呵止他入朝一事，心中恐惧，便托病请假。想要辞官离开吧，怕更大更重的罪责会随之而来；想要进见景帝当面谢罪吧，又不知会有怎么样的结果。后来他听了王生的计谋，终于拜见了景帝，当面谢罪，景帝并不谴责他。

王生其人，精通黄老学说，是隐居之士，他曾经被召参加朝廷的大会，王生得居中坐，而三公九卿全都站着。王生年迈，说："我的袜带松脱了。"回头吩咐张廷尉："替我把袜子系上！"释之当即跪下替他系上袜带。事后，有人对王生说："怎么单单在朝廷上当众羞辱张廷尉，要他跪下系袜？"王生说："我年迈并且身份卑贱，自己忖度对张廷尉不会有什么帮助。

张廷尉是当今天下的名臣，我故意随便屈辱廷尉，使他跪下结袜，想以此来推重他。”各位公卿听了这番话，都认为王生贤明并且尊重张廷尉。

张廷尉事奉景帝一年多，由廷尉外调为淮南国相，仍然还是因为从前有呵止太子入朝的过错。过了一段时间，释之逝世。他的儿子叫张挚，字长公，任官职到大夫后，被罢免。因为他不能阿附世俗以求容身于当朝，所以免官之后，直至身死没有再任官职。

冯唐，他的祖父是赵国人。父亲迁徙到代地。汉王朝建立后，又迁徙到了安陵。冯唐因为能尽孝道而著称，任职为中郎署的署长，事奉汉文帝。文帝乘辇车经过郎署，问冯唐道：“您年老，是怎样任为郎官的？家住在哪里？”冯唐完完全全地据实回答。文帝说：“当我任代王时，我的膳食官高祛多次对我讲起赵将李齐的贤能，以及他大战于钜鹿城下的一段故事。现在当我每次进餐时，心里总是联想到李齐大战钜鹿城下的事，您知道这事吗？”冯唐回答说：“李齐还比不上廉颇、李牧那样的为将勇猛贤能。”文帝问：“根据什么？”冯唐说：“我祖父在赵国时，担任带兵的队长，与李牧交好。我的父亲曾任过代国的国相，同赵将李齐是好友，知道他的为人。”文帝既已听说了廉颇、李牧的为人，很是喜悦，并且拍着大腿说：“唉，我偏偏得不到廉颇、李牧现在为我的将帅，不然的话，我怎么会忧虑匈奴的进犯呢？”冯唐说：“主臣！陛下即使得到廉颇、李牧，也不可能任用他们的。”文帝听后恼怒，起身进入宫中。过了好一会，文帝召见冯唐责备说：“您为什么当众侮辱我，难道就没有我们彼此说话的僻静地方吗？”冯唐谢罪说：“我这人不知道忌讳。”

就在这时，匈奴又大举进犯朝那，并击杀北地都尉孙卬。文帝因匈奴的骚扰而思虑，于是再召冯唐问道：“您何以知道我不能任用廉颇、李牧？”冯唐回答说：“我听说古时的王者派遣将帅出师，亲自跪着为大将推车，并且宣布说：‘城门以内的事情，我自己来处置；城门以外的事情，都由将军你处置。’按军功的大小给予的爵位及奖赏，都由将领在外定夺，回朝后再奏给皇帝。这些并不是虚假之言。我的祖父说：李牧担任赵将驻扎在边关的时候，军中市场上所收入的租税都是自己支配用以犒劳士卒，赏赐由在外的将领决定，朝廷不从中干扰。国君只是委任将领并督责他们成功。所以李牧能够充分施展自己的才能，派遣经过挑选的兵车一千三百辆，骑射之士一万三千人，能立功受赏的猛士十万人，因此能北逐匈奴、大败东胡、攻灭澹林。西面能抑制强秦，南面能控制韩、魏。当时，赵国几乎可以称霸了。后来正值赵王迁继位，王迁的母亲是歌舞艺人。王迁继立即位后，竟听信了郭开的谗言，终于杀害李牧，命令颜聚代李牧为将。因此军队失败，士卒逃散，颜聚被秦军擒获诛杀。现在我私下听说魏尚任云中郡的郡守，他那里军市的租税都拿来慰劳士卒，并把自己积蓄的钱财都拿出来，每五日宰杀一次牛，以奉飨宾客及属下的军吏和左右亲近人等，因此匈奴远远地避开，不敢接近云中郡的边塞。匈奴曾有一次进犯，魏尚率领车骑出击匈奴，杀伤了许多进犯者。士卒都是平民百姓的子弟，从农田耕作中出来从军，哪里知道军令簿册、部伍符信。他们只是终日竭力作战，斩获敌人的首级、捕捉俘虏，向幕府报功，可是只要所报的事状有一言半语不相合，办案的官吏便援引法规来惩治他们。这样，军功奖赏不能施行，而办案官吏搬出来的法规却不折不扣地施用。我愚昧无知，认为陛下的法律订得太繁琐，赏赐太微薄，惩罚太苛重。而且云中郡守魏尚因为报功状上多报了六颗首级而被判罪，陛下把他交付给狱吏去制裁，革除了他的爵位，判徒刑服劳役。由此说来，陛下纵使能得到廉颇、李牧，也不可能任用。我确实愚陋，这些陈言，触犯了忌讳，真是死罪，死罪！”文帝听得十分高兴。当天就命令冯唐手持符节传达旨意，赦魏尚无罪出狱，重新担任云中郡守，而任用冯唐为车骑都尉，主管中尉及各郡、各侯国的车战之士。

汉文帝后元七年，景帝即位，任命冯唐为楚国相，后来被免职。武帝继位后，征举贤良之士，有人推举了冯唐。冯唐当时已有九十余岁，不能再出任官职，于是任命冯唐的儿子冯遂为郎。冯遂字王孙，也是杰出之士，同我交好。

太史公评论说：张释之评说周勃、张相如长者的故事，坚守法律，不阿附皇帝的意旨；冯唐谈论任用将帅的故事，有意味啊！真有意味啊！谚语说：“不知其人，视其友。”很对。张、冯二君所称诵的长者和将帅的故事，都可以记录在朝廷的案卷里。《尚书》说：“不偏邪、不结私党，圣王之道就能开拓光大；不结私党、不偏邪，圣王之道就能井然有序地实行。”张季和冯唐够得上这不偏不党的品格啊！

魏其武安侯列传

本文虽题为《魏其武安侯列传》,实则是窦婴、田蚡、灌夫三人的合传。

作品通过魏其侯窦婴与武安侯田蚡之间的矛盾斗争,揭露了汉代统治集团内部尔虞我诈、相互残杀的黑暗现实。由于这场贵族之间的互相倾轧是与宫廷内皇帝与太后的矛盾相联系的,具有了更典型和深刻的意义。

窦婴为人正直,有战功,能荐进贤士;灌夫性倔强、尚侠义,不凌侮弱小,在强权面前不低头,这些都是作者赞赏的。但他们同时又具有豪强贵族骄横的劣性。田蚡是势利小人,倚靠裙带关系飞黄腾达,专横跋扈,贪婪骄奢,仗势害人,气焰极盛,甚至武帝也难以忍受。田蚡及其靠山王太后,是作者极力鞭挞的对象。作品在表现汉景帝与窦太后，王太后与窦太后，汉武帝与王太后之间的权力之争时，用笔虽很含蓄，当时的真实情况还是一目了然的。

魏其侯窦婴者①，孝文后从兄子也②。父世观津人③。喜宾客。孝文时，婴为吴相，病免。孝景初即位，为詹事④。

梁孝王者，孝景弟也，其母窦太后爱之。梁孝王朝，因昆弟燕饮。是时上未立太子，酒酣，从容言曰："千秋之后传梁王。"太后欢。窦婴引卮酒进上，曰："天下者，高祖天下，父子相传，此汉之约也，上何以得擅传梁王！"太后由此憎窦婴。窦婴亦薄其官，因病免。太后除窦婴门籍，不得入朝请。

孝景三年，吴楚反，上察宗室诸窦毋如窦婴贤，乃召婴。婴入见，固辞谢病不足任。太后亦惭。于是上曰："天下方有急，王孙宁可以让邪！"乃拜婴为大将军，赐金千斤。婴乃言袁盎、栾布诸名将贤士在家者进之。所赐金，陈之廊庑下，军吏过，辄令财取为用⑤，金无入家者。窦婴守荥阳，监齐、赵兵。七国兵已尽破，封婴为魏其侯。诸游士宾客争归魏其侯。孝景时，每朝议大事，条侯、魏其侯，诸列侯莫敢与亢

① 魏其(jī 击)侯窦婴：魏其侯是窦婴在击败吴楚七国叛乱后所得到的封号，见下文。② 孝文后：即景帝母窦太后。③ 观津：战国赵地，故城在今河北武邑县东南。④ 詹事：掌管皇后、太子宫中事务的官。⑤ 财取为用：酌量用度，随便取去。财通"裁"，裁酌。

礼①。孝景四年，立栗太子，使魏其侯为太子傅。

孝景七年，栗太子废，魏其数争不能得。魏其谢病，屏居蓝田南山之下数月，诸宾客辩士说之，莫能来。梁人高遂乃说魏其曰："能富贵将军者，上也；能亲将军者，太后也。今将军傅太子，太子废而不能争；争不能得，又弗能死。自引谢病②，拥赵女，屏闲处而不朝。相提而论，是自明扬主上之过。有如两宫螫将军③，则妻子毋类矣④。"魏其侯然之，乃遂起，朝请如故。

桃侯免相⑤，窦太后数言魏其侯。孝景帝曰："太后岂以为臣有爱，不相魏其⑥！魏其者，沾沾自喜耳，多易⑦。难以为相，持重。"遂不用，用建陵侯卫绾为丞相。

武安侯田蚡者⑧，孝景后同母弟也，生长陵。魏其已为大将军后，方盛，蚡为诸郎，未贵，往来侍酒魏其，跪起如子姓⑨。及孝景晚节，蚡益贵幸，为太中大夫。蚡辩有口，学槃盂诸书⑩，王太后贤之。孝景崩，即日太子立，称制⑪，所镇抚多有田蚡宾客计策。蚡弟田胜，皆以太后弟，孝景后三年封蚡为

---

① 亢礼：平等的礼仪。亢同"抗"。 ② 自引谢病：托病走开。 ③ 两宫：这里指太后和景帝。螫（shì 释）：蜂、蝎用针刺刺人，这里指忌恨、加害。 ④ 妻子毋类：妻和子都被诛灭。毋类，绝种，一个不留。 ⑤ 桃侯：名刘舍。 ⑥ 爱：爱惜，吝惜。 ⑦ 多易：常常草率从事。 ⑧ 武安侯田蚡（fén 坟）：武安侯是田蚡在汉武帝初年得到的封号。 ⑨ 子姓：相当于说子孙。 ⑩ 槃盂诸书：相传为黄帝史官孔甲所作的铭文，书写在槃盂等器物上。 ⑪ 称制：代行皇帝的职权。

武安侯，胜为周阳侯。

武安侯新欲用事为相，卑下宾客，进名士家居者贵之，欲以倾魏其诸将相。建元元年，丞相绾病免，上议置丞相、太尉。籍福说武安侯曰："魏其贵久矣，天下士素归之。今将军初兴，未如魏其，即上以将军为丞相，必让魏其。魏其为丞相，将军必为太尉。太尉、丞相尊等耳，又有让贤名。"武安侯乃微言太后风上①，于是乃以魏其侯为丞相，武安侯为太尉。籍福贺魏其侯，因吊曰②："君侯资性喜善疾恶，方今善人誉君侯，故至丞相；然君侯且疾恶，恶人众，亦且毁君侯。君侯能兼容，则幸久；不能，今以毁去矣。"魏其不听。

魏其、武安俱好儒术，推毂赵绾为御史大夫③，王臧为郎中令。迎鲁申公，欲设明堂④，令列侯就国，除关，以礼为服制，以兴太平。举適诸窦宗室毋节行者⑤，除其属籍。时诸外家为列侯，列侯多尚公主，皆不欲就国。以故毁日至窦太后。太后好黄、老之言，而魏其、武安、赵绾、王臧等务隆推儒术，贬道家言，是以窦太后滋不说魏其等。及建元二年，御史大夫赵绾请无奏事东宫⑥。窦太后大怒，乃罢逐赵绾、王臧等，而免丞相、太尉，以柏至侯许昌为丞相，武强侯庄青翟为御史大夫。魏其、武安由此以侯家居。……

---

① 微言：委婉地说。风：同"讽"，暗示的意思。 ② 吊：贺的反义，这里指告诫、警告、提醒。 ③ 推毂（gǔ 古）：本指推车前进，这里借以比喻推荐人才。毂，车轴。 ④ 明堂：古代帝王宣明政教的地方。 ⑤ 举適：指摘。適，通"谪"。 ⑥ 东宫：当时太后居于长乐宫，长乐宫在大内东部。这里借指太后。

武安者，貌侵①，生贵甚。又以为诸侯王多长，上初即位，富于春秋，蚡以肺腑为京师相，非痛折节以礼诎之，天下不肃。当是时，丞相入奏事，坐语移日，所言皆听。荐人或起家至二千石，权移主上。上乃曰："君除吏已尽未？吾亦欲除吏②。"尝请考工地益宅，上怒曰："君何不遂取武库！"是后乃退。尝召客饮，坐其兄盖侯南乡，自坐东乡，以为汉相尊，不可以兄故私桡。武安由此滋骄，治宅甲诸第。田园极膏腴，而市买郡县器物相属于道③。前堂罗钟鼓，立曲旃；后房妇女以百数。诸侯奉金玉狗马玩好，不可胜数。

魏其失窦太后，益疏不用，无势。诸客稍稍自引而怠傲，惟灌将军独不失故。魏其日默默不得志，而独厚遇灌将军。

灌将军夫者，颍阴人也④。夫父张孟，尝为颍阴侯婴舍人，得幸，因进之至二千石，故蒙灌氏姓为灌孟。吴楚反时，颍阴侯灌何为将军，属太尉，请灌孟为校尉。夫以千人与父俱。灌孟年老，颍阴侯强请之，郁郁不得意，故战常陷坚，遂死吴军中。军法：父子俱从军，有死事，得与丧归。灌夫不肯随丧归，奋曰："愿取吴王若将军头，以报父之仇。"于是灌夫被甲持戟，募军中壮士所善愿从者数十人。及出壁门，莫敢前。独二人及从奴十数骑驰入吴军，至吴将麾下，所杀伤数十人。不得前。复驰还，走入汉壁，皆亡其奴，独与一骑归。

---

① 貌侵：其貌不扬。侵同"寝"，容貌丑陋。 ② 除吏：除去旧职换新职，后来以新授官职叫除授。 ③ 属（zhú 烛）：连接。 ④ 颍阴：今河南许昌。

夫身中大创十余，适有万金良药，故得无死。夫创少瘳，又复请将军曰："吾益知吴壁中曲折，请复往。"将军壮义之，恐亡夫，乃言太尉，太尉乃固止之。吴已破，灌夫以此名闻天下。

颍阴侯言之上，上以夫为中郎将。数月，坐法去。后家居长安，长安中诸公莫弗称之。孝景时，至代相。孝景崩，今上初即位，以为淮阳天下交，劲兵处，故徙夫为淮阳太守。建元元年，入为太仆。二年，夫与长乐卫尉窦甫饮，轻重不得。夫醉，搏甫。甫，窦太后昆弟也。上恐太后诛夫，徙为燕相。数岁，坐法去官，家居长安。

灌夫为人刚直使酒，不好面谀。贵戚诸有势在己之右，不欲加礼，必陵之；诸士在己之左，愈贫贱，尤益敬，与钧①。稠人广众，荐宠下辈。士亦以此多之②。

夫不喜文学，好任侠，已然诺。诸所与交通，无非豪杰大猾。家累数千万，食客日数十百人。陂池田园，宗族宾客为权利，横于颍川。颍川儿乃歌之曰："颍水清，灌氏宁；颍水浊，灌氏族。"

灌夫家居虽富，然失势，卿相侍中宾客益衰。及魏其侯失势，亦欲倚灌夫引绳批根生平慕之后弃之者③。灌夫亦倚魏其而通列侯宗室为名高。两人相为引重，其游如父子然。相得欢甚，无厌，恨相知晚也。

---

① 钧：通"均"。 ② 多：推重。 ③ 引绳批根：互相合力，排斥异己。

灌夫有服①，过丞相。丞相从容曰："吾欲与仲孺过魏其侯，会仲孺有服。"灌夫曰："将军乃肯幸临况魏其侯，夫安敢以服为解！请语魏其侯帐具②，将军旦日蚤临③！"武安许诺。灌夫具语魏其侯如所谓武安侯。魏其与其夫人益市牛酒，夜洒扫，早帐具至旦。平明，令门下候伺。至日中，丞相不来。魏其谓灌夫曰："丞相岂忘之哉？"灌夫不怿④，曰："夫以服请，宜往。"乃驾，自往迎丞相。丞相特前戏许灌夫，殊无意往。及夫至门，丞相尚卧。于是夫入见，曰："将军昨日幸许过魏其，魏其夫妻治具，自旦至今，未敢尝食。"武安愕谢曰："吾昨日醉，忽忘与仲孺言。"乃驾往，又徐行，灌夫愈益怒。及饮酒酣，夫起舞属丞相⑤，丞相不起，夫从坐上语侵之。魏其乃扶灌夫去，谢丞相。丞相卒饮至夜，极欢而去。

丞相尝使籍福请魏其城南田。魏其大望⑥，曰："老仆虽弃，将军虽贵，宁可以势夺乎！"不许。灌夫闻，怒，骂籍福。籍福恶两人有郄，乃谩自好谢丞相曰⑦："魏其老且死，易忍，且待之！"已而武安闻魏其、灌夫实怒不予田，亦怒曰："魏其子尝杀人，蚡活之。蚡事魏其无所不可，何爱数顷田！且灌夫何与也？吾不敢复求田！"武安由此大怨灌夫、魏其。

元光四年春，丞相言："灌夫家在颍川，横甚，民苦之。请

---

① 有服：服指旧时丧礼规定穿戴的丧服。有服即居丧的意思。② 帐具：指一切陈设用的器具。③ 蚤：同"早"。④ 不怿（yì 义）：不高兴。怿，悦。⑤ 起舞属丞相：起舞完毕，请丞相田蚡起舞。这是一种礼节。属，请。⑥ 望：怨望，怨恨。⑦ 谩：欺蒙、诡诈。

案①！”上曰：“此丞相事，何请！”灌夫亦持丞相阴事，为奸利，受淮南王金与语言。宾客居间，遂止，俱解。

夏，丞相取燕王女为夫人，有太后诏，召列侯宗室皆往贺。魏其侯过灌夫，欲与俱。夫谢曰：“夫数以酒失得过丞相，丞相今者又与夫有郄。”魏其曰：“事已解。”强与俱。饮酒酣，武安起为寿，坐皆避席伏。已魏其侯为寿，独故人避席耳，余半膝席。灌夫不悦。起行酒，至武安，武安膝席曰：“不能满觞。”夫怒，因嘻笑曰：“将军贵人也，属之！”时武安不肯。行酒次至临汝侯。临汝侯方与程不识耳语，又不避席。夫无所发怒，乃骂临汝侯曰：“生平毁程不识不直一钱，今日长者为寿，乃效女儿呫嗫耳语！”武安谓灌夫曰：“程、李俱东、西宫卫尉，今众辱程将军，仲孺独不为李将军地乎！”灌夫曰：“今日斩头陷匈②，何知程、李乎！”坐乃起更衣③，稍稍去。魏其侯去，麾灌夫出。武安遂怒曰：“此吾骄灌夫罪。”乃令骑留灌夫。灌夫欲出不得。籍福起为谢，案灌夫项令谢。夫愈怒，不肯谢。武安乃麾骑缚夫置传舍，召长史曰：“今日召宗室，有诏。”劾灌夫骂坐不敬，系居室。遂按其前事，遣吏分曹逐捕诸灌氏支属，皆得弃市罪。魏其侯大愧，为资使宾客请，莫能解。武安吏皆为耳目，诸灌氏皆亡匿，夫系，遂不得告言武安阴事。

魏其锐身为救灌夫，夫人谏魏其曰：“灌将军得罪丞相，

---

① 案：案问，检查、核实。② 匈：通“胸”。③ 更衣：婉辞，指上厕所。

与太后家忤，宁可救邪？”魏其侯曰：“侯自我得之，自我捐之，无所恨！且终不令灌仲孺独死，婴独生。”乃匿其家，窃出上书。立召入，具言灌夫醉饱事，不足诛。上然之，赐魏其食，曰：“东朝廷辩之①。”

魏其之东朝，盛推灌夫之善，言其醉饱得过，乃丞相以他事诬罪之。武安又盛毁灌夫所为横恣，罪逆不道。魏其度不可奈何，因言丞相短。武安曰：“天下幸而安乐无事，蚡得为肺腑，所好音乐狗马田宅。蚡所爱倡优巧匠之属，不如魏其、灌夫日夜招聚天下豪杰壮士与论议，腹诽而心谤，不仰视天而俯画地，辟倪两宫间②，幸天下有变，而欲有大功。臣乃不知魏其等所为。”于是上问朝臣：“两人孰是？”御史大夫韩安国曰：“魏其言灌夫父死事，身荷戟驰入不测之吴军，身被数十创，名冠三军，此天下壮士，非有大恶，争杯酒，不足引他过以诛也，魏其言是也。丞相亦言灌夫通奸猾，侵细民，家累巨万，横恣颍川，凌轹宗室③，侵犯骨肉，此所谓‘枝大于本，胫大于股，不折必披’，丞相言亦是。唯明主裁之！”主爵都尉汲黯是魏其。内史郑当时是魏其，后不敢坚对。余皆莫敢对。上怒内史曰：“公平生数言魏其、武安长短，今日廷论，局趣效辕下驹④，吾并斩若属矣。”既罢起入，上食太后。太后亦已使人候伺，具以告太后。太后怒，不食，曰：“今我在也，而人皆藉

① 东朝：即太后居住的东宫。 ② 辟倪：通“睥睨（pì nì）”。窥视。 ③ 凌轹（lì 历）：糟蹋。凌，凌驾，欺压。轹，本指车轮碾压，这里指欺凌。 ④ 局趣：即局促，拘束。趣，通“促”。

吾弟①；令我百岁后，皆鱼肉之矣。且帝宁能为石人邪！此特帝在，即录录，设百岁后，是属宁有可信者乎？”上谢曰：“俱宗室外家，故廷辩之。不然，此一狱吏所决耳。”是时，郎中令石建为上分别言两人事。

武安已罢朝，出止车门②，召韩御史大夫载，怒曰：“与长孺共一老秃翁，何为首鼠两端！”韩御史良久谓丞相曰：“君何不自喜③？夫魏其毁君，君当免冠解印绶归，曰：‘臣以肺腑幸得待罪，固非其任，魏其言皆是。’如此，上必多君有让，不废君。魏其必内愧，杜门齰舌自杀④。今人毁君、君亦毁人，譬如贾竖女子争言，何其无大体也！”武安谢罪曰：“争时急，不知出此。”

于是上使御史簿责魏其所言灌夫，颇不雠，欺谩。劾系都司空。孝景时，魏其常受遗诏⑤，曰：“事有不便，以便宜论上。”及系，灌夫罪至族。事日急，诸公莫敢复明言于上。魏其乃使昆弟子上书言之，幸得复召见。书奏上，而案尚书大行无遗诏。诏书独藏魏其家，家丞封。乃劾魏其矫先帝诏。罪当弃市。五年十月，悉论灌夫及家属。魏其良久乃闻，闻即恚⑥，病痱⑦，不食欲死。或闻上无意杀魏其，魏其复食，治病，议定不死矣。乃有蜚语为恶言闻上，故以十二月晦论弃

① 藉（jí 及）：践踏，欺凌。 ② 止车门：宫禁的外门，百官到此下车，步行入宫。 ③ 不自喜：不自重，不自爱。 ④ 齰（zé 择）舌：指缄唇不说话。齰，啮，咬。 ⑤ 常：通“尝”，曾经。 ⑥ 恚（huì 汇）：恼恨、发怒。 ⑦ 痱（fèi 费）：风病，小肿。

市渭城。

其春，武安侯病，专呼服谢罪。使巫视鬼者视之，见魏其、灌夫共守，欲杀之。竟死。子恬嗣。元朔三年，武安侯坐衣襜褕入宫，不敬。

淮南王安谋反觉，治。王前朝，武安侯为太尉，时迎王至霸上，谓王曰："上未有太子，大王最贤，高祖孙，即宫车晏驾，非大王立当谁哉！"淮南王大喜，厚遗金财物。上自魏其时不直武安，特为太后故耳。及闻淮南王金事，上曰："使武安侯在者，族矣！"

太史公曰：魏其、武安皆以外戚重，灌夫用一时决策而名显。魏其之举以吴、楚，武安之贵在日月之际。然魏其诚不知时变，灌夫无术而不逊，两人相翼，乃成祸乱。武安负贵而好权，杯酒责望，陷彼两贤，呜呼哀哉！迁怒及人，命亦不延。众庶不载，竟被恶言。呜呼哀哉！祸所从来矣！

【翻译】

魏其侯窦婴，是孝文皇后的堂侄。他父亲以前世代是观津人，喜欢交结宾客。孝文帝时，窦婴是吴国国相，因病免职。孝景帝刚继位时，他担任詹事官。

梁孝王是汉景帝的弟弟，他的母亲窦太后很喜欢他。梁孝王入朝觐见，以亲兄弟的身份出席皇帝的宴会。当时皇上还没有立太子，喝酒喝到高兴时，景帝满不在乎地说："我去世后传位给梁王。"太后十分高兴。窦婴举了一杯酒，献给景帝，说："天下，是高祖的天下，父子相传，这是汉朝的制度，皇上怎么可以擅自做主传位给梁王呢!”太后因此憎恨窦婴。窦婴也嫌官位小,便称病辞职。太后收回了窦婴出入宫门的门籍,不许他参加朝见。

孝景三年,吴楚七国发动叛乱,皇帝查遍刘氏宗族和外戚窦氏的人,都没有像窦婴那样有才智的,于是召见窦婴。窦婴入朝见皇上,他坚决推辞,说自己身体有病,负不起这个责任。太后也感到惭愧。于是皇帝说:“国家正有危急,你难道可以推让啊?”就任命窦婴为大将军,赏给他千斤金。窦婴于是把闲居在家的袁盎、栾布等名将、贤臣推荐给皇帝。他把皇帝赏赐他的金子,摆在走廊和穿堂之内,军士官吏经过就叫他们随意取用,赏赐的金子没有拿回自己家中的。窦婴驻守荥阳,监督讨伐齐、赵的各路兵马。七国乱军都被击败,封窦婴为魏其侯。那些游说的士人、食客们争相归附到窦婴门下。景帝的时候,每当朝廷商议大事,别的大臣都不敢和条侯周亚夫、魏其侯窦婴平起平坐。

孝景帝四年,立栗太子,让魏其侯当太子的老师。景帝七年,废除栗太子,窦婴多次谏争,没有被采纳。他便托病退居,在蓝田山下住了几个月,很多宾客和辩士前去规劝,没有人能把他劝回来。于是梁人高遂劝窦婴说:“能使将军富贵的,是皇上;能亲爱将军的,是太后。现在你当太子的老师,太子被废除不能争辩;争辩也没有人听,又不能去死。自己称病引退,怀抱美女,隐居而不上朝,相比而言,这是自我表白而宣扬主上的过失。假如两宫要惩治你,妻子、儿女将无一幸免了。”魏其侯同意了他的意见,于是就起身,入拜朝见如同从前一样。

桃侯刘舍被免去丞相，窦太后多次提出让窦婴任相。景帝说：“难道你以为我有所吝惜，而不肯让窦婴为相么！魏其侯这个人，只会沾沾自喜罢了，办事常常草率轻浮。很难胜任丞相，担当重任。”终于没用他，让建陵侯卫绾当了丞相。

武安侯田蚡，是景帝皇后的同母弟弟，生于长陵。窦婴已经当了大将军，正当权力兴盛时，田蚡只是个普通郎官，还没有显贵，往来于窦婴家，侍宴斟酒，跪起恭敬如同窦婴的子孙一样。到景帝晚年，田蚡高升而且得宠，任职太中大夫。田蚡善辩论，有口才，能传习古文字，王太后更看重他。景帝去世，当天太子继位，王太后临朝称制，所有安抚、镇压的事大多采纳田蚡及其宾客的计策。田蚡弟弟田胜，都因是太后弟弟，景帝后三年，封田蚡为武安侯，田胜为周阳侯。

武安侯开始想当权做丞相，谦恭卑下，延揽宾客，推荐闲居在家的有名望的人，给予优厚的待遇，想以此排挤窦婴一派的将相们。建元元年，丞相卫绾因病免官，皇帝让大臣们讨论谁来担任丞相、太尉。籍福劝田蚡说：“魏其居高官时间很长，天下有识之士都归附他。现在你刚刚兴盛，比不过魏其。即使皇帝让你当丞相，你也要让给魏其。魏其当了丞相，你一定是太尉。太尉、丞相地位同样尊贵，而你又得到让贤的名声。”武安侯就把这一意见含蓄地告诉了太后，让她转达给武帝，于是让魏其侯当了丞相，武安侯当太尉。籍福去向魏其侯祝贺，顺便告诫他，说：“大人您生性喜欢好人，讨厌坏人，现在好人称誉大人，所以您当了丞相；但大人还讨厌坏人，坏人很多，也能够毁掉大人。您如果好、坏都能兼容，那就可以长期受宠幸；如果不能，马上就会受到人家的诽谤而失掉相位。”魏其没有听。

窦婴、田蚡都喜欢儒家学说，推荐赵绾为御史大夫，王臧为郎中令。请来鲁申公，准备设立明堂，让列侯都回到自己的封地上去，废除关门之税，按照礼制来规定吉凶的各种服制，用这来兴起太平之治。检举窦氏和刘氏宗室中品行不好的人，取消他们在族谱中的名字。当时很多外戚是列侯，他们大多娶公主为妻，都不想回封国。因此，毁谤窦婴、田蚡等人的话每天都传到窦太后耳朵里。太后喜欢黄老学说，而窦婴、田蚡、赵绾、王臧等人却极力推崇儒家学说，贬低道家学说，所以窦太后更不喜欢窦婴等人。到建元二年，御史大夫赵绾请武帝不要再把政事奏告窦太后。太后大怒，就罢免了赵绾、王臧等，撤了丞相、太尉。让柏至侯许昌任丞相，武强侯庄青翟任御史大夫。从此，窦婴、田蚡以侯的身份在家闲居。

田蚡虽然不当官了，但由于王太后的关系，照样受到宠爱，多次发表意见都被采纳，各地官吏士人中趋炎附势的，都离开窦婴跑到田蚡门下。田蚡日益骄横。建元六年，窦太后去世，丞相许昌、御史大夫庄青翟因操办窦太后的丧事不力，被免去职务。让武安侯田蚡任丞相，大司农韩安国任御史大夫。天下士人、郡国官吏及诸侯更加依附于田蚡。

田蚡其貌不扬，出身非常高贵。他认为：诸侯王年纪都比自己大，新皇帝刚刚继位还很年轻，自己以外戚的地位来当汉相，如果不以礼法屈服诸侯，使他们狠下决心收敛行为克制自己，那天下便不能整肃。当时，丞相入朝奏事，坐在那里谈话一谈就是很久，他说的皇帝无不采纳。他推荐的人有的由家居之人提拔到二千石的职位，权力足以左右皇上。于是皇帝就说："你委任官吏完了没有？我也要委任几个官呢！"田蚡曾经请求占用考工室衙门的余地扩大自己的私宅，皇帝大怒："你何不占取武库！"此后他稍稍收敛了一些。他曾经请客喝酒，让自己的哥哥盖侯面朝南而坐，自己面朝东而坐，以表明汉朝丞相的尊贵，不能因为哥哥的缘故而私自降低身份。田蚡从此更加骄横，修造自己的住宅胜过一切府第，田园都是极好的肥沃之地，派到各地郡县去采办器具物品的人在路上接连不断。前堂排列着钟鼓之乐，树立着整幅绣帛制作的曲柄长幡；后院妇女上百人。诸侯进献的狗马玩物，多得数也数不清。

魏其侯失去窦太后的庇护，更加被疏远不受重用，没有权势了。门下的许多宾客渐渐地离开了他，对他怠慢起来，只有灌将军不改变原来的态度。窦婴因不得志而闷闷不乐，只是对灌将军很优待。

灌夫将军是颍阴人。他的父亲张孟，曾经当过颍阴侯灌婴的家人，得到宠信，因此被灌婴推荐，当到品秩二千石的官，顶灌氏的姓改名为灌孟。吴楚七国叛乱时，颍阴侯灌何任将军，隶属于太尉周亚夫，他请求灌孟任他的校尉。灌夫带一千人和他父亲同行。灌孟年老，颍阴侯极力请他同行，心里很不痛快，所以战斗时常常冲击敌阵的坚强处，终于战死在吴军阵中。军法规定：凡是父子都从军的，如有一人死亡，没有死的可以护送灵柩归乡，灌夫不肯随父亲的灵柩回去，激奋地说："我要取吴王或者吴将的头颅，来报杀父之仇。"于是灌夫披甲持戟，召集军中素来相好的或情愿跟他一起去的壮士几十人。等到走出营门，大多不敢向前。只有二人和随从的奴仆十几骑冲入吴军中，冲到吴将的指挥旗下，杀伤了敌人几十人。不能再向前冲，才又退回汉营，家奴都阵亡了，只和一骑返回。灌夫身受重伤十多处，恰好有名贵的刀疮药，才没有死。灌夫的伤略微好了一些，又去请命于将军说："我更熟悉吴营中的地形了，请允许我再出战。"灌何为灌夫的胆量所感动，怕灌夫战死，于是把这件事告知太尉周亚夫，太尉便坚决阻止他。吴军被打败后，灌夫因此名闻天下。

灌何把灌夫的英勇行为告知景帝，景帝任灌夫为中郎将。几个月后，因违法行为而免官。后居住在长安，长安的很多贵人没有不称赞灌夫的。景帝时，当过代相。景帝死，武帝刚刚即位，认为淮阳是天下的交通枢纽，又是强兵聚集的地方，所以将灌夫由代相调任淮阳太守。建元元年，由淮阳太守内调为太仆。建元二年，灌夫和长乐卫尉窦甫饮酒，酒量不一样。灌夫醉，打了窦甫。窦甫是窦太后的兄弟。皇上怕太后诛杀灌夫，调他任燕相。几年后因违法免官，居住在长安。

灌夫为人刚强直爽，常使酒性，不喜欢当面恭维人。对一些权势在自己之上的贵戚，不愿意特别恭敬他们，而且一定要冒犯他们；对一些地位比自己低下的士人，越是贫贱的，越加敬重，和他们平起平坐。在大庭广众的场合，奖掖后辈。士人也因此推重他。

灌夫不喜欢斯斯文文，好仗义任侠，答应了人家的事，一定办到。他所交往的人，无不是有名有势的豪强或狡黠之徒。积累家财值数千万金，食客每天有几十上百人。广占陂堤池塘和田园，宗族宾客为争权夺利，在颍川一带横行霸道。颍川的儿童于是为此而歌唱道：“颍水清清，灌家安宁；颍水混浊，灌家灭族。”

灌夫家里虽然很富有，但失去势力，位居卿相侍中的显贵及宾客们来往的越来越少了。等到魏其侯失势时，也打算依靠灌夫去打击那班先前敬慕自己，后来又背弃自己的人。灌夫也依靠魏其的地位借以跟那些列侯宗室往来，以抬高自己的名声。两个人互相攀引，互相借重。他们的交往简直像父子一样，彼此投机，十分要好，没有一点矛盾，只恨认识得太晚了。

灌夫家有丧事，登门拜访丞相。丞相田蚡从容地说：“我想和你一块拜访魏其侯，不巧你有丧事。”灌夫说：“你光临他家，是他的幸事，我怎敢因居丧服而推托呢！请让我先告知魏其侯，好叫他有所准备。请您明天早晨早些光临！”田蚡答应了。灌夫原原本本告知窦婴以及自己对田蚡所说的话。魏其侯与夫人买了很多酒肉，连夜打扫房屋，早早陈设起来，直忙到天亮。刚天亮，魏其侯就命家人等在门外探听侍候。到中午田蚡也没来。窦婴对灌夫说：“丞相难道忘了吗？”灌夫不高兴了，说："是我居丧约请他，现在应该我亲往他家。"于是备车驾，亲自去迎接丞相。丞相昨天只是开玩笑地答应灌夫，根本无意前往。等灌夫到他家，丞相还在睡觉。灌夫进去见他，说："昨天将军答应过到魏其侯家去，魏其夫妇酒席已经置办好了，从早晨等到现在，还不敢开席。"田蚡一愣，表示歉意说："我昨天喝醉了，一时间忘记了与你的约会。"于是坐车前往，路上走得很慢，灌夫越发生气。等到酒喝到高兴时，灌夫起舞完毕，邀请田蚡接着起舞，田蚡不起来，灌夫在席上的谈话中讽刺田蚡。魏其侯于是把灌夫扶下去，向田蚡表示歉意。田蚡最后喝到夜里，尽兴而归。

田蚡曾经派籍福求取窦婴在城南的土地。魏其侯大为怨恨，说："我虽被弃置不用，将军虽然在高位，难道可以仗势夺取吗！"没有答应。灌夫听说后，大怒，骂籍福。籍福不愿让田蚡和窦婴之间发生矛盾，就撒了一个谎，自己用好言去回报田蚡，说："魏其侯年老将死，容易动气，姑且先等等吧！"不久，田蚡听说魏其侯、灌夫实际是出于愤怒而不肯把田给他，也很气愤，说："魏其的儿子曾经杀过人，是我救了他。我服侍窦婴的时候什么都肯干，为什么他却吝惜这几顷田地呢！况且这与灌夫又有什么关系？我不敢再提求田的事了！"田蚡从此十分怨恨灌夫、窦婴。

元光四年春天，丞相说："灌夫家在颍川，横行霸道，百姓受他们的苦，请查办！"皇上说："这是你丞相的事，何必请示！"灌夫也抓住了丞相的短处：用不正当的手段谋取财利；收受淮南王的贿赂，泄露不该说的话。宾客们从中调解，双方的争执平息了，怨恨也得到了缓解。

这年夏天，丞相娶燕王的女儿为夫人，太后下诏叫列侯宗室都前往祝贺。魏其侯去找灌夫，打算和他一齐去，灌夫推辞说："我多次因为酒醉使气而得罪丞相，他现在跟我有怨隙。"魏其说："事情已经过去了。"硬拉灌夫一起去。喝酒到高兴的时候，田蚡起立为客人敬酒，客人都离开自己的坐席，伏在地上。轮到魏其侯敬酒，只有那些与魏其侯有旧交情的人离席，其余半数的客人不过稍稍欠身一膝跪在席上。灌夫很不高兴。灌夫起来按次序敬酒到主人面前，武安一膝跪在席上说："我不能喝满杯。"灌夫怒，因而嘲笑道："你是贵人，请喝干！"田蚡不肯。按顺序行酒轮到了临汝侯，他正在凑着程不识耳朵低声说话，又不离坐，灌夫正没地方出气，就大骂临汝侯灌贤："你平日诽谤程不识，把他贬得不值一文钱，现在长辈来敬酒，你反倒学那女人样子，叽叽咕咕地说个没完！"田蚡对灌夫说："程不识和李广都是宫廷的卫尉。你今天当众羞辱程将军，你难道不给李广留点面子吗！"灌夫说："今天准备着砍头穿胸，管什么程啊李的！"坐客们于是借故上厕所，陆续散去。魏其侯也离开了，并令灌夫也退下去。田蚡气愤地说："这是我平时骄宠灌夫的过错。"便命令手下的军士扣留灌夫。灌夫想走但走不了。籍福站起来为灌夫谢罪，并且用手按住灌夫的脖子叫他低头认错。灌夫更加气愤，不肯认错。田蚡于是命令手下把灌夫捆绑起来，看押在客馆里，把长史叫来说："今天宴请宗室，奉有太后的旨意。"参奏灌夫故意辱骂客人，轻侮旨意，应该按不敬罪处理，关押在居室。于是重提旧案,查办他以前在颍川的不法事实,派遣人分头去追捕灌氏各支的族人,捉拿到的灌氏族人都处以死刑。窦婴十分懊悔,出钱请宾客为灌夫讲情,没有成功。田蚡的手下都是他的耳目,灌氏的人都躲藏了起来,而灌夫本人又被拘押,因而他们不可能再揭发田蚡的罪行。

魏其侯挺身而出全力营救灌夫,他的夫人劝他说:"灌将军得罪了丞相,和太后作对,难道可以救吗!"窦婴说:"侯爵是我自己得来的,又是我自己抛弃的,得失无所遗憾!何况我也绝不能让灌夫一个人去死,我窦婴倒一个人活着!"便瞒着家里人,偷偷上书给皇帝。皇上立刻把他召进宫里,窦婴详细说明了灌夫酒醉失态的事情,够不上死罪。皇上同意他的看法,招待他吃饭,说:"到东宫太后那里去当面解释。"

魏其侯到东宫去了,他极力推奖灌夫的长处,说明他因为喝醉酒而犯了过错,丞相却用别的事端来对他诬陷治罪。田蚡又极力诋毁灌夫,说他所作所为骄横而且放肆,他的罪行实为大逆不道。魏其侯揣度对田蚡再没有办法了,就揭出了田蚡的隐私。田蚡说:"天下有幸平安无事,我得以充任肺腑之臣,我所爱好的也只是音乐田宅狗马而已。我所喜爱的歌舞乐人、能工巧匠之类,远不如窦婴、灌夫日夜招集天下豪杰壮士,和他们讨论商议,心怀不满,暗地里诽谤朝政,不是仰视天文,便是俯画地理,窥测太后和皇上的动静,希望天下变乱,妄图趁机建立大功。我倒不明白窦婴他们究竟在那里干些什么。"于是皇上问大臣们:"窦婴、田蚡两个人谁是谁非?"御史大夫韩安国说:"魏其侯说,灌夫父亲为国战死,他亲自持戟闯入险恶的吴军营中，身受重伤几十处，名冠三军，他是天下的勇士，没有太大的罪，只不过是喝醉了酒而发生口角，不能够援引别的过失来杀他。魏其侯说得有道理。丞相也说，灌夫勾结奸猾不轨之徒，侵夺小民，家财积累多达千万，在颍川任意横行，触犯宗室，欺凌皇族，这正像俗语说的'树枝比树干粗，小腿比大腿粗，不折断一定分裂'，丞相说得也对。只有请贤明的皇帝你来裁决了！"主爵都尉汲黯认为窦婴说得对。内史郑当时先前也认为窦婴说得对，后来不敢坚持自己的意见。其余的人都没敢发表意见。皇上气愤郑当时的态度，说："你平时多次谈论魏其侯、武安侯的长短，今天当廷公开辩论，却又像驾在车辕下的马一样畏首畏尾，我把你们这些家伙一并斩了！"罢朝后进入宫内，皇上侍候太后吃饭。太后也已经派人暗中探听朝廷辩论的情况，这些人把情况详细地告诉了太后。太后很生气，不吃饭，说："现在我还活着，他们都竟敢糟践我弟弟；假如我死后，我弟弟还不是任人宰割。况且皇帝你能像石头人那样无动于衷吗！特别是现在皇帝尚健在，就这样附和他们；试想你去世后，这批人还能靠得住吗！"皇上解释说："都是皇族和外戚家的人，所以让他们当廷辩论。否则，一个狱吏就能决断这件事。"这时，郎中令石建把窦婴和田蚡两个人的事分别向皇上作了介绍。

田蚡下朝出了宫禁的外门，招呼御史大夫韩安国共乘自己的车子同行，生气地说："我和你共同对付一个秃老头子，你为什么还犹豫不定呢！"韩安国沉默了好一会儿，才对丞相说："你为什么不暗自高兴？魏其侯攻击你，你应当免冠解下印绶归还天子，说‘我因为至亲的缘故，侥幸身居相位，本来是不能胜任的，魏其侯说的都是对的’。这样，皇上一定赞赏你有谦让之德，不让你辞职。魏其侯必定自己内心惭愧，屏人独居，缄口不言，终致自杀。现在别人攻击你，你也攻击别人，好像奸商泼妇吵架，多么不识大体啊！”田蚡认错说：“争辩时性急，没有想到这样做。”

这时皇上派御史按簿籍所载的灌夫罪状，而去责问窦婴，多有与事实不相符合的，认为窦婴故意欺骗、隐瞒。窦婴被弹劾而拘押在都司空的狱中。景帝时，窦婴曾经接受过景帝临死的遗书，遗书上说：“遇到麻烦，可以看情况向皇帝报告、说明。”等到灌夫被捕后，罪该灭族。情况一天比一天紧急，多数大臣不敢再向皇帝公开请求。魏其侯就让侄子上书，说明受有遗诏，有幸又被召见。上书奏给皇帝后，但查对尚书省的档案，找不到先帝的遗诏。诏书只藏在魏其侯家，由家臣封存的。于是指控魏其侯伪造景帝遗诏，罪应处死。元光五年十月，把灌夫和家属全部都处决了。魏其侯过了很长时间才听说，听说后非常恼怒，得了风肿病，拒绝进食，打算就这样死去。有人听说皇上不准备杀魏其侯，他才又吃饭、治病了，盼着能定个不死罪。这时有制造恶毒的谣言陷害窦婴，故意让皇上听到，所以在十二月的最后一天把窦婴处决在渭城。

当年春天，田蚡患病，只是叫喊服罪谢过的话。让能看见鬼的巫师来看这种怪病，只见窦婴、灌夫一齐守住了田蚡，要杀死他。田蚡终于死去。他的儿子田恬继承武安侯封号。

元朔三年，田恬被处以穿短衣入朝的不敬罪。

淮南王刘安准备谋反被发觉，审问追查党羽。淮南王前次入朝时，田蚡是太尉，到霸上迎接淮南王，对刘安说："皇帝没有太子，大王您最贤，是高祖的嫡孙，等皇帝去世后，不立大王，还有谁可立呢！"淮南王大喜，厚赠田蚡金帛财物。武帝自从魏其侯被杀时起，就对田蚡不满，只因碍于太后面子的缘故，不便把他怎样罢了。等听说淮南王与武安侯勾结赠金等事，武帝说："假使武安侯还活着的话，一定要灭族的！"

太史公说：窦婴、田蚡都是以外戚身份被重用，灌夫因为一时决策驰入吴军报父仇而出名。魏其侯窦婴是因为平定吴、楚七国之乱而发迹，武安侯田蚡的尊贵是凭借武帝刚继位和窦太后、王太后当权等机会。但是窦婴实在不懂随时变通的道理，灌夫没有手腕却又不肯谦让，窦、灌二人互相依重，于是酿成祸乱。田蚡自恃地位尊贵而好弄权术，因为杯酒之间的小事而怨恨别人，陷害两个好人，可哀可痛！因为恨灌夫而兼及窦婴，自己也没有活多久。朝野上下都不推重，终于蒙受了坏名声。唉，可悲可叹！这就是招致祸患的缘由！

李将军列传

本篇成功地塑造了一代名将李广的感人形象。作者用神来之笔赞颂了李广良好的军事素质和敢于拼杀的英雄气概。李广以其高超的箭术，英勇善战，被誉为“飞将军”。李广为人简易，号令不烦，爱惜士兵，不贪钱财，在人们心目中享有很高的声望。然而，这位身经七十余战的杰出将领，最后不得不以自刎结束自己几十年的征战生涯。司马迁深切地惋惜和同情李广壮志未酬的境遇，同时揭露了当时最高统治阶层内的矛盾与倾轧。

司马迁曾因替投降匈奴的李陵辩解，得罪入狱，蒙受残酷的腐刑，因此，他在写这篇传记时，不可能不灌注个人强烈的主观情感，对李广、李陵的事迹和功劳作了某些不太客观的渲染。这一点也是我们在读这篇传记时应当加以分辨的。

李将军广者，陇西成纪人也①。其先曰李信，秦时为将，逐得燕太子丹者也。故槐里②，徙成纪。广家世世受射。孝文帝十四年，匈奴大入萧关③，而广以良家子从军击胡，用善骑射，杀首虏多，为汉中郎④。广从弟李蔡亦为郎，皆为武骑常侍⑤，秩八百石。尝从行，有所冲陷折关及格猛兽，而文帝曰："惜乎，子不遇时！如令子当高帝时，万户侯岂足道哉⑥！"

及孝景初立，广为陇西都尉⑦，徙为骑郎将⑧。吴、楚军时⑨，广为骁骑都尉，从太尉亚夫击吴、楚军⑩，取旗，显功名昌邑下⑪。以梁王授广将军印，还，赏不行，徙为上谷太守⑫，匈奴日以合战。典属国公孙昆邪为上泣曰⑬："李广才气，天下无双，自负其能，数与虏敌战，恐亡之。"于是乃徙为上郡太守。后广转为边郡太守，徙上郡。尝为陇西、北地、雁门、代

---

① 陇西：郡名，在今甘肃省东部。成纪：县名，在今甘肃省秦安县北。 ② 槐里：在今陕西兴平东南。 ③ 萧关：在今甘肃省环县西北。 ④ 中郎：郎中令属官，掌守门户，出充车骑，秩比六百石。 ⑤ 武骑常侍：郎官的加衔。 ⑥ 万户侯：食邑万户的列侯。 ⑦ 都尉：即郡尉，掌佐郡守典武职甲卒，景帝时改名都尉。 ⑧ 骑郎将：郎官有户、车、骑三将，骑郎将即其中一种。 ⑨ 吴、楚军时：即汉景帝时吴、楚等七国的叛乱。 ⑩ 太尉：最高军事长官。 ⑪ 昌邑：今山东省金乡县西北。 ⑫ 上谷：今河北省西北部及中部一部分地区。 ⑬ 典属国：处理外族降人的官。公孙：姓。昆(huí魂)邪：名。

郡、云中太守①，皆以力战为名。

匈奴大入上郡②，天子使中贵人从广勒习兵击匈奴③。中贵人将骑数十纵，见匈奴三人，与战。三人还射，伤中贵人④，杀其骑且尽。中贵人走广。广曰："是必射雕者也。"广乃遂从百骑往驰三人。三人亡马步行⑤，行数十里。广令其骑张左右翼，而广身自射彼三人者，杀其二人，生得一人，果匈奴射雕者也。已缚之上马，望匈奴有数千骑，见广，以为诱骑，皆惊，上山陈⑥。广之百骑皆大恐，欲驰还走。广曰："吾去大军数十里，今如此以百骑走，匈奴追射我立尽。今我留，匈奴必以我为大军之诱，必不敢击我。"广令诸骑曰："前！"前未到匈奴陈二里所，止，令曰："皆下马解鞍！"其骑曰："虏多且近，即有急，奈何？"广曰："彼虏以我为走，今皆解鞍以示不走，用坚其意。"于是胡骑遂不敢击。有白马将出护其兵，李广上马与十余骑奔射杀胡白马将，而复还至其骑中，解鞍，令士皆纵马卧。是时会暮，胡兵终怪之，不敢击。夜半时，胡兵亦以为汉有伏军于旁，欲夜取之，胡皆引兵而去。平旦，李广乃归其大军。大军不知广所之，故弗从。

居久之，孝景崩，武帝立，左右以为广名将也，于是广以

---

① 北地：今甘肃东北部和宁夏回族自治区一部分。雁门：今山西西北部。代郡：今山西、河北两省北部。云中：今山西西北部和内蒙古自治区西南部。 ② 上郡：今山西省北部及内蒙古自治区一部分。 ③ 中贵人：指亲信宦官。中，禁中。 ④ 还（xuán 旋）：旋转身。 ⑤ 亡：通"无"。 ⑥ 陈（zhèn 阵）：通"阵"。

上郡太守为未央卫尉①，而程不识亦为长乐卫尉②。程不识故与李广俱以边太守将军屯。及出击胡，而广行无部伍行陈③，就善水草屯，舍止，人人自便，不击刀斗以自卫④，莫府省约文书籍事⑤，然亦远斥候⑥，未尝遇害。程不识正部曲行伍营陈，击刀斗，士吏治军簿至明，军不得休息，然亦未尝遇害。不识曰："李广军极简易，然虏卒犯之，无以禁也，而其士卒亦佚乐，咸乐为之死。我军虽烦扰，然虏亦不得犯我。"是时汉边郡李广、程不识皆为名将，然匈奴畏李广之略，士卒亦多乐从李广而苦程不识。程不识孝景时以数直谏为太中大夫⑦。为人廉，谨于文法。

后汉以马邑城诱单于⑧，使大军伏马邑旁谷⑨，而广为骁骑将军，领属护军将军⑩。是时单于觉之，去，汉军皆无功。其后四岁，广以卫尉为将军，出雁门击匈奴。匈奴兵多，破败广军，生得广。单于素闻广贤，令曰："得李广必生致之！"胡骑得广，广时伤病，置广两马间，络而盛卧广⑪。行十余里，广

① 未央卫尉：未央宫门禁卫军的长官。 ② 长乐卫尉：长乐宫门禁卫军的长官。 ③ 行陈(háng zhèn 杭阵)：行列阵势。 ④ 刀斗：即刁斗，铜锅，可盛一斗。行军时，白天做饭，夜间用为巡更的器具。 ⑤ 莫府：即幕府。 ⑥ 斥：侦察。候：望视，窥视。斥候，侦探敌情的哨兵。 ⑦ 太中大夫：郎中令属官，掌议论。 ⑧ 单(chán 蝉)于：匈奴君主的称号。 ⑨ 马邑：今山西省朔城。 ⑩ 骁骑和护军都是当时将军的冠号，冠号的将军不常设，后世称之为"杂号将军"。 ⑪ 盛(chéng 成)：以器具受物。

详死①,睨其旁有一胡儿骑善马②,广暂腾而上胡儿马,因推堕儿,取其弓,鞭马南驰数十里,复得其余军,因引而入塞。匈奴捕者骑数百追之,广行取胡儿弓,射杀追骑,以故得脱。于是至汉,汉下广吏。吏当广所失亡多,为虏所生得,当斩,赎为庶人。

顷之,家居数岁。广家与故颍阴侯孙屏野居蓝田南山中射猎③。尝夜从一骑出,从人田间饮。还至霸陵亭④,霸陵尉醉,呵止广。广骑曰:“故李将军。”尉曰:“今将军尚不得夜行,何乃故也!”止广宿亭下。居无何,匈奴入杀辽西太守⑤,败韩将军,后韩将军徙右北平⑥。于是天子乃召拜广为右北平太守。广即请霸陵尉与俱,至军而斩之。

广居右北平,匈奴闻之,号曰“汉之飞将军”,避之数岁,不敢入右北平。

广出猎,见草中石,以为虎而射之,中石没镞,视之石也。因复更射之,终不能复入石矣。广所居郡闻有虎,尝自射之。及居右北平射虎,虎腾伤广,广亦竟射杀之。

广廉,得赏赐辄分其麾下,饮食与士共之。终广之身,为

① 详(yáng 羊):通“佯”,假装。 ② 睨(nì 逆):斜视。 ③ 屏野:退职家居,犹言下野。蓝田南山:蓝田县的南山之麓,当时为朝贵退休后的游乐处。 ④ 霸陵:县名,在今陕西省长安东。亭:守卫霸陵的驿站。 ⑤ 辽西:今河北省卢龙县东。 ⑥ 右北平:秦置郡名,地在今河北省东北部。治所在平刚,即今河北平泉县。

二千石四十余年①，家无余财，终不言家产事。广为人长，猨臂②，其善射亦天性也。虽其子孙他人学者，莫能及广。广讷口少言③，与人居则画地为军陈，射阔狭以饮。专以射为戏，竟死。广之将兵，乏绝之处，见水，士卒不尽饮，广不近水；士卒不尽食，广不尝食。宽缓不苛，士以此爱乐为用。其射，见敌急，非在数十步之内，度不中不发④，发即应弦而倒。用此，其将兵数困辱，其射猛兽亦为所伤云。

居顷之，石建卒，于是上召广代建为郎中令。元朔六年，广复为后将军，从大将军军出定襄⑤，击匈奴。诸将多中首虏率，以功为侯者，而广军无功。后二岁，广以郎中令将四千骑出右北平，博望侯张骞将万骑与广俱，异道。行可数百里，匈奴左贤王将四万骑围广⑥。广军士皆恐，广乃使其子敢往驰之。敢独与数十骑驰，直贯胡骑，出其左右而还，告广曰："胡虏易与耳。"军士乃安。广为圜陈外向，胡急击之，矢下如雨。汉兵死者过半，汉矢且尽。广乃令士持满毋发，而广身自以大黄射其裨将⑦，杀数人，胡虏益解。会日暮，吏士皆无人色，而广意气自如，益治军。军中自是服其勇也。明日，复力战，

① 二千石：汉代内自九卿郎将，外至郡守尉的俸禄等级，都是二千石。后因称郎将、郡守和知府为二千石。 ② 猨：同"猿"。 ③ 讷(nè)：说话迟钝。 ④ 度(duó 夺)：料想、估计。 ⑤ 定襄：今山西省右玉县以北和内蒙古自治区西南部。 ⑥ 左贤王：匈奴单于手下的统帅。当时置左贤王和右贤王。左贤王居东方，右贤王居西方。 ⑦ 大黄：连弩名，又称角弩。因体大色黄，故名大黄。

而博望侯军亦至，匈奴军乃解去。汉军罢①，弗能追。是时广军几没，罢归，汉法，博望侯留迟后期，当死，赎为庶人。广军功自如，无赏。

初，广之从弟李蔡与广俱事孝文帝。景帝时，蔡积功劳至二千石。孝武帝时，至代相。以元朔五年为轻车将军②，从大将军击右贤王，有功中率，封为乐安侯③。元狩二年中，代公孙弘为丞相④。蔡为人在下中，名声出广下甚远，然广不得爵邑，官不过九卿，而蔡为列侯，位至三公。诸广之军吏及士卒或取封侯。广尝与望气王朔燕语⑤，曰："自汉击匈奴，而广未尝不在其中，而诸部校尉以下，才能不及中人，然以击胡军功取侯者数十人，而广不为后人，然无尺寸之功以得封邑者，何也？岂吾相不当侯邪？且固命也⑥？"朔曰："将军自念，岂尝有所恨乎？"广曰："吾尝为陇西守，羌尝反，吾诱而降，降者八百余人，吾诈而同日杀之。至今大恨独此耳。"朔曰："祸莫大于杀已降，此乃将军所以不得侯者也。"

后二岁，大将军、骠骑将军大出击匈奴，广数自请行。天子以为老，弗许；良久乃许之，以为前将军。是岁，元狩四年也。

广既从大将军青击匈奴，既出塞，青捕虏知单于所居，乃

---

① 罢（pí 疲）：通"疲"。 ② 轻车将军：杂号将军之一。 ③ 乐安：故城在今山东省博兴县北。 ④ 公孙弘：字季，薛人，武帝初为博士，元朔中为丞相，封平津侯。 ⑤ 望气：是一种迷信活动，望人面色或天上云彩来预测凶吉的征兆。 ⑥ 也：读如耶。

自以精兵走之，而令广并于右将军军，出东道。东道少回远，而大军行水草少，其势不屯行。广自请曰："臣部为前将军，今大将军乃徙令臣出东道，且臣结发而与匈奴战①，今乃一得当单于，臣愿居前，先死单于。"大将军青亦阴受上诫，以为李广老，数奇②，毋令当单于，恐不得所欲。而是时公孙敖新失侯③，为中将军从大将军，大将军亦欲使敖与俱当单于，故徙前将军广。广时知之，因自辞于大将军。大将军不听，令长史封书与广之莫府，曰："急诣部，如书！"广不谢大将军而起行，意甚愠怒而就部，引兵与右将军食其合军出东道④。军亡导，或失道，后大将军。大将军与单于接战，单于遁走，弗能得而还。南绝幕，遇前将军、右将军。广已见大将军，还入军。大将军使长史持糒醪遗广⑤，因问广、食其失道状，青欲上书报天子军曲折。广未对，大将军使长史急责广之幕府对簿⑥。广曰："诸校尉无罪，乃我自失道。吾今自上簿。"

至莫府，广谓其麾下曰："广结发与匈奴大小七十余战，今幸从大将军出接单于兵，而大将军又徙广部行回远，而又迷失道，岂非天哉！且广年六十余矣，终不能复对刀笔之吏⑦。"遂引刀自刭。广军士大夫一军皆哭。百姓闻之，知与不知，无老壮皆为垂涕。而右将军独下吏，当死，赎为庶人。

---

① 结发：指童年初能胜冠的时候。 ② 数奇(jī 基)：命运不顺当。 ③ 公孙敖：初为骑郎，因三次从卫青攻打匈奴有功，封合骑侯。元狩二年因耽误军期，失去列侯爵位。 ④ 食其(yì jī 异基)：人名。 ⑤ 糒醪(bèi láo 备劳)：糒，干饭。醪，酒浆。 ⑥ 对簿：听审受质。 ⑦ 刀笔之吏：主办文案的官吏。

广子三人，曰当户、椒、敢，为郎。天子与韩嫣戏①，嫣少不逊，当户击嫣，嫣走。于是天子以为勇。当户早死，拜椒为代郡太守，皆先广死。当户有遗腹子名陵②。广死军时，敢从骠骑将军。广死明年，李蔡以丞相坐侵孝景园壖地③，当下吏治，蔡亦自杀，不对狱，国除。李敢以校尉从骠骑将军击胡左贤王，力战，夺左贤王鼓旗，斩首多，赐爵关内侯④，食邑二百户，代广为郎中令。顷之，怨大将军青之恨其父，乃击伤大将军，大将军匿讳之。居无何，敢从上雍，至甘泉宫猎⑤。骠骑将军去病与青有亲，射杀敢。去病时方贵幸，上讳云鹿触杀之。居岁余，去病死。而敢有女为太子中人⑥，爱幸，敢男禹有宠于太子，然好利，李氏陵迟衰微矣。

李陵既壮，选为建章监⑦，监诸骑。善射，爱士卒。天子以为李氏世将，而使将八百骑。尝深入匈奴二千余里，过居延视地形⑧，无所见虏而还。拜为骑都尉⑨，将丹阳楚人五千人⑩，教射酒泉、张掖以屯卫胡⑪。

数岁，天汉二年秋，贰师将军李广利将三万骑击匈奴右

---

① 韩嫣（yàn 偃）：韩王信的孙子。官至上大夫，后为太后赐死。 ② 遗腹子：父亲死后才出生的子女。 ③ 壖：空地。 ④ 关内侯：下于列侯一等，有侯号，居京畿，无国邑。 ⑤ 甘泉宫：本秦之离宫，为汉武帝游猎避暑处。 ⑥ 中人：没有位号的宫妾。 ⑦ 建章监：督带建章营羽林骑郎的长官，隶属郎中令。 ⑧ 居延：今甘肃省酒泉居延海。 ⑨ 骑都尉：掌监羽林军，秩比二千石。 ⑩ 丹阳：郡名，治宛陵县，即今安徽省宣城。 ⑪ 酒泉：郡名，治所在禄福，今甘肃酒泉。张掖：郡名，郡治故城在今甘肃省张掖西北。

贤王于祁连、天山①,而使陵将其射士步兵五千人出居延北可千余里,欲以分匈奴兵,毋令专走贰师也。陵既至期还,而单于以兵八万围击陵军。陵军五千人,兵矢既尽,士死者过半,而所杀伤匈奴亦万余人。且引且战,连斗八日,还未到居延百余里,匈奴遮狭绝道。陵食乏而救兵不到,虏急击招降陵。陵曰:"无面目报陛下。"遂降匈奴。其兵尽没,余亡散得归汉者四百余人。

单于既得陵,素闻其家声,及战又壮,乃以其女妻陵而贵之。汉闻,族陵母妻子,自是之后,李氏名败,而陇西之士居门下者皆用为耻焉。

太史公曰:《传》曰"其身正,不令而行;其身不正,虽令不从"②。其李将军之谓也?余睹李将军悛悛如鄙人③,口不能道辞。及死之日,天下知与不知,皆为尽哀。彼其忠实心诚信于士大夫也。谚曰:"桃李不言,下自成蹊④。"此言虽小,可以喻大也⑤。

【翻译】

李将军名广,是陇西成纪人。他的祖先有个李信,秦王嬴政时为将,就是追逐捕杀燕太子丹的人。原籍槐里,后来迁徙到成纪。李广家世世代代传习箭法。孝文帝十四年,匈

① 贰师:指李广利,武帝李夫人之兄。 ②"其身正"四句:见《论语·子路篇》。 ③ 悛(xún 旬)悛:诚实恭谨的样子。悛,同"恂"。 ④ 蹊(xī 奚):小路。 ⑤ 谕:通"喻"。

奴大举入侵萧关，李广以良家子的身份从军抗击匈奴，因他精通骑马射箭，杀死俘获了很多敌人，做了汉朝的中郎。他的堂弟李蔡也做了郎官，他们俩都是武骑常侍，品秩八百石。李广曾经随文帝出行，每逢冲锋陷阵，守关御敌以及跟猛兽搏斗，总是奋勇当先。文帝说："可惜呀，你生不逢时！假使你生在高祖时，封个万户侯又算得了什么！"

景帝即位时，李广就做了陇西都尉，后又调任骑郎将。吴、楚七国叛乱时，李广任骁骑都尉，跟随太尉周亚夫迎击吴、楚叛军，在昌邑夺取敌军帅旗，立功扬名。因为李广接受了梁王给他的将军大印，回京后，未得到封赏。调任上谷太守，每天与匈奴兵交战。典属国公孙昆邪哭着对皇帝说："李广的才能天下无双，可他十分自信自己的能力，多次与匈奴人力战，我很担心他会阵亡的。"于是，景帝就将李广调任上郡太守。李广历任边郡太守，徙上郡。后曾辗转徙任陇西、北地、雁门、代郡、云中太守，都以力战匈奴出名。

匈奴大举入侵上郡，汉景帝派亲信宦官到李广部下接受军事训练，参加抗击匈奴。有一次这个宦官带领几十名骑兵纵马前进，看到三个匈奴人，就和他们交战。那三个匈奴人转身射伤了这个宦官，把骑兵也差不多杀光了。宦官逃回去告诉李广。李广说："这三个人一定是射雕手。"于是李广马上带领一百名骑兵去追赶那三人。那三人因没有马而徒步行走，走了几十里。李广命令手下骑兵向左右两侧散开。李广亲自射击那三人，射死两人，活捉一人，一问，果然是匈奴射雕手。把捕获的一人捆上马后，远远望见有几千名匈奴骑兵过来了,他们看见李广军,以为是诱骗他们的疑兵,都很吃惊,立即上山摆开阵势。李广手下的一百名骑兵都非常惊慌,想策马飞驰回营。李广对他们说:“我们离大部队几十里,现在就这样凭一百人马往回跑,匈奴人会来追赶,很快会把我们全部射死。现在我们停下来,匈奴人一定认为我们是大部队派出来的诱兵,一定不敢来袭击我们。”接着李广命令手下骑兵:“前进!”前进到离匈奴人阵地约二里左右处停下来,又发布命令:“全部下马,卸鞍!”骑兵们说:“敌人这么多,离我们又这么近,如有紧急情况,我们怎么办呢?”李广说:“敌人以为我们会逃跑,现在我们却都解下马鞍,表示不走,使他们更加相信我们是疑兵。”果然,匈奴骑兵不敢出击。有一个骑白马的匈奴将领出阵监护他们的军队,李广跳上马和十多名骑兵飞奔过去,射死了匈奴白马将,又还至自己的队伍中,卸下马鞍,让士兵们放开马,躺下歇息,这时恰巧天快黑了,匈奴人始终捉摸不定,不敢前来攻击。到半夜,匈奴军队也以为汉军埋伏在附近,准备趁夜袭击他们,就都连夜撤走了。天亮后,李广才回到大本营。大本营中不知道李广的去向,所以没有能派兵接应李广。

过了很久,景帝逝世,武帝即位,左右大臣认为李广是名将,武帝就将他从上郡太守任上调回任未央宫卫尉,这时程不识也担任了长乐宫卫尉。程不识和李广过去都是任边郡太守而兼管军屯事务的。他们出击匈奴,李广行军没有严格的编制和一定的行列,只是靠近水草充足的地方屯驻,起居听任将士们自便,夜间也不打更警戒,军营的公文表册十分简单，但也派哨兵深入侦察，从未遇到什么危险。程不识却严格约束手下的部队，整顿编制和军规，晚上总有人打更巡夜，部下们办理军事文书非常详明，大家都不得休息，然而也从未碰到过什么危险。程不识说："李广带兵十分简易，可是如果匈奴突然袭击李广，也没有办法箝制他，他的士兵安闲舒适，都乐意为他出死力。我带兵虽然忙乱一些，可是匈奴也奈何不了我。"当时，李广、程不识都是边郡名将，但是匈奴更害怕李广的谋略，士兵也大多乐意跟从李广而不愿跟随程不识。程不识在景帝时因屡次直言劝谏，被任命为太中大夫。他为人清廉，谨守文书法度。

后来，汉朝想用马邑城诱破匈奴，派大军埋伏在马邑旁的山谷里，这次李广任骁骑将军，受护军将军韩安国节制。这一次单于发现上当了，逃去，汉朝军队都没有成功。此后四年，李广从卫尉调任将军，领兵北出雁门，出击匈奴。这次匈奴兵力强大，打败了李广的军队，活捉了李广。单于一向听说李广贤能，发布命令说："抓住李广，一定要活的给我送来！"匈奴骑兵抓住了李广，这时李广受了重伤，匈奴兵就让他躺在一张网里，挂在两匹马中间兜着走。走了十几里，李广装死，偷眼看到旁边有一年轻的匈奴兵骑着一匹好马，李广突然纵身跳上那个年轻的匈奴兵的马上，趁势将他推下马，夺取了他的弓箭，快马加鞭向南奔驰几十里，又会合了部下残兵，带他们进了雁门。这时，匈奴骑兵几百人追赶他们，李广一边策马一边拿起年轻匈奴兵的弓箭，射杀匈奴追兵，这样得以脱身。当时回到汉朝后，汉朝皇帝将李广交执法官审问。执法官判决李广军队伤亡惨重，自己又被匈奴人生擒，罪该斩首，后来纳金免刑，削去爵位，降为平民。

一转眼李广在家住了好几年。李广和从前颍阴侯的孙子灌强都赋闲家居蓝田县南山脚下，他们常到山中打猎。一天夜晚，李广带着一名骑马的随从跟朋友在乡村喝酒。回家路过霸陵亭，霸陵尉喝醉了酒，吆喝着拦住李广。李广的随从说："这位是前任李将军。"霸陵尉说："就是现任将军也不准夜间通行，何况是前任将军！"命令李广停宿在驿亭中。过了不久，匈奴入侵，杀死辽西太守，打败了韩安国将军。韩安国被调到右北平。于是，武帝召见李广，任命他为右北平太守。李广请求让霸陵尉同他一起赴任，霸陵尉一到军中，李广就把他杀了。

李广镇守右北平，匈奴人听说后，称李广是"汉朝的飞将军"，一直避开他，好多年不敢入侵右北平。

有一次，李广出外打猎，看到草丛中的一块石头，以为是一只老虎，一箭射去，箭头全部钻入石头之中，走近一看，才知道是一块石头。于是又连射几箭，却不能将箭镞再射入石头。李广所镇守的郡地，听说有老虎，就亲自去射杀。镇守右北平时，有一次射虎，虎猛扑过来抓伤了他，但最后李广还是把它射死了。

李广为人廉洁，得到赏赐都分给他的部下，吃喝和士兵在一起。他一生做了四十多年品秩为二千石的高官，但家里却没有多余的财产。从来不谈个人家产的事。李广身材高大，臂膀像猿一样，他射箭射得那么好，也是由于天赋的本能。即使是他的子孙和别人跟他学习,也没有一个人赶得上他的。李广拙于口才,很少说话,平常和别人在一起时,就画地为军阵,按宽窄远近比赛射箭来罚酒。他专以比赛射箭为游戏,一直到死都是如此。李广带兵遇到缺水断粮的情形,发现可以饮用的水,士兵们没有全部喝到时,他是滴水不沾的;士兵们没有全部吃到时,他不尝一口饭。他对士兵宽厚而不苛刻,士兵因此都爱戴李广,乐于听他使用。他张弓射箭,见敌人离得很近,不逼近在几十步以内,或估计射不中的,他就不放箭,只要箭射出去,敌人就应声而倒。正因为这样,李广带兵作战时多次吃亏受辱,射猛兽时也被猛兽扑伤。

过了不久,石建死了,这时武帝让李广接替石建,任郎中令。元朔六年,李广又调任后将军,跟随大将军卫青从定襄出击匈奴。当时从征诸将,多因达到规定的杀死和俘虏敌人的标准而被论功封侯,而李广这支军队却没有什么战绩。又过了两年,李广任郎中令,率领四千骑兵从右北平出发,博望侯张骞带领一万名骑兵和他同行,他们分两路围剿匈奴。前进了约几百里,匈奴左贤王率四万骑兵包围了李广。李广部下的士兵都恐慌起来,李广就派他的儿子李敢冲向敌军。李敢只率领数十骑冲锋,径直穿过匈奴部队,突破匈奴军左右两翼回到自己的阵地,向李广报告说:"匈奴军容易对付。"军心这才安定下来。李广命令士兵摆成圆形的阵势,面向敌人,匈奴兵疯狂进攻,箭如雨下。汉军阵亡超过了一半,箭也快用光了。李广命令士兵拉满弓,控弦不发,他自己亲自用威力很大的硬弓射敌军副将,射杀数人,敌人的进攻才慢慢缓和下来。到傍晚时，将士们都面无人色，但李广神色自如，精神焕发地指挥战斗。他的部下因此更加钦佩他的勇气了。第二天，又和匈奴军队激战，正好博望侯张骞的军队也赶来了，匈奴兵才解围而去。汉军已非常疲惫，无力追赶。这一次李广几乎全军覆没，只得撤兵而归。按汉朝法律，张骞误了军期，应处死刑，后出钱赎了死罪，贬为平民。李广功过相当，没有得到封赏。

当初，李广的堂弟李蔡与李广一起事奉汉文帝。汉景帝时，李蔡累积军功，做了俸禄二千石的高官，汉武帝时，做了代国的国相。元朔五年，李蔡任轻车将军跟从大将军卫青攻打匈奴右贤王，功劳合乎封侯标准，封为乐安侯。元朔二年中，李蔡替代公孙弘为丞相。李蔡的行为品格在下等之中，名声较李广低得多，但李广没有得到爵位和封邑，官位不超过九卿，而李蔡被封为列侯，身居三公高位。李广手下的将士有的已立功封侯。李广曾和善于占候天色星相的王朔私下交谈说："自从汉朝攻打匈奴以来，我李广没有一次不参与其中，而那些各部校尉以下的将士，他们的才能还够不上中等水平，但凭攻打匈奴立功封侯的有几十人，我李广从不落在别人后面，但却没有些小的功劳来取得爵位和封邑，这是为什么呢？难道我的色相不该封侯的吗？还是我的命数早已注定的么？"王朔说："你自己想一下，难道心里曾有过什么抱恨的事情吗？"李广说："我做过陇西太守，羌人曾起兵反汉，我诱骗他们投降，投降的有八百多人，我又行诈把这八百人在同一天内杀掉了。到现在我心里一直非常抱恨的，就这么一件事。”王朔说：“祸殃没有比杀戮已经投降的人更大了，这就是你不能得到封侯的报应呵！”

过了两年，卫青、霍去病大举出兵攻打匈奴，李广屡次自动奏请随军征战。武帝认为他年老，不同意；过了好长时间才允许他的请求，任命他为前将军。这一年是元狩四年。

李广已经跟从大将军卫青攻打匈奴，出塞后，卫青捕捉了匈奴俘虏，得知单于居住的地方，就自己率精兵去攻打单于，命令李广的军队与右将军赵食其的军队合并，从东路出兵。东路稍稍迂回辽远些，而且大军经行水草不多，这种情势不能并队行进。李广请求说：“我是前将军，现在大将军让我从东路出兵，我自少年时和匈奴作战，今天才得到一个迎战单于的机会，我愿居前锋，先和单于拼一死战。”大将军卫青也暗中接受了武帝的吩咐，以为李广年纪大了，命运不好，不要让他从正面迎战单于，恐怕不会获得预期的胜利。这时，公孙敖刚失去列侯爵位，以中将军身份跟随大将军卫青，卫青也想让公孙敖和他一起从正面迎战单于，所以调开前将军李广。李广知道这件事后，坚决向卫青请求不要调出前锋。卫青不允许他的请求，命令长史下一道文书给李广的幕府，文书上说：“赶快到右将军军部，照文书所说的办！”李广不向卫青告别就启程了，他心里非常怨愤，回到指定的部队，带领士兵和右将军赵食其合兵一处，从东道进军。军中没有向导，有时迷路，耽误了与卫青会师的约期。卫青和单于交战，单于败逃，没有能俘获单于便还军。卫青向南横渡沙漠，才遇上李广和赵食其的军队。李广见过卫青后，回到自己军中。卫青派长史送酒食给李广，顺便询问李广、赵食其迷路情况，卫青要把东路军迷路的情况详细报告汉武帝。李广没有回答，卫青派长史催促李广的幕府人员前往接受质询，李广说：“校尉们没有罪，这次是我自己迷了路。现在，我自己去接受质询。”

到了幕府，李广对他的部下说：“我刚成年就与匈奴作战，到现在经历了大小七十多次战斗，这次有幸跟从大将军出塞和单于交战，但大将军又调我的部队走迂回遥远的道路，而我又迷了路，这难道不是天意吗！再说我李广已六十多岁了，到底不能再受刀笔之吏侮辱了。”于是抽出刀来自杀了。他的幕僚军吏士卒等全军上下都哭了。老百姓听到他自杀的消息，不论是熟识的还是不熟识的，无论是年老的还是年轻的都为他流下眼泪。只有右将军赵食其一人交执法官审问，被判处死刑，后以钱财赎免了死罪，贬为平民。

李广有三个儿子，名叫李当户、李椒、李敢。他们都做郎官。有一次，皇帝和韩嫣调笑戏谑，韩嫣稍稍有些放肆，李当户打了韩嫣，韩嫣逃走了。这样，皇帝认为李当户很勇敢。李当户很早就死了，任命李椒为代郡太守，他们两人都比李广先死。李当户有遗腹子，名叫李陵。李广在军中自杀时，李敢正跟随骠骑将军。李广死后的第二年，李蔡在丞相任上，因侵占景帝陵园神道外边的空地而获罪，应交执法官审问，李蔡也自杀了，不愿意接受审问，他的封邑也被取消了。李敢以校尉身份跟随骠骑将军攻打匈奴左贤王，他奋力拼战，夺取了左贤王的军鼓和旗帜，斩杀敌人的首级很多，皇帝赏赐他关内侯爵位。有食邑二百户,接替李广做了郎中令。不久,因怨恨大将军卫青害得他父亲自杀,李敢就打伤了大将军卫青,卫青避而不谈这件事。不久,李敢跟随皇帝到雍地,去甘泉宫打猎。骠骑将军霍去病与卫青有亲戚关系,他便射死了李敢。霍去病这时正得到皇帝宠幸,皇帝便讳言霍去病杀死李敢,而称李敢是被鹿撞触而死的。过了一年多,霍去病也死了。李敢有一个女儿为太子中人,得到太子宠爱,李敢的儿子李禹也得到太子宠爱,但喜欢贪小便宜,李氏家族到此时已是颓败不振了。

李陵成年后,被选为建章监,监护骑兵。李陵善于射箭,爱护士卒,皇帝因为李氏家族世世为将的缘故,派李陵带领八百骑兵。李陵曾深入匈奴境内二千余里,经过居延时,视察过地形,没有遇到敌人,便回师。后来,任命他为骑都尉,带领五千名丹阳楚人,将他们分别驻扎在酒泉、张掖一带,教他们箭术以备匈奴。

又过了几年,到了天汉二年秋天,贰师将军李广利带三万骑兵在祁连山攻打匈奴右贤王,派李陵带他的射手步兵五千名从居延出发向北推进约一千多里,想以此来分散匈奴兵力,不让匈奴军队专门集中在李广利的一路。李陵到了约定时间后,带兵南还,但匈奴单于派兵八万名包围攻打李陵军。李陵军只有五千士兵,武器、弓箭都已用尽,士兵死了一大半,但所杀的匈奴也有一万多人。他们一边撤退,一边作战,连续打了八天,离居延还有一百多里,匈奴军挡住沙漠中的狭路,切断李陵的退路。李陵的军队给养缺乏,援兵又不到,匈奴一边加紧攻击，一边派人招降李陵。李陵说：“我没有脸面去见皇上了。”于是就投降了匈奴。李陵全军覆没，剩下逃亡回到汉朝的只有四百多人。

单于得到了李陵，一向听说李氏家族的声誉，又作战勇敢身体健壮，就将自己的女儿嫁给李陵，使李陵得到富贵。汉武帝听到这些后，把李陵的母亲妻子儿女等家人都杀了，从此以后，李氏家族名声败坏了，在李陵门下的陇西人士都因为他投敌而引以为耻。

太史公说：《论语》上说“立身正的人，虽不发号施令，别人也乐意听从；立身不正的人，虽发号施令，别人也并不愿意听”。这几句话不正是说的李将军吗？我看到的李将军，老老实实，像个乡下人，不善于言辞。到他死的时候，天下人无论是熟识的还是不熟识的，都为他哭泣致哀。那是他一片忠实心情，使得士大夫对他产生了真诚的信仰啊！谚语说：“桃树李树不会说话，凭着花和果实，自能吸引人们前来观赏，在树下走成一条路。”这谚语虽然是讲桃李那样的小事，但可以说明大的道理。

汲郑列传

本文记载了汲黯和郑当时二人的事迹。他们都在汉武帝时期任职。当时是西汉王朝的鼎盛时期，国力强盛，汉武帝在军事上耀武征战，政治上尊儒术而又多用严官苛吏，致使国家财力日益消耗，阶级矛盾加剧。司马迁在这篇列传中，对当时的社会情状，多有描述，而其着力记述的是在这一历史舞台上居于相当重要地位的汲黯和郑当时。这两人都习黄老学派的学说，但行为表现却不尽相同。汲黯的刚直不阿、遇事好犯颜直谏，与郑当时的守法求官、克己求容、胆小如鼠形成了鲜明的对比。他们居于高官显位时，以廉洁为当时所重，但到中途罢官，家境贫困，宾客就多离散而去，这一事实，足以反映当时的世态炎凉，可以说是真切的社会写照。

在这篇传文中，对于汉武帝“内多欲而外施仁义”，以及朝廷官场中的矛盾，多有叙述，它为我们了解当时的政治状况，提供了丰富的资料。

汲黯字长孺，濮阳人也①。其先有宠于古之卫君。至黯七世，世为卿大夫。黯以父任，孝景时为太子洗马②，以庄见惮。孝景帝崩，太子即位，黯为谒者③。东越相攻，上使黯往视之。不至，至吴而还，报曰：“越人相攻，固其俗然，不足以辱天子之使。”河内失火，延烧千余家，上使黯往视之。还报曰：“家人失火，屋比延烧，不足忧也。臣过河南，河南贫人伤水旱万余家，或父子相食，臣谨以便宜④，持节发河南仓粟以振贫民。臣请归节，伏矫制之罪。”上贤而释之，迁为荥阳令。黯耻为令，病归田里。上闻，乃召拜为中大夫。以数切谏，不得久留内，迁为东海太守。黯学黄老之言，治官理民，好清静，择丞史而任之。其治，责大指而已，不苛小。黯多病，卧闺阁内不出。岁余，东海大治。称之。上闻，召以为主爵都尉，列于九卿。治务在无为而已，弘大体，不拘文法。

① 濮(pú 菩)阳：县名，地在今河北濮阳南。 ② 太子洗(xiǎn 险)马：太子宫中的官属，秦为先马，掌管传达，太子出行时作前导。 ③ 谒者：官名，掌管晋见、接待宾客、奉诏出使等，充当皇帝近侍。 ④ 便(pián 骈)宜：指看事情的方便适宜，酌情处理。

黯为人性倨①，少礼，面折②，不能容人之过。合己者善待之，不合己者不能忍见，士亦以此不附焉。然好学，游侠，任气节，内行修洁，好直谏，数犯主之颜色，常慕傅柏、袁盎之为人也③。善灌夫、郑当时及宗正刘弃④。亦以数直谏，不得久居位。

当是时，太后弟武安侯蚡为丞相，中二千石来拜谒，蚡不为礼。然黯见蚡未尝拜，常揖之⑤。天子方招文学儒者，上曰吾欲云云，黯对曰："陛下内多欲而外施仁义，奈何欲效唐虞之治乎！"上默然，怒，变色而罢朝。公卿皆为黯惧。上退，谓左右曰："甚矣，汲黯之憨也！"群臣或数黯，黯曰："天子置公卿辅弼之臣，宁令从谀承意，陷主于不义乎？且已在其位，纵爱身⑥，奈辱朝廷何！"

黯多病，病且满三月，上常赐告者数⑦，终不愈。最后病，庄助为请告，上曰："汲黯何如人哉？"助曰："使黯任职居官，无以逾人。然至其辅少主，守城深坚⑧，招之不来，麾之不去，虽自谓贲、育亦不能夺之矣⑨。"上曰："然。古有社稷之臣，至如黯，近之矣。"

---

① 倨（jù 巨）：傲慢、不恭敬。 ② 面折：当面指斥。 ③ 傅柏：梁人，为梁孝王将。袁盎：楚人，曾任吴王相。两人都因伉直出名。 ④ 宗正：九卿之一，掌管王室亲族的事物。 ⑤ 揖（yī 一）：拱手行礼。 ⑥ 纵爱身：纵，即使。爱身，指贪恋官位，苟全性命。 ⑦ 赐告：皇帝优赐归家治病。告，汉制二千石官员病满三月，得以居家养病。 ⑧ 守城：《汉书》作"守成"。 ⑨ 贲（bēn 奔）：指孟贲。育：指夏育。两人都是古时的勇士。

大将军青侍中，上踞厕而视之①。丞相弘燕见②，上或时不冠。至如黯见，上不冠不见也。上尝坐武帐中，黯前奏事，上不冠，望见黯，避帐中，使人可其奏。其见敬礼如此。

张汤方以更定律令为廷尉，黯数质责汤于上前，曰："公为正卿，上不能褒先帝之功业，下不能抑天下之邪心，安国富民，使囹圄空虚③，二者无一焉。非苦就行④，放析就功⑤，何乃取高皇帝约束纷更之为？公以此无种矣。"黯时与汤论议，汤辩常在文深小苛，黯伉厉守高不能屈⑥，忿发骂曰："天下谓刀笔吏不可以为公卿，果然。必汤也，令天下重足而立⑦，侧目而视矣！"

是时，汉方征匈奴，招怀四夷。黯务少事，乘上间，常言与胡和亲，无起兵。上方向儒术，尊公孙弘⑧。及事益多，吏民巧弄。上分别文法，汤等数奏决谳以幸⑨。而黯常毁儒，面触弘等徒怀诈饰智以阿人主取容⑩，而刀笔吏专深文巧诋，陷人于罪，使不得反其真，以胜为功。上愈益贵弘、汤，弘、汤深心疾黯，唯天子亦不说也，欲诛之以事。弘为丞相，乃言上曰："右内史界部中多贵人宗室，难治，非素重臣不能任，请徙

---

① 踞：蹲或坐。厕：这里通"侧"，指床边。 ② 燕见：在皇帝内廷朝见。 ③ 囹圄（líng yǔ 灵语）：监狱。 ④ 非：这里指事情的是非或过失。苦：指别人的痛苦。 ⑤ 放析：散乱。 ⑥ 伉：伉直。厉：凌厉。守高：指把握事情的最高原则。 ⑦ 重足：叠足站立，不敢前进。形容非常恐惧。 ⑧ 公孙弘：字季，菑川薛（今山东微山）人，武帝初以贤良为博士，他善于援引儒家经义议论政治，深得武帝信任。 ⑨ 谳（yàn 燕）：判决的罪案。 ⑩ 面触：当面指责。

黯为右内史。"为右内史数岁，官事不废。

大将军青既益尊，姊为皇后，然黯与亢礼①。人或说黯曰："自天子欲群臣下大将军，大将军尊重益贵，君不可以不拜。"黯曰："夫以大将军有揖客，反不重邪？"大将军闻，愈贤黯，数请问国家朝廷所疑，遇黯过于平生。

淮南王谋反，惮黯，曰："好直谏，守节死义，难惑以非。至如说丞相弘，如发蒙振落耳。"

天子既数征匈奴有功，黯之言益不用。

始黯列为九卿，而公孙弘、张汤为小吏。及弘、汤稍益贵，与黯同位，黯又非毁弘、汤等。已而弘至丞相，封为侯；汤至御史大夫；故黯时丞相史皆与黯同列②，或尊用过之。黯褊心③，不能无少望，见上，前言曰："陛下用群臣如积薪耳，后来者居上。"上默然。有间黯罢，上曰："人果不可以无学，观黯之言也日益甚。"

居无何，匈奴浑邪王率众来降，汉发车二万乘。县官无钱，从民贳马④。民或匿马，马不具。上怒，欲斩长安令，黯曰："长安令无罪，独斩黯，民乃肯出马。且匈奴畔其主而降汉，汉徐以县次传之，何至令天下骚动，罢弊中国而以事夷狄之人乎！"上默然。及浑邪至，贾人与市者，坐当死者五百余人。黯请间，见高门，曰："夫匈奴攻当路塞，绝和亲，中国兴

---

① 亢礼：也作抗礼，平等地行礼。 ② 丞相史：当为丞史，中央或地方官吏的助理官。 ③ 褊心：指心地狭窄。褊，或作惼，指褊急，气量狭小，性情急躁。 ④ 贳(shì世)：租借，赊贷。

兵诛之，死伤者不可胜计，而费以巨万百数。臣愚以为陛下得胡人，皆以为奴婢以赐从军死事者家；所卤获①，因予之，以谢天下之苦，塞百姓之心。今纵不能，浑邪率数万之众来降，虚府库赏赐，发良民侍养，譬若奉骄子。愚民安知市买长安中物而文吏绳以为阑出财物于边关乎②？陛下纵不能得匈奴之资以谢天下，又以微文杀无知者五百余人③，是所谓'庇其叶而伤其枝'者也，臣窃为陛下不取也。"上默然，不许，曰："吾久不闻汲黯之言，今又复妄发矣。"后数月，黯坐小法，会赦免官。于是黯隐于田园。

居数年，会更五铢钱，民多盗铸钱，楚地尤甚。上以为淮阳，楚地之郊，乃召拜黯为淮阳太守。黯伏谢不受印，诏数强予，然后奉诏。诏召见黯，黯为上泣曰："臣自以为填沟壑④，不复见陛下，不意陛下复收用之。臣常有狗马病⑤，力不能任郡事，臣愿为中郎，出入禁闼⑥，补过拾遗，臣之愿也。"上曰："君薄淮阳邪？吾今召君矣。顾淮阳吏民不相得，吾徒得君之重，卧而治之。"黯既辞行，过大行李息⑦，曰："黯弃居郡，不得与朝廷议也。然御史大夫张汤智足以拒谏，诈足以饰非，务巧佞之语，辩数之辞⑧，非肯正为天下言，专阿主意。主意

① 卤获：即虏获。卤，通"虏"。 ② 阑出：擅自输出。 ③ 微文：这里指苛细的法律条文。 ④ 填沟壑(hè 荷)：谦辞，意思是死无葬身的地方，尸体填塞在荒谷野沟中，借指死。 ⑤ 狗马病：谦辞，指自己生的病像狗马的病一样。 ⑥ 禁闼：宫廷的门户。 ⑦ 大行：官名，掌接待宾客，汉武帝太初元年改名为大鸿胪。 ⑧ 佞：谄媚。数：数落、责备。

所不欲，因而毁之；主意所欲，因而誉之。好兴事，舞文法，内怀诈以御主心①，外挟贼吏以为威重。公列九卿，不早言之，公与之俱受其僇矣②。”息畏汤，终不敢言。黯居郡如故治，淮阳政清。后张汤果败，上闻黯与息言，抵息罪。令黯以诸侯相秩居淮阳。七岁而卒。

卒后，上以黯故，官其弟汲仁至九卿，子汲偃至诸侯相。黯姑姊子司马安亦少与黯为太子洗马。安文深巧善宦，官四至九卿，以河南太守卒。昆弟以安故，同时至二千石者十人。濮阳段宏始事盖侯信，信任宏，宏亦再至九卿。然卫人仕者皆严惮汲黯③，出其下。

郑当时者，字庄，陈人也④。其先郑君尝为项籍将；籍死，已而属汉。高祖令诸故项籍臣名籍⑤，郑君独不奉诏。诏尽拜名籍者为大夫，而逐郑君。郑君死孝文时。

郑庄以任侠自喜，脱张羽于厄⑥，声闻梁楚之间。孝景时，为太子舍人。每五日洗沐⑦，常置驿马长安诸郊，存诸故人，请谢宾客，夜以继日，至其明旦，常恐不遍。庄好黄老之言，其慕长者如恐不见。年少官薄，然其游知交皆其大父行⑧，天下有名之士也。武帝立，庄稍迁为鲁中尉、济南太守、

① 内：指内心。御：这里指侍奉，有迎合讨好的意思。 ② 僇：通“戮”。 ③ 卫人仕者：这里指濮阳县在外做官的人。因濮阳是从前卫国的境地，故将濮阳县的人称作卫人。 ④ 陈：县名，地在今河南省淮阳县一带。 ⑤ 名籍：直呼项籍姓名。名，称呼。 ⑥ 张羽：梁孝王之将。 ⑦ 洗沐：这里指放假休息。 ⑧ 大父行：指祖父的同辈。

江都相，至九卿为右内史。以武安侯、魏其时议，贬秩为詹事①，迁为大农令②。

庄为太史，诫门下："客至，无贵贱无留门者。"执宾主之礼，以其贵下人。庄廉，又不治其产业，仰奉赐以给诸公，然其馈遗人，不过算器食③。每朝，候上之间，说未尝不言天下之长者。其推毂士及官属丞史，诚有味其言之也，常引以为贤于己。未尝名吏，与官属言，若恐伤之。闻人之善言，进之上，唯恐后。山东士诸公以此翕然称郑庄。

郑庄使视决河，自请治行五日④。上曰："吾闻'郑庄行，千里不赍粮'，请治行者何也？"然郑庄在朝，常趋和承意，不敢甚引当否⑤。及晚节，汉征匈奴，招四夷，天下费多，财用益匮。庄任人宾客为大农僦人⑥，多逋负⑦。司马安为淮阳太守，发其事，庄以此陷罪，赎为庶人。顷之，守长史。上以为老，以庄为汝南太守。数岁，以官卒。

郑庄、汲黯始列为九卿，廉，内行修洁。此两人中废⑧，家贫，宾客益落。及居郡，卒后家无余赀财⑨。庄兄弟子孙以庄故，至二千石六七人焉。

太史公曰：夫以汲、郑之贤，有势则宾客十倍，无势则否，

---

① 詹事：官名，秩二千石，掌皇后、太子家事。 ② 大农令：官名，掌管钱谷之事。 ③ 算：盛食物的竹器。 ④ 治行：整理行装。 ⑤ 引：这里是决断的意思。 ⑥ 僦（jiù 就）人：承雇服役的人。僦，本是租赁的意思。 ⑦ 逋负：拖欠款项。 ⑧ 中废：指在中途免官。 ⑨ 赀财：即资财，财产。

况众人乎！下邽翟公有言①，始翟公为廷尉，宾客阗门；及废，门外可设雀罗②。翟公复为廷尉，宾客欲往，翟公乃大署其门曰③："一死一生，乃知交情。一贫一富，乃知交态。一贵一贱，交情乃见。"汲、郑亦云，悲夫！

【翻译】

汲黯，字长孺，濮阳人。他的祖先得宠于古代的卫君。到汲黯时已有七代，代代都为卿大夫。汲黯因为他父亲的缘故而被保任为官，孝景帝时担任太子洗马的职务，因行事严肃而为他人所敬畏。孝景帝死后，武帝即位，汲黯担任谒者。当时东越正在内部互相攻杀，武帝便派汲黯前往视察。汲黯未到达东越，只到吴地就回来了，他回报武帝说："越人内部相互攻杀，他们的习俗本来就是这样，不值得烦劳天子的使者前往视察。"河内郡失火，蔓延焚烧了一千多家，皇帝派汲黯前往察看。汲黯回报说："百姓失火，房屋因毗连蔓延焚烧，不值得忧虑。我在经过河南郡时，河南郡的贫民遭受水旱灾害的有一万余家，有的父子相食，我就酌情处置，凭着符节而散发河南郡粮仓中的粟米以赈救贫民。我请求缴还符节，愿接受假传皇上命令之罪的处治。"武帝因器重他的贤能而没有给他定罪，将他外调为荥阳令。汲黯耻为县令，托病

---

① 下邽(guī 归)：春秋秦邽邑，汉分置上邽、下邽两县，下邽县在今陕西省临渭境内。 ② 雀罗：捕雀的网。罗，本为张网捕捉。 ③ 署：写，刻。

回乡。武帝知道后,就召回来并拜他为中大夫。汲黯由于屡次切直上谏,所以不得久留朝廷,被外调为东海太守。汲黯治习黄老学说,治官理民,喜欢清静无为,选择郡丞和能干的书史并加以重用。治理郡政,求其大体而已,从不苛求琐碎的小节。汲黯体弱多病,常卧内室不出。一年多的光阴,东海郡治理得非常好。人们都称道他。武帝听说后,便召他为主爵都尉,位列九卿。汲黯处理事务只是讲求无为而已,宏扬大体,不拘泥于规章条文。

汲黯为人性情高傲,不太注重礼节,常当面驳斥别人,不能容忍他人的过失。对于与自己合得来的人就很好地对待他们,而对于那些和自己合不来的人则连见他们一面也容忍不了。士人也因此不愿依附他。然而汲黯喜欢治学,结交游侠,讲求气节,并且操守严正而廉洁,喜欢直切上谏,屡次触犯君主的面子。平常敬慕傅伯、袁盎的为人,和灌夫、郑当时及宗正刘弃等人交往很好。也因为屡次直切上谏,不能久居官位。

正值此时,皇太后的弟弟武安侯田蚡担任丞相,职位在二千石左右的官前来谒见他,都行拜礼,田蚡不还礼,然而汲黯见田蚡却不曾行过拜礼,经常只是作揖而已。当时,天子正在招纳通经儒士,正当武帝开口我将如何如何时,汲黯打断他的话说:“陛下内心存有许多欲望而表面上却装出施行仁义的样子,想要效法唐虞之治怎么能行呢!”武帝沉默不语,很恼怒,面带怒色而罢朝。公卿大夫们都为汲黯担惊害怕。武帝退朝后,对左右的人说:“汲黯真是憨透了!”群臣中有人数落他，汲黯说："天子设置公卿辅佐君主的大臣，难道只是要他们阿谀奉承而使主上陷入不义之地吗？况且我身处公卿之位，纵然爱惜自己的生命，又怎么能渎职而给朝廷带来耻辱！"

汲黯体弱多病，病将满三个月，汉武帝曾多次特许他在家养病，但最终他的病还是不能好。汲黯最后一次病倒后，庄助为他向武帝请假。武帝问庄助："你以为汲黯是一个什么样的人？"庄助回答说："如果让汲黯当官行事，他倒没有什么超过他人的地方。但至于说到他辅助少主，却能坚定不移，别人招揽引诱他，他不盲从，别人胁迫他，他不动摇，即使有人自以为有孟贲、夏育那样的勇力也不可能移夺他的志节。"武帝说道："是的。古时有许多能与国家共患难的忠臣，至于汲黯，也就近乎是这样的臣子了。"

大将军卫青入侍宫中，武帝只是坐在床边召见他。丞相公孙弘因事私见武帝，武帝有时不整冠就召见了他。至于汲黯求见，武帝不整齐衣冠不见。武帝有次曾坐在武帐中，汲黯上前奏事，武帝没有戴冠，见汲黯走来，躲入帐中，派人过去应许他的奏事。汲黯就是这样受到武帝的敬重和礼待。

张汤刚因更定律令而担任廷尉，汲黯多次在汉武帝面前责难张汤，说道："你身为公卿，对上不能褒扬先帝的功业，对下不能遏止天下群民的邪恶之心，既不能安定国家，致富百姓，又不能使监狱中没有犯人，这两方面你没有一方面做到了。不论是非与别人的痛苦，我行我素，事情散乱，没有章法，只顾成就自己的功名，怎么竟敢把高皇帝的旧章律令胡乱加以更改呢？你将因此而遗祸子孙了。”汲黯常与张汤展开辩论，张汤辩论往往纠缠于文字细节，汲黯高傲犀利、坚守大的原则而不可折服。他怒骂张汤道：“人们都说舞文弄墨的书吏不能委任公卿的职务，果真如此。如果一定要按张汤的苛法行事，那么将会使得天下的人连路都不敢走，眼睛也不敢正视了！”

当时，汉正在征讨匈奴，招徕安抚四夷。汲黯为省事起见，常趁武帝空闲时进言，劝说与匈奴和亲，不要兴兵征伐。武帝当时正倾向儒家学说，尊用公孙弘。等到国事增多，官吏乘机巧弄文法，百姓也巧取规避。武帝便用律法来分别处治这些吏民，于是张汤等人便常把重罪要案奏上迎合武帝。汲黯却常诋毁儒学，当面指斥公孙弘等人只会心怀诡诈卖弄技巧以阿谀君主求取信任，而张汤等刀笔吏专门罗织罪名诋毁他人，陷他人于深罪之渊，并使他们不能申辩事情的真相，以制服他人为功。武帝更加器重公孙弘和张汤，他们二人心中极为痛恨汲黯，因为武帝也不喜欢汲黯，他们便想法寻找事端陷害汲黯。公孙弘担任丞相，就对武帝说：“右内史所辖区中多达官显贵宗室，很难治理，不是素有威望的重臣不能胜任，请调汲黯为右内史。”汲黯任右内史几年，政事料理妥贴不荒废。

大将军卫青已日益尊贵，他的姐姐为皇后，但汲黯仍和他行对等之礼。有人对汲黯说：“自皇上要求群臣屈从大将军后，他更加尊贵，你对他不能不行拜礼。”汲黯说：“以大将军的尊贵，还有客向他作揖不拜，反而不是使自己更被人尊重吗?”大将军卫青听说后,更加礼遇汲黯,常向他请教国家朝廷中的疑难大事,对待汲黯超过平生所有相好的朋友。

淮南王刘安谋反,但惧怕汲黯,说道:“汲黯喜欢切直上谏,坚守志节,誓死捍卫正义,很难用假的来迷惑他。至于游说公孙弘,那就只不过容易得像揭开一个罩盖,振落几片枯叶一样罢了。”

武帝既然屡次征伐匈奴都有所建树,汲黯的建议也就更加不被采用了。

当初汲黯位列九卿,而公孙弘、张汤仅为小吏。等到公孙弘、张汤日益尊贵,和汲黯地位相等,汲黯又常诋毁公孙弘、张汤等人。后来公孙弘位至丞相,封为侯爵;张汤位至御史大夫;从前汲黯任职时的下属官吏,到这时已升到了与他同等的地位,有的被重用超过了他。汲黯为人心胸狭窄,对此不能不有些不满之意,他见到武帝,便上前说道:“陛下用群臣像堆柴垛一样,后来的居上。”武帝缄口无言。过了一会儿,汲黯退了出去,武帝便说:“一个人果真是不能没有学识,看汲黯说的这番话,可见他的没有学识,一天比一天加重了。”

不久,匈奴浑邪王率众前来降汉,汉朝征发两万余辆车前往迎降。国库中没有足够的钱以供使用,只得向民间借马。民间有人将马匹藏起来,于是预定征调的马匹不能足数。武帝很气愤,准备处斩长安县令。汲黯说道:“长安县令无罪,您只须将我汲黯杀掉,百姓就肯献出马匹。匈奴人背叛自己的君主而归降汉室,汉室只须由沿途各县挨次传送这些匈奴降众也就够了，何至于使全国骚动不安，竭尽国中的财物来侍候这些匈奴降众呢?”武帝默默不语。等浑邪王到来，内地商人与匈奴人往来贸易，因此被判死罪的有五百余人。汲黯请求得到武帝接见的机会，并且在未央宫的高门殿内见到了武帝，便对武帝说道：“匈奴进攻扼守边境通道的要塞，断绝与中国和亲，中国兴师讨伐他们，伤亡不可胜数，消耗的钱财多达好几百万，我浅陋地认为，陛下应当将所俘获到匈奴人，都作为奴婢赏赐给那些从军阵亡者的家属，所得到的财物也应分给他们，用以慰劳天下百姓的辛苦，满足百姓的心愿。现在你既不能做到这一点，当浑邪王率数万人来投降，您又竭尽府库储藏来赏赐，征发百姓侍奉供养他们，有如供养骄子一样。老百姓哪会知道买卖长安当地物品而遭致执法官以妄出财物至边关的罪名加以惩罚呢？陛下既不能从匈奴那儿得到财物来慰劳天下的百姓，反而还凭借苛细的法令条文诛杀五百多名不习知法令的人，这就是人们所讲的‘庇护了树叶而损伤了枝干’的做法，我私下认为这种做法是不可取的。”武帝听后默然不语，不答应汲黯的建议，说道：“我很久没有听到汲黯的言论了，今天他又乱发议论了。”事后过了几个月，汲黯因犯小法而应当治罪，但恰逢大赦，仅被革除官职。于是汲黯便隐居于乡村田园中。

过了几年，正遇上政府改用五铢钱，平民私自铸钱成风，楚地更为突出，武帝以为淮阳郡为昔日楚国的交通要道，就召拜汲黯为淮阳太守。汲黯辞谢不肯接受印信。武帝几次下诏，强制地将印信授给汲黯，最后汲黯只能受命。武帝下诏召见汲黯，汲黯流着泪对武帝说："我自以为到死也不会再见到陛下，想不到陛下还会重新起用我。我常患病，力不能胜任郡政事务，我希望能任中郎，出入宫禁，好替陛下补过救失，这也是我的心愿了。"武帝说道："你难道嫌弃淮阳这个地方吗？我不久就会召你回来的。只是因为淮阳的官民不能融洽相处，我只想借重你的威望，你可以在那里很安闲地躺在床上治理淮阳。"汲黯告辞上任，到大行李息那儿，对他说："我被弃谪到外郡，不能参与讨论朝廷大事。但御史大夫张汤的机智足以拒绝别人对他的批评，他的诡诈足以掩饰他自己的错误，并专门讲些媚上取宠、强辩责下的词句，不肯公正地为天下人说话，一味地迎合君主的意图。对于君主不想干的事，顺势诋毁；而对于君主想干的事，则顺势赞誉。喜欢惹是生非，搬弄法令条文，心怀奸诈以左右皇上的意图，并利用身边贪酷的官吏来显示自己的威严。你位列九卿，如果不及早揭露张汤，你也就会和他一起受到同等的刑罚。"李息惧怕张汤，最终还是不敢揭露张汤。汲黯在淮阳处理政务，仍保持和从前一样的作风，淮阳郡政治清明了。后来张汤果然事败，武帝知道了汲黯对李息的这番言论后，判了李息的罪。不久汲黯在淮阳太守任内领取诸侯王相的俸禄，七年后去世。

汲黯死后，武帝因他的缘故，委任他的弟弟汲仁做官直到九卿地位，让他的儿子汲偃也做到了诸侯国丞相的位置。汲黯姑母的儿子司马安年轻时和汲黯一样担任太子洗马。司马安心计乖巧，善于做官，他的官位四次达到了九卿，在任河南郡太守时死去。司马安的兄弟也因他的缘故，官位同时达到二千石级别的有十人。濮阳县的段宏最初在盖侯王信手下干事，在王信的推荐下，段宏的官职也两次达到九卿的位置。但是濮阳籍在外做官的人都很敬重汲黯的为人，他们的名声也都在汲黯之下。

郑当时，字庄，陈县人。他的父亲郑君曾是项籍手下的将领；项籍死后，不久归附了汉朝。汉高祖下令所有项籍的旧臣直呼项籍姓名，只有郑君不肯接受这一命令。汉高祖下诏将那些直呼项籍姓名的人都拜为大夫，而驱逐郑君。郑君死在孝文帝时。

郑当时常以自己喜欢仗侠义而自豪，他曾解救张羽于危难之际，并在梁、楚有很大的名气。孝景帝时，他担任太子执事。当时官吏办公，每五天照例休假，郑庄常在长安四郊的驿站中安置马匹，以探望故交好友，访问拜谢宾客，经常不分昼夜，通宵达旦，唯恐不能周到。郑庄喜爱黄老学说，他所敬慕的长者，惟恐见不到。他年轻官小，但他所交往的好友都是与他祖父同辈的人，以及一些蜚声天下的名士。武帝继位后，郑庄逐渐升迁为鲁国中尉、济南郡太守、江都国的丞相，到位列九卿而担任右内史。因为武安侯田蚡、魏其侯窦婴争议时的事情，被贬为詹事级别，调任为大农令。

郑庄任太史时，常告诫自己门下执事的人说："有客到来时，无论贵贱，不能让他们滞留门外等候。"不论来客贵贱，他都能执宾主相见的礼节，以高贵的身份礼贤下士。郑庄为人廉洁，又不治理产业，全靠应得的俸禄和赏赐来供应接待宾客。然而他送给别人的东西,也仅仅是几个竹制的食器而已。每次上朝的时候,便乘武帝空闲时,向他推荐天下的有名之士。他推荐的贤士及自己的属吏,对于那些确实能体会他言论的人,他常认为胜过了自己,他从不直呼自己属吏的姓名,和他们讲话时,也唯恐触伤他们。每当听到人家讲了一句好话,便立即推荐给武帝,唯恐拖延给耽误了。东方的贤士长者们也因此都敬服地称赞郑庄。

郑庄奉使视察黄河的决口,他向武帝申请给他五天时间收拾行装。武帝说道:“我听说‘郑庄出门在外,可以行千里而不自备粮食’,请求收拾行装又是什么原因呢?”然而郑庄在朝廷时,常随顺迎合他人,从不敢明确地表示自己的态度,说明事情的正确与否。及至晚年,正值汉政府征讨匈奴,招抚四夷,国家耗费甚多,钱财匮乏。郑庄所荐举的人及他的宾客,有许多在大农令属下负责运输的官员,常常亏欠款项。司马安为淮阳太守,检举了这件事,郑庄也因此受连累而获罪,赎身为平民。不久,他又临时兼任丞相长史之职。武帝认为郑庄年老,便让他担任了汝南太守。几年后,郑庄便死在汝南太守的任上。

郑庄、汲黯开始都位居九卿,清廉,操守整肃。这两个人都在中途罢官居家,且家境贫困,宾客大多离散。等到他们迁居外郡,死后家中没有剩余的资产。郑庄的兄弟子孙因为他的缘故,官位做到二千石的有六七个人。

太史公说:就是像汲黯、郑庄这样的贤能之士,在得势的时候,前来拜访的宾客十倍于平时,一旦失势即门庭冷落,更何况一般人呢！下邽县的翟公曾经说过，当初他任廷尉时，宾客盈门，等到他被免职，他的门前则寂静得可以设网捕鸟。翟公重新担任廷尉时，许多宾客又想前往，翟公就在他的门上写了这样几行字："一死一生，乃知交情。一贫一富，乃知交态。一贵一贱，交情乃见。"汲黯、郑庄的遭遇，也可以用这句话来表达，真是可悲呀！

游侠列传

本篇记载的游侠，司马迁认为是“匹夫”之侠，他们的共同特点是：敢于藐视统治者的法网禁令，仗义行侠，铤而走险，扶危济困；言必信，行必果，已诺必诚，不爱其躯，不矜其能。他们的行为在社会上造成不容忽视的影响，但是儒、墨等学者们对其事迹都排摈而不予载录，以至湮灭而不可考见。对此，司马迁深感不平，便特地搜集和记录了汉朝建立以来匹夫之侠的生平事迹，其中对朱家、剧孟、郭解的记载较为详细。作为封建的史学家，司马迁在罢黜百家、独尊儒术的政治气氛下，能将视线和笔触投注到社会下层，确实是难能可贵的。可以说，这是《史记》一书，富有人民性的具体例证之一。但需要提及的是，司马迁也受着阶级及历史的局限，他一方面揭露"窃钩者诛，窃国者侯，侯之门仁义存"的封建统治现实，另一方面却又反对盗跖及盗跖之侠，而提倡有逡逡退让君子之风的侠者。实际上不能超越封建统治者提倡的仁义道德的范畴。

韩子曰："儒以文乱法，而侠以武犯禁。"二者皆讥，而学士多称于世云。至如以术取宰相卿大夫，辅翼其世主，功名俱著于春秋，固无可言者。及若季次、原宪①，闾巷人也，读书怀独行君子之德，义不苟合当世，当世亦笑之。故季次、原宪终身空室蓬户，褐衣疏食不厌②。死而已四百余年，而弟子志之不倦。今游侠，其行虽不轨于正义，然其言必信，其行必果，已诺必诚，不爱其躯，赴士之厄困，既已存亡死生矣，而不矜其能，羞伐其德，盖亦有足多者焉③。

且缓急，人之所时有也。太史公曰：昔者虞舜窘于井廪④，伊尹负于鼎俎⑤，傅说匿于傅险⑥，吕尚困于棘津，夷吾

---

① 季次：孔子弟子，齐人，名公皙哀，字季次。原宪：也是孔子弟子，鲁人，字子思。 ② 疏食：古人把粗糙的食物称为疏食，或作稷食。 ③ 多：这里作动词用，是推重、称许的意思。 ④ 虞舜窘于井廪(lǐn 凛)：传说舜的父亲瞽叟，偏爱后妻之子象，存心杀害舜，他吩咐舜涂廪(修缮粮仓)、穿井，却故意放火烧廪、推土下井，欲置舜于死地。但舜都设法逃脱了灾祸。廪，粮仓。 ⑤ 伊尹负于鼎俎(zǔ 阻)：伊尹操持鼎俎，为商汤和五味，供饮食。鼎，烹食用具。俎，割肉的砧板。 ⑥ 傅说(yuè 悦)：殷王武丁的贤相，本隐匿在傅险地方，从事版筑劳作(筑墙)。

桎梏，百里饭牛，仲尼畏匡，菜色陈、蔡。此皆学士所谓有道仁人也，犹然遭此菑①，况以中材而涉乱世之末流乎②？其遇害何可胜道哉！

鄙人有言曰："何知仁义，已飨其利者为有德③。"故伯夷丑周，饿死首阳山，而文武不以其故贬王；跖、蹻暴戾，其徒诵义无穷。由此观之，"窃钩者诛，窃国者侯，侯之门仁义存"，非虚言也。

今拘学或抱咫尺之义，久孤于世，岂若卑论侪俗④，与世沈浮而取荣名哉！而布衣之徒，设取予然诺，千里诵义，为死不顾世，此亦有所长，非苟而已也。故士穷窘而得委命，此岂非人之所谓贤豪间者邪⑤？诚使乡曲之侠，予季次、原宪比权量力，效功于当世，不同日而论矣。要以功见言信，侠客之义又曷可少哉！

古布衣之侠，靡得而闻已。近世延陵、孟尝、春申、平原、信陵之徒，皆因王者亲属，藉于有土卿相之富厚，招天下贤者，显名诸侯，不可谓不贤者矣。比如顺风而呼，声非加疾，其势激也。至如闾巷之侠，修行砥名⑥，声施于天下，莫不称贤，是为难耳，然儒、墨皆排摈不载。自秦以前，匹夫之侠，湮灭不见⑦，余甚恨之。以余所闻，汉兴有朱家、田仲、王公、剧

---

① 菑：同"灾"。 ② 末流：本指河水的下游，这里指衰乱时代的不良风气。 ③ 飨：享受。 ④ 侪（chái 柴）俗：平庸之辈。侪，等，辈。俗，这里指平庸。 ⑤ 间者：即间出者，是间隔一定时期才出现的人才。引申为杰出的人才。 ⑥ 砥：琢磨，磨砺。 ⑦ 湮（yīn 因）：埋没。

孟、郭解之徒，虽时扞当世之文网①，然其私义廉洁退让，有足称者。名不虚立，士不虚附。至如朋党宗强比周，设财役贫，豪暴侵凌孤弱，恣欲自快，游侠亦丑之。余悲世俗不察其意，而猥以朱家、郭解等令与暴豪之徒同类而共笑之也②。

鲁朱家者，与高祖同时。鲁人皆以儒教，而朱家用侠闻。所藏活豪士以百数，其余庸人不可胜言。然终不伐其能，歆其德③，诸所尝施，唯恐见之。振人不赡④，先从贫贱始。家无余财，衣不完采⑤，食不重味⑥，乘不过軥牛⑦。专趋人之急，甚己之私。既阴脱季布将军之厄，及布尊贵，终身不见也。自关以东，莫不延颈愿交焉。

楚田仲以侠闻，喜剑，父事朱家，自以为行弗及。田仲已死，而雒阳有剧孟。周人以商贾为资⑧，而剧孟以任侠显诸侯。吴楚反时，条侯为太尉，乘传车将至河南⑨，得剧孟，喜曰："吴、楚举大事而不求孟，吾知其无能为已矣。"天下骚动，宰相得之若得一敌国云。剧孟行大类朱家，而好博，多少年之戏。然剧孟母死，自远方送丧盖千乘。及剧孟死，家无余十金之财。而符离人王孟亦以侠称江淮之间。

是时济南瞯氏、陈周庸亦以豪闻⑩，景帝闻之，使使尽诛

---

① 扞(hàn 汉)：同"捍"，违反、触犯。 ② 猥(wěi 委)：滥，杂。 ③ 歆(xīn 欣)：欣喜，悦服。这里指自满，炫耀。 ④ 振：通"赈"，赈济。 ⑤ 采：同"彩"。 ⑥ 重(chóng)味：多种菜肴。 ⑦ 軥(gōu 勾)牛：挽軥的小牛。軥，车轭两边下伸反曲以夹马颈的部分。 ⑧ 周人：即洛阳人，洛阳原来属周，故那里的人也被称为周人。 ⑨ 传(zhuàn 撰)车：驿站里的车子。 ⑩ 瞯(xiǎn 弦)：姓。

此属。其后代诸白、梁韩无辟、阳翟薛兄、陕韩孺纷纷复出焉。

郭解，轵人也①，字翁伯，善相人者许负外孙也。解父以任侠，孝文时诛死。解为人短小精悍，不饮酒。少时阴贼②，慨不快意，身所杀甚众。以躯借交报仇③，藏命作奸剽攻④，休乃铸钱掘冢，固不可胜数。适有天幸，窘急常得脱，若遇赦。及解年长，更折节为俭⑤，以德报怨，厚施而薄望。然其自喜为侠益甚。既已振人之命，不矜其功，其阴贼著于心，卒发于睚眦如故云。而少年慕其行，亦辄为报仇，不使知也。解姊子负解之势⑥，与人饮，使之嚼⑦。非其任，强必灌之。人怒，拔刀刺杀解姊子，亡去。解姊怒曰："以翁伯之义，人杀吾子，贼不得。"弃其尸于道，弗葬，欲以辱解。解使人微知贼处。贼窘自归，具以实告解。解曰："公杀之固当，吾儿不直。"遂去其贼⑧，罪其姊子，乃收而葬之。诸公闻之，皆多解之义，益附焉。

解出入，人皆避之。有一人独箕踞视之⑨。解遣人问其名姓。客欲杀之。解曰："居邑屋至不见敬⑩，是吾德不修也，

---

① 轵(zhǐ 纸)：战国时魏国的轵邑，汉置县。地在今河南省济源东南的轵城镇。 ② 阴贼：狠毒。 ③ 交：指朋友。 ④ 藏命：隐藏亡命之徒。作奸：犯法。剽攻：抢掠，劫夺。 ⑤ 折节为俭：转变操行，抑制自己。俭，抑制，约束。 ⑥ 负：依靠。 ⑦ 嚼：同"釂(jiào 醮)"，喝干杯中酒。 ⑧ 去：这里指放走。 ⑨ 箕踞：展开两足而坐，形像箕，是一种傲慢不恭的态度。 ⑩ 邑屋：指村舍。

彼何罪!"乃阴属尉史曰①:"是人,吾所急也②,至践更时脱之③。"每至践更,数过,吏弗求。怪之,问其故,乃解使脱之。箕踞者乃肉袒谢罪。少年闻之,愈益慕解之行。

雒阳人有相仇者,邑中贤豪居间者以十数④,终不听。客乃见郭解,解夜见仇家,仇家曲听解⑤。解乃谓仇家曰:"吾闻雒阳诸公在此间,多不听者。今子幸而听解,解奈何乃从他县夺人邑中贤大夫权乎!"乃夜去,不使人知,曰:"且无用,待我去,令雒阳豪居其间,乃听之!"

解执恭敬,不敢乘车入其县廷。之旁郡国,为人请求事,事可出,出之;不可者,各厌其意。然后乃敢尝酒食。诸公以故严重之⑥,争为用。邑中少年及旁近县贤豪,夜半过门常十余车,请得解客舍养之。

及徙豪富茂陵也,解家贫,不中訾⑦。吏恐,不敢不徙。卫将军为言:"郭解家贫不中徙。"上曰:"布衣权至使将军为言,此其家不贫。"解家遂徙。诸公送者出千余万。轵人杨季主子为县掾⑧,举徙解。解兄子断杨掾头。由此,杨氏与郭氏为仇。

解入关,关中贤豪知与不知,闻其声,争交驩解⑨。解为

---

① 属:通"嘱",嘱托。尉史:县尉手下的书吏,掌兵役之事。 ② 急:这里指热切、看重。 ③ 践更:轮流更替地服役。 ④ 居间者:从中调停的人。 ⑤ 曲听:委屈地听从,勉强地听从。 ⑥ 严重:非常敬重。 ⑦ 不中(zhòng 仲)訾:不合资产标准。当时家产三百万即中訾。"訾"同"赀"。 ⑧ 县掾(yuàn 院):县廷的助理官。 ⑨ 交驩:交欢,交好,结好。

人短小，不饮酒，出未尝有骑。已又杀杨季主。杨季主家上书，人又杀之阙下①。上闻，乃下吏捕解。解亡，置其母家室夏阳②，身至临晋③。临晋籍少公素不知解，解冒④，因求出关。籍少公已出解，解转入太原，所过辄告主人家。吏逐之，迹至籍少公⑤。少公自杀，口绝⑥。久之，乃得解。穷治所犯，为解所杀，皆在赦前。轵有儒生侍使者坐。客誉郭解，生曰："郭解专以奸犯公法，何谓贤！"解客闻，杀此生，断其舌。吏以此责解，解实不知杀者。杀者亦竟绝，莫知为谁。吏奏解无罪。御史大夫公孙弘议曰："解布衣为任侠行权，以睚眦杀人⑦，解虽弗知，此罪甚于解杀之。当大逆无道。"遂族郭解翁伯。

自是之后，为侠者极众，敖而无足数者⑧。然关中长安樊仲子，槐里赵王孙，长陵高公子，西河郭公仲，太原卤公孺，临淮兒长卿，东阳田君孺，虽为侠而逡逡有退让君子之风⑨。至若北道姚氏，西道诸杜，南道仇景，东道赵他、羽公子，南阳赵调之徒，此盗跖居民间者耳，曷足道哉！此乃乡者朱家之羞也。

太史公曰：吾视郭解，状貌不及中人，言语不足采者。然天下无贤与不肖，知与不知，皆慕其声，言侠者皆引以为名。

---

① 阙下：宫阙之下，即皇宫前。② 夏阳：今陕西省韩城南。③ 临晋：在今山西省永济西。④ 冒：假冒他人姓名。⑤ 迹：踪迹，线索。⑥ 口绝：追导线索的口供断了。⑦ 睚眦（yá zì 崖自）：瞪眼睛，怒目而视。引申为小怨小忿。⑧ 敖：傲慢。⑨ 逡（qūn 囷）：退让。

谚曰:“人貌荣名,岂有既乎①!”於戏②!惜哉!

【翻译】

韩非子说:“儒生往往用繁文缛礼扰乱国家的法律,而侠士又往往因仗私义斗武触犯国家的禁令。”这二者虽然同样遭到非议和讥笑,但儒学之士还是被后世称道的多。至于像以权术取得宰相公卿大夫的职位,辅佐当世君主,从而使自己的功名都载于国家史册上的人们,自然没有什么可说的。至于像季次、原宪,是居家没有出仕的人,胸怀志节高尚的德操,守正义不与当世浊流苟合,当世的人也讥笑他们。所以季次、原宪只能终身居住在草房破屋里,衣着简陋、食物粗疏而感到满足。他们去世已经四百多年了,但他们的弟子仍然不断地纪念称颂他们。今天的游侠,他们的行为虽然不合常规,然而他们言必信,行必果;已经答应的事情,一定真心实意去办,不惜自己的生命,为解救士人的急难而奔走,做到了使亡者存、死者生之后,还不愿显扬自己的能力,羞于夸耀自己的恩德,大概任侠的人也有值得推重的地方吧!

况且为难的事情是人人都会时常遇到的。太史公说:从前虞舜曾经被困窘在仓廪和井里,伊尹曾经负辱操持炊事,傅说曾隐逸埋没在傅险,吕尚曾经受困于棘津,管仲曾遭囚禁,百里奚曾自卖为奴,为人饲牛,孔子过匡地,几乎遇害,过陈、蔡,断粮而面有菜色。这都是学士们所说的有道义的仁

① 既:终结,完了。这里指衰颓。 ② 於戏:同“呜呼”。

人君子，他们尚且遭到这样的灾难，更何况中等才能的人而又碰上动荡的乱世呢？他们所遇到的灾害怎么说得完哟。

俗话说："怎能辨别仁义哟，只要对自己有利的事物就算是好的。"所以伯夷对周室讨伐商纣感到耻辱，不食周粟，饿死在首阳山，但周文王、武王的功德并未因此而贬低；盗跖、庄跻凶暴残忍，但他们的徒众却不断地称赞他们的义气。从这样看来，"偷钩的人被诛杀，窃国的人得封侯，王侯的家门就有仁义在"，这话说得不假。

如今那些拘守仁义的学士，往往抱住他们所认定的区区道义，长期孤立于世间，怎么比得上把自己的调门放低些，与世俗的看法一致起来，跟着世俗进退，因而获取功名呢！而平民百姓，或取，或予，讲求信用，说话兑现，不辞千里，倡行道义，勇于献身，不顾世人非难，这些人也自有他们的长处，而不是任意行事而已。所以士人在困顿窘迫的时候能得到的可寄托自己生命的人，难道不就是人们所说的那种贤能杰出的人物吗？如果使民间任侠的人与季次、原宪那样的人来较量智能，效劳于当时社会，那就不可同日而语了。要是以事功显现，说话诚信来说，那么侠客的行义又怎么可以轻视呢！

古代平民侠士，已不能听到他们的事迹了。近代的延陵、孟尝、春申、平原、信陵等人，都因为是王侯的亲属，凭借着有封邑和卿相的地位而享有富厚的家资，招纳天下贤士，扬名于诸侯，不能说他们不是贤明的人。这就好像顺着风而呼喊，声音并没有加快，只是风势把它激荡传播罢了。至于说到民间的侠士，他们修养德行磨砺名节，名声传扬于天下，天下人没有不称说他们贤明的，这才是难于做到的啊。然而儒、墨两家都摒弃游侠，不记载他们的事迹。自秦往上推，平民侠士都湮没无闻了，我对此深感遗憾。以我自己所听说的，汉朝建立之后，游侠之士有朱家、田仲、王公、剧孟、郭解这样一些人，虽然他们时常干犯当世的法网，然而他们自己的行为都那么廉洁退让，有值得称赞的地方。游侠的名声不是凭空树立的，士人也不是凭空去依附他们。至于说到那些朋党和强宗豪族互相勾结，掌握大量的资财以役使贫苦的百姓，以豪势暴力侵凌势孤力弱的人，放纵私欲，以满足自己，游侠也以这种行为为羞耻。对于现在世俗的人不去认真考察游侠们的思想行为，而乱把朱家、郭解等游侠之士跟那些横行不法之徒看作是同类而一起加以讥笑，我感到悲叹！

鲁国的朱家，与汉高祖同时。鲁地人大都以儒学为教化，而朱家则通过任侠出名。他所藏匿救活的豪杰之士就数以百计，至于平凡的人更是数不胜数了。然而他始终不夸耀自己的能力，不炫耀自己的德行，对那些他曾经施过恩惠的人，他唯恐再见到他们。赈济人家的困乏，先从贫贱的人开始。而他自己家里却没有多余的财产，衣着陈旧，吃的也很简单，乘坐的不过是小牛车。专为人家的急难而奔走，胜过办自己的私事。曾暗中解脱季布将军的困厄。等到季布尊贵以后，他终身不见季布。从函谷关以东各地的人，没有不殷切盼望和他结交的。

楚国的田仲因为任侠而闻名，喜欢剑术，像服侍父辈那样服侍朱家，自己认为行为比不上朱家。田仲死了以后，洛阳有个剧孟。洛阳人大都靠经商为生，而剧孟却以任侠扬名于诸侯。吴、楚七国反叛时，条侯周亚夫当太尉，他乘着驿站的车子，在快到河南的地方，得见剧孟，条侯高兴地说："吴、楚七国图谋大业却不去寻找剧孟，我料到他们不能成什么气候了。"天下动乱时，宰相得到一个剧孟就像得到一个敌国一样。剧孟的行为很像朱家，但喜欢赌博，大多是些年轻人的游戏。然而剧孟的母亲死时，从远方赶来送丧的车子大约有一千辆。到剧孟死的时候，他家里没有余下十金的财产。符离人王孟也以任侠著称于江淮一带。

这时，济南的瞯氏、陈地的周庸也以豪侠闻名，景帝听说他们后，派人把这些豪侠全部杀掉。这之后，代地的白氏们、梁地的韩无辟、阳翟的薛况、陕地的韩孺陆续又在各地出现。

郭解是轵地人，字翁伯，是会看相的许负的外孙。郭解的父亲由于任侠，在汉文帝时被处死。郭解生得短小精悍，不喝酒。年轻时为人狠毒，感到不快意时，就动手杀人，亲自杀害的人很多。以身相许为朋友报仇，隐藏逃犯、作奸犯科，抢劫掠夺，此外便铸私钱，盗掘坟墓，作恶不可胜数。他多遇到上天的保佑，常常在窘急危亡的时候得以脱身，或遇大赦等。到他年岁大了后，转变操行，检点自己的行为，以德报怨，给予人家的很丰厚，而对人家的要求却很少。然而他却更加以行侠仗义而感到得意。他救人性命以后，不夸耀自己功德，但他的狠毒已成为本性，在一件小事上会像以前那样突然爆发。而有些年轻人仰慕他的为人，也常常为郭解报仇,而不让郭解本人知道。郭解姐姐的儿子依仗着郭解的威势,同别人一起喝酒时,强迫别人把酒喝干。那人喝不完,便强行灌他。那人火了,拔出刀将郭解姐姐的儿子杀死,然后逃走。郭解的姐姐发怒说:“郭解这么讲义气,别人杀了我的儿子,而杀人凶手却抓不到。”便将他的儿子的尸体抛弃路旁,不安葬,想以此来羞辱郭解。郭解派人暗中察访找到了杀人凶手的住处。凶手为势所迫,自己投报郭解,并将事实原原本本地告诉了郭解。郭解说:“你杀他是应当的,是我的外甥不对。”于是放了凶手,归罪他自己的外甥,并且收尸安葬。人们听说这件事后,都赞美郭解的侠义,更加依附他了。

郭解每次进出,人们都回避他。唯独有一人偏偏盘腿坐着看他。郭解派人去问这个人的姓名。门客准备杀这个人。郭解说:“住在乡里竟至于不受人敬重,这是我的德行不好啊,他有什么罪过呢!”于是他暗中嘱咐尉史说:“这个人是我所看重的,轮到他服役时,免了他。”因此每到轮流更替服役的时候,屡次放过他,官吏也不追究。这人对此感到很奇怪,问其中的缘故,原来是郭解使他得以免除服役。这个傲慢的人于是向郭解负荆请罪。轵地的年轻人听说后,更加羡慕郭解的为人。

洛阳人有两家结仇,当地的贤明豪绅数十人从中进行调解,但这两家始终不听劝解。门客于是去见郭解,郭解当夜便去见两个仇家,仇家勉强听从了他的调解。郭解便对仇家说:“我听说洛阳的诸位豪绅从中调解,你们多不听他们的劝解。现在你们给我面子听了我的调解,我怎么能从别县来夺取本地乡贤绅士手中的调解权呢!”于是当夜便离开了,不让别人知道，并对仇家说："暂且不用我的调解！等我离开后，让洛阳的豪绅进行调解，你们听从他们的！"

郭解为人执守恭敬，从不乘车子进入县衙门。到别的郡、国，为别人帮忙办事，事情可以解决的就解决；解决不了的，也让各方满意。然后他才肯接受别人置办的酒食。豪绅们因此十分尊重他，争着替他效劳。当地的年轻人以及附近各县的豪绅，深夜来叩门拜访的，常常有十多驾车，请求郭解收他们当门客。

等到政府迁徙豪富人家到茂陵，郭解家贫，不符合豪富的资产标准。当地的官吏惧怕犯令，不敢不将他迁徙。大将军卫青为此出面说话："郭解家境贫穷不够迁徙的资格。"皇上说："一个平民的权势竟至于使你这样的将军为他说话，那么他家就一定不贫穷。"于是郭解家便迁徙茂陵。当地送行的人士出资达一千多万钱。轵地人杨季主的儿子当县掾，提出要迁徙郭解，为此郭解的侄儿就杀了他的头。从此杨家和郭家结下了仇怨。

郭解入关以后，关中的贤明豪绅不管是了解他还是不了解他的，听说他的名声，都争着与他交朋友。郭解身材矮小，从不喝酒，他出外也从来没有坐骑。后来又有人杀死杨季主。杨季主派人上书告郭解，又有人将上书者杀死在宫阙之下。皇帝听说后，于是派官吏追捕郭解。郭解只得逃走，他将母亲妻子儿女安置在夏阳，自己逃到临晋。临晋的籍少公素来不认识郭解，郭解假冒姓名，请籍少公放他出关。籍少公将他放出关后，他又转到太原，在所经过的地方，往往把来踪去迹告诉接待他的人家。官吏追捕他，根据行踪线索找到了籍少公，籍少公自杀。行踪线索断了。过了很久，才捕得郭解。官吏彻底地追查郭解所犯的罪，被郭解所杀的人，都在大赦以前。轵地有一个儒生陪侍追查郭解的使者。门客称赞郭解，而儒生说："郭解专门做奸邪的事触犯国家的法律，怎么能称得上贤明呢！"郭解的门客听说后，将这个儒生杀了，并割断他的舌头。官吏以此来责问郭解，而郭解确实不知凶手是谁。杀人的凶手也终于追查不出来，没有人知道他是谁。官吏上奏说郭解无罪。御史大夫公孙弘奏议说："郭解身为平民，行侠耍弄权术，因小怨小恨就杀人，郭解虽然不知道，然而这样的罪行比他本人杀人还要重。应判大逆不道罪！"于是便下令将郭解族灭了。

从这以后，行侠义的人很多，都很傲慢不足以提及。然而关中长安的樊仲子，槐里的赵王孙，长陵的高公子，西河的郭公仲，太原的卤公孺，临淮的兒长卿，东阳的田君孺，虽然行侠义但温文尔雅有谦让君子的风格。至于说到北方的姚氏，西方的诸杜，南方的仇景，东方的赵他、羽公子，南阳的赵调等这样一些人，都是些流落在民间的盗跖，有什么值得称道的呢！这些都是以往侠士朱家的羞耻。

太史公说：我看那郭解，状貌比不上一般人，讲的话也不足以采用。然而天下无论是贤明的还是愚昧的，了解他的还是不了解他的，都仰慕他的名声，自称是游侠的人都借他的名字为幌子。谚语说："用荣誉的名声来装饰容貌，难道会衰老吗！"唉，真可惜呀！

滑稽列传

本篇列传以“滑稽”为名，共记载了九个人物的事迹。前三个，即：齐国赘婿淳于髡，楚国乐人优孟，秦国歌舞手优旃，是司马迁原作。这三个被司马迁称为“滑稽”的人物，出身低贱，但说话幽默机智，善用巧喻，旁敲侧击，或以议论时政，或以讽谏人主，或以拯人困危，或以讥恶扬善，充分表现了古代下层人民的聪明智慧以及高超的语言才能。从司马迁的记载和评价之中，可以看出作者对动辄引经据典，寻章摘句，僵硬死板的陈词滥调的厌恶，对下层社会的语言大师们随事譬况，富于哲理的语言表述，由衷地欣赏与佩服，正如其所言：“岂不伟哉！”

其余六个人物及事迹，系由西汉末学者褚少孙补作附益于篇内的。虽然都是佳作，传诵至今，很有影响，但限于本书篇幅，故删而不录。

孔子曰："六艺于治一也①。《礼》以节人，《乐》以发和，《书》以道事，《诗》以达意，《易》以神化，《春秋》以义。"太史公曰：天道恢恢②，岂不大哉！谈言微中，亦可以解纷。

淳于髡者③，齐之赘婿也④。长不满七尺。滑稽多辩，数使诸侯，未尝屈辱。齐威王之时喜隐⑤，好为淫乐长夜之饮⑥，沈湎不治，委政卿大夫。百官荒乱，诸侯并侵，国且危亡，在于旦暮。左右莫敢谏。淳于髡说之以隐曰："国中有大鸟，止王之庭，三年不蜚又不鸣⑦，王知此鸟何也？"王曰："此鸟不飞则已，一飞冲天；不鸣则已，一鸣惊人。"于是乃朝诸县令长七十二人，赏一人，诛一人，奋兵而出。诸侯振惊，皆还齐侵地。威行三十六年。语在《田完世家》中。

威王八年，楚大发兵加齐⑧。齐王使淳于髡之赵请救兵，赍金百斤⑨，车马十驷。淳于髡仰天大笑，冠缨索绝⑩。王曰："先生少之乎？"髡曰："何敢！"王曰："笑岂有说乎？"髡曰："今者臣从东方来，见道旁有禳田者⑪，操一豚蹄，酒一盂，祝

---

① 六艺：指下文的《礼》、《乐》、《诗》、《书》、《易》、《春秋》。 ② 恢恢：广大无边的样子。 ③ 淳于髡（kūn 坤）：淳于，复姓。髡，名。 ④ 赘婿：即上门女婿，秦汉时社会地位很低，为人轻视。 ⑤ 隐：隐语，不说本意而借别的词语暗示的话。 ⑥ 淫：过甚。 ⑦ 蜚：通"飞"。 ⑧ 加齐：加于齐，即侵凌齐境。 ⑨ 赍（jī 机）：持、带。 ⑩ 索：尽，完全。 ⑪ 禳（ráng 瓤）：向神求福，祈祷消灾。

曰：'瓯窭满篝①，汙邪满车②，五谷蕃熟，穰穰满家③。'臣见其所持者狭而所欲者奢，故笑之。"于是齐威王乃益赍黄金千镒，白璧十双，车马百驷。髡辞而行，至赵。赵王与之精兵十万，革车千乘④。楚闻之，夜引兵而去。

威王大说，置酒后宫，召髡赐之酒，问曰："先生能饮几何而醉？"对曰："臣饮一斗亦醉，一石亦醉。"威王曰："先生饮一斗而醉，恶能饮一石哉！其说可得闻乎？"髡曰："赐酒大王之前，执法在傍，御史在后，髡恐惧俯伏而饮，不过一斗径醉矣。若亲有严客，髡帣韝鞠䠴⑤，侍酒于前，时赐余沥，奉觞上寿，数起，饮不过二斗径醉矣。若朋友交游，久不相见，卒然相睹，欢然道故，私情相语，饮可五六斗径醉矣。若乃州闾之会，男女杂坐，行酒稽留，六博投壶⑥，相引为曹，握手无罚，目眙不禁⑦，前有堕珥，后有遗簪，髡窃乐此，饮可八斗而醉二参。日暮酒阑，合尊促坐，男女同席，履舄交错⑧，杯盘狼藉，堂上烛灭，主人留髡而送客，罗襦襟解，微闻芗泽⑨，当此之时，髡心最欢，能饮一石。故曰：酒极则乱，乐极则悲；万事尽

---

① 瓯窭（ōu lóu 欧楼）：高而狭的地方。篝：指盛物的竹笼。② 汙（wū 乌）邪：低田。③ 穰穰（ráng 瓤）：禾丰盛的样子。④ 革车：古代的重战车。⑤ 帣韝（juàn gōu 卷勾）：卷上袖子戴上臂套。鞠䠴（jì 忌）：屈腰小跪表示恭敬。⑥ 六博：古代一种赌棋游戏，共十二子，黑白各半，两人各执六子相博。投壶：古代流行于士大夫中的一种游戏，用短棍投入酒壶口，以投中多少决胜负。⑦ 眙（chì 斥）：瞪眼直视。⑧ 履舄（xì 细）：木底鞋。⑨ 芗：同"香"。泽：湿润，这里指汗。

然，言不可极，极之而衰。”以讽谏焉。齐王曰：“善！”乃罢长夜之饮，以髡为诸侯主客。宗室置酒，髡尝在侧。

其后百余年，楚有优孟。

优孟，故楚之乐人也。长八尺。多辩，常以谈笑讽谏。楚庄王之时，有所爱马，衣以文绣，置之华屋之下，席以露床，啗以枣脯。马病肥死，使群臣丧之，欲以棺椁大夫礼葬之。左右争之，以为不可。王下令曰：“有敢以马谏者，罪至死。”优孟闻之，入殿门，仰天大哭。王惊而问其故。优孟曰：“马者王之所爱也，以楚国堂堂之大，何求不得，而以大夫礼葬之，薄。请以人君礼葬之。”王曰：“何如？”对曰：“臣请以雕玉为棺，文梓为椁，楩、枫、豫章为题凑①，发甲卒为穿圹②，老弱负土，齐赵陪位于前，韩魏翼卫其后，庙食太牢，奉以万户之邑。诸侯闻之，皆知大王贱人而贵马也。”王曰：“寡人之过一至此乎？为之奈何？”优孟曰：“请为大王六畜葬之。以垅灶为椁，铜历为棺③，赍以姜枣，荐以木兰，祭以粮稻，衣以火光，葬之于人腹肠。”于是王乃使以马属太官，无令天下久闻也。

楚相孙叔敖知其贤人也，善待之。病且死，属其子曰：“我死，汝必贫困。若往见优孟，言我孙叔敖之子也。”居数年，其子穷困负薪，逢优孟，与言曰：“我，孙叔敖子也。父且

---

① 豫章：一说豫为枕木，章为樟木；一说即樟木。题凑：古代贵族死后，椁室用厚木累积而成，木头皆内向，称题凑。 ② 穿圹（kuàng 矿）：穿，挖掘。圹，墓穴，埋棺材的坑。 ③ 历：通“鬲（lì 力）”，古代烹饪用的三脚锅。

死时，属我贫困往见优孟。”优孟曰：“若无远有所之。”即为孙叔敖衣冠，抵掌谈语①，岁余，像孙叔敖，楚王左右不能别也。庄王置酒，优孟前为寿。庄王大惊，以为孙叔敖复生也，欲以为相。优孟曰：“请归与妇计之，三日而为相。”庄王许之。三日后，优孟复来。王曰：“妇言谓何？”孟曰：“妇言慎无为，楚相不足为也。如孙叔敖之为楚相，尽忠为廉以治楚，楚王得以霸。今死，其子无立锥之地，贫困负薪以自饮食。必如孙叔敖，不如自杀。”因歌曰：“山居耕田苦，难以得食。起而为吏，身贪鄙者余财，不顾耻辱。身死家室富，又恐受赇枉法，为奸触大罪，身死而家灭。贪吏安可为也！念为廉吏，奉法守职，竟死不敢为非。廉吏安可为也！楚相孙叔敖持廉至死，方今妻子穷困负薪而食，不足为也！”于是庄王谢优孟，乃召孙叔敖子，封之寝丘四百户，以奉其祀。后十世不绝。此知可以言时矣。

其后二百余年，秦有优旃②。

优旃者，秦倡侏儒也。善为笑言，然合于大道。秦始皇时，置酒而天雨，陛楯者皆沾寒③。优旃见而哀之，谓之曰：“汝欲休乎？”陛楯者皆曰：“幸甚！”优旃曰：“我即呼汝，汝疾应曰：‘诺。’”居有顷，殿上上寿呼万岁。优旃临槛大呼曰：“陛楯郎。”郎曰：“诺。”优旃曰：“汝虽长，何益！幸雨立。我虽短也，幸休居。”于是始皇使陛楯者得半相代。

① 抵(zhǐ 纸)掌：击掌。 ② 优旃：旃(zhān 沾)。 ③ 楯(shǔn 吮)：宫殿四面的栏杆，直的叫槛，横的叫楯。

始皇尝议欲大苑囿，东至函谷关，西至雍、陈仓。优旃曰："善。多纵禽兽于其中，寇从东方来，令麋鹿触之足矣。"始皇以故辍止。

二世立，又欲漆其城。优旃曰："善。主上虽无言，臣固将请之。漆城虽于百姓愁费，然佳哉！漆城荡荡，寇来不能上。即欲就之，易为漆耳，顾难为荫室①。"于是二世笑之，以其故止。居无何，二世杀死，优旃归汉，数年而卒。

太史公曰：淳于髡仰天大笑，齐威王横行。优孟摇头而歌，负薪者以封。优旃临槛疾呼，陛楯得以半更。岂不亦伟哉。

【翻译】

孔子说："六艺对于治理国家来说是一致的。《礼》用来节制人的欲望，《乐》用来感发和谐的心情，《书》用来记述历史事实，《诗》用来表情达意，《易》用来明晓事物变化的奥妙，《春秋》用来阐明大义。"太史公说：自然法则广大无边，难道不是包罗万象的吗！谈笑之间稍微有合乎大道的地方，也可以替人们排忧解纷。

淳于髡是齐国的入赘女婿。身高不到七尺。为人滑稽有口才，多次出使其他诸侯国，从未受过屈辱。齐威王在位的时候喜欢隐语，爱穷奢极乐通宵达旦地饮酒，沉湎酒色，不理政事，将朝政都委托给卿大夫。文武百官也荒废紊乱，诸

① 荫室：这里指用来阴干漆过器物的房子。

侯竞相侵略，齐国的危亡，只是旦夕之间的事。齐威王左右亲近的大臣都不敢进谏。淳于髡用隐语劝说齐威王道："我国有一只大鸟，栖止在王宫的庭上，三年不飞又不鸣叫，大王知道这只鸟是什么样的鸟吗？"齐威王说："这只鸟不飞则已，一飞冲天；不鸣则已，一鸣惊人。"于是齐威王就朝见了七十二个县的长官，奖赏了一人，诛杀了一人，奋勇率军出战。各诸侯国都很震惊，纷纷交还已侵占的齐国土地。齐国振威三十六年。这件事记载在《田敬仲完世家》中。

齐威王八年，楚国大举进兵压迫齐境。齐威王派淳于髡出使赵国，去请救兵，齐王付给淳于髡一百斤金，十辆四匹马拉的车子。淳于髡仰天大笑，结帽子的绶带都笑断了。齐王说："先生是嫌它太少了吗？"淳于髡说："岂敢！"齐王又问："你发笑是为什么呢？"淳于髡说："今天我从东边来，看见路边有人祈祷田神，他手里拿着一只猪蹄，一杯酒，祈求说：'希望高地上的庄稼收满篝笼，低田里的谷物装满车辆，所种的五谷都茂盛成熟，堆满我的家院。'我看到他所拿的东西那么少而所要求的东西又是那么多，所以我才大笑。"于是齐威王就加给他黄金一千镒，白璧十对，四匹马拉的车子一百辆。淳于髡辞别齐王而启程，到达赵国。赵王给他精兵十万人，重型战车一千辆。楚国听到这消息，当晚就撤军回去了。

齐威王非常高兴，在后宫里置办酒宴，召淳于髡去一块喝酒，齐王赐酒给他，问道："先生能喝多少酒才醉呢？"淳于髡回答说："我喝一斗也会醉，一石也会醉。"齐威王说："先生喝一斗就醉了，怎么能喝一石呢！其中的理由我能听听吗？"

淳于髡回答说:“在大王面前饮酒,执法官在旁边,御史在后边,我心里恐惧,只顾埋头饮酒,不到一斗就醉了。如果我父亲有朋友来家做客,我卷起袖子,鞠躬跪着,在旁边侍酒,他们不时给我些剩酒,我捧着酒杯向他们进酒,屡次起身应酬,这样喝不到二斗就会醉了。如果是朋友交游,久不相见,突然重逢,兴致勃勃地追述往事,彼此倾吐衷情,这样可以喝到五六斗才会醉。如果是乡里之间的宴会,男女杂坐,彼此劝酒耽搁,进行六博投壶的游戏,互相招呼,三两为伴,男女握手不受罚,互相注目也不禁止,有落在地上的耳环,也有掉到地上的发簪,我私下里喜欢这种场合,这样我可以喝到八斗,而醉意却只有两三分。日已向晚,宴会将散,把剩余的酒合盛一樽,大家促膝而坐,男女同坐一个坐席上,靴鞋错杂,杯盘狼藉,堂上的蜡烛烧尽了,主人留下我而送走客人,解开罗衫衣襟,微微能闻到香汗气息;在这种时候,我感到最快乐,这样我能喝到一石。所以说,酒喝过头了难免失礼,乐极会生悲,世上所有的事情都是这样。这就是说,做事情不能走向极端,走向极端就会衰败。”以此来进行讽谏。齐威王说:“讲得好!”于是罢除通宵达旦的饮酒,并以淳于髡为接待诸侯宾客的主管官。王室置办酒宴,淳于髡通常都在旁边。

淳于髡之后百多年,楚国有优孟。

优孟,是楚国善于歌舞的老艺人,身高八尺。能言善辩,常以谈笑的方式对君王进行讽谏。楚庄王在位时,有一匹他所喜爱的马,给它穿上锦绣,把它安置在雕梁画栋的屋下,睡在设有帷帐的床上,用枣脯去喂养它。后来马由于长得太肥得病死了，庄王命令大臣们为马服丧，并想用葬大夫的棺椁和礼仪来安葬死马。左右大臣都反对这样做，据理力争。楚庄王下令说：“有敢对葬马之事进谏的，一律以死罪论处。”优孟听说后，进入宫殿的大门，仰天大哭。庄王惊异地问他为什么哭。优孟说：“马是大王的珍爱之物，凭楚国地大物博，要什么东西而会得不到呢！而只用大夫的礼节来安葬它，太薄了。请求用葬君王的礼节来安葬它。”庄王问：“那该如何办呢?”优孟回答说：“我请求用雕琢的玉石做棺，用雕了花纹的梓木做椁，用上好的楩木、枫木、豫章木做题凑，并差遣甲士为死马挖掘墓穴，用老弱人丁去背土筑坟，令齐、赵等国的使者侍坐在前，韩、魏等国的使者护卫在后，为死马建立庙宇，用牛、羊、猪三牲来祭祀它，并封以万户之邑给它守墓。这样诸侯国听说后，都知道大王以人为贱而以马为贵了。”庄王说：“难道我的过错竟到了这种地步么！这该怎么办才好呢?”优孟说：“请求大王将它作为六畜来安葬。用土灶做它的椁，用铜锅做它的棺，用姜枣来调味，用木兰来解膻，用粮食稻谷祭祀它，用火光作它的衣服，然后将它葬入人的肚肠里。”于是庄王便把马交给太官，不使天下的人总议论这事。

楚国的宰相孙叔敖知道优孟是贤德的人，很好地对待他。孙叔敖在他病重将死的时候，嘱咐他儿子说：“我死了以后，你肯定会贫困。你去见优孟，就说自己是孙叔敖的儿子。”过了几年，孙叔敖的儿子果然很贫困，以卖柴为生，遇见优孟，对他说道：“我是孙叔敖的儿子。我父亲临死时，嘱咐我在贫困的时候去见优孟。”优孟说：“你不要远行到别的地方去。”于是优孟穿戴孙叔敖的衣帽，模仿孙叔敖的举止言谈。一年多以后，他学得很像孙叔敖，楚王和左右大臣都不能辨认出来。楚庄王置办酒宴，优孟前去敬酒。楚王非常惊讶，以为是孙叔敖复活了。楚庄王打算让优孟担任相职，优孟回答说：“请让我先回家与妻子商议一下，三天后再来就相位。”庄王答应了他。三天以后，优孟又来到王宫。楚庄王问道：“你妻子是怎么说的？”优孟说：“我妻子说千万不要为相，楚国的相没有什么好当的。譬如孙叔敖的担任楚相，竭诚尽忠，廉洁奉公来治理楚国，使得楚国得以称霸诸侯。现在他死了，而他的儿子却无立锥之地，贫困到了以卖柴糊口的地步。倘若像孙叔敖那样，还不如自杀。”于是唱道：“居山耕田多辛苦，难以得食物。出仕去当官，贪婪卑鄙的有余财，全然不顾耻与辱。想要身后家室富，又怕受贿违国法，为官奸诈犯大罪，身遭杀戮家随灭。贪官怎可为！要想做个清廉吏，遵循王法尽职守，至死不能出差错。廉吏怎可为！楚相孙叔敖，保持廉洁直到死，到头来妻穷子困，卖柴以糊口，楚相不可为！”听完后，楚庄王向优孟致谢，于是召来孙叔敖的儿子，将寝丘的四百户封给他，用来祭祀孙叔敖。以后十世一直不断。这种智慧可以说正合时宜了。

优孟之后二百多年，秦国有优旃。

优旃，是秦国一个身材矮小的乐人。善于说笑话，但是都合乎大的道理。秦始皇时，有一次置办酒宴而碰上下雨，侍候在殿槛外的卫士都被雨淋湿，饱受风寒。优旃看到后很同情他们，对他们说：“你们想休息吗？”卫士们都说：“非常希望!”优旃说:“我马上呼叫你们,你们要赶快答应说‘有’。”过了一会儿,殿上群臣进酒高呼万岁。优旃挨着栏杆大声叫道:“卫队郎。”卫士们答道:“有。”优旃说:“你们虽然长得高,有什么益处呢!只能在雨中站着。我虽然矮小,却有幸在这儿休息。”于是秦始皇允许卫士可以分成两班轮流替换。

秦始皇曾经计议要扩大苑囿,东边到函谷关,西边到雍、陈仓。优旃说:“好啊,多养一些飞禽走兽在里面,如果敌寇从东边来侵犯,那么只须派麋鹿去触撞他们就足够了。”秦始皇因为优旃讽谏的缘故,于是就放弃了扩大苑囿的打算。

秦二世继位后,又想漆城墙。优旃说:“好啊,皇上就是不说,我本来也打算这样做的。漆饰城墙虽然对于老百姓来说会愁怨糜费钱财,然而确实是好事呀!把城墙漆得光光亮亮的,敌人来侵犯时爬也爬不上来。如果要办成这事,漆饰倒容易,只是难建这么大的荫室来荫干油漆。”秦二世听后大笑,于是停止了这件事。过了没有多长时间,秦二世被杀死,优旃归附汉朝,几年后去世。

太史公说:淳于髡仰天大笑,齐威王得以称霸天下。优孟摇着头而歌唱,使得背柴的人得以受封。优旃挨着槛栏大声一呼,殿下的卫士得以轮流替换,这难道不也很伟大吗!

《古代文史名著选译丛书》编纂始末①

马樟根　安平秋

今年1月,《古代文史名著选译丛书》已经出到100种101册(其中《史记》为2册)。4月份,最后的33种也已交稿。这样,全书133种即将呈献在读者面前。② 一项服务当前、造福子孙的普及优秀古代文化、进行爱国教育的大工程将宣告完工了。回想

---

①《古代文史名著选译丛书》由全国高校古籍整理研究工作委员会主持,古委会直接联系的18个古籍整理研究所为主要承担机构,章培恒、安平秋、马樟根任主编。本文于1992年4月,在《中国典籍与文化》杂志发表时题目是《衣带渐宽终不悔——〈古代文史名著选译丛书〉编纂始末》。这次将此文作为2011年修订版附录时,去掉原正标题,以原副标题为正式题目。 ② 至1994年4月最后定稿时,全书为135部。2011年修订版出版时,全书为134部。

这一套丛书动员18所院校，投入100余人，从1985年筹划，1986年起步，到今天已度过了六七年的岁月，个中甘辛令人难以忘怀。

一、北大·苏州·北大

——酝酿与筹划

编纂这样一套丛书，起因于1981年7月。当时陈云同志派人到北京大学召开了小型座谈会。来人告诉与会人员陈云同志最近在考虑两个问题：一个是粮食，一个是古籍整理。对古籍整理，特别讲到陈云同志说："整理古籍，为了让更多的人看得懂，仅作标点、注释、校勘、训诂还不够，要有今译，争取做到能读报纸的人多数都能看懂。有了今译，年轻人看得懂，觉得有意思，才会有兴趣去阅读。今译要经过选择，要列出一个精选的古籍今译的目录，不要贪多。"这就是后来收入《陈云文选》的那段话。1981年9月，中共中央关于整理我国古籍的文件中一字不差地强调了这段话。1983年，教育部成立了全国高校古籍整理研究工作委员会（简称古委会）。古委会主任周林同志根据中央和陈云同志意见，提出了组织力量今译古籍。但在当时，经过"文革”后的古籍整理工作百废待兴，加之一些学者对今译重要性的认识远非今日之深，这一工作一拖便是两年。

1985年5月，全国高校古委会在苏州召开了一届二次会议。周林同志在会上作了“人才培养和古代文化遗产普及问题”的专题发言，他分析了“解放三十多年来，由于‘左’的路线干扰，特别是‘文化大革命’，几乎使我们的民族文化到了中断的边缘，出现了对古代文化知之不多，或知之甚少的状况”，要教育界的同志“做好普及古代文化知识的工作”，搞好古籍的今注今译就是其中的一项重要任务，“高校古委会要在这方面多下功夫”，“高校古籍研究所无疑应担负起这个任务”。他针对当时一些人轻视古籍的今注今译思想，呼吁“我们对于选本、今译等有利于教育普及的东西，应承认它的学术价值”，“《昭明文选》、《唐诗三百首》、《古文观止》等是地道的选本，流传几百年，发生那么大的影响，能说没有水平？”“专家们深入浅出的在对古文献研究基础上的译注，对普及古代优秀文化作出重大贡献，算不算高水平的成果呢？”“古文既要译得恰当、准确，又要通畅易懂，难度是很大的”，“为了社会主义精神文明建设，古籍整理这方面也要作出应有的贡献”。一石激浪，沉寂了几年的今译古籍的话题又重新活跃起来。会上作了一番认真讨论。

经过这样的酝酿，1985 年 7 月，全国高校古委会科研项目评审组的专家们聚集在北京大学勺园，筹划编纂一套古籍今译的精选本。初步定名为《古籍今译丛书》，议定了收书范围、内容，开列了 65 种书的选目。并决定由科研项目专家评审组召集人、复旦大学古籍所所长章培恒教授和参加过陈云同志在北大召开座谈会、当时古委会主管科研工作的副秘书长安平秋同志共同负责，与秘书处同志一起具体筹划。经几个月的筹备，决定由古委会直接联系的 18 个高校古籍研究所承担这一工作，组成编委会，并开列出 89 种书的选目，对选译的进度、规划亦作了设计。此时，几家出版社闻讯而至，表示愿意出版这套丛书。最早与我们联系的巴蜀书社的段文桂社长以其强烈的事业心和对古籍今译的高度重视感动了我们，于是决定邀请巴蜀书社编辑参加第一次编委会议。

二、从柳浪闻莺到桂子山上

——第一批书稿的产生

第一次编委会于 1986 年 5 月在杭州柳莺宾馆

召开。宾馆因位于西湖十景之一的柳浪闻莺而得名。全国高校18个研究所的24名学者和有关人员聚集在这风景胜地,无心观柳,亦无从闻莺,紧张地工作了三天。会上确定了这套普及读物的读者对象是具有中等以上文化程度的广大群众,收书范围是中国历代文史名著,在名著之中选精。所选书目,在原拟89种基础上,调整为116种,以形成系统性。书中选篇之下分提示、原文、今译、注释四部分,以译文为主,书前有一前言,书中加入必要的插图。每一种书约10—15万字。书名确定为《古代文史名著选译丛书》。即由到会的24位学者组成丛书编委会①,由章培恒、马樟根、安平秋三人任主编。于是,编委会立即分成三个工作小组,在会上分头拟出丛书《凡例》、《编写、审稿要求》和《文稿书写格式》,经讨论修改而形成了正式文字以供遵循。在

① 编委会成员按姓氏笔划排列为:
马樟根　平慧善　安平秋　刘烈茂　许嘉璐　李国祥
金开诚　周勋初　宗福邦　段文桂　董治安　倪其心
黄永年　章培恒　曾枣庄(以上为常务编委)
王达津　吕绍纲　刘仁清　刘乾先　李运益　杨金鼎
曹亦冰　常绍温　裴汝诚(以上为编委)

自报的前提下，会上确定了由18个研究所承担前40部书的今译任务，要求当年年底完成。古委会主任、丛书顾问周林同志对编委会的认真精神、紧张工作和显著效率十分赞赏，他说："有这样一个编委会，有这样一个阵容来做选译，使中国历史文化不成为专属于少数人的知识，使能看报纸的人都读懂自己民族的名著，从而树立爱国主义、建设有民族特色的精神文明，其意义之深远将会在今后愈益显露出来。"于是，有1000余万字的大工程便从这里开始了。

当年年底各研究所的今译书稿经作者完成后，由在该所的编委审改，到1987年5月和7月，先后在复旦大学、北京大学两次召开编委审稿会。这种审稿会，说是审稿，实际上是边审边改，字斟句酌，每部书稿必须经一位编委、一位常务编委审改把关，经过这样两道工序，汇总到主编手中，40部书稿通过了25部。其中部分书稿赶印了样稿征求意见。于是周林同志于7月6日在北大临湖轩邀请了在京十几位专家与正在审稿的编委一起研究样稿，探讨如何提高这套今译丛书的质量。

根据编委审稿发现的问题和在京专家们的意

见，从书亟需在已定体例的框架中条列细则；而出版单位巴蜀书社又希望所出版的第一批书为50种以便形成格局，需要布置各研究所承担新的今译任务。这样，1987年10月在华中师范大学再次召开了编委会，又请了詹锳、周振甫、刘乃和、郭预衡等先生到会指导。

这次编委会是在审看了40部书稿后，发现了一大批问题亟待解决，又是在需要布置下一步任务的状况下召开的，是一次承上启下的编委会。会议初期人们的心情和会上的气氛都带有一股子严峻与急切。会议从5日到8日开了三天半。但是在4日晚上开预备会的时候，主编章培恒先生尚未到会，亦无他是否已从上海出发的信息。5日上午就要开会了，主编不到怎么行呢？5日一早，我们还在沉睡之中，忽听有人敲门，进来的竟是章培恒！一向风神儒雅、衣装考究的章培恒先生，此时却是一身尘灰、满脸疲惫地站在我们面前。原来他从上海出发前，未能买到机票或船票，而上海到武汉又没有直达火车，只好先从上海坐火车到长沙，为了不误5日上午开会，他只好买了一张无座票，夜间从长沙出发一直站到武昌。一向走路辨不清方向的章培恒竟然在夜色未退之前一人从车站摸到了华中师大专家楼，也算是奇迹。

这次编委会，从体例的具体要求、书中选篇是否合适、每篇中的提示如何写、注释的繁简和语言的通俗性，到今译的信达雅如何把握，例如李白的“床前明月光，疑是地上霜，举头望明月，低头思故乡”这样通俗的诗是否要翻译，在在都有热烈的争论。感谢编委们的努力和学术判断力，最后终于形成了一个《细则》，一切争论都统一在这个《细则》之上。编委们在思想明确、分得新的任务之后，显出了少有的轻松与喜悦。会议结束正逢中秋节，华中师大的专家楼坐落在武昌桂子山上。入夜，桂子山上举行了赏月茶会，几张方桌，围坐着全体编委和特邀到会专家。天上明月如盘，清辉洒地，眼前桂树葱茏，桂花飘香，华中师大古籍研究所的青年们活跃席间，引得王达津先生即席赋诗，刘乃和先生清唱京戏。这气氛预示着《古代文史名著选译丛书》克服了当前的困难，第一批50种书稿有如母腹中的胎儿，快要降生了。

三、华清池畔的愁云与人民大会堂的欢欣

——第一批书出版的柳暗花明

1988年10月，编委们再一次聚会，审定第一批

50种中的最后十几部书稿、修改第二批50种中的大量书稿。这次审稿是在“东枕华山、西拒咸阳”的骊山脚下、华清池滨的一家招待所。这里古朴而不豪华，食宿低廉却又实惠，审稿之余，左近有风景可观，有古迹可寻，房内有43℃的温汤沐浴，编委们平日在校教学、科研工作劳累而生活清苦，如今有这样的环境与条件，感到少有的惬意。我们作为主编觉得这也是对编委们两年来辛勤编书的一点补偿。但这种适意之感很快就被两件事所驱散。一件事是书稿的质量。几十部书稿交来，一经审看，从注译到体例完全合格的只有寥寥可数的三四部，余下的，或需小改，或需大改，或根本不合格需退回重作。另一件事是出版发行成了问题。到会的巴蜀书社副社长黄葵同志向大家通报了即将印出的16本书征订情况，最多的为2000册，且只有一种，其他的只有800册、600册，甚至还有200余册。征订不佳，销路不畅，出书要赔钱，出版社为难，编委们又无计可施。此时哪还有心思去观赏“骊山云树郁苍苍，历尽周秦与汉唐”？也无心绪登上骊山，在烽火台前怀古。且正值“楼台八月凉”的节令，只有华清池畔秋雨飘零，秋风瑟瑟，落叶满地，不禁愁从中来。

愁则愁，还得面对现实。书稿质量不高，靠到会近20位编委十余天的逐字逐句修改，终于改定合格17部。至于出版发行问题，巴蜀书社的朋友费心经营，重新设计了封面，改进装帧，将第一批50种装成一个大礼品盒，成盒出售。从中又得到了国家新闻出版署、四川省出版局、国家教委有关司局和各省市教委的大力支持与帮助，发行面得以扩大，到了1990年下半年，首印的17000套书销售已尽，而问讯、索购者不绝，出版社决定再印30000套以供读者需要。中央领导了解到这套丛书受到读者欢迎，欣然为丛书题辞，江泽民总书记的题辞是“做好我国古代文史名著的传播普及工作，使其古为今用，以发扬爱国主义精神”，李鹏总理的题辞是“弘扬民族优秀文化，激励爱国主义精神”。李瑞环同志也为丛书题了辞。

1990年8月22日在北京人民大会堂召开了《古代文史名著选译丛书》出版座谈会。国家领导人李铁映、胡乔木、李德生、陈丕显、廖汉生、王汉斌、王光英出席，古委会主任周林同志主持会议，到会各阶层代表在发言中从不同角度肯定了这套书对促进青少年了解历史、了解国情、了解中华民族优秀传统文化、进行爱国主义教育的作用。时值盛夏，却逢喜雨，洗却了编委和出版社同志心中的忧虑，参加大会堂座谈会的13名常务编委会后又聚集在北京大学讨论深入认识编纂这套丛书的重大意义，研究审改好第二批书稿的具体措施。

四、从舜耕山庄耕作到乐山脚下

——第二批书稿审定之艰辛

第二批书稿50种50册，是1987年10月布置的。1988年10月在西安审改合格的17部书稿都已放入第一批中以替换原已通过的第一批中质量较差的书稿。这样，第二批书稿当时余下的已完成的有20余部，却都不合格，只能要求译注者和编委再行修改。一年之后，编委会汇总来重新改好和新译注交来的第二批书稿44部，1989年10月于济南千佛山下的舜耕山庄召开了常务编委审稿会。

这次审稿，发现的问题较多。有的选目不当，如有的史书重要人物的传不选却选入无关紧要而又无学习价值的人物传，有的名家的文章名篇不选却选入既无文学价值又无借鉴意义的篇章。有的选译所依据的底本不当，舍弃现有的精校本却用校勘不善的本子。有的虽有根据地改动正文却只在注释中说“原作……据别本改”，而不指明据何本改。有的注释过繁，不利于一般读者阅读；有的注释极简，该注释的地方不注，使广大读者看了译文仍无法理解全文的精妙；而更多的是注释不准确，对一字一词增字为训而歪曲了原意的毛病也较普遍。译文问题更多，有的语义不清，佶屈聱牙，把“三顾频烦天下计，两朝开济老臣心”译为“三顾茅庐频烦为天下大计，两朝事业开济尽老臣忠心”，有的为追求通俗生动把“君何往”中的“君”译为“老兄”。每篇的提示，有的写得很长变成了文章赏析，有的虽短却不中肯綮，用了类似“文革”期间的语言扣几顶大帽子了事。看这样的稿子都觉头痛，改这样的稿子更感艰难。审稿历时12天，参加审稿、当时63岁的黄永年先生向我们诉苦：“头发掉了一把！”有的编委说，千佛山古称历山，传说舜在这里开垦耕耘，十分艰辛，我们住在舜耕山庄，预示着我们为这套丛书垦荒笔耕，也要历尽千辛。这次审稿，经过审改之后，有10部书稿合格，有11部需会后再作小的修改方能通过，余下的均需作大的改动或另请人译注。

这次审稿还研究了所选戏曲部分的曲辞如何今译问题，如规定了念白中出现的诗句只注不译，上、下场诗只注不译，注而不译的文字在译文中应予保留以便参读。

到1990年12月，丛书常务编委在广州研究丛书如何体现批判继承精神、如何提高第二批书稿质量时，又有18部书稿完成交来。为了保证书稿质量，使1991年上半年召开的常务编委审稿会得以顺利进行，我们三个主编从广州匆匆赶到北京，用了一周时间审看了这18部书稿，通过了7部，11部退改。当我们看完最后一部书稿碰头研究时，已是12月31日。在1990年一年内，我们仅仅通过了这7部书稿。加上1989年在舜耕山庄通过的10部，也仅有17部，尚差33部方足第二批的50部。

1991年5月，常务编委来到古称嘉州的乐山市，在乐山山腰的八仙洞宾馆继续审改第二批书稿。改稿时间只有十天，要力争将50部推出，其繁重可知。我们在改稿过程中，不禁想到明万历年间嘉州知州袁子让的诗句“登临始觉浮生苦”，想到这套丛书从起步到这次审改已历时5年，当初怎么也没有想到完成这套丛书会是如此的艰辛，真是登临始觉笔耕苦啊!

这次乐山审稿,通过了13部书稿。好在余下的20部书稿只须小改即可在会后交稿,终于在1991年8月将这20部书稿全部改定交巴蜀书社。第二批50部历时近四年终于定稿了。

五、在金陵古都作光辉的一结

——第三批书稿的完成

1990年12月据出版社的要求,这套丛书出齐当为150种,到乐山会上又修正为110种至125种,最后数字的确定根据最后一次审稿结果而定,合格的即入选,不合格的不再修改选入。根据这一共识,今年4月中旬,我们一部分常务编委聚集到六朝古都南京,从已经交来的35部书稿中选择经小改合格的书稿。经过十一天的劳作,选择、改定33部,由到会的常务编委、巴蜀书社的段文桂总编和编委、巴蜀书社的刘仁清副编审带回成都,将经由他们的继续辛苦而使《古代文史名著选译丛书》以133部、1500万字之数呈献给热爱中华文化的读者。

这套丛书从1986年5月起步,历时整整六年,平日繁细工作不计,仅编委大小审稿会就开了12次之多。丛书的发起人、顾问、古委会主任周林同志先后参加了8次审稿会,每次都自始至终和大家在一起,听取审稿情况,了解遇到的问题;当我们遇到困难的时候他为我们鼓劲,当我们感到欣喜的时候他提醒我们不可大意。这次他又和我们一起来到虎踞龙蟠的石头城下,为我们督阵,看我们能否为这套丛书作出光辉的一结。

此时此刻,我们与这次会议的东道主、丛书常务编委、南京大学的周勋初先生漫步在中山陵旁,想到今译丛书已基本完成,自然感到如释重负,但理智却使我们不敢轻松,我们期待着全书133部出齐之后专家、读者的评头品足。

1992年4月26日

(原载《中国典籍与文化》1992年第1期)

古代文史名著选译丛书(修订版)总目

丛书主编:章培恒　安平秋　马樟根

书　名	译注者	审阅者	定价/元
老子注译	张玉春　金国泰	安平秋	16.00
庄子选译	马美信	章培恒	18.00
荀子选译	雪　克　王云路	董治安　许嘉璐	19.00
申鉴中论选译	张　涛　傅根清	董治安	18.00
颜氏家训选译	黄永年	许嘉璐	15.00
论语注译	孙钦善	宗福邦	34.00
孟子选译	刘聿鑫　刘晓东	黄　葵	20.00
墨子选译	刘继华	董治安	14.00
韩非子选译	刘乾先　张在义	黄　葵	19.00
新序说苑选译	曹亦冰	倪其心	25.00
论衡选译	黄中业　陈恩林	许嘉璐	22.00
管子选译	缪文远　缪　伟	董治安	18.00
列子选译	王丽萍	周勋初　倪其心	19.00
韩诗外传选译	杜泽逊　庄大钧	董治安	33.00
盐铁论选译	孙香兰　刘光胜	黄永年	13.00
诗经选译	程俊英　蒋见元	刘仁清	19.00
楚辞选译	徐建华　金舒年	金开诚	15.00
贾谊文选译	徐　超　王洲明	安平秋	17.00
司马相如文选译	费振刚　仇仲谦	安平秋	11.00
文心雕龙选译	周振甫	黄永年	17.00
庾信诗文选译	许逸民	安平秋	18.00

书　名	译注者		审阅者		定价/元
嵇康诗文选译	武秀成		倪其心		18.00
谢灵运鲍照诗选译	刘心明		周勋初		18.00
陈子昂诗文选译	王　岚		周勋初	倪其心	14.00
李白诗选译	詹　锳	等	章培恒		27.00
高适岑参诗选译	谢楚发		黄永年		23.00
元稹白居易诗选译	吴大逵	马秀娟	宗福邦		21.00
柳宗元诗文选译	王松龄	杨立扬	周勋初		18.00
李贺诗选译	冯浩菲	徐传武	刘仁清		20.00
杜牧诗文选译	吴　鸥		黄永年		14.00
李商隐诗选译	陈永正		倪其心		19.00
唐五代词选译	亦　冬		董治安		16.00
唐文粹选译	张宏生		周勋初		18.00
晚唐小品文选译	顾歆艺		平慧善		15.00
黄庭坚诗文选译	朱安群	等	倪其心		18.00
辛弃疾词选译	杨　忠		刘烈茂		24.00
元好问诗选译	郑力民		宗福邦		20.00
宋四家词选译	王晓波		倪其心		16.00
黄宗羲诗文选译	平慧善	卢敦基	马樟根		15.00
吴伟业诗选译	黄永年	马雪芹	安平秋		20.00
方苞姚鼐文选译	杨荣祥		安平秋		20.00
明代散文选译	田南池		马樟根		22.00
顾炎武诗文选译	李永祜	郭成韬	刘烈茂		23.00
张衡诗文选译	张在义 韩格平	张玉春	刘仁清		16.00
汉诗选译	张永鑫	刘桂秋	金开诚		19.00

书　名	译注者	审阅者	定价/元
阮籍诗文选译	倪其心	刘仁清	15.00
三曹诗选译	殷义祥	刘仁清	22.00
诸葛亮文选译	袁钟仁	董治安	16.00
陶渊明诗文选译	谢先俊　王勋敏	平慧善	16.00
杜甫诗选译	倪其心　吴　鸥	黄永年	21.00
王维诗选译	邓安生　等	倪其心	20.00
刘禹锡诗文选译	梁守中	倪其心	20.00
孟浩然诗选译	邓安生　孙佩君	马樟根	18.00
韩愈诗文选译	黄永年	李国祥	20.00
欧阳修诗文选译	林冠群　周济夫	曾枣庄	20.00
曾巩诗文选译	祝尚书	曾枣庄	19.00
苏轼诗文选译	曾枣庄　曾　弢	章培恒	28.00
李清照诗文词选译	平慧善	马樟根	15.00
陆游诗词选译	张永鑫　刘桂秋	黄　葵	24.00
朱熹诗文选译	黄　珅	曾枣庄	20.00
文天祥诗文选译	邓碧清	曾枣庄	20.00
袁枚诗文选译	李灵年　李泽平	倪其心	20.00
王安石诗文选译	马秀娟	刘烈茂　宗福邦	18.00
二程文选译	郭　齐	曾枣庄	25.00
范成大杨万里诗词选译	朱德才　杨　燕	董治安	26.00
萨都剌诗词选译	龙德寿	曾枣庄	28.00
王阳明诗文选译	吴　格	章培恒	18.00
徐渭诗文选译	傅　杰	许嘉璐　刘仁清	17.00
李贽文选译	陈蔚松　顾志华	李国祥　曾枣庄	17.00

书　名	译注者	审阅者	定价/元
三袁诗文选译	任巧珍	董治安	17.00
王士禛诗选译	王小舒　陈广澧	黄永年	13.00
龚自珍诗文选译	朱邦蔚　关道雄	周勋初	13.00
尚书选译	李国祥　刘韶军　谢贵安　庞子朝	宗福邦	14.00
礼记选译	朱正义　林开甲	宗福邦	22.00
左传选译	陈世铙	董治安	22.00
国语选译	高振铎　刘乾先	黄　葵	29.00
战国策选译	任　重　霍旭东	李国祥	21.00
吕氏春秋选译	刘文忠	董治安	17.00
吴越春秋选译	郁　默	倪其心	19.00
史记选译	李国祥　李长弓　张三夕	安平秋	45.00
汉书选译	张世俊　任巧珍	李国祥	22.00
后汉书选译	李国祥　杨　昶　彭益林	许嘉璐	24.00
三国志选译	刘　琳	黄　葵	18.00
晋书选译	杜宝元	许嘉璐	15.00
宋书选译	漆泽邦　孔　毅	李国祥	19.00
南齐书选译	徐克谦	周勋初	18.00
北齐书选译	黄永年	安平秋	16.00
梁书选译	于　白	周勋初	17.00
陈书选译	赵　益	周勋初	17.00
南史选译	漆泽邦	安平秋	22.00
北史选译	刁忠民	段文桂	20.00

书　名	译注者	审阅者	定价/元
周书选译	黄永年	安平秋	15.00
魏书选译	杨世文　郑　晔	周勋初	22.00
隋书选译	武秀成　赵　益	周勋初	20.00
新唐书选译	雷巧玲　李成甲	黄永年	16.00
旧唐书选译	黄永年	章培恒	16.00
新五代史选译	李国祥　王玉德 姚伟钧	周勋初	18.00
旧五代史选译	贾二强	黄永年	17.00
宋史选译	淮　沛　汤　墨	曾枣庄	30.00
辽史选译	郭　齐　吴洪泽	曾枣庄	21.00
金史选译	杨世文　祝尚书 李文泽　王晓波	曾枣庄	21.00
元史选译	樊善国　徐　梓	马樟根	25.00
明史选译	杨　昶	李国祥	20.00
清史稿选译	黄　毅	章培恒	32.00
贞观政要选译	裴汝诚　王义耀	黄永年	18.00
史通选译	侯昌吉　钱安琪	周勋初	16.00
资治通鉴选译	李　庆	黄永年	16.00
续资治通鉴选译	徐光烈	安平秋	24.00
通鉴纪事本末选译	谈蓓芳	章培恒	21.00
洛阳伽蓝记选译	韩结根	章培恒	22.00
梦溪笔谈选译	李文泽	曾枣庄	20.00
徐霞客游记选译	周晓薇　等	黄永年　马樟根	17.00
宋代笔记小说选译	朱瑞熙　程君健	金开诚等	19.00
关汉卿杂剧选译	黄仕忠	刘烈茂	24.00

书　名	译注者	审阅者	定价/元
明代文言短篇小说选译	黄　敏	章培恒	23.00
六朝志怪小说选译	肖海波　罗少卿	刘仁清	21.00
世说新语选译	柳士镇　钱南秀	周勋初	29.00
水经注选译	赵望秦　段塔丽　张艳云	许嘉璐	19.00
唐人传奇选译	周　晨	曾枣庄	24.00
唐五代笔记小说选译	严　杰	周勋初	21.00
大慈恩寺三藏法师传选译	贾二强	黄永年	18.00
宋代传奇选译	姚　松	周勋初	22.00
聊斋志异选译	刘烈茂　欧阳世昌	章培恒	22.00
阅微草堂笔记选译	黄国声	安平秋	16.00
清代文言小说选译	王火青	周勋初	23.00
历代名画记图画见闻志选译	周晓薇　赵望秦	黄永年	17.00
容斋随笔选译	罗积勇	宗福邦	20.00
唐才子传选译	张　萍　陆三强	黄永年	30.00
西厢记选译	王立言	董治安	20.00
元代散曲选译	彭久安	刘烈茂　金开诚	21.00
日知录选译	张艳云　段塔丽	黄永年	22.00
桃花扇选译	张文澍	章培恒　段文桂	15.00
牡丹亭选译	卓连营	章培恒	14.00
长生殿选译	戚海燕	董治安	20.00